智库丛书
Think Tank Series
国家发展与战略丛书
人大国发院智库丛书

中国小微经济发展研究报告（2022）
——专精特新政策与效果分析

Research Report on the Development of Small and Micro Enterprises in China (2022)
——Analysis for SRDI Policy

刘元春　张学文　杜春野　耿　黎　等主编

中国社会科学出版社

图书在版编目（CIP）数据

中国小微经济发展研究报告．2022：专精特新政策与效果分析／刘元春等主编．—北京：中国社会科学出版社，2023.4

（国家发展与战略丛书）

ISBN 978－7－5227－1848－4

Ⅰ.①中…　Ⅱ.①刘…　Ⅲ.①中小企业—企业发展—研究报告—中国－2022　Ⅳ.①F279.243

中国国家版本馆 CIP 数据核字(2023)第 074126 号

出 版 人　赵剑英
责任编辑　郭曼曼
责任校对　韩天炜
责任印制　王　超

出　　版　中国社会科学出版社
社　　址　北京鼓楼西大街甲 158 号
邮　　编　100720
网　　址　http://www.csspw.cn
发 行 部　010－84083685
门 市 部　010－84029450
经　　销　新华书店及其他书店

印　　刷　北京明恒达印务有限公司
装　　订　廊坊市广阳区广增装订厂
版　　次　2023 年 4 月第 1 版
印　　次　2023 年 4 月第 1 次印刷

开　　本　710×1000　1/16
印　　张　38
字　　数　421 千字
定　　价　195.00 元

主　　编　刘元春　张学文　杜春野　耿　黎　孙文凯

参与编写人（按姓氏拼音顺序）：

蔡　禹　陈昊洁　陈　新　杜春野　甘　霖
耿　黎　汉　琳　何　薇　侯　雪　赖　晓
李　琼　刘玉涛　刘元春　罗　煜　孟飞飞
孙文凯　唐思远　汪德华　王文靖　向　奇
徐　浩　杨思怡　姚建明　张文凯　张学文
张　宇　张　展　张　政　周平军

目　　录

第一章

基于大数据的专精特新“小巨人”企业画像及发展趋势研究

一 引言

（一）研究背景

“专精特新”是中小企业的领头羊，也是产业链供应链的关键节点。自 2019 年以来，中华人民共和国工业和信息化部（以下简称“工业和信息化部”）已先后开展四批专精特新“小巨人”企业培育工作，累计培育“专精特新”中小企业 5 万多家、“小巨人”企业 8997 家。其中，九成以上的“小巨人”企业集中在“四基”领域，即核心基础零部件、关键基础材料、先进基础工艺、产业技术基础，在整个产业中有着不可或缺的作用，为制造业和实体经济发展提供重要支撑。另外“专精特新”受到中共中央、国务院的高度重视，2022 年是中国专精特新企业培育攻坚的一年，工业和信息化部已提出构建起“百十万千”的优质中小企业梯度培育体系，不断扩大“专精特新”中小企业培育规模。基于此，本书以8997家国家级专精特新“小巨人”企业为研究对象，运用聚类算法、相似度计算、文本挖掘等大数据分析方法，进行全方位、多角度画像，全面掌握当前中国专精特新企业的发展特征、发展趋势，并提出发展建议。

（二）研究数据与指标体系①

本书通过获取来自国家公开专精特新企业名单、网络公开大数据、赛迪产业大脑数据等细分领域相关数据，构建要素全面的专精特新大数据库。以8997家国家级专精特新企业为研究对象，采用自然语言处理、神经网络挖掘、聚类分析等多种机器学习技术，一方面建立起创新型中小企业—省级专精特新—国家级专精特新的梯度数据库，涵盖区域—产业—企业—发展要素（专利、投资、招聘、政策）等全面横向视角，构建多元评估模型，以大数据+AI技术实现自下而上归纳到区域、产业、要素发展特征的纵向视角，达到横纵结合，呈现全视角评估结果。另一方面基于社会科学研究方法，构建包括创新指数、协同指数和抗风险指数持续更新关注专精特新企业的发展情况和趋势。其中创新指数衡量专精特新企业创新发展水平；协同指数反映专精特新企业协同发展情况；抗风险指数是度量企业在发展风

① 书中所有数据来源于赛迪产业大脑。若有引用请与本书编写组沟通，并标明出处。

险、经营风险等多重风险下的抗风险能力。

图1.1　专精特新指数体系

说明：专精特新指数，按照季度分为“1+3”指数，持续跟踪监测专精特新发展动态。

二 “小巨人”企业画像

（一）全局画像：增速快、布局广、区域分布东强西弱

企业数量快速增长且区域分布特征明显。从企业数量看，2019—2022年，专精特新“小巨人”企业四批共计8997家。从覆盖范围看，2019年第一批“小巨人”企业覆盖27个省（自治区、直辖市），2020年第二批“小巨人”企业覆盖30个省（自治区、直辖市），2021年第三批、2022年第四批“小巨人”企业实现覆盖31个省（自治区、直辖市）。其中，东部地区分布占比63.1%，中部地区分布占比25.4%，西部地区分布占比11.4%（见图1.2）。

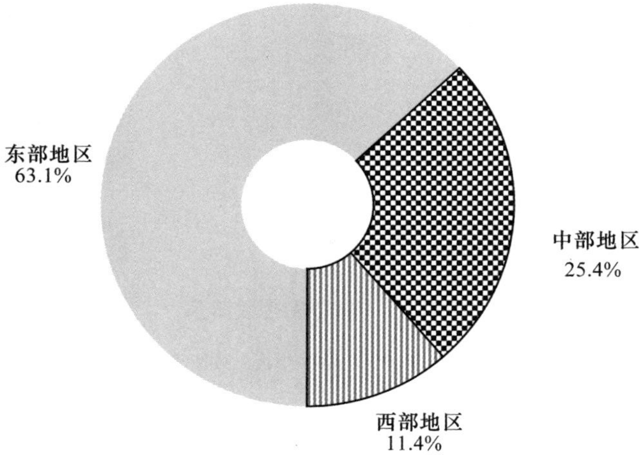

图1.2　截至2022年中国专精特新“小巨人”企业数量三大区域分布

企业分布与产业基础呈正相关。从空间分布看，专精特新“小巨人”企业空间分布与全国制造业企业分布基本一致，空间集聚性较强，重点集聚在东部沿海，西部区域分布较少。从培育基础看，产业基础是专精特新企业茁壮成长的重要保障，基于线性拟合结果，“小巨人”企业数量与地区工业增加值呈显著正相关。

表1.1　前四批专精特新“小巨人”企业31个省（自治区、直辖市）数量统计

省份	专精特新企业数量排名	工业增加值排名
浙江	1	4
广东	2	1
山东	3	3
江苏	4	2
北京	5	22
上海	6	12
湖北	7	7
安徽	8	10
湖南	9	9
河南	10	5
四川	11	8
福建	12	6
河北	13	11
辽宁	14	15
重庆	15	16
江西	16	13
天津	17	23
陕西	18	14
山西	19	17
广西	20	20

续表

省份	专精特新企业数量排名	工业增加值排名
云南	21	19
贵州	22	21
新疆	23	24
黑龙江	24	26
吉林	25	25
甘肃	26	27
宁夏	27	28
内蒙古	28	18
海南	29	30
青海	30	29
西藏	31	31

地方队伍迅速扩容且核心区域带动明显。从地区增长看，四年间各地“小巨人”企业数量迅速增加，2019 年七成省（区、市）“小巨人”企业数量均为个位数；2020 年超过半数地区“小巨人”企业数量已有 50 家以上；2021 年、2022 年实现 31 省（区、市）全覆盖。从区域增长看，长三角、珠三角、京津冀、成渝等地区逐渐成为中国专精特新“小巨人”企业的核心增长极，不断带动周边地区中小企业培育发展。近四年（2019—2022 年），四大核心区域的“小巨人”企业总数占当年全国总数的近六成。

（二）成长画像：成立久、转化稳、行业领军企业多

平均成立年限远高于中小企业平均寿命。从成立年限看，目前中

国 8997 家专精特新“小巨人”企业的最短成立年限为 2 年，最长成立年限为近 70 年，平均成立年限为 15 年，远高于中国中小企业 3 年左右的平均寿命，这说明成为专精特新“小巨人”企业需要较长时间的专业能力积累。尤其第四批“小巨人”企业年龄在 20 年以上的占比明显增多，“专精”趋势更为显著。

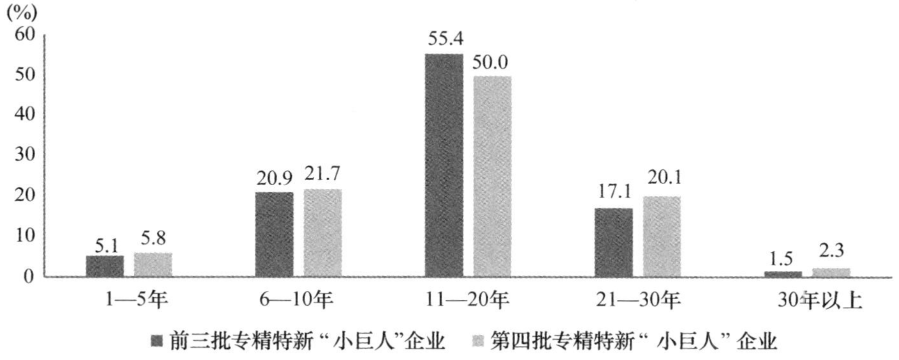

图 1.3　截至 2022 年中国专精特新“小巨人”企业成立年限结构对比

（三）产业画像：行业聚焦、区域集中、战略作用凸显

超八成企业集中在战略性新兴产业领域。从产业分布看，截至 2022 年，专精特新“小巨人”企业超六成属于工业基础领域，超八成属于战略性新兴产业及相关服务业，行业分布十分集中，是保障产业链供应链稳定的重要支撑。其中约六成企业集中在新一代信息技术、高端装备制造、新材料等领域。

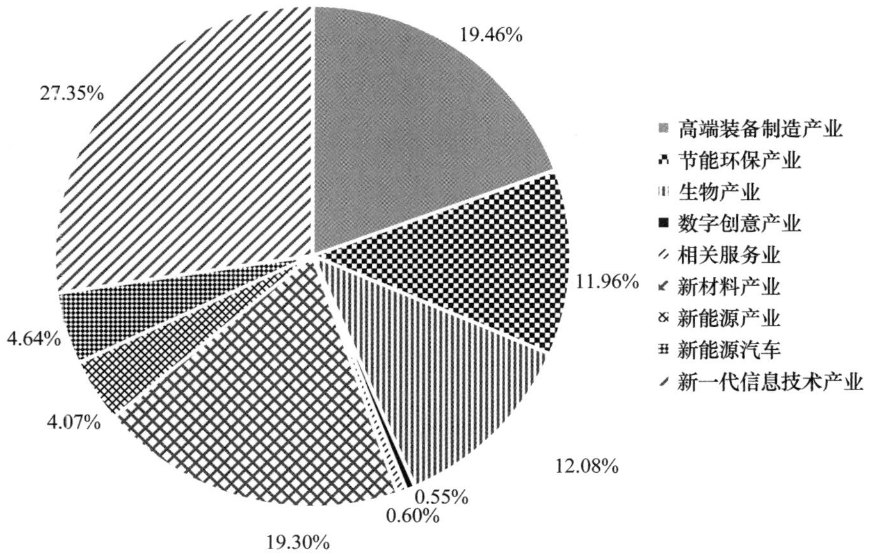

图 1.4 截至 2022 年中国专精特新"小巨人"企业的战略性新兴产业占比

约四成企业集中在头部五省。从各地的优势产业领域看，截至 2022 年，专精特新"小巨人"企业的产业领域分布呈现较高的区域集中性，多个产业领域的头部五省（自治区、直辖市）占比接近五成，新一代信息技术产业头部五省企业占比最高，达到 51.81%。

表 1.2 截至 2022 年中国 31 个省（自治区、直辖市）专精特新"小巨人"企业数量按产业分布 （单位：%）

省份	高端装备制造产业	节能环保产业	其他非战新产业	生物产业	数字创意产业	相关服务业	新材料产业	新能源产业	新能源汽车	新一代信息技术产业
安徽	9.74	11.21	18.38	9.01	0.18	0.18	18.20	8.09	5.88	19.12

续表

省份	高端装备制造产业	节能环保产业	其他非战新产业	生物产业	数字创意产业	相关服务业	新材料产业	新能源产业	新能源汽车	新一代信息技术产业
北京	15.24	9.97	4.71	12.60	1.25	2.08	5.82	0.69	1.11	46.54
福建	11.43	12.21	5.71	10.91	1.30	0.00	20.26	2.60	4.42	31.17
甘肃	14.89	17.02	2.13	19.15	0.00	0.00	23.40	6.38	0.00	17.02
广东	15.89	8.58	6.04	9.16	0.68	0.39	11.99	2.34	3.70	41.23
广西	11.76	15.97	3.36	13.45	1.68	0.00	17.65	2.52	16.81	16.81
贵州	20.83	6.94	0.00	8.33	0.00	0.00	23.61	5.56	6.94	27.78
海南	10.53	10.53	0.00	15.79	0.00	5.26	15.79	5.26	0.00	36.84
河北	24.47	10.64	11.70	11.44	0.00	0.53	19.15	3.72	2.66	15.69
河南	18.70	11.72	3.99	9.98	0.00	0.50	29.18	5.24	4.49	16.21
黑龙江	38.71	17.74	4.84	12.90	0.00	0.00	9.68	1.61	3.23	11.29
湖北	17.31	11.97	5.56	8.55	0.85	0.85	19.87	4.06	9.83	21.15
湖南	18.52	11.11	9.15	10.24	0.22	0.65	22.44	5.01	4.79	17.86
吉林	24.56	3.51	5.26	22.81	0.00	0.00	12.28	8.77	3.51	19.30
江苏	23.38	9.91	12.00	10.53	0.37	0.24	18.60	4.28	2.08	18.60
江西	10.83	10.47	1.81	9.39	0.00	0.00	25.63	5.05	9.75	27.08
辽宁	20.81	10.40	5.03	16.11	0.34	0.00	20.47	5.70	2.68	18.46
内蒙古	25.00	5.00	0.00	10.00	0.00	0.00	40.00	0.00	0.00	20.00
宁夏	18.37	16.33	0.00	14.29	0.00	0.00	30.61	4.08	2.04	14.29
青海	0.00	18.75	0.00	18.75	0.00	0.00	25.00	6.25	12.50	18.75
山东	21.62	14.10	9.08	13.38	0.00	0.36	19.24	4.18	3.11	14.93
山西	21.05	11.84	4.61	11.84	0.00	0.00	30.26	0.00	1.97	18.42
陕西	19.70	10.10	1.52	11.62	0.51	0.51	21.72	3.54	3.54	27.27
上海	13.64	11.88	1.28	13.00	0.48	0.96	14.29	3.53	6.42	34.51
四川	14.21	12.97	2.99	10.72	1.50	0.50	16.46	1.50	2.49	36.66
天津	21.83	7.61	1.02	12.69	0.51	1.52	21.32	5.08	7.11	21.32
西藏	20.00	20.00	0.00	0.00	0.00	0.00	0.00	40.00	0.00	20.00
新疆	10.84	19.28	4.82	22.89	1.20	1.20	19.28	3.61	1.20	15.66
云南	15.73	11.24	6.74	10.11	0.00	2.25	25.84	8.99	2.25	16.85
浙江	21.91	8.61	20.48	9.09	0.57	0.19	14.64	2.68	3.92	17.89
重庆	13.70	11.85	22.59	7.78	0.00	0.74	17.04	3.70	4.07	18.52

（四）要素画像：创新强、资本热、高精专人才需求加大

“硬实力”专利占比四成。从专利类型看，截至2021年年底，国家专精特新“小巨人”企业专利申请总量52.6万件，包括发明专利21.9万件、实用新型专利26.3万件和外观设计专利4.4万件。其中，发明专利保护全新且独立的技术，可表征“小巨人”企业技术创新实力，此类专利占比41.6%。从区域分布看，截至2021年年底，广东“小巨人”企业发明专利数量及专利申请总量均居全国榜首；江苏、山东、上海整体优势明显；浙江发明专利数量虽跻身前五，但专利申请总量明显落后北上广地区（见图1.5）。从产业布局看，截至2021年年底“小巨人”企业的发明专利主要集中在新一代信息技术（约5.0万件）、高端装备制造（约4.5万件）和节能环保（约3.3万件）三大产业，占发明专利数量的50%以上；新能源汽车、新能源产业以及数字创意产业发明专利数量偏低，总占比不足5%（见图1.6）。从技术实力看，通过在A股上市企业中，筛选出与专精特新“小巨人”上市企业要素相似企业进行对比，赛迪顾问发现，专精特新“小巨人”上市企业平均授权专利增速呈现波动增长趋势，且从2019年开始，增速已超越其他制造业上市企业（见图1.7）。

上市企业仍主要集中在科创板和创业板。已公示的共四批专精特新“小巨人”企业中，A股上市企业总量突破600家。其中，前三批专精特新“小巨人”上市企业中，约70%来自创业板和科创板；第

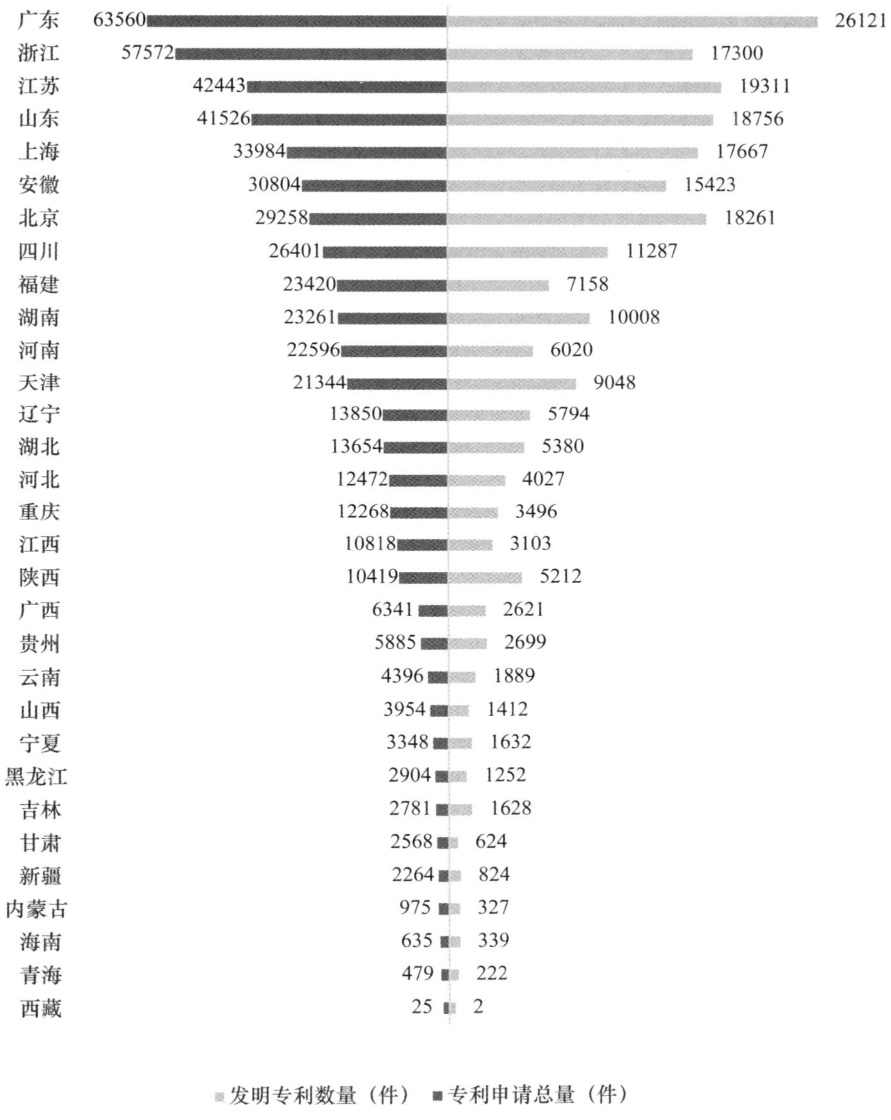

图 1.5　截至 2021 年年底中国专精特新“小巨人”企业专利数量按省（自治区、直辖市）分布

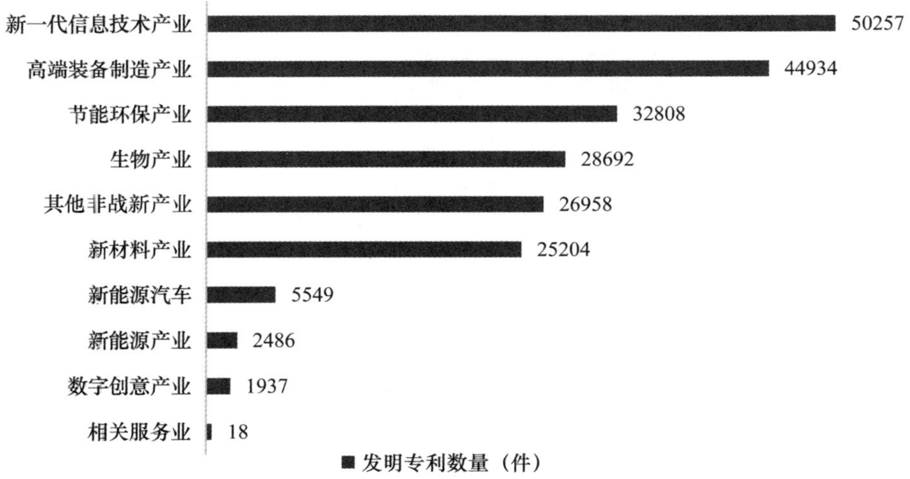

图 1. 6　截至 2021 年年底中国专精特新“小巨人”企业发明专利数量按产业分布

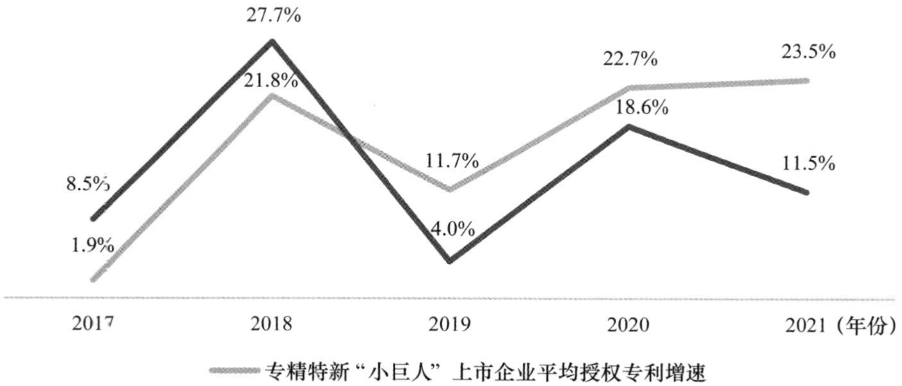

图 1. 7　2017—2021 年年底中国专精特新“小巨人”上市企业与其他制造业上市企业平均授权专利增速对比

四批入选的上市企业板块分布与前三批类似，同样集中在创业板和科创板，占比分别为35.3%和30.8%；同时，主板逐渐成为重要的上市板块，第四批主板上市占比为27.2%，较前三批，占比提升4个百分点。北交所、科创板等多层次资本市场对专精特新企业培育的支持作用显著提升（见图1.8）。

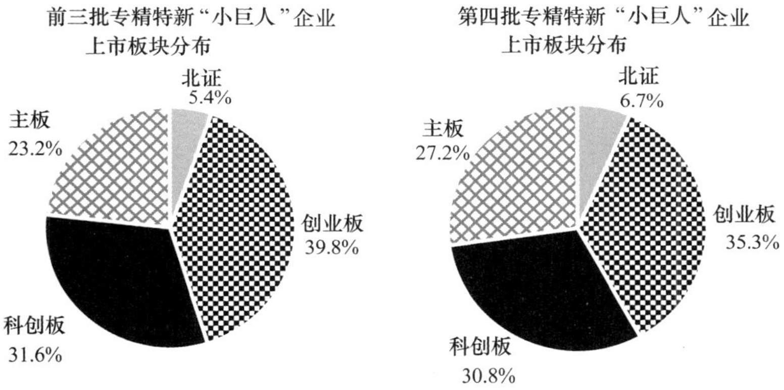

图1.8　中国专精特新“小巨人”企业上市比例对比

高精专型人才招聘需求逐年递增。从招聘信息数量看，近三年专精特新“小巨人”企业人才招聘需求逐年递增。据大数据分析，2019年、2020年、2021年“小巨人”企业招聘数据分别为10.4万条、12.4万条、20.6万条，2021年比2019年增加了近一倍，平均增长率达到41.1%。从招聘学历看，企业对各学历人才需求相对稳定。从2019年到2021年，本科学历学生招聘数量均占每年招聘总量的五成，硕士研究生和博士研究生招聘数逐年稳定增加。从招聘行业看，新一代信息技术产业招聘数量最多，2019—2021 年分别占总招聘数的 39.1%、36.7%和 32.3%，是“小巨人”企业招聘的中坚力量；数字创意产业、新能源产业和战新相关服务业招聘数量相对较少，2019—2021 年总占比分别为 5.0%、4.5%和 4.0%。

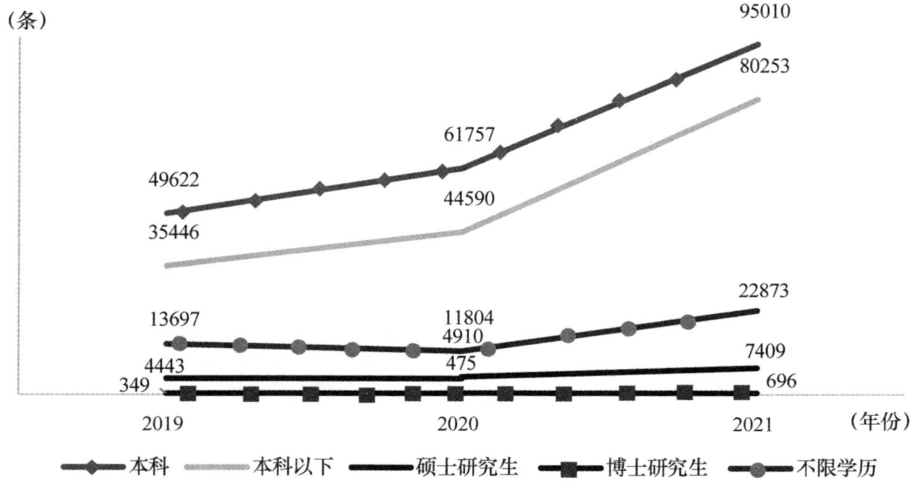

图 1.9　2019—2021 年中国专精特新“小巨人”企业招聘学历情况

三　“小巨人”企业发展趋势分析

当前国内外形势错综复杂，新冠疫情继续深刻影响世界经济发展，世界百年变局加速演进，外部环境更趋复杂严峻和不确定。作为行业“领头羊”的专精特新“小巨人”企业发展同样受到经济大环境波动的影响，基于此，根据指标数据实时更新情况，本书选取能够反映专精特新“小巨人”发展的关键性指数，进行季度监测，以此来分析和跟踪“小巨人”企业的发展趋势。

（一）创新指数：创新指数10月份同比有所增长

创新指数主要反映“小巨人”企业综合研发、专利等特征的创新发展水平和能力。总的来说，创新指数近四年处于相对稳定上升状态，新一代信息技术产业、高端装备行业增长显著。

1. 具体表现

市场需求收缩，创新指数同比下降。2022 年 10 月，受市场需求持续收缩以及新冠疫情波动不利因素影响，经济基本面仍得不到有力修复，市场不确定性加重，创新指数环比有一定下滑。2022 年 10 月，专精特新创新指数为 110.9，较 2021 年同期增长 12.0%，较 2022 年 9 月环比下降 6.2%。

从区域指标看，北京、上海、广东创新优势突出。2022 年 10 月，从区域指标看，北京、上海、广东创新动能突出，创新指数同比增长均超过 20%，区位优势、经济发展、科技实力以及相关创新政策加速落实，使得创新动能不断迸发。

从产业维度看，新一代信息技术创新活力最强。从分产业指数看，新一代信息技术产业仍保持较强的创新活力，创新指数达 184.9；数字经济快速发展，数字技术、数据要素应用向传统产业渗透不断增强，关键技术、先进工艺等创新成效显著。

2. 发展建议

实施差异化创新战略，鼓励企业布局科技前沿。创新是专精特新企业成长的生命线，也是专精特新企业的重要使命，当前企业有想法，但缺少资金，没准入机会，没项目牵引，导致产品技术缺少成熟度，发展后劲不足。应差异化引导企业创新方向，一方面寻求“专精特新”中小企业一个小环节的创新对战略性新兴产业整体创新能力提升的突破口；另一方面把扶持专精特新“小巨人”企业的成长与重构中国制造业产业链和供应链结合起来。将专精特新“小巨人”企业作为传统产业链和供应链对接和适应新技术及其应用的缓冲区和接合部，鼓励企业布局未来科技前沿。

重视“专精特新”在原创技术和精益生产方面的作用，给予时间和耐心。技术的长期累积与迭代，要给予中小企业更多机会和耐心；在一些“卡脖子”的关键核心技术、共性技术领域，推动龙头企业与专精特新企业协同创新、联合攻关，在政策、项目和资金方面给予集中投入、连续投入，通过突破一批核心自主技术提升工业基础能力。

（二）抗风险指数：2022 年 10 月抗风险指数趋于平稳

抗风险指数主要反映“小巨人”企业在发展风险、经营风险等多重风险下的抵抗力。总的来说，抗风险指数近四年（2019—2022 年）

持续保持增长，关键性指标都成正向发展，不同区域虽然表现稍有差别，但整体向好；从行业看，新能源、新材料等行业抗风险能力明显增强。

1. 具体表现

部分行业开始发力，抗风险指数趋于平稳。2022 年 10 月中国专精特新企业抗风险指数略有回升，为 137.8，同比增长 14.8%，环比增长 3.5%，整体呈现缓慢回暖趋势。

从区域维度看，西南地区指数上升明显。2022 年 10 月西南地区新增中标个数关键指标和新增分支机构关键指标均上升幅度较大，分别同比增加了 122.1% 和 16.7%，环比增加了 13.0% 和 250.0%，带动整体抗风险指数上涨。

从产业维度看，新材料产业和新能源汽车产业齐头并进。随着新材料下游市场对于产品需求的增加，产业逐步迎来发展黄金期，同时新能源汽车受政策推动明显，销量环比提升再创新高，新能源汽车产业和新材料产业中标个数关键指标已连续上涨三个月，10 月分别环比增长 14.2% 和 66.7%。

2. 发展建议

以市场需求为导向。坚持市场对资源配置的决定性作用，积极发挥政府的引导作用，着力推进供给侧结构性改革，更多地运用市场力量、市场机制，鼓励专精特新企业积极参与国际产能合作，充分用好两个市场、两种资源，全面提高发展质量和核心竞争力。充分发挥产学研用等各类主要作用。

提高创新敏锐性和知识产权预警能力。专精特新企业主要从事高新技术业务，具有极强的科创属性，技术管理风险大，易引发多种类型的专利诉讼，应比其他板块企业更重视自主核心技术研发工作，从根本上提升自身竞争力。专精特新企业应尽早建立健全知识产权战略，提前进行完善的专利布局，保证自主核心技术产权清晰，增强风险预警和抵御能力。

加强内部财务控制建设。企业防范财务风险的根本是不断建立和完善企业财务风险管理制度，加强内部控制。因为只有建立健全财务制度，才能体现会计信息和企业信息的真实性。一是根据国家有关政策法规，实行与企业发展相适应的会计制度。二是要建立监督机制和考核机制，对企业各项制度进行监督检查，并落实相关制度。

（三）扩张指数：中国专精特新协同指数小幅回升

扩张指数综合“小巨人”企业的招标情况、招聘数量、投融资事件等多维度指标，用以度量“小巨人”企业的对外扩张能力。总体来讲，扩张指数近四年处于稳定上升状态，尤其是新能源汽车行业和生物行业。

1. 具体表现

新冠疫情多发导致扩张指数有所回落。2022 年 10 月，受欧美经济走弱预期和国内需求恢复不足影响，中国专精特新扩张指数继续回落，为 129. 1，环比下降 3. 4%，但降幅收窄。其中，招标数量和招聘岗位数环比下降分别为 5. 5% 和 3. 8%。

从区域维度看，东部地区保持扩张态势。从区域扩张数据看，随着上海工业强劲复苏，江苏高技术船舶和海洋工程装备、新型医疗器械、集成电路与新型显示等集群项目提前完成年度投资目标，长三角区域产业高质量协同发展的优势持续增强，东部的招标数量和招聘岗位数环比保持增长态势，分别为 3. 6% 和 4. 1%。

从产业维度看，新能源汽车产业和生物产业扩张强势。从关键指标的产业维度看，新能源汽车产业因处于高景气阶段，其招聘岗位数环比增长最快，为 123. 8%；生物产业受需求扩大拉动，招标数量环比增长最快，为 66. 8%。

2. 发展建议

持续提高中小企业的融资可得性。直接融资方面，加强对不同成长阶段、不同类型的中小企业进行培育、规范和上市辅导，推动企业尽快熟悉资本市场法律法规，提升企业的公司治理能力、信息披露与内部控制合规意识，做好主板、科创板、创业板、新三板等多层次资本市场企业上市或挂牌的梯队建设。间接融资方面，鼓励银行等金融机构在把控风险的前提下放宽对“专精特新”中小企业融资限制，创新贷款产品，利用新技术积极探索金融服务中小企业新模式，确保安全高效地提供融贷服务。

强化企业人才正向匹配性。要深化产教融合，支持企业人才需求融入人才培养中，支持高等教育、职业培训围绕产业需求开设专业学科与课程；支持“小巨人”企业引进高端人才或急需紧缺人才，支持举办订单式的企业管理人才培训；鼓励在重点产业链关键环节和重点领域，以股权激励、住房补贴等政策加快人才引进力度，吸引一批顶尖创新型人才；建立科学公正的人才评价机制，持续改善创新型科技人才的科研工作环境和为其提供生活保障。

营造健康政策发展大环境，激发企业强链、补链内生动力。发挥好政府、龙头企业、专精特新企业、科研院所、金融机构在产业链上的角色、地位和功能，营造健康发展大环境。既要重视专项资金扶持，也要鼓励项目牵引，创造应用场景和机会，加强帮扶的计划性和针对性，瞄准分类标杆，区别轻重缓急，梯度配置资源，优先解决产业难点痛点和基础性问题，向解决“卡脖子”问题和重大基础问题的企业倾斜。要关注脱颖而出的专精特新企业，更要帮扶瓶颈和关口期的成长企业。政府要发挥在制度与管理上的调节作用，激发企业强链、补链内生动力，让企业在专业化道路上做细、做精、做深，获得持续成长空间。

四　政策建议

（一）政府层面

构建“专精特新”大数据服务平台。建议各级政府部门加快构建专精特新企业标准体系，建设“全网上、一站式、全周期、动态化”的服务平台，实现优质企业精准画像、动态预判和梯度培育，有效分配资源，利用大数据技术形成结构化分析研判，做到企业培育能因地制宜、精准施策，利用平台密切企业家与政府、与上下游等各环节的沟通和协调，优化资源配置，推动企业抱团发展。

加大专精特新企业扶持培育力度。一是建议鼓励企业提高自主创新能力，助推产学研融合，对技术创新、成果转化等方面提供服务与支持，尽可能降低企业自主创新风险与成本；二是建议完善土地、人才、财税等方面的政策支持，助力企业集中力量高效发展；三是建议制定“专精特新”专项金融服务产品，为企业的精准高效融资提供支持。

持续优化专精特新企业评选机制。一方面，在评选端，建议严格把控评选标准，寻求第三方评估体系，建设一个有信誉的强大评审机构，不因政绩动机降低评选标准、增加评选数量，增加现场答辩评选流程；另一方面，在企业申报端，建议通过实地考察、查看审计报告等方式把握企业所在真实行业及核心技术，严查申报材料模糊指标或易造假指标，严禁材料作假，防止为专精特新“小巨人”企业增添水分。

（二）企业层面

坚持专业发展道路。建议专精特新“小巨人”企业树立走专业化道路的理念，一方面，摒弃规模崇拜，拒绝多元诱惑，聚焦主业、苦练内功，坚持十年磨一剑的长期主义；另一方面，做到企业内部的生产、管理和资本专业化，在单一或主要产品上坚持“工匠”精神，建立高效科学的管理团队，集中有限资金专攻特定区域市场，建立竞争优势。

坚持创新发展道路。建议专精特新“小巨人”企业树立走创新发展道路的理念，抓住新一轮科技革命和产业变革的机遇，夯实自身专业领域创新基础，畅通创新渠道，积极参与产业基础再造工程、关键核心技术攻关和共性技术研发，抢占技术创新的制高点，推动解决“卡脖子”“掉链子”等问题，提高企业和产品科技含量。

坚持集群发展道路。建议专精特新“小巨人”企业树立走集群发展道路的理念，避免单枪匹马，积极加入区域集群、产业集群，在适宜发展的地区和区域团结起来，进入大型企业的支持体系，实现规模合作或供应链合作，增强抵御风险的能力。

坚持国际发展道路。建议专精特新“小巨人”企业走国际化发展道路：一要实施品牌战略，利用自身在细分产业方面的优势，构建国际竞争力，打造国际品牌，提升国际影响力；二要积极利用共建“一带一路”合作国家市场和周边国家市场，把握国家外贸政策，进而逐步融入全球供应链、产业链、价值链，形成在全球范围内配置要素资源、布局市场网络的能力；三要防范外贸风险，关注国际经济、行业形势，研究各国外贸相关政策，建立、优化风险监测预警体系和风险管理制度。

第二章

政府支持与创新——对上市中小企业的分析

一 引言

在国际竞争日益激烈的环境下，创新的重要性越发凸显，通过创新推动中国科技进步，从而推动生产力的进一步发展是中国把握发展机遇的重要内容。中国早在 2006 年就提出建设创新型国家的战略，2017 年党的十九大报告进一步明确指出要加快建设创新型国家，在 2021 年发布的“十四五”规划第二篇中将科技自立自强提高到重要的战略高度。在创新驱动发展战略的引领下，中国的创新投入不断提升。根据国家统计局发布的《2020 年全国科技经费投入统计公报》，2020 年我国科学研究与试验发展（R&D）经费投入再创新高，突破 2. 4 万亿元，2016—2019 年我国 R&D 经费年均增长 11. 8%，远超美国和日本，并且研发投入强度持续提高，2020 年 R&D 经费的投入强度达到 2. 4%，与经济合作与发展组织（OECD）国家的平均水平之间的差距越来越小。

从研发活动的主体来看，企业在科技创新领域的贡献更加突出。

2020 年中国各类企业 R&D 经费支出达 18673.8 亿元，占全国 R&D 经费投入的 77.8%，企业对创新的作用不断增强。国家一直将培育企业技术创新能力作为建立创新型国家规划中的重要一环，在“十四五”规划中强调了企业的创新主体地位，要求通过建立起市场导向机制，从而引导企业创新所需的人力、物力、财力等要素聚集，构建起产学研用深度融合的技术创新体系。

要构建创新型国家，进一步强化企业作为创新主体的地位，不能只关注相对大规模的企业，数量占比超过 90% 的中小企业才是中国发力创新的重要源泉。考虑到从创新投入到实质性的创新产出存在时间差，相比一般的投资活动，创新活动的风险较高，而中小企业自身承受风险能力较差，且经常面临资金不足等问题，制约其进行创新投入、降低其创新意愿，因此政府介入对于中小企业的创新活动有重要意义。国家对中小企业的创新重视度不断提高，“十四五”规划中多次提出针对中小企业创新的措施，包括“完善激励科技型中小企业创新的税收优惠政策”“支持创新型中小微企业成长为创新重要发源地”等，新成立的北京证券交易所赋能中小企业创新发展的重大改革，定位于服务创新型中小企业。

虽然研发补助是许多国家鼓励企业创新的重要手段之一（Arqué - Castells et al.，2015），但政府补助对企业创新究竟是起到了正面促进作用还是挤出效应仍然存在争议。一些企业为获得补贴采取“重数量、轻质量”的创新策略，主要进行策略性创新以追求更多的专利数量，而非进行实质性创新以追求更高的专利质量（黎文靖等，2016；

应千伟等，2022），甚至进行非正常的专利申请，引起市场乱象。这也是为何国家会提出在 2021 年 6 月底前各地全面取消专利和商标申请阶段的资助和奖励政策，其目的就在于推动知识产权工作从追求数量向提升质量转变。

企业应对政府补贴采取不同的创新策略与其背后的传导机制有关。从正面看，政府补助可以直接为企业提供资金，缓解企业面临的融资约束，弥补企业的部分创新成本（雷鹏等，2015；应千伟等，2022），也可以向外界释放企业技术研发优势信号，吸引更多的风险投资（Kleer，2010；郭玥，2018；陈晨等，2021）；从负面来看，研发补贴的验收机制和企业寻租机会增加都会扭曲研发补助的激励作用（袁建国等，2015；杨筠等，2018）。如果后者的扭曲效果强于前者的正向激励作用，就可能出现企业采取“重数量、轻质量”创新策略及研发效率降低的现象。

已有文献的研究对象大多数是针对一般企业或大型工业企业，缺乏对中小企业的研究。中小企业在创新支持效果方面有两个要点可能不同于大企业：第一，其资金缺乏、风险承受能力低的特点可能使创新补助效果更好；第二，管理不完善特点也使得其更可能有各种扭曲现象出现。因此，单独分析政府支持中小企业创新效果有一定现实意义。此外，现有文献通常以全部的政府补助总额来近似替代创新补助，其结论可能受到非创新补助效果的影响。本书将聚焦于政府补助对中小企业的创新行为影响，不仅通过测算中小企业的创新效率来衡量中小企业从创新投入到创新产出这一过程的绩效，而且将政府补助细致拆分为研发补助和非研发补助，同时考察研发补助和非研发补助对企业创新行为及创新绩效的影响。最后，本书进一步讨论了研发补助对中小企业创新绩效影响背后的机制，包括正向的缓解融资约束和信号传递机制以及负向的寻租水平对中小企业创新行为的扭曲情况的影响，基于高新技术企业和内部控制的分样本分析也为回答“怎样的中小企业收到政府研发补助后能得到更好激励效果”这一问题提供一定的方向，为如何促进政府研发补助发挥对中小企业创新激励作用提供一定思路。

本章其余部分结构如下：第二部分是对已有研究的综述，包括企业创新的影响因素、政府补助与企业创新两个方面的文献；第三部分描述了中国中小企业创新绩效现状，并对中国政府创新补贴政策现状进行了梳理；第四部分介绍了本书的数据来源、基本实证模型设定以及模型中各项变量的定义，并对主要变量进行了描述性统计；第五部分是本研究的实证结果——主要回归结果；第六部分进行机制分析和异质性检验；第七部分是全文总结。

二　文献综述

（一）企业创新的影响因素

熊彼特的创新理论以及索洛模型等增长理论的提出促使经济学家认识到技术进步对经济增长和社会福利的作用，并开始对创新活动和成果进行了大量的实证研究。一般而言，企业的创新行为主要受到公司内部和外部环境的影响。

从公司内部因素看，企业规模、现金流情况、组织能力、多元化战略等都会对企业的研发投入造成影响。熊彼特认为企业规模会对企业的创新造成正向影响。Klepper（1996）、Klepper 和 Simons（2005）的研究发现企业规模带来的优势会随时间自我加强，即随着企业规模增长其研发回报、研发投入也越多，而研发的成功又带来企业规模的进一步增长。企业现金流情况则一定程度上解释了为何企业规模大会有利于研发投入，由于资本市场是不完善的，这种不完善限制了研发这种结果不确定的投资（Hall and Lerner，2010）。Hao 和 Jaffe（1993）证明了在规模相对较小的公司确实存在流动性和研发投入之间的因果关系。Himmelberg 和 Petersen（1994）研究发现来自四个高科技行业的小企业的研发支出随现金流的增加而上升。Brown 等（2009）发现 1990—2004 年，现金流和发行公共股本对于美国的年轻企业非常重要，而对于成熟公司的研发投资影响甚微。不管是内部融资还是外部融资，由于能对企业的现金流造成影响，也会对企业的自主创新行为造成影响。Hsu 等（2014）利用跨国数据重点考察了技术密集型且比较依赖外部融资的行业，发现股权融资有利于这些行业的创新，而信贷市场反而会造成一定的阻碍。李汇东等（2013）利用中国上市公司的数据研究发现与 Hsu 等（2014）的结论类似。孙早等（2016）利用战略新兴产业上市公司样本，发现内部融资和股权融资都显著促进了企业创新，而债权融资则对自主创新存在抑制作用。张劲帆等（2017）发现首次公开募股（IPO）能显著增加企业创新产出。以上研究都说明缓解企业融资约束对于企业创新的重要性。除了企业规模和现金流情况外，企业的组织效率和战略选择也会影响企业的研发投入（Hall and Lerner，2010）。范志刚等（2014）研究发现动态环境下前瞻型战略柔性与反应型战略柔性对企业创新行为有促进作用。

从外部环境因素看，市场集中度、企业社会网络、产业政策等都会对企业的研发投入造成影响。熊彼特认为寡头垄断市场结构有利于创新，认为由于具有市场力量所获得的垄断利润为这些企业提供了创新活动所需的内部财政资源。Arrow（1962）与熊彼特的观点相反，认为垄断者创新得到的回报只是超过之前垄断利润的增量部分，而完全竞争市场的企业可以完全获得所有创新回报，所以竞争行业的企业有更大的投资研发动机。Aghion 等（2005）研究发现研发强度和市场集中度之间存在“倒 U”形的关系。陈羽等（2007）利用中国的数据得到了类似的结论。Hewitt - Dundas（2006）认为通过外部创新伙伴关系获得的外部资源和能力能激励中小企业进行创新，并提高其创新能力。Zeng 等（2010）通过对中国制造业中小企业的调查研究了不同主体的合作关系对企业创新的影响，发现企业间合作效果最佳，对中小企业创新效果的促进作用最明显，而与政府机构的合作对中小企业的创新成果没有明显影响。杨战胜等（2014）发现存在政治关联的企业在“产学研”平台更可能获得创新资源，从而促进企业专利成果的增加。

（二）政府补助与企业创新

政府补助对企业创新的影响体现在对企业研发支出、企业创新的数量/质量以及企业研发效率或者创新绩效等方面上。

1. 政府补助与企业研发投入

政府补助与企业研发投入的关系存在争议。一些研究认为政府补助能引导企业的研发投入，即公共补贴能补足私人研发投入。Carboni（2011）通过对意大利制造业企业的研究发现政府公共补助对企业的自主研发投资有积极影响，并且认为税收激励政策比直接补贴更有效。Aristei 等（2015）发现研发税收抵免政策对法国制造业企业的研发投入产生了积极影响。白俊红（2011）以行业层面的数据进行实证研究，发现政府的 R&D 补助可以促进企业创新。康志勇（2013）发现政府的支持补助可以一定程度上缓解融资约束，对企业研发创新具有激励作用。李汇东等（2013）利用上市公司数据研究了不同融资方式对企业创新投资的影响，发现政府补助的效果最佳。郭玥（2018）在控制非创新补助的影响下，发现创新补助可以显著促进企业的研发投入增加。安同良和千慧雄（2021）通过理论模型分析 R&D 补贴的经济阈限和最优规模，并使用行业层面的数据进行实证分析，发现整体来看中国的 R&D 补贴是有效的，可以带动企业进行技术创新，但是这种补贴存在一个有效的区域，不同类型的补贴效果不同，有效区域也不同，比如税收优惠政策的带动作用就强于直接的财政补贴。吕晓军（2016）以战略新兴产业上市公司为样本，除了验证政府补贴对企业 R&D 投入的促进作用，还探讨了市场化程度在其中的作用，发现样本公司如果位于市场化程度高的地区，政府补贴的促进效应更明显。

还有部分文献认为政府补助挤出了企业的研发投入：Dai 等（2015）利用中国制造业企业的样本，发现当公共补贴超过某一临界点后，增加政府补贴会部分或者全部挤出公司的自主研发投入，导致公司的总研发投入并不会随着政府补贴的进一步增加而提高，不会继续促进公司的总研发投入提高。Marino 等（2016）利用法国数据得出了类似的结论。戴小勇等（2014）对中国工业企业的研究发现超过特定区间的补贴会对企业的研发投入产生挤出效应。李万福等（2017）发现虽然从整体来看，政府创新补助提高了企业总研发投入，但对于企业的自主创新投资存在部分挤出效应。张杰（2020）利用全国企业创新调查数据库的数据研究发现，较低水平的政府创新补助只带来挤出效应，在超过某个临界点后，政府创新补助才会促进企业的自主创新投入，所以从整体上来看，政府的创新补贴与企业的自主创新投入之间呈 U 形关系。

2. 政府补助与企业创新产出

政府补助对于企业创新产出的影响同样存在争议。

一些研究认为政府补助能促进企业的专利产出。Li（2012）研究发现1998—2007年各省陆续出台的针对专利的政府补助是这个时期专利申请数量骤增的原因。龙小宁和王俊（2015）利用省级的专利数据研究发现，中国的专利激励政策促使专利数量激增。黎文靖和郑曼妮（2016）以中国五年规划的内容来判断行业是否存在产业政策激励，发现对于所处行业有产业政策进行激励的公司，其专利申请数显著增加。陈红等（2019）研究发现政府补助更有利于激励制造业和服务业在成长期以及制造业成熟期企业的专利产出。应千伟等（2022）利用高新技术企业数据研究发现研发补贴对专利数量有显著促进作用。

一些研究认为政府补助对企业专利产出的影响是非线性的。林洲钰等（2015）发现政府补贴与企业专利产出呈“倒U”形，当政府补贴超出临界值时，反而会抑制企业专利产出。李晓钟等（2019）对电子信息产业上市公司的研究得出了相似的结论。吴伟伟和王天一（2021）聚焦于政府补助对新创企业创新产出的影响，发现研发补贴对新创企业的专利产出具有“倒U”形影响。

还有部分研究发现政府补助无法促进企业整体专利产出。王俊（2010）对制造业细分行业面板数据进行研究，发现政府补贴对于R&D产出的作用并不显著。顾元媛（2011）利用省级面板数据研究发现政府的研发补贴对企业的专利数量有显著负效应。郭玥（2018）研究发现政府创新补助对于企业整体的专利产出没有显著影响。

有研究进一步考察了政府补助对创新质量的影响。龙小宁和王俊（2015）的研究显示，如果从专利质量的角度来看，在中国的专利激励政策下，专利的总体创新含量没能得到和专利数量同样的提高，这说明政府补贴下，专利的绝对数量而非质量更受追捧。黎文靖和郑曼妮（2016）发现产业政策仅激励了企业非发明专利申请的显著增加，对企业发明专利的申请没有显著影响，说明产业政策更多地引发了企业的策略性创新行为。陈红等（2019）发现政府补助更有利于激励制造业成熟期的实质性创新，而对于制造业和服务业成长期企业的作用主要是激励其策略性创新。应千伟等（2022）的研究发现企业创新数量和创新质量之间存在一定的替代关系，政府研发补贴会使企业采取追求数量而不是质量的创新策略。也有部分文献认为政府补助促进了实质性创新而不是策略性创新。郭玥（2018）利用上市公司数据发现政府研发补助显著促进了企业的发明专利，对非发明专利没有显著影响。康志勇（2018）利用 PSM – DID 模型（注：倾向得分匹配模型和双重差分模型），发现政府补贴对企业发明专利和实用新型的专利质量的提升有促进作用，但这种促进效果持续时间有限。

3. 政府补助与企业创新绩效

虽然有些文献直接讨论了政府补助对企业绩效的影响，但研究政府补助如何影响企业的生产率—创新弹性或者政府补助如何影响企业研发效率的文献相对较少。白俊红等（2011）利用大中型工业企业分行业面板数据和随机前沿模型测算了各行业的技术创新效率，并发现政府研发补助能显著提升企业的创新效率。雷鹏等（2015）利用工业上市企业数据，发现政府补助有助于企业研发规模效率的提高，但同时会降低企业研发的纯技术效率。霍江林等（2018）利用创业板上市公司数据发现政府补助与企业研发效率之间存在 U 形关系。Fang 等（2020）发现 1998—2007 年企业的全要素生产率（TFP）—专利弹性随时间下降，其背后的原因是这期间各省份陆续出台专利补贴政策。

4. 政府补助影响企业创新的机制

从正面影响看，政府补助可以通过资源和信号传递两个渠道来直接和间接地缓解企业的融资约束，从而增加企业的 R&D 投入，促进其创新。政府补助可以直接为企业提供资金，缓解企业创新活动依赖于内源融资的压力，弥补企业的部分创新成本（应千伟等，2022）。雷鹏等（2015）实证研究发现政府补助对企业的融资约束有显著缓解作用。另外，政府补助可以向外界释放企业技术研发优势的信号，降低外部投资者与企业之间存在的信息不对称问题，吸引更多的风险投资（Lerner，1999）。Kleer（2010）和 Takalo 等（2010）通过理论模型验证了创新补助的信号传递机制。郭玥（2018）从理论上论证了创新补助能通过直接资金投入和缓解信息不对称两个渠道增加企业创新投入和研发创新，并通过实证分析验证了政府创新补助的信号传递机制，即政府补助能使企业获得更多风险投资以及更高证券分析师关注度。陈晨等（2021）研究发现国家创新型企业政策能发挥信号传递效应，提升企业获得长期信贷融资的能力，从而缓解融资约束。

从负面影响看，研发补贴的验收机制和企业寻租都可能扭曲研发补贴的创新激励作用。政府在验收考察时更多依据创新数量标准而非创新质量标准，可能会导致企业片面追求创新数量而忽视创新质量，导致政府研发补贴的激励效果被扭曲（应千伟等，2022）。企业寻租的现象也会造成资源配置扭曲、降低资源使用效率，扭曲政府补助对创新研发行为的激励作用。肖兴志等（2014）发现企业的社会资本投资会减弱政府补贴对创新的鼓励效果。袁建国等（2015）发现政治关联会对企业的创新活动造成阻碍，导致企业创新效率下降，产生政治资源诅咒效应，并且这一负面效应具有持续性。杨筠等（2018）发现政治关联可以促进企业获得政府补助，并且政治关联会削弱政府补贴对企业创新绩效的积极作用。应千伟等（2022）研究发现寻租会导致企业在获得研发补助后采取“重数量、轻质量”的创新策略。

（三）现有文献评述

第一，现有文献虽然已经对政府补助和企业创新行为进行了较为丰富的研究，但尚未形成统一的结论，而且国内研究多以规模以上工业企业数据或全体上市公司数据为主，以中小企业为研究对象的国内文献相对较少。国内外的研究也显示企业规模是影响企业创新行为和创新绩效的重要因素，中小企业对政府补助的反应可能与大型企业存在差异。

第二，大部分文献在研究政府补助对企业创新活动的影响时，主要使用政府补助总额来近似替代政府创新补贴，然而企业获得的政府补助中除了创新补贴，还有环保补贴、上市补贴等非创新补贴，直接用政府补助总额近似替代创新补助会导致结论受到非创新补助效果的影响。

第三，绝大多数文献分别研究了政府补助对企业研发投入和专利产出的影响，而很少将企业从创新投入到产出作为一个完整过程，考察政府补助对于整个创新过程效率的影响。

基于以上三点，本书针对中小企业，分析政府创新补贴和非创新补贴对其创新投入、产出和效率的影响。

三　中国中小企业创新绩效与政府补贴政策现状

（一）数据来源和研究样本

本书聚焦于研究中小企业的创新行为，考虑到数据可得性，选择了2008—2020年原中小企业板和创业板上市公司作为研究样本。中小企业板定位于为主业突出、具有成长性的中小企业提供融资渠道和发展平台，2021年被合并入主板，证券代码和简称保持不变，因此可根据证券代码识别出属于原中小企业板的企业；创业板相对主板的门槛较低，定位于具有高成长性的中小企业。借鉴现有文献（黎文靖等，2016；郭玥，2018；吴伟伟和王天一，2021），本书剔除金融类以及ST、ST*和PT类公司，并剔除存在数据缺失的样本，最终得到1766家公司作为研究样本。

为确保信息全面性，上述研究样本的数据选自多个数据库，基本信息和主要财务数据来自万得（Wind）数据库、同花顺（iFinD）数据库和国泰安数据库，政府补助明细数据和专利数据来自国泰安和 CCER 数据库。

（二）核心概念说明

企业的创新活动可分为创新投入和创新产出，参照现有文献，一般使用企业研发支出与营业总收入之间的比值来衡量企业的创新投入，以企业的专利申请量来衡量企业的创新产出。目前文献对于企业创新绩效这一概念尚未有统一定义，大部分文献仅以企业的专利产出数量或企业的财务绩效来衡量企业创新绩效。考虑到企业创新活动是从投入到产出的综合过程，上述衡量方式不够完整。因此，本书除了对企业的研发投入产出分别进行研究，还考虑了创新效率作为综合衡量企业创新绩效的指标，即反映了同样创新投入量下创新产出的高低。

综合考虑决策单元的投入产出并测算效率的方法有很多，传统的数据包络分析（DEA）模型测算的是同一时期不同决策单元的静态相对效率，而 Malmquist 指数的优势在于能够通过 DEA 等非参数方法测算出生产率随时间的变化，并且能将这一变化分解为效率和技术的变化，衡量的是各个决策单元不同时期的动态效率变化，更适用于面板数据。因此，本书采用基于 DEA 的 Malmquist 指数法测算企业的全要素生产率变化指数及其分解指数，以每个企业为决策单元，可以通过

距离函数 E 表示得到 MPI（Malmquist 生产率指数，反映全要素生产率变化，下文标为 TFPCH），并分解为技术进步变化（TECCH）和综合技术效率变化（EFFCH）：

$$MPI = (EFFCH)(TECCH) = \left(\frac{E^{t+1}(x^{t+1}, y^{t+1})}{E^{t}(x^{t}, y^{t})}\right)$$

$$\left[\left(\frac{E^{t}(x^{t}, y^{t})}{E^{t+1}(x^{t}, y^{t})}\right) \cdot \left(\frac{E^{t}(x^{t+1}, y^{t+1})}{E^{t+1}(x^{t+1}, y^{t+1})}\right)\right]^{1/2}$$

可以通过 DEA 方法测算上述距离函数，并将效率变化进一步分解为规模效率变化（SECH）和纯技术效率变化（TECH）：

$$SECH = \left[\left(\frac{E_{vrs}^{t+1}(x^{t+1}, y^{t+1}) / E_{crs}^{t+1}(x^{t+1}, y^{t+1})}{E_{vrs}^{t+1}(x^{t}, y^{t}) / E_{crs}^{t+1}(x^{t}, y^{t})}\right) \cdot\right.$$

$$\left.\left(\frac{E_{vrs}^{t}(x^{t+1}, y^{t+1}) / E_{crs}^{t}(x^{t+1}, y^{t+1})}{E_{vrs}^{t}(x^{t}, y^{t}) / E_{crs}^{t}(x^{t}, y^{t})}\right)\right]^{1/2}$$

$$TECH = \frac{E_{vrs}^{t+1}(x^{t+1}, y^{t+1})}{E_{crs}^{t}(x^{t}, y^{t})}$$

其中，技术进步指的是前沿面的向外移动，衡量的是在不增加投入要素的条件下，仅有技术进步而增加的产出；纯技术效率考察的是规模报酬不变的条件下，决策单元与前沿面之间的距离，主要是制度安排和管理水平导致的实际产出与前沿面之间的差距（白俊红等，2011；Lee，2011）。上述方法测算出的指数衡量的是每个决策单元指标相对于上一年的变化率，指数大于 1 时说明相比上一年技术或效率改进，指数小于 1 时说明相比上一年水平下降。

在测算过程投入产出指标的选择上，本书选择企业的研发支出和研发人员数量作为投入指标，考虑到创新活动的产出不仅包括专利还包括知识产权、商标等其他非专利技术，而新会计准则下的无形资产主要由专利权和非专利技术构成（鞠晓生，2013），可以更全面反映出创新产出，因此选择企业的专利申请量和无形资产作为产出指标。

（三）中小企业创新投入产出现状

根据图 2.1 和图 2.2，2008—2020 年，从创新投入来看，样本企业的平均研发投入总体呈不断上升趋势；从创新产出来看，样本企业平均专利数量不断上升，并且从不同种类的专利来看，均实现了增长，这也与平均研发投入强度的逐年增大相对应。

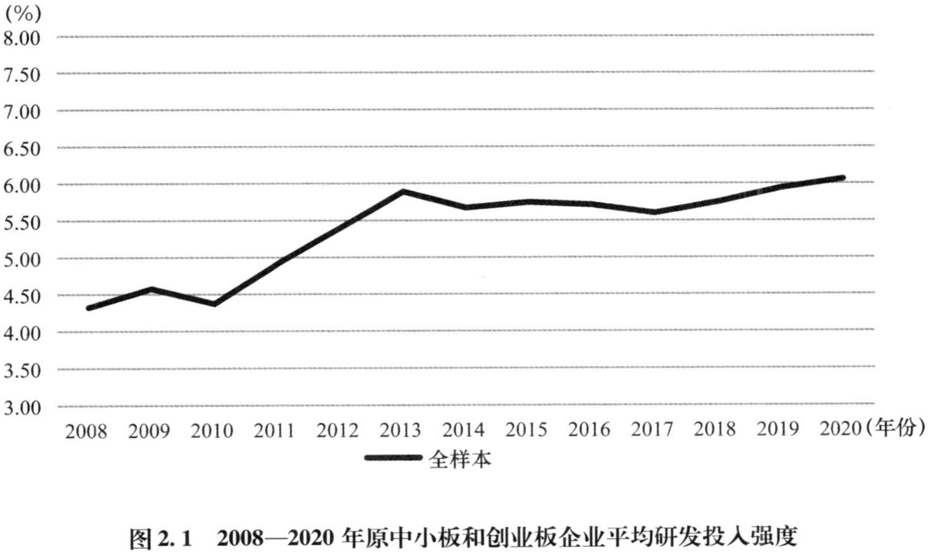

图 2.1　2008—2020 年原中小板和创业板企业平均研发投入强度

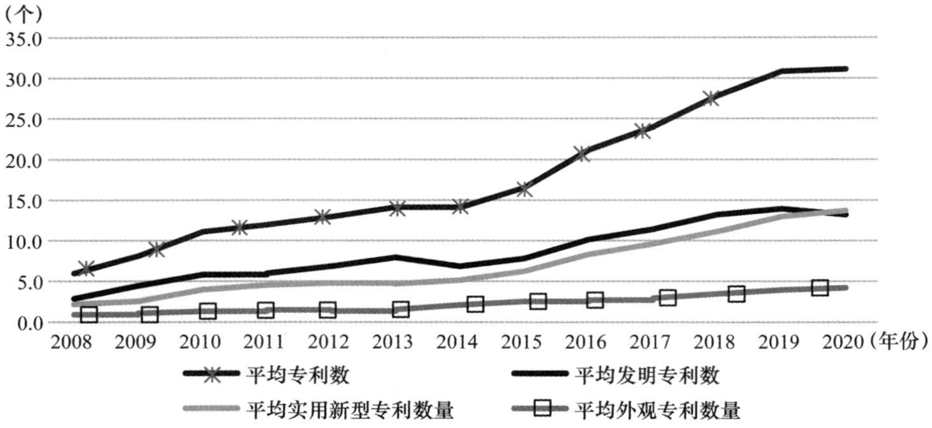

图 2.2　2008—2020 年原中小板和创业板企业平均发明专利数量

（四）中小企业创新效率变化

如图 2.3 所示，各年份的平均 TFPCH 变化指数均高于 1，说明平均来看中小企业的全要素生产率逐年提高。从分解指数来看，规模效率（SECH）始终高于 1，说明平均来看中小企业的规模效率逐年提高，而技术进步指数在 2010 年、2016 年和 2020 年出现了下降，尤其是 2019—2020 年平均技术进步指数（TECCH）仅 0.56，纯技术效率变化指数（TECH）则在 2011、2015、2017、2018 年等多个年份出现了下降。

分行业来看，表 2.1 展示了通过 DEA - Malmquist 指数法测算出的 TFPCH、TECH、TECCH、SECH 指数的平均值。大部分行业的全

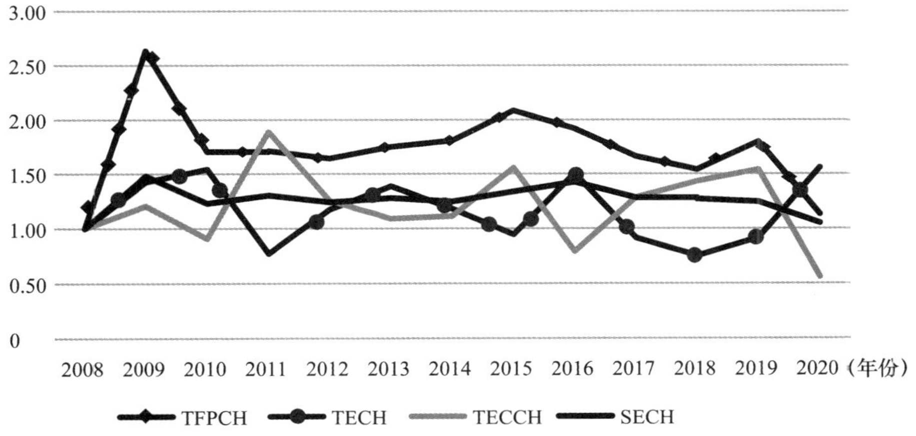

图 2.3　2008—2020 年平均 Malmquist 生产率指数

要素生产率表现出明显的增长态势，并且这种增长是伴随着技术进步、纯技术效率和规模效率提高而发生的，并且技术进步变化要高于纯技术效率变化。仅有“居民服务、修理和其他服务业”以及“住宿和餐饮业”的全要素生产率表现出下降态势，主要是由于规模效率下滑所引起的。

表 2.1　　各行业平均全要素生产率变化及其分解指数变化

行业	TFPCH	TECCH	TECH	SECH
采矿业	2.07	1.30	1.22	1.29
电力、热力、燃气及水生产和供应业	2.41	1.33	1.32	1.18
房地产业	2.04	1.35	1.49	1.14
建筑业	2.20	1.19	1.35	1.32
交通运输、仓储和邮政业	2.45	1.30	1.40	1.28

续表

行业	TFPCH	TECCH	TECH	SECH
教育	2.12	1.29	1.51	1.06
居民服务、修理和其他服务业	0.53	1.57	1.02	0.49
科学研究和技术服务业	3.70	1.16	1.35	2.16
农、林、牧、渔业	2.12	1.25	1.30	1.36
批发和零售业	2.26	1.34	1.36	1.48
水利、环境和公共设施管理业	1.89	1.20	1.29	1.29
卫生和社会工作	2.12	1.22	1.29	1.54
文化、体育和娱乐业	2.96	1.38	1.50	1.41
信息传输、软件和信息技术服务业	2.38	1.21	1.13	1.68
制造业	1.46	1.19	1.10	1.17
住宿和餐饮业	0.83	1.18	1.20	0.97
租赁和商务服务业	2.45	1.30	1.26	1.63
总计	1.71	1.20	1.14	1.27

注：TFPCH 指全要素生产率变动指数，TECCH 指技术进步指数，TECH 指纯技术效率变化指数，表中各项指数减去 1，即为各项指标的增长率。

（五）政府对企业创新的补贴政策现状

中国一直将科技创新放在十分重要的地位，而要充分发挥企业的创新主体地位，广大的中小企业是不容忽视的群体。近年来，针对中小企业的创新，国家也出台了许多政策文件（见表 2.2），不断加强对创新型中小企业的培育，引导资金、人才、技术等资源向中小企业聚集，提升中小企业的研发创新能力。

表 2.2　　近年国家支持中小企业创新的相关政策

政策	发文日期	主要内容
《科技部办公厅关于营造更好环境支持科技型中小企业研发的通知》	2022.1.13	优化支持科技型中小企业研发的资助模式、落实支持科技型中小企业研发的政策措施、提升支持科技型中小企业研发的人才服务、创造支持科技型中小企业研发的应用场景、夯实支持科技创新创业的基础条件
《“十四五”促进中小企业发展规划》	2021.12.17	坚持创新驱动，将“提升中小企业创新能力和专业化水平”作为总目标，推动完善中小企业创新服务体系，营造鼓励和保护创新的外部环境，激发企业创新内生动力，通过政策引导，推动要素资源向优质中小企业集聚，引导中小企业走“专精特新”发展道路
《知识产权强国建设纲要（2021—2035 年）》	2021.9.22	建设激励创新发展的知识产权市场运行机制。以质量和价值为标准，改革完善知识产权考核评价机制。深化实施中小企业知识产权战略推进工程。优化国家科技计划项目的知识产权管理
《六部门关于加快培育发展制造业优质企业的指导意见》	2021.6.1	构建优质企业梯度培育格局、提高优质企业自主创新能力、打造大中小企业融通发展生态。支持参与制造业创新中心、国家工程技术研究中心等创新平台建设，承担国家重大科技项目、重大技术装备创新发展工程

续表

政策	发文日期	主要内容
《关于实施专利转化专项计划助力中小企业创新发展的通知》	2021. 3. 19	主动对接中小企业技术需求，进一步畅通技术要素流转渠道，推动专利技术转化实施，唤醒未充分实施的“沉睡专利”，助力中小企业创新发展，利用三年时间，择优奖补一批促进专利技术转移转化、助力中小企业创新发展成效显著的省、自治区、直辖市（以下统称省份）
《关于支持“专精特新”中小企业高质量发展的通知》	2021. 1. 23	2021—2025 年，中央财政累计安排 100 亿元以上奖补资金，引导地方完善扶持政策和公共服务体系，分三批重点支持 1000 余家国家级专精特新“小巨人”企业高质量发展，促进这些企业发挥示范作用，并通过支持部分国家（或省级）中小企业公共服务示范平台强化服务水平，聚集资金、人才和技术等资源，带动 1 万家左右中小企业成长为国家级专精特新“小巨人”企业
《关于支持民营企业加快改革发展与转型升级的实施意见》	2020. 10. 14	强化科技创新支撑：支持参与国家重大科研攻关项目、增加普惠型科技创新投入、畅通国家科研资源开放渠道、完善知识产权运营服务体系、促进民营企业数字化转型；引导扩大转型升级投资：鼓励产业引导基金加大支持力度、引导民营企业聚焦主业和核心技术

续表

政策	发文日期	主要内容
《国务院关于促进国家高新技术产业开发区高质量发展的若干意见》	2020. 7. 17	大力集聚高端创新资源、吸引培育一流创新人才、加强关键核心技术创新和成果转移转化、支持高新技术企业发展壮大、积极培育科技型中小企业、加强对科技创新创业的服务支持等
十七部门印发《关于健全支持中小企业发展制度的若干意见》	2020. 7. 3	建立和健全中小企业创新发展制度：完善中小企业创新支持制度、完善支持中小企业“专精特新”发展机制、构建以信息技术为主的新技术应用机制等

在鼓励中小企业进行创新的政策引领下，各级政府往往通过技术创新引导专项计划或专项基金等方式，为满足相关条件的中小企业进行补贴，从而促进科技成果转移转化，或者通过基地和人才专项来激励中小企业引进高端技术人才、搭建科研基地等，从而不断提高企业技术创新能力。表 2. 3 列出了国家支持企业创新的主要专项计划，包括火炬计划、863 计划、国家重点研发计划，专门针对中小企业的专精特新/“小巨人”培育基金等。

表 2.3　　国家支持企业创新的主要专项计划

政策	主要内容
火炬计划	发展中国高新技术产业的指导性计划，于 1988 年 8 月经中国政府批准。火炬计划项目，是以国内外市场需求为导向，以国家、地方和行业的科技攻关计划、最新技术研究开发计划成果以及其他科研成果为依托，以发展高新技术产品、形成产业为目标，择优评选并组织实施的高科技产业化项目。通过火炬计划项目的实施，造就高新技术企业和企业集团
863 计划	“国家高技术研究发展计划”（简称 863 计划）专项经费来源于中央财政拨款，主要用于支持中国大陆具有独立法人资格的科研院所、高等院校、内资或内资控股企业等，围绕《国家中长期科学和技术发展规划纲要》提出的前沿技术和部分重点领域中的重大任务开展研究工作
国家重点研发计划	由原来的国家重点基础研究发展计划（973 计划）、国家高技术研究发展计划（863 计划）、国家科技支撑计划、国际科技合作与交流专项、产业技术研究与开发基金和公益性行业科研专项等整合而成
专精特新/“小巨人”培育基金	2021 年 1 月 23 日，财政部、工业和信息化部联合印发《关于支持“专精特新”中小企业高质量发展的通知》，启动中央财政支持“专精特新”中小企业高质量发展政策

根据《中国科技统计年鉴》数据，2020 年全国企业 R&D 经费中 523.6 亿元来自政府资金。如图 2.4 所示，2007—2020 年，政府提供给企业用于 R&D 经费的资金呈上升趋势，从 2007 年的 128.7 亿元上

升到 2020 年的 523. 6 亿元。

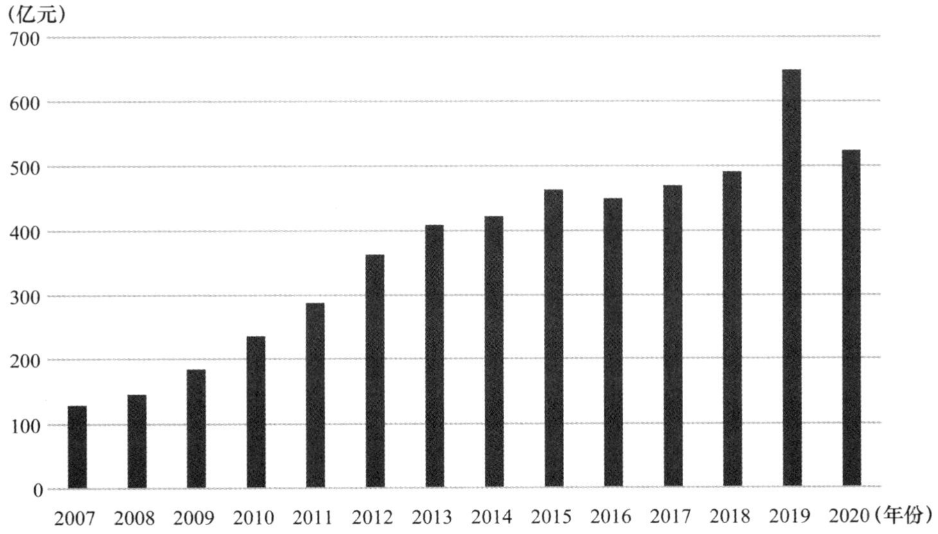

图 2. 4　企业 R&D 经费内部支出中来源自政府资金部分

四　模型设定与变量选取

(一) 实证模型设定

企业的创新活动既包括创新投入也包括创新产出，前者主要指企业的 R&D 投资额，后者主要指专利产出的数量。政府补助能为企业的创新活动提供资金，对企业的创新投入和产出均会造成影响。政府补助的类别丰富，除与企业创新紧密相关的研发补助，还有上市补贴、环保节能补贴、稳岗补贴等非研发补助。为细致考察政府补助对企业创新行为的影响，本书以政府补助中与 R&D 相关的研发补助为核心解释变量，同时控制非研发补助的影响，构建以下回归模型：

$$RD_{i,t} = \beta_0 + \beta_1 rdsub_{i,t} + \beta_2 nrdsub_{i,t} + \beta_3 X_t + \lambda_t + \tau_i + \varepsilon_{i,t}$$

$$\ln P^j_{i,t} = \beta_0 + \beta_1 rdsub_{i,t} + \beta_2 nrdsub_{i,t} + \beta_3 X_t + \lambda_t + \tau_i + \varepsilon^j_{i,t}$$

其中，i 代表企业，t 代表年份。因变量 RD 表示企业研发投入强度，因变量 P 表示企业的专利产出，上标 j 表示专利的具体类别（专利整体数量、发明专利、实用新型专利或外观设计专利）。核心解释变量是 $rdsub$，衡量了企业得到的研发补助。同时，控制了非研发补助（$nrdsub$）的影响，并加入一系列控制变量 X。

考虑到企业创新活动是从投入到产出的综合过程，本书进一步使用 DEA－Malmquist 指数法来测算企业的创新效率变化。进一步的，参考郭家堂等（2016）关于互联网发展对全要素生产率影响的实证研究思路，构建起研究研发补助对企业创新绩效影响的模型，如下：

$$\ln Y_{i,t+1} = \beta_0 + \beta_1 rdsub_{i,t} + \beta_2 nrdsub_{i,t} + \beta_3 X_t + \lambda_t + \tau_i + \varepsilon^j_{i,t}$$

其中，i 代表企业，t 代表年份。因变量 Y 表示创新效率，是通过 DEA－Malmquist 指数法计算出的全要素生产率变化指数（TFPCH）以及其分解指数（技术进步变化指数 TECCH 以及纯技术效率变化指数 TECH）。同样的，核心解释变量是衡量企业研发补助的 $rdsub$ ，并加入非研发补助 $nrdsub$ 和一系列控制变量 X 。为缓解内生性问题，所有解释变量和控制变量相比被解释变量滞后一期。

（二）变量定义

①被解释变量：研发投入（ RD ）。参考现有文献的普遍做法，选取企业研发支出与营业总收入的比值来衡量企业的研发投入强度。

②被解释变量：研发产出（ P ）。由于专利的授权不完全取决于企业自身创新行为，相比之下专利申请数量更能反映企业的真实创新水平（吴伟伟和王天一，2021），因此本书选取企业的专利申请量来衡量企业的研发产出。根据中国专利法的定义以及现有文献（黎文靖和郑曼妮，2016；吴伟伟和王天一，2021），将发明专利视为高质量的创新，企业申请发明专利属于实质性创新，申请实用新型专利和外观设计专利属于策略性创新。由于存在大量企业的专利申请量为 0，参照现有文献的普遍做法，将专利申请量加 1 后取对数作为被解释变量。

③被解释变量：创新效率（ Y ）。本书采用基于 DEA 的 Malmquist 指数法测算企业的全要素生产率变化指数及其分解指数，具体测算方法见前文。其中 TFPCH 指全要素生产率变动指数，TECCH 指技术进步变化指数，TECH 指纯技术效率变化指数。

④核心解释变量：研发补助（ $rdsub$ ）。选取企业获得的研发补

助与营业总收入的比值来衡量企业获得的研发补助强度。对于企业获得的研发补助目前尚未有统一的披露形式，本书参照李万福等（2017）、郭玥（2018）、吴伟伟和王天一（2021）的处理方式，利用上市公司披露的政府补助明细数据进行关键词搜索，确定属于创新补贴范畴的条目，加总得到各企业每年的研发补助金额，对应得到非研发补助的金额。筛选研发补助条目的关键词标准如下：i. 直接出现研发创新、技术进步等相关词语的，包括“研发”“技术开发”“研究应用”“科技进步”“研制”“研究开发”“科技项目”“科研经费”等；ii. 涉及研发成果的关键词，包括“科技成果”“成果转化”“知识产权”“专利”“高新成果”等以及具体新产品名称的关键词，包括“新药”“锂电池”“蛋白”“疫苗”“继电器”“云平台”“集成系统”等；iii. 有关政府鼓励企业创新政策的关键词，包括“火炬计划”“专精特新”“小巨人”“863”“科技领军”等；iv. 有关政府鼓励企业引进创新人才的关键词，包括“博士后”“产学研”“引智”“国外专家”等。

⑤控制变量：非研发补助强度（*nrdsub*）以企业获得的非研发补助与营业总收入的比值来衡量。另外，参照已有文献的做法（潘越等，2020；郭玥，2018；吴伟伟和王天一，2021），加入其他与企业创新行为相关的控制变量，包括资产规模（*size*）、企业年龄（*firmage*）、财务杠杆率（*leverage*）、企业成长性（*growth*）、股权集中度（*shrc*）和盈利能力（*ROE*）。上述变量的具体定义见表2.4。

表 2.4　　主要变量的定义和计算方法

变量名称		符号	定义
被解释变量	研发投入	*RD*	研发支出/营业总收入
	研发产出	*P*	专利申请数，加 1 取对数
	创新效率	*Y*	通过 DEA - Malmquist 指数法计算得到
核心解释变量	研发补助强度	*rdsub*	研发补助/营业总收入
控制变量	非研发补助强度	*nrdsub*	非研发补助/营业总收入
	资产规模	*size*	企业总资产的对数
	企业年龄	*firmage*	年份—企业成立年份
	财务杠杆率	*leverage*	总负债/总资产
	企业成长性	*growth*	营业收入同比增长率
	股权集中度	*shrc*	第一大股东的持股比例
	盈利能力	*ROE*	净资产收益率

（三）描述性统计

从表 2.5 对主要变量的描述性统计中可以看出，作为样本的中小企业的平均研发强度为 5.65%。各类专利数据的标准差较大，说明不同企业获得专利产出间的差别明显。从平均值和中位数的情况来看，有相当一部分企业专利产出数量为 0。对比研发补助和非研发补助，可以看到研发补助强度的平均值为 0.3%，而非研发补助强度的平均值为 1.12%。前者明显低于后者，说明政府补助中大部分其实属于非研发补助，因此在回归时有必要控制非研发补助的影响。

表 2.5　　主要变量描述性统计

变量	样本量	平均值	中位数	标准差	最小值	最大值
RD	13252	0.0565	0.0414	0.0550	0	0.9839
专利	13988	33.7752	11	100.4286	0	3096
发明专利	13988	16.0676	4	42.6988	0	2034
实用新型专利	13988	4.3176	4	55.6528	0	1855
外观设计专利	13988	2.7426	0	20.7138	0	524
TFPCH	12943	1.4721	0.9491	2.2142	0.0521	17.2938
TECCH	12943	1.2041	1.1226	0.5683	0.3043	3.0192
TECH	12943	1.1277	0.8446	1.0284	0.1270	6.9396
rdsub	13988	0.0030	0.0001	0.0102	0	0.4120
nrdsub	13988	0.0112	0.0053	0.1413	0	16.4695
firmage	13988	16.4800	16	5.7302	4	65
leverage	13988	0.3447	0.3223	0.1934	0.0075	4.9952
size	13988	21.5933	21.4798	0.9661	18.2756	26.6943
growth	13988	0.2021	0.1362	0.9676	-1.3092	82.6992
shrc	13988	0.3277	0.3065	0.1389	0.0287	0.8999
ROE	13988	0.0707	0.0804	0.1813	-11.696	2.3851

五　实证结果

（一）政府补助与企业研发投入

以研发投入强度为被解释变量得到的回归结果如表 2.6 所示。模型（1）是仅以研发补助和非研发补助为解释变量的固定效应模型，可以看到研发补助强度每提高 1 个单位，中小企业的研发投入强度会提高 0.47 个单位；非研发补助强度每提高 1 个单位，中小企业的研发投入强度会提高 0.05 个单位。上述结果均在 1% 水平上显著。模型（2）是加入了其他控制变量后的固定效应模型，可以看到研发补助强度每提高 1 个单位，中小企业的研发投入强度会提高 0.57 个单位；非研发补助强度每提高 1 个单位，中小企业的研发投入强度会提高 0.05 个单位。上述结果均在 1% 水平上显著。模型（3）是同时控制了年份固定效应的双向固定效应模型，可以看到研发补助强度每提高 1 个单位，中小企业的研发投入强度会提高 0.55 个单位；非研发补助强度每提高 1 个单位，中小企业的研发投入强度会提高 0.05 个单位。上述结果均在 1% 水平上显著。模型（1）—（3）的结果均显示，研发补助能显著促进中小企业的研发投入，非研发补助虽然也能显著促进中小企业的研发投入，但相比研发补助的促进效果较弱。

考虑到高研发投入的创新型企业反过来会吸引更多的政府研发补助，所以上述分析可能存在反向因果问题。参照吴伟伟和王天一（2021）的做法，本书选取各年各省份的平均研发补贴强度作为工具变量进行两阶段最小二乘法（2SLS）估计，得到的结果如表 2.6 中的模型（4）。由于企业获得的研发补助来自当地政府，与当地政府具体的补贴政策有关，不同省份的补贴力度也可能与当地财政水平相关，所以地区层面的研发补助情况可以反映地区政策，也与地区企业能获得的研发补助存在相关性。地区层面的研发补助情况与单个企业的研发投入没有直接的联系，满足排斥性约束。因此选用各年各省份的研发补贴均值作为工具变量具有合理性。根据模型（4），工具变量回归的结果同样显示研发补助能显著促进中小企业的研发投入，研发补助强度每提高 1 个单位，中小企业的研发投入强度会提高 0. 45 个单位；非研发补助在促进中小企业研发投入上弱于研发补助，非研发补助强度每提高 1 个单位，中小企业的研发投入强度仅提高 0. 05 个单位，上述结果均在 1% 水平上显著。其他控制变量的影响不再描述。

表 2. 6　　政府补助对企业研发投入的影响

	模型（1）	模型（2）	模型（3）	模型（4）
	FE	FE	双向 FE	FE + IV
研发补助	0. 4692 ***	0. 5651 ***	0. 5541 ***	0. 4525 ***
	(0. 0837)	(0. 0871)	(0. 0879)	(0. 1530)
非研发补助	0. 0462 ***	0. 0462 ***	0. 0464 ***	0. 0463 ***
	(0. 0032)	(0. 0024)	(0. 0024)	(0. 0022)
企业年龄		0. 0015 ***	0. 0017 **	0. 0013 ***
		(0. 0003)	(0. 0007)	(0. 0003)
财务杠杆率		-0. 0240 ***	-0. 0260 ***	-0. 0266 ***
		(0. 0058)	(0. 0058)	(0. 0059)
企业规模		0. 0017	0. 0023 *	0. 0024 *
		(0. 0013)	(0. 0014)	(0. 0014)
企业成长性		-0. 0013	-0. 0012	-0. 0012
		(0. 0027)	(0. 0026)	(0. 0027)
股权集中度		-0. 0077	-0. 0099	-0. 0102
		(0. 0081)	(0. 0082)	(0. 0082)
ROE		-0. 0177 ***	-0. 0176 ***	-0. 0176 ***
		(0. 0066)	(0. 0066)	(0. 0066)

续表

	模型（1）	模型（2）	模型（3）	模型（4）
	FE	FE	双向 FE	FE + IV
个体 FE	已控制	已控制	已控制	已控制
年份 FE			已控制	已控制
r2	0.0745	0.1187	0.1218	
F	114.2108	343.3327	188.2778	
N	13243	13243	13243	13243

注：括号内是稳健标准误，* $p<0.1$，** $p<0.05$，*** $p<0.01$。

为了检验对研发投入影响的稳健性，本书还参照郭玥（2018）的两阶段回归做法解决遗漏研发投入数据的遗漏样本问题，参考黎文靖等（2016）做法用政府补贴与总资产比值替换当前主要解释变量，都得到了与表2.6相似的结果。限于篇幅此处不再列出对表2.6的稳健性检验结果。

（二）政府补助与企业研发产出

由于部分样本企业的专利数量为0，回归时我们采取专利数加1取对数来处理，得到的回归结果见表2.7。模型（1）—（4）分别是以专利数量对数、发明专利数量对数、实用新型专利数量对数和外观设计专利数量对数为因变量得到的回归结果。模型（1）结果显示，研发补助对中小企业的专利产出数量有显著促进作用。模型（2）显示研发补助对中小企业的专利产出具有显著促进效应，而非研发补助虽然也能显著促进中小企业的发明专利产出，但效果明显弱于研发补助。而对于策略性创新，模型（3）和模型（4）的结果显示，研发补助对于实用新型专利的影响为正，对外观设计专利的影响为负，但在统计上均不显著。上述结果显示，政府研发补助有助于中小企业的实质性创新，而不是策略性创新。

表 2.7　　政府补助对企业研发产出的影响

	模型（1）	模型（2）	模型（3）	模型（4）
	专利数量	发明专利数量	实用新型专利数量	外观设计专利数量
研发补助	2.1412**	4.0226***	1.5074	-1.6905
	(1.0887)	(1.0660)	(1.1993)	(2.0307)
非研发补助	0.0313	0.1416**	0.1482*	-0.0175
	(0.0685)	(0.0676)	(0.0757)	(0.0922)
企业年龄	-0.0123*	-0.0160***	-0.0137*	-0.0112
	(0.0065)	(0.0061)	(0.0080)	(0.0108)
财务杠杆率	-0.0010	-0.0845	0.2784**	-0.2688
	(0.1031)	(0.1022)	(0.1187)	(0.1870)
企业规模	0.3177***	0.3551***	0.3101***	0.3942***
	(0.0237)	(0.0234)	(0.0275)	(0.0424)
企业成长性	-0.0237*	-0.0088	-0.0073	-0.0783**
	(0.0138)	(0.0128)	(0.0141)	(0.0375)
股权集中度	0.0707	-0.2163	0.1373	1.0248***
	(0.1588)	(0.1554)	(0.1825)	(0.2828)
ROE	0.4635***	0.3376***	0.4323***	0.5577***
	(0.0737)	(0.0725)	(0.0834)	(0.1654)
年份 FE	已控制	已控制	已控制	已控制
N	13978	13978	13978	13978

注：括号内是稳健标准误，* $p<0.1$，** $p<0.05$，*** $p<0.01$。

为了检验表2.7结果的稳健性，我们考虑研发产出连续性，引入创新产出滞后项进入回归，采用动态面板方法分析；同样，我们再度以政府补助与总资产的替代主要解释变量。两个稳健性检验都得到与表2.7一致的结果。限于篇幅不再列出稳健性检验结果。

（三）政府补助与企业创新效率

考虑到企业的创新活动是从投入到产出的过程，投入不仅有资金也有人员投入，产出不仅有专利产出还有非专利无形资产的产出，本书通过 DEA - Malmquist 指数法计算出了全要素生产率变化指数（TFPCH）这一综合效率衡量，同时计算分解指数（包括技术进步变化指数 TECCH、纯技术效率变化指数 TECH 和规模效率变化指数 SECH）。以 t 至 t + 1 期的技术进步变化指数、技术效率变化指数和 TFPCH 变化指数的对数为被解释变量，解释变量和其他控制变量均为 t 期，同时控制企业个体固定效应和年份固定效应，得到的回归结果如表2.8和表2.9所示。其中，表2.8是双向固定效应模型的估计结果，尽管所有解释变量和控制变量均滞后被解释变量一期，已起到缓解内生性的问题，但仍如前文选取各年各省份的平均研发补助作为工具变量进行回归，得到的结果如表2.9。

回归结果显示，研发补助对中小企业的技术进步变化起到显著正向作用，对中小企业的纯技术效率变化起到显著负向作用，对全要素生产率变化的总体效应并不显著；非研发补助则对中小企业的技术进步变化、纯技术效率变化以及全要素生产率变化均起负向作用。通过更全面的衡量企业的创新投入和产出后可以发现，研发补助促使了中小企业的技术进步，说明研发补助起到了引导中小企业向更高质量创新的投入产出，但是导致了纯技术效率的下降。

表 2.8　　　　政府补助对企业创新效率的影响（FE）

	模型（1）	模型（2）	模型（3）
	F. lntecch	F. lntech	F. lntfp
研发补助	0.9470***	-2.1372***	-1.5130**
	(0.2409)	(0.4948)	(0.6528)
非研发补助	-0.0389***	-0.0700***	-0.1007***
	(0.0051)	(0.0060)	(0.0113)
企业年龄	-0.0711***	0.0172***	-0.0649***
	(0.0031)	(0.0064)	(0.0078)
财务杠杆率	0.0553	-0.1420*	-0.2492***
	(0.0371)	(0.0732)	(0.0953)
企业规模	0.0003	0.0676***	0.0231
	(0.0099)	(0.0185)	(0.0222)
企业成长性	0.0020	-0.0038	-0.0062*
	(0.0021)	(0.0026)	(0.0037)
股权集中度	-0.0856	0.1256	0.2822*
	(0.0629)	(0.1197)	(0.1630)
ROE	-0.0398	-0.0751**	-0.0174
	(0.0292)	(0.0349)	(0.0560)
个体 FE	已控制	已控制	已控制
年份 FE	已控制	已控制	已控制
N	11737	11737	11737

注：括号内是稳健标准误，* $p < 0.1$，** $p < 0.05$，*** $p < 0.01$。

表 2.9　　　　　　政府补助对企业创新效率的影响（FE + IV）

	模型（4）	模型（5）	模型（6）
	F. lntecch	F. lntech	F. lntfp
研发补助	3.2563 ***	−4.1764 **	−1.4466
	(1.0739)	(1.8715)	(2.2060)
非研发补助	−0.0370 ***	−0.0717 ***	−0.1006 ***
	(0.0050)	(0.0072)	(0.0114)
企业年龄	−0.0702 ***	0.0164 **	−0.0649 ***
	(0.0031)	(0.0065)	(0.0079)
财务杠杆率	0.0709 *	−0.1557 **	−0.2487 ***
	(0.0379)	(0.0742)	(0.0958)
企业规模	−0.0009	0.0686 ***	0.0231
	(0.0098)	(0.0185)	(0.0222)
企业成长性	0.0027	−0.0044 *	−0.0062 *
	(0.0020)	(0.0027)	(0.0037)
股权集中度	−0.0793	0.1200	0.2823 *
	(0.0626)	(0.1197)	(0.1629)
ROE	−0.0380	−0.0767 **	−0.0173
	(0.0291)	(0.0350)	(0.0560)
个体 FE	已控制	已控制	已控制
年份 FE	已控制	已控制	已控制
N	11737	11737	11737

注：括号内是稳健标准误，* $p < 0.1$，** $p < 0.05$，*** $p < 0.01$。

（四）小结

综合上述实证结果，可以看到，无论是从创新投入还是创新产出来看，研发补助对中小企业的创新活动具有显著促进作用，并且从创新质量的角度来看，研发补助促进的是中小企业的发明专利产出，而对实用新型和外观设计专利等策略型创新没有显著影响，因此促进了中小企业创新质量的提升。对企业创新效率的回归结果也可以一定程度上说明上述结论，企业的研发补助促使中小企业的技术进步，说明了中小企业在研发补助的激励作用下进行了相对高质量的实质性创新。从整体衡量企业的创新投入产出效率，可以发现高研发补助一定程度上造成了中小企业研发效率的低下。总之，研发补助全面促进了中小企业的研发投入、产出数量和创新产出质量，优化了中小企业创新产品的结构，但是相对于研发投入的增加，专利产出数量的增加不够多，造成了研发效率的低下，这是目前政府研发补助在激励中小企业创新上存在的不足。

六 机制和异质性检验

从正面来看，政府研发补助可以通过资源和信号传递两个渠道来直接或间接地缓解企业的融资约束，从负面来看，企业寻租会扭曲研发补贴的激励作用，在正向机制和负向机制的同时作用下，导致企业在理论上存在“重质量、轻数量”和“重数量、轻质量”两种创新策略。前文通过实证分析发现，政府研发补助对中小企业的研发投入产出和创新质量都有促进作用，这说明政府研发补贴对中小企业创新的正向作用机制可能起主要作用，但两种正向机制是否均起作用、寻租行为是否依然会对中小企业的创新行为造成扭曲等问题仍有待研究。因此本部分将对上述正向、负向机制进行逐一检验，并基于是否为高新技术企业和内部控制水平高低两个角度进行异质性分析，探讨不同行业和企业内部控制情况对于政府研发补助激励创新作用的影响。

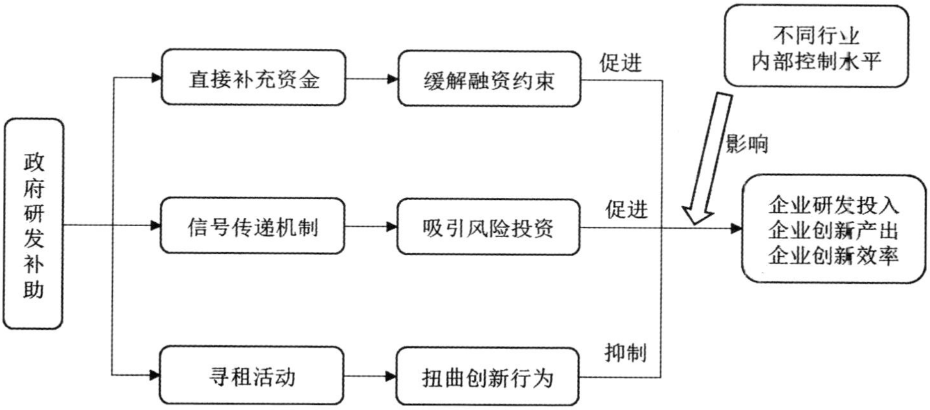

图 2.5　政府研发补助对中小企业创新绩效影响的作用机制

（一）缓解融资约束

许多研究发现融资约束制约了中国企业的 R&D 投资（卢馨等，2013），还会降低企业的创新产出（程远等，2021）。由于信息不对称、融资渠道匮乏等，中小企业往往面临更严重的融资约束问题。政府补助可以为中小企业的经营提供直接的资金补充，可以缓解中小企业面临的融资约束，从而促进中小企业的创新投入和产出。后文对政府研发补助缓解融资约束的机制进行验证。

本书选择 FC 指数来衡量企业的融资约束程度，数据来自国泰安经营困境数据库，该数据库对 FC 指数的计算思路是先按照年度对公司规模、公司年龄、现金股利支付率三个变量进行标准化处理，并根据标准化的变量均值对所有上市公司进行升序排序，进行高低融资约束的分组赋值，之后进行 Logit 回归。其本质是通过回归拟合得到的企业每一年度的融资约束发生概率，并将这一概率定义为 FC 指数，因此最终得到的 FC 指数的取值在 0—1，并且 FC 指数越大，代表企业的融资约束问题越严重。表 2.10 模型（1）检验了政府研发补助是否能缓解中小企业面临的融资约束，结果显示研发补助和非研发补助的系数虽然为负，但并不显著。模型（2）是以研发投入强度为因变量，FC 指数为核心解释变量，使用双向固定效应模型进行估计的结果，可以看到中小企业面临的融资约束越强，中小企业的研发投入强度越低。

上述结果说明，融资约束确实会制约中小企业的研发投入，但是政府研发补助对中小企业面临的融资约束问题的缓解作用并不显著。

表 2.10　　政府研发补助是否能缓解

	模型（1）	模型（2）
	FC 指数	*RD*
FC 指数		-0.0065***
		(0.0023)

续表

	模型（1）	模型（2）
	FC 指数	*RD*
研发补助	-0.0690	
	(0.1632)	
非研发补助	-0.1377	
	(0.1083)	
控制变量	已控制	已控制
个体效应	已控制	已控制
年份效应	已控制	已控制
sigma_u	0.0920***	
	(0.0024)	
sigma_e	0.1386***	
	(0.0010)	
N	10984	10440

注：括号内是稳健标准误，* $p<0.1$，** $p<0.05$，*** $p<0.01$。

（二）信号传递机制

信号传递机制认为，政府研发补助能向外界传递出技术优势信号，吸引社会资本对企业的投入，尤其是吸引风险投资的投入（郭玥，2018）。对于中小企业而言，融资难是制约其发展的重要原因，政府提供的资金是有限的，如果政府研发补助能通过信号传递机制起作用，将引导风险投资向中小企业的投入，进一步开拓其融资渠道，显著缓解其资金压力，使其能将资金投入研发创新活动中，这将比政府补助的直接资助作用更有效。参照郭玥（2018）的做法，本研究构建起如下模型检验政府研发补助吸引风险投资的信号传递机制：

$$\Pr(VC_{it}=1)=\beta_0+\beta_1 rdsub_{i,t-1}+\beta_2 n\,rdsub_{i,t-1}+\beta_3 X_t+\lambda_t+\tau_i+\varepsilon_{i,t}$$

其中，*VC* 是表示企业是否收到风险投资的虚拟变量，根据上市企业的前十大股东中是否有风险投资机构来判断，此数据来自国泰安数据库。由于被解释变量是 0—1 变量，本书使用面板 Probit 模型估计上述模型，考虑到信号释放和风投机构的投资决定需要一定时间以及内生性问题，所有解释变量和控制变量均滞后一期。得到的回归结果见表 2.11。从模型（1）可以看到，政府的研发补助能显著提升中小企业下一期获得风险投资的概率，而非研发补助的影响是负向且不显著。

模型（2）—（5）是将前文的基准回归的解释变量替换为风险投资虚拟变量后的结果，分别衡量了风险投资对中小企业研发投入和各类专利产出是否有影响。结果显示，风险投资能显著促进中小企业的研发投入，对整体专利产出和发明专利产出具有显著促进作用，对实用新型专利数量的影响虽然均为正但并不显著。

表 2.11　　政府研发补助的信号传递机制（风险投资）

	模型（1）	模型（2）	模型（3）	模型（4）	模型（5）
	F. *VC*	*RD*	专利	发明专利	实用新型专利
VC		0.0033***	0.0516*	0.0663**	0.0294
		(0.0012)	(0.0278)	(0.0305)	(0.0485)
研发补助	4.7308**				
	(1.9172)				

续表

	模型（1）	模型（2）	模型（3）	模型（4）	模型（5）
	F. VC	RD	专利	发明专利	实用新型专利
非研发补助	-0.7604				
	(0.7040)				
控制变量	已控制	已控制	已控制	已控制	已控制
个体效应	已控制	已控制	已控制	已控制	已控制
年份效应	已控制	已控制	已控制	已控制	已控制
lnsig2u	0.8338***				
	(0.0680)				
sigma_u			1.4150***	1.7007***	2.1204***
			(0.0280)	(0.0357)	(0.0559)
sigma_e			1.1075***	1.1422***	1.4290***
			(0.0081)	(0.0094)	(0.0180)
N	12192	13243	12192	12192	12192

注：括号内是稳健标准误，* $p<0.1$，** $p<0.05$，*** $p<0.01$。

（三）基于寻租水平的分样本分析

现有研究发现政治联系会引发企业经营者行为的扭曲，导致资源配置的无效率（郭剑花等，2011），而研发补助的审核和发放过程中可能存在政治联系，并且企业有动力通过寻租来获取补贴（应千伟等，2022）。企业寻租是一种非生产性活动，会产生非生产性费用，反映在财务报表中通常是管理费用中的业务招待费、差旅费等科目，导致管理费用虚高。本书按照现有研究的做法，以超额管理费用来衡量企业的寻租水平（杜兴强等，2010；陈骏等，2021），具体计算的方法和模型如下：

$$AE = \beta_0 + \beta_1 \ln Sale_{it} + \beta_2 leverage_{it} + \beta_3 growth_{it} + \beta_4 board_{it} + \beta_5 staff_{it} + \beta_6 big\,4_{it} + \beta_7 firmage_{it} + \beta_7 margin_{it} + \beta_7 HI_{it} + \lambda_{ind} + \tau_i + \varepsilon_{i,t}$$

其中，被解释变量 *AE* 是企业管理费用与营业收入的比值，ln*Sale* 是企业营业收入的对数，*leverage* 是资产负债率，*growth* 是营业收入增长率，*board* 是董事会人数，*staff* 是员工人数，*big*4 表示是否为四大会计师事务所审计，*firmage* 是企业年龄，*margin* 是毛利率，*HI* 是前五大股东持股比例集中度。上述模型回归的结果取得的残差值即为超额管理费用。

本书将超额管理费用大于 0 的企业视为高寻租企业，其余视为低寻租企业。分组回归的结果如表 2. 12 所示，可以看到对于高寻租企业而言，研发补助对发明专利和实用新型专利均有促进效应，但对实用新型专利的促进效果要强于对发明专利的促进效果；对于低寻租企业而言，研发补助显著促进了发明专利的产出，而对策略性创新没有显著影响。并且，对比研发补助对于不同类型中小企业发明专利产出的影响，可以发现政府研发补助对于低寻租企业的发明专利产出促进效果更强。上述结果说明，寻租现象会一定程度扭曲中小企业的创新行为，使其更多地进行策略性创新而非实质性创新。

表 2.12　基于企业寻租水平的分样本分析

高寻租企业			
	发明专利	实用新型专利	外观设计专利
研发补助	2.8556 **	3.7181 **	-1.0798
	(1.1530)	(1.4920)	(2.1084)
非研发补助	0.1206 *	-1.2892	0.1004
	(0.0684)	(0.8440)	(0.0953)
N	6963	6963	6963
低寻租企业			
	发明专利	实用新型专利	外观设计专利
研发补助	12.9872 ***	3.1187	-0.8265
	(2.6494)	(3.0315)	(5.4727)
非研发补助	1.1814	-2.2292	0.1908
	(1.4192)	(1.6520)	(2.8131)
N	7015	7015	7015

注：括号内是稳健标准误。* $p < 0.1$，** $p < 0.05$，*** $p < 0.01$。上述模型均已控制所有控制变量、个体效应和年份效应。

（四）基于高新技术企业的分样本分析

研发补助的效果对不同创新能力企业可能不同，本书对高新技术企业和非高新技术企业进行分样本回归分析，得到的结果见表 2.13。在研发投入方面，不论是否是高新技术企业，政府研发补助都能显著促进中小企业的研发投入，但是对于非高新技术企业的促进效果更好；在创新产出方面，研发补助对高新技术企业发明专利数量和实用新型专利数量均有显著促进作用，但对发明专利的促进效果更强，研发补助对非高新技术企业的发明专利数量有显著促进效应，对实用新型专利数量的促进效果并不显著；在技术进步和创新效率方面，政府研发补助显著促进了非高新技术企业的技术进步水平，对高新技术企业技术进步水平的促进效果不显著，并且对高新技术企业的纯技术效率产生显著负向影响，对非高新技术企业纯技术效率的影响不显著。

综合分析上述结果，可以看到政府研发补助对不同行业的影响存在异质性，对于已经得到高新技术企业认定的这类技术水平较高的中小企业来说，政府研发补助虽然提高了其研发投入和产出，但创新效率显著下降；对于非高新技术企业，政府研发补助促进研发投入和产出的效果更好，并且可以促使其技术进步。

表 2.13　　基于高新技术企业的分样本分析①

高新技术企业						
	RD	专利	发明专利	实用新型专利	F. lntecch	F. lntech
rdsub	0.6583***	3.0211**	4.9400***	2.4693*	0.3337	-1.9156***
	(0.1261)	(1.2316)	(1.2715)	(1.4424)	(0.2882)	(0.7101)
nrdsub	0.2096*	-1.1811**	-0.5567	-1.1362*	-0.1898	0.2290
	(0.1239)	(0.5752)	(0.5941)	(0.6764)	(0.1167)	(0.2793)
N	8035	8120	8120	8120	7080	7080

① 两个子样本之间没有明显差异的被解释变量或相对不重要的被解释变量回归结果予以省略。

续表

非高新技术企业						
	RD	专利	发明专利	实用新型专利	F. lntecch	F. lntech
rdsub	0.7275 *	7.4847 **	8.4015 **	5.9490	1.9113 **	-0.4935
	(0.3989)	(3.6685)	(3.4392)	(3.7887)	(0.9487)	(1.4407)
nrdsub	0.3670 ***	-3.1287 **	-0.7689	-1.1371	-0.2598	-0.3429
	(0.0802)	(1.3226)	(1.1115)	(1.6169)	(0.3312)	(0.2430)
N	3231	3732	3732	3732	2657	2657

注：括号内是稳健标准误。* $p < 0.1$，** $p < 0.05$，*** $p < 0.01$。上述模型均已控制所有控制变量、个体效应和年份效应。

（五）基于内部控制的分样本分析

企业如果有良好的内部控制系统，其投资活动中的委托代理问题更能得到有效缓解，使得其获得的政府创新补助能更好发挥杠杆效应（李万福等，2017）。参照刘行健等（2014）、李万福等（2017）的研究，对样本企业的内部控制情况进行分组，如果公司存在以下任意一种情况，则视为内部控制较差组，否则为内部控制较好组：迪博内部控制评价指数小于中位数、内部控制缺陷、内部控制无效、非标内控意见。

从研发投入来看，无论内部控制情况如何，政府研发补助均能起到显著促进作用，但对内部控制较好的中小企业促进效果更明显。从创新产出来看，政府研发补助对两组中小企业的发明专利产出均有显著促进作用，但对于策略性创新产出存在异质性，政府研发补助对内部控制较好组的实用新型专利以及外观设计专利均有负向作用但不显著；对内部控制较差组的实用新型专利有显著促进作用，对其外观设计专利有促进作用但不显著。从创新效率来看，内部控制较好组的政府研发补助能显著促进其技术进步；内部控制较差组的政府研发补助虽然也能促进其技术进步，但也造成了效率损失。

表 2.14　　基于内部控制情况的分样本分析①

内部控制较好组						
	RD	发明专利	实用新型专利	外观设计专利	F. lntecch	F. lntech
rdsub	0.7000***	5.2242***	-0.6492	-4.0204	1.0467**	-1.7146
	(0.0813)	(1.6478)	(1.8998)	(4.0096)	(0.4682)	(1.0920)
nrdsub	0.2882***	3.2230**	0.2626	0.2953	0.0745	-2.0883**
	(0.0970)	(1.3011)	(1.5279)	(2.5529)	(0.4850)	(1.0231)
N	6714	7139	7139	7139	6197	6197
内部控制较差组						
	RD	发明专利	实用新型专利	外观设计专利	F. lntecch	F. lntech
rdsub	0.5304***	1.2213***	4.6560***	0.2867	0.5063*	-2.3949***
	(0.1250)	(0.5010)	(1.6079)	(2.4608)	(0.2740)	(0.5780)
nrdsub	0.0430***	0.1132	0.1262	0.0068	-0.0396***	-0.0665***
	(0.0006)	(0.0697)	(0.0778)	(0.0929)	(0.0057)	(0.0073)
N	6529	6839	6839	6839	5600	5600

注：括号内是稳健标准误，* $p < 0.1$，** $p < 0.05$，*** $p < 0.01$。上述模型均已控制所有控制变量、个体效应和年份效应。

① 两个子样本之间没有明显差异的被解释变量或相对不重要的被解释变量回归结果予以省略。

上述结果说明，政府研发补助对中小企业创新的促进作用会由于其内部控制水平出现异质性，政府研发补助更能促进内部控制较好的中小企业的研发投入，显著促进其实质性创新，同时抑制其策略性创新，更能促进其技术进步；对于内部控制较差的中小企业，政府研发补助也能对其创新活动产生促进效果，但效果相对较差，相比于促进其实质性创新，更多的是促进其策略性创新。这可能是由于内部控制较好的中小企业在获得政府研发补助后会将资金更多地投向高质量的创新项目中，而内部控制较差的中小企业在获得政府研发补助后会采取“重数量、轻质量”的创新策略。

七　总结及建议

本书利用2008—2020年原中小企业板和创业板上市公司数据研究了政府补助对中国中小企业创新绩效的影响。考虑到企业的创新过程是从投入到产出的完整过程，本书分别以研发投入、研发产出（专利）以及创新效率为被解释变量进行分析。另外，考虑到政府补助的内容丰富，本书根据上市公司年报中披露的“政府补助明细”进行筛选分拆，将企业获得的政府补助划分为研发补助和非研发补助。

研究发现，不管是研发补助还是非研发补助都显著促进了中小企业的研发投入，但研发补助的促进效果明显更强；研发补助能够促进中小企业的专利产出，特别是对中小企业发明专利数量有显著促进作用，对实用新型和外观设计两个类别专利的产出则无显著影响；研发补助对中小企业的技术进步起显著正向作用，但对中小企业的纯技术效率起显著负向作用，而非研发补助对于中小企业的技术进步、纯技术效率以及全要素生产率均起负向作用。综上，政府研发补助促进了中小企业的研发投入，使得中小企业投入更高质量的创新中，促使中小企业的技术进步，但综合投入产出来看，研发补助下中小企业的纯技术效率出现下降。

通过机制分析，本书发现研发补助主要通过信号传递机制影响中小企业的创新，在缓解融资约束这一机制上作用并不明显。在寻租水平较高时，企业更倾向采取“重数量、轻质量”的创新策略，其策略性创新产出明显增加。此外，本书还发现政府补贴对非高新技术中小企业的激励效应更强，不仅能有效提高其研发投入，更能促使其技术进步，而对于自身技术水平较高的中小企业，反而造成了其效率降低。政府研发补助对内部控制较好的中小企业的创新活动促进效果更好，也有助于其创新质量的提升。

由分析可见，政府补贴即是必要的激励中小企业创新的动力，同时，补贴使用需更多监管，以提高效率、防止寻租。

第三章

政府支持与创新

——对专精特新企业的分析

一 引言

近年来，政府为了提升企业自主创新能力出台了相关政策，通过研发补助、专项贷款等给予企业资金用于生产经营和研发创新活动，在税收上提供抵减或减免政策激励企业创新发展。其中，为了激励中小企业成长为创新的重要发源地，实现高质量发展，国家和地方出台了一系列政策引导中小企业走“专精特新”发展道路，“十四五”规划中明确提出“推动中小企业提升专业化优势，鼓励中小企业走‘专业化、精细化、特色化、创新型’发展道路，提升企业创新能力”。截至2021年9月，中华人民共和国工业和信息化部共公布了三批“小巨人”企业名单，共4762家企业，其中包括313家上市公司。根据专精特新“小巨人”企业发展报告，第一批248家企业中已有13家企业成长为单项冠军企业，5家企业的主导产品被认定为单项冠军产品，由此可见“小巨人”企业培育工作取得了一定积极成效。

本书将从企业创新的角度研究专精特新培育政策的实施效果，这对发挥政策扶持引导企业研发创新、推动中国产业结构转型升级具有重要的意义。一方面，在已有研究的基础上考察对“小巨人”企业的政策扶持是否持久地促进企业研发创新，探究宏观经济政策作用到微观企业行为的机制和渠道，丰富有关促进企业创新政策实施的文献，为完善扶持政策、提升其长期效力提供实证支持和学术意见。对政策效果评估而言，针对本书所关注的专精特新“小巨人”企业以及对应的培育政策，通过实证分析检验上市公司在评选专精特新“小巨人”企业以及获得相应的政策支持后在研发创新上是否能取得更好的发展，达到对现有培育政策进行绩效评估的目的。从指导企业创新的角度来看，通过考察企业是否存在为了寻求政府扶持进行策略性创新的行为，加深对企业创新行为以及选择性产业政策引导作用的理解，有利于进一步优化促进企业创新和发展的政策支持，引导企业开展持久的研发创新活动。

本书对现有文献进行了一定的补充。首先，补充了现有国内学者对专精特新“小巨人”企业培育政策研究的不足。已有研究主要从政府补助和税收负担的视角出发，探究政府补贴数量和优惠力度对于企业创新的影响，较少从某一特定政策的角度入手，对于现阶段专精特新培育工作现状和成就的总结主要是基于“小巨人”企业公开数据的文字性描述而缺少定量性评估。本书结合政府补助和税收优惠的视角，根据“小巨人”政策的对象和范围将专精特新“小巨人”企业中的上市公司与其他创业板、科创板同类型企业划分为实验组和控制组进行比较，评估上市公司在评选上专精特新“小巨人”企业后其研发投入和创新产出是否存在显著的增加，综合地对专精特新“小巨人”企业培育政策的效果进行评估。其次，本书探究了专精特新“小巨人”企业培育政策发挥作用的机制，根据培育举措中包含的财税支出和专项奖补资金，本书重点考察了政府补助这一机制，通过回归模型和匹配差分的方法发现企业在入选之后获得的政府补贴强度提高，验证了专精特新“小巨人”企业培育政策通过增加政府补助来激励企业研发创新的机制。最后，本书补充了选择性产业政策对企业创新行为产生引导作用的相关研究，基于国内学者提出的选择性产业政策激励企业进行策略性创新的观点，以专精特新“小巨人”企业评选标准的公布时间为节点，考察了第二批“小巨人”在入选前的研发创新活动，发现企业在研发投入强度相对稳定的情况下专利申请数量出现显著增长，可能存在为了寻求政府扶持短时间提高自身专利指标的投机行为，验证了选择性产业政策对于企业的创新行为具有引导作用。

二　文献综述

（一）政府扶持企业的理论基础

根据公共产品和外部性理论，由于技术创新往往具有正的外部性，即存在知识技术外溢和其他企业搭便车的现象，企业研发创新获得的个人边际利益小于社会整体的边际利益，抑制了企业进行研发创新的积极性，企业缩减其研发投入，进而对社会整体的创新能力产生负面影响，并且仅通过市场机制无法解决外部性导致的市场失灵问题，为政府进行干预、通过研发补助调动企业创新的积极性提供了理论支撑。

在影响企业创新的金融环境和融资方面，根据信息不对称理论，中小企业为了避免技术外泄通常不会主动透露其研发项目的具体信息，即市场上的投资者与企业经营者之间存在信息不对称，增加了外部投资者调研成本的同时也使得企业对外融资的利率相应提高，加之银行等金融机构更偏好对国有企业和大型企业放贷，导致出现中小企业融资难和融资贵的问题。对于内部资金较为缺乏的中小企业而言，融资约束程度的加深抑制了企业研发投入的增加和创新项目的开展。此外，外部融资也容易引发委托代理问题，股东与债权人对短期利益和企业发展目标的不一致阻碍了企业研发创新的推进。

根据经济学家 Spence（1984）提出的信号传递理论，通过“信号效应”降低逆向选择带来的风险和损失，扭转市场失衡。在市场中，一方面，企业可以主动披露研发创新项目的相关信息，通过年度报告等向外界传递有利信号，吸引外部资金；另一方面，政府对企业的扶持政策也可以发挥信号中介的作用，如本书所研究的专精特新“小巨人”企业，通过公布的企业名单向市场释放利好消息，改善企业融资约束，进而增加企业研发投入。

（二）政策扶持的分类

根据政策发挥作用时间、覆盖范围和发挥作用的渠道等方面的不同，学术界将产业政策分为选择性产业政策和功能性产业政策。

选择性产业政策主要指政府通过给予企业研发补助、实行研发费用扣除的税收优惠等扶持手段，加快企业研发创新的步伐。江飞涛和李晓萍（2010）认为，为了达到经济高质量发展的目标，政府会采取扶持特定产业和企业的方式来推动企业研发创新，以企业研究成果实现创新驱动发展。

功能性产业政策主要是指政府在公共服务、基础设施、平台建设、人才培育等方面对企业进行扶持，为企业开展研发创新提供所需的资源、信息、咨询服务等要素和配套设施，提供良好的研发和技术创新环境，帮助企业克服外部风险，增强企业进行研发创新的信心与积极性。

从政策扶持的时间来看，黄先海和陈勇（2003）指出功能性产业政策主要为前期的基础性支持，选择性产业政策则以后期的研发补助为主。黎文靖等（2016）指出，两种产业政策在运行机制、政策实施手段等方面存在差异，对企业创新行为和创新绩效的影响也不同，可能导致企业创新动机的不一致。

针对本书关注的专精特新“小巨人”企业培育政策，其培育方式为选拔中小企业中的“领头羊”进行重点培养，尽管也涉及公共服务和基础设施建设，但从专项奖补资金等扶持措施可以看出其本质更偏向选择性产业政策。

（三）政策扶持对企业创新的影响机制

政府扶持对企业创新活动的影响既包括正向的激励作用，也存在负向的挤出效应。

一方面，政府提供的研发补助增加了企业资金的来源，能够有效解决企业资金不足和融资约束问题，提高了企业研发创新的积极性。Hewitt – Dundas 和 Roper（2010）指出，政府补助让更多企业投入研发创新活动，给企业施加隐形压力，提高企业创新产出的质量和效率。赵灵丹（2021）认为政府补贴与企业创新之间存在间接效应，政府扶持在向市场传递利好企业信号的同时通过完善金融支持和服务体系、降低企业融资门槛等途径，缓解中小企业面临的融资难题，对企业研发投入发挥正向的调节作用。

另一方面，政策扶持提高了对原材料、人力资源等生产要素的需求，导致企业进行研发创新的成本增加，创新效率下降，对企业研发创新产生挤出效应。此外，由于政府的监督管理能力有限，企业存在寻求政府补助的策略性创新行为，并可能将获得的政府补助用在其他地方，如购置房地产等具有较高收益的项目，挤出原有的研发创新投入。

除上述两种作用外，黎文靖和郑曼妮（2016）指出，政府通过补贴的方式来支持或保护某些产业或企业时，将削弱市场的调节作用、滋生企业的寻租行为，对于受到产业政策影响的公司，其非发明专利申请数量显著增加，企业存在片面增加创新数量的创新策略。安同良等（2009）认为企业存在迎合政府的策略性创新策略，即以谋求其他利益为目的，通过追求专利数量而非质量或者侧重简单创新的方式寻求更多的政府补助。

（四）政策扶持效果的相关实证研究

1. 政府补助对企业创新的影响研究

关于政府补助对企业研发投入和创新绩效的影响，主要存在两种观点，其中大部分学者认为政府补助总体上对企业研发创新具有正向的激励作用，也有学者认为政府补助具有负向的挤出作用。

第一种观点认为政府补助对企业研发投入和创新产出存在正向作用。吕晓军（2016）对战略性新兴产业企业中上市公司的研究发现，政府补助能够显著提高企业的研发投入。伦晓波等（2017）利用中小板上市公司的数据进行回归分析，研究发现政府补助显著促进了企业的研发创新活动。高静等（2021）研究发现政府补助每提高 1%，企业的创新产出将增加 5.4%。国外学者 Lach（2002）对以色列企业的研究发现政府研发补助对企业存在激励作用。Gonzfilez 等（2005）对西班牙制造业企业的研究得出相同的结论，政府补助有效刺激了企业的研发投入，当缺乏政府补助时部分企业的研发创新进度放缓。

第二种观点认为政府补助对企业研发投入和创新产出具有负面影响。戴小勇等（2014）发现政府补助超过特定值后将挤出企业的研发投入。何利辉等（2016）利用空间面板模型得出政府补助与企业创新效率关系为负相关关系的研究结论。罗志华等（2017）发现政府补助在其强度低于某一特定值时反而会对企业研发创新存在负面影响。Gorg 和 Strobl（2007）对爱尔兰制造业企业的研究发现政府补助的作用与企业规模相关，在增加小型企业研发投入的同时挤出了大型企业的研发投入。

此外，一些学者认为政府补助与企业研发创新活动不存在显著关系，Michael（2004）的研究发现由于政府难以对企业使用政府补助的情况进行监管，对企业研发提供直接补贴不能促进企业的研发活动。

2. 税收优惠政策对企业创新的影响研究

关于所得税减免等税收优惠政策对企业研发投入的影响，国内不同学者的研究结论也不一致。

第一种观点认为所得税减免有利于促进企业创新。李万福、杜静、张怀（2017）发现针对企业所得税的税收优惠政策有利于促进科技型上市公司扩大其研发投入。Jia 和 Ma（2017）研究发现中国上市公司的税收负担与企业研发投入之间存在负相关关系，而税负降低 1% 将提高 0.4% 的研发投入。徐慧（2020）以 A 股上市公司为研究对象，发现所得税税负越重对研发创新的抑制作用越强。

第二种观点认为税收优惠政策对于企业研发创新的促进作用不显著。谭光荣和黄慧（2010）发现目前的税收优惠政策激励高新技术上市公司研发创新的效果有限。杨国超等（2017）认为对高新技术企业的税收优惠可能导致企业为了寻求优惠政策操纵企业研发投入等特定指标，不利于企业提高创新绩效。朱彬彬等（2020）对安徽省上市公司的回归分析发现所得税优惠与企业研发投入之间不存在显著关系。

此外，还有学者认为税收优惠政策与企业研发投入为非线性关系。马玉琪等（2017）的实证研究发现对于不同规模的企业存在不同的税收优惠最优区间，当税收优惠超出最优区间后对企业研发投入的边际影响逐渐减弱。

综上所述，目前国内外学者关于财税政策对企业创新影响的研究已较为全面，但由于研究样本、选取指标不同以及方法各异等原因，在政策扶持对企业创新产生激励还是挤出作用的问题上，不同的学者存在不同的观点。

三　专精特新“小巨人”企业培育现状

（一）核心概念界定

根据《专精特新“小巨人”企业发展报告》，专精特新“小巨人”企业是指中小企业群体中最具成长潜力的部分，专注于细分市场，掌握关键核心技术，具有创新能力强、质量效益优、带动作用强的特点，是中小企业群体中的“领头羊”。

专精特新“小巨人”企业具有四个内涵特征：专业化、精细化、特色化、创新型。专业化表现为企业基于自身比较优势从事专业化生产，并通过专业化生产的规模经济实现边际报酬递增。“小巨人”企业规模较小的特征决定了企业必须将有限的资源投入细分市场领域，专注于提升产品技术属性以形成独有的竞争优势。精细化则体现在小资源投入下实现低消耗生产和短周期交换，通过开发追求快速迭代的“最小可用品”来更好地适应市场需求，注重生产加工环节的高效协同，把握好品质管控。特色化表现为企业产品的差异化特征，通过研发差异化产品做到人无我有、人有我特，提前预测行业发展趋势，打造企业核心竞争力。创新型不仅指技术和工艺创新，还包括组织架构方面的创新和灵活的商业策略调整，企业快速整合有限资源对市场需求变化做出及时响应，积极研发新技术、探索新应用。

（二）“专精特新”培育政策与影响创新机制

专精特新“小巨人”企业的培育工作主要经历了三个阶段。第一阶段，2011 年 9 月，工业和信息化部首次提出“专精特新”这一概念，随后在 2013 年以国家级政策文件的形式明确了促进中小企业“专精特新”发展的总体思路、重点任务以及培育措施，在“十三五”时期又相继出台了“一法一条例三意见”。第二阶段，2018 年工业和信息化部发布开展“小巨人”企业培育工作的通知，并于2019年5月公布第一批248家“小巨人”企业名单，随后又在2020年11月和2021年7月分别认定了第二批1584家和第三批2930家“小巨人”企业。第三阶段，加大中央财政奖补力度，2021年2月，财政部、工业和信息化部联合印发《关于支持“专精特新”中小企业高质量发展的通知》，聚焦重点行业和领域，累计安排约100亿元以上奖补资金，以直达方式分三批重点支持1000余家国家级“小巨人”企业创新发展，支持符合条件的“小巨人”企业对接资本市场，加快其上市步伐。

专精特新政策和专精特新企业培育工作的提出是为了提升企业自主创新能力、充分发挥中小企业的创新主体地位和创新源泉作用。通过选拔出中小企业群体中创新能力强、最具成长潜力的部分，使其专注于细分市场，攻克并掌握关键核心技术，提高质量效益，发挥中小企业群体“领头羊”的带动作用。

近年来，中央和地方政府出台了一系列政策引导企业走“专精特新”发展道路，扶持政策可以大致总结为以下几个方面。第一，财税政策方面，加大财税支持，国家出台专项财税资金，各省市推出配套的专项政策，发挥政府资金杠杆作用，解决中小企业资金短缺问题、减轻中小企业负担；优化政策环境，明确建立“专精特新”政策框架，精准出台扶持政策，加强对企业的定向引导。第二，企业发展要素方面，加强研发创新这一发展基点，推动企业技术改造、加快科技成果转化、鼓励企业设立科技研发中心；强化人才支撑，加大人才引进力度，营造良好的人才发展环境；推动管理创新，提升产品质量标准，促进专精特新企业向管理精细化方向发展。第三，社会环境方面，全方位加快公共服务基础设施建设，构建起覆盖省、市（州）、县的三级公共服务体系，提升对“小巨人”企业服务的有效性，为其提供信息、咨询、培训等各类服务支撑；坚持金融服务实体经济导向，促进直接融资与间接融资两种融资方式相结合，缓解中小企业融资难和融资贵的问题。第四，引导企业协同发展，强化对中小企业的分类指导、分级培育，建立梯度培育体系和评价体系，扩充专精特新企业培育库；促进大中小企业融通发展，打造创新协同的产业生态，增强企业在细分市场领域的竞争力和掌握核心技术的研发能力。

政策扶持对企业创新的作用机制主要可以从两方面进行分析。一方面，专精特新政策给入选企业带来财政补助等资源上的倾向，从而对企业创新活动施加正向的激励作用。另一方面，政策执行过程中可能存在资源挤出、引发企业“短视”等问题，对企业创新产生抑制效应。

根据产业政策扶持企业的相关理论和已有学者的研究，在市场经济中，由于技术创新正外部性的存在，知识技术外溢和其他企业搭便车的现象抑制了科技型企业创新的积极性，而信息不对称问题阻碍了企业吸引外部投资者，不利于扩大研发创新规模，间接降低了企业进行研发创新的动力。

首先，专精特新政策为“小巨人”企业设立的专项奖补资金以及各项财政补助增加了企业资金来源，帮助企业克服研发创新的风险，通过创新建立技术和竞争优势，提高盈利能力，进而提高企业研发创新的积极性。Hewitt - Dundas 和 Roper（2010）指出，政府补助让更多企业投入研发创新活动，在给企业施加隐形压力、提高企业创新产出的质量和效率、增加创新投入的同时提高创新绩效。研发费用加计扣除等税收优惠政策能有效降低企业研发成本，促使企业额外增加创新投入。其次，政策扶持与企业创新之间还存在间接效应，专精特新“小巨人”企业的选拔政策和名单公布后，在向市场传递利好企业信号的同时会引导人才、技术、公共服务等资源流入入选专精特新的企业，并且通过完善的金融支持和服务体系等途径对企业研发投入发挥正向的调节作用。

另外，政策扶持在促进企业研发创新的同时，提高了企业对原材料、人力资源等生产要素的需求，导致企业进行研发创新成本的增加，创新效率下降，对企业研发创新产生挤出效应。

此外，由于专精特新政策为选择性产业政策，对入选“小巨人”名单的企业提供更多样的政策扶持，可能引发企业的“寻租”和“短视”行为，例如：在评选前短时间内增加创新支出以谋求更多创新成果，帮助企业在评选时占据优势；企业在进行创新活动时改变创新策略，偏好策略性创新，重视专利的数量而忽略创新产出的质量；由于政府监督管理能力有限，企业在入选后将获得的政府补助用在其他地方，如购置房地产等具有较高收益的项目，挤出原有的研发创新投入，创新动力减弱。

（三）专精特新“小巨人”企业的培育情况

1. 总体培育情况

自2019年培育工作开展以来，工业和信息化部共公布了三批专精特新“小巨人”企业，企业数量达到4762家，其中第一批248家，第二批1584家，第三批2930家。

从专精特新“小巨人”企业规模来看，90%以上企业为中小型企业，中型企业和小型企业占比分别为57.1%、42.7%，其中小微型企业占比呈现逐年增长的趋势。从企业的产权性质来看，民营企业占比达到84%，在“小巨人”企业中占绝大多数，国有企业和合资企业的占比分别为8%和5%。从企业注册所在地的分布来看，东部地区最多，占比达到一半，其中浙江、广东和山东三个省份的企业数量位列前三。

在企业研发创新上，首先，在研发投入方面，根据《专精特新“小巨人”企业数据分析报告》，第二、第三批“小巨人”企业平均研发经费分别为2068.7万元和1920.7万元，研发投入强度平均值超过6%，远高于中小企业3%的平均研发经费投入强度。其次，在研发人员方面，第二、第三批“小巨人”企业平均研发人员占企业全部职工的比重分别为24.6%和26.6%，大幅超过高新技术企业认定规定中10%的研发人员比例要求。在专利申请和创新产出上，专精特新“小巨人”企业的有效专利持有量同样远超高新技术企业水平，其中三批“小巨人”企业平均持有的有效专利数量分别为37.3项、51.4项和54.6项，相比之下高新技术企业的平均有效专利持有数量只有8.5项。由此可见，专精特新“小巨人”企业的培育工作取得了一定成绩，企业在创新能力方面提升明显，研发投入强度和专利产出相比其他高新技术企业有较大优势。

2.“小巨人”企业中上市公司的培育情况

在本书重点关注的前两批专精特新“小巨人”企业的上市公司中，根据证监会的行业划分标准，前两批上市的专精特新“小巨人”主要集中在制造业（行业代码为C），制造业企业在“小巨人”上市公司中的占比达到90%，此外也有少数从事生态保护环境治理（代码为N）、信息技术（代码为I）、建筑装饰（代码为E）以及研究和试验发展（代码为M）的企业入选。从上市情况来看，80%的专精特新“小巨人”企业在2015年后上市，分布在创业板、科创部和主板。地区（省份）分布上，主要集中在江苏、浙江、广东、福建等东部省份和北京、上海两个直辖市，中部和西部省份的专精特新“小巨人”上市公司数量相对较少。

在企业经营和研发投入方面，根据国泰安数据库的企业财务数据，第一批专精特新“小巨人”企业上市公司2020年的营业收入平均值为3.2795亿元，研发支出平均值为2673万元，研发支出占营业收入平均值的8.15%，研发人员数量在总员工中占比的平均值为21.81%；第二批专精特新“小巨人”企业上市公司2020年的营业收入平均值为7.7954亿元，研发支出平均值为3900万元，研发支出约占营业收入平均值的5.00%，研发人员数量在总员工中占比的平均值为20.91%。

从企业的研发投入来看，两批专精特新“小巨人”上市公司的研发支出均呈增长趋势，第一批“小巨人”企业平均研发支出从2016年的2661万元增长到2020年的4632万元，第二批“小巨人”企业平均研发支出从2016年的3742万元增长到2020年的7619万元，第二批“小巨人”企业的研发支出增速相对更快。在研发支出占营业总收入的比重上，第一批“小巨人”企业均基本保持稳定，比重维持在7%—8%范围内，第二批“小巨人”企业研发支出的比重呈现增长趋势，从2016年的6.01%增加到2019年的7.81%，2020年略有下降。

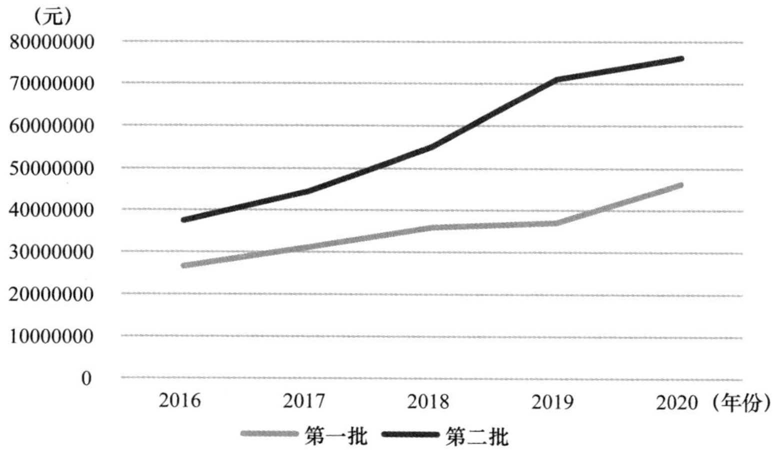

图3.1 “小巨人”企业的研发支出

从企业获得的发明、实用新型和外观设计的专利数量来看，两批企业获得的专利数量均呈现增长趋势，分别从 2016 年的 16. 44 件和 21. 18 件增长到 2020 年的 33. 44 件和 29. 68 件，其中 2020 年相比 2019 年获得专利数量有大幅增长，与专精特新“小巨人”企业名单公布的时间节点相吻合。

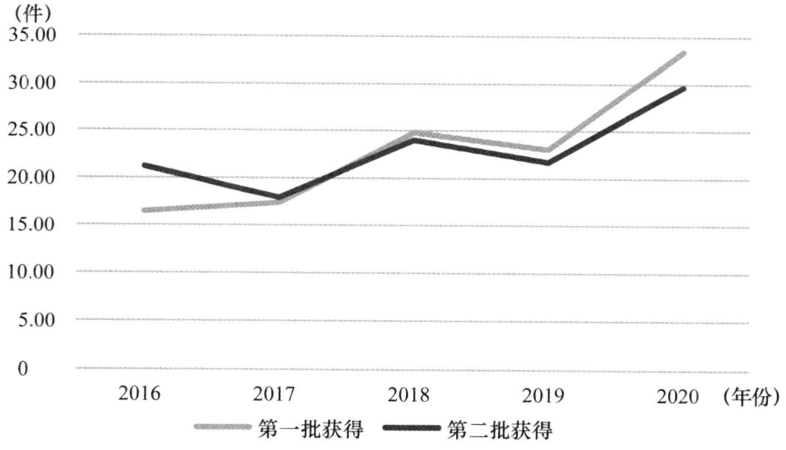

图 3. 2 企业获得的发明专利、实用新型专利、外观设计专利数量

通过对前两批专精特新“小巨人”企业中上市公司的数据分析，可以发现，无论是从企业在研发活动的投入还是从专利获得的创新产出来看，“小巨人”企业在入选名单之后都延续甚至加快了其研发创新的步伐，并取得一些成果。

四　实证模型设定与变量选取

（一）研究样本与数据来源

1. 样本选择

本书聚焦专精特新“小巨人”企业培育政策对入选企业研发创新的影响，在接受处理的实验组样本选择上，基于数据可获得性，本书根据工业和信息化部公布的第一批和第二批专精特新“小巨人”企业名单（公布时间分别为2019年5月和2020年11月）选取其中的上市公司作为研究样本，第一批和第二批的企业数量分别是30家和154家。在对照组的选择上，由于入选专精特新“小巨人”企业的上市公司集中分布在创业板和科创板，同时由于创业板和科创板的进入门槛较低，其中的企业具有成立时间较短、创新性强、具有较高成长性的特征，与专精特新“小巨人”企业的特质相符，具有一定的可对比性，因此将创业板和科创板上市公司作为对照的样本，并且为了提高可比性，挑选出研发投入较高、持有一定专利数量的企业，本书在企业规模、营业收入和研发收入等指标上进行限制，结合专精特新“小巨人”企业的评选标准，筛选出营业收入在1亿元以上、研发经费支出在营业收入中的比重不低于2%、从事企业研发创新活动的科技人员在企业职工总数中的占比不低于10%的企业，最终得到的样本数量共计867家。

2. 数据来源

本书中使用的数据主要来自中国研究数据服务平台（CNRDS）、国泰安数据库（CSMAR）、Wind数据库中的上市公司数据，其中部分缺失数据通过查询企业年度、半年度报告等方式获取。样本区间为2015年至2020年，即从第一批专精特新“小巨人”企业评选通知公布前三年到数据可获得的最新一年，收集整理的数据包括专精特新“小巨人”企业和其他创业板、科创板上市公司获得的政府补助、研发投入、专利申请与获得的数量以及财务报表等。在对数据的处理上，剔除了缺失值的样本，并对极端值进行2.5%的缩尾处理。

（二）研究假设

①根据政府扶持企业的相关理论和已有学者的研究，在市场经济中，由于存在信息不对称问题，中小型企业面临着内部资金不足并且融资困难等问题，技术研发的正外部性和公共物品特性降低了企业进行研发创新的动力。政府扶持能在一定程度上解决信息不对称和公共物品导致的市场失灵问题，通过直接性引导和间接性引导促进企业创新投入，其中政府补助能缓解企业资金短缺困难，给予企业研发资金补充，研发费用加计扣除等税收优惠政策能够在一定程度上激励企业进行研发创新，而企业自身的税收负担越重，相对的投入研发创新活

动的动力就会越小。在此基础上，本书提出假设一：政府补助、研发投入加计扣除、税收负担等政策因素会影响企业研发投入。

②相比政府对普通中小企业的政府扶持，在专精特新“小巨人”企业的培育政策中，涵盖了优化政策环境、加大财税支持、加强金融服务、加强科技创新等多方面措施，设立了专项财税资金，各省市出台了相应的配套支持，因此企业在入选专精特新“小巨人”企业名单之后，与其他企业相比，能够获得更多政府的资金支持和优惠政策。在此基础上，本书提出假设二：入选专精特新“小巨人”企业名单有助于企业获得更多政策扶持，如政府补贴强度增加、税收负担减轻等，企业面临的融资约束得到缓解。

③在前两个假设的基础上，针对本书关注的专精特新“小巨人”企业以及对应的培育政策，进一步检验政策扶持对“小巨人”企业研发创新的政策效果，即相比于其他企业，评选上专精特新“小巨人”的企业可获得更多政府补助和优惠政策，而这些政策扶持对企业研发投入存在正向的促进作用，那么入选名单后“小巨人”企业的研发投入和投入强度应当有所增加，并且由于研发投入增加，企业申请和获得的专利数量相应增长，由于从企业增加研发投入到获得创新产出需要一段时间，并且不同类型专利所需要的审查和批准时间也不同，一般情况下，外观设计专利申请的审批时间为 6 个月，实用新型专利的审批时间为 1 年，发明专利的审批时间为 22 个月。基于此，本书提出假设三：企业在入选“小巨人”企业之后研发投入强度增加，同时评选上的当年申请的专利数量增加、第二年获得的实用新型和外观设

计专利数量也相应增加。具体而言，第一批专精特新“小巨人”企业名单的公布时间为 2019 年 5 月，因此假设第一批企业在 2019 年申请的专利数量增加，在 2020 年获得的实用新型、外观设计专利数量增加，第二批企业名单由于公布之时为 2020 年 11 月，2021 年的数据尚未更新，暂时无法进行检验。

④政策扶持分为功能性产业政策和选择性产业政策，专精特新“小巨人”企业的培育工作是从中小企业中选择出创新能力强、成长潜力大的企业，通过政府补助对其进行重点支持，促进企业创新。“小巨人”企业的培育政策作为一项选择性产业政策，根据黄先海和陈勇（2003）等学者的研究，除了存在扶持重点企业推动创新的政策效果，还会对企业的创新行为和创新绩效产生影响，导致企业的寻租行为。具体而言，由于第一批专精特新“小巨人”企业评选标准公布（2018 年 11 月）之前，企业难以提前根据标准来调整自身研发创新行为，而相对于第一批评选上的企业，第二批专精特新“小巨人”企业在已知“小巨人”企业评选标准的情况下，为了增加自身被评选上的可能性，有动机提前增加研发投入、申请更多专利。基于此，本书提出假设四：选择性产业政策对企业行为产生引导作用，即在公布专精特新“小巨人”企业评选标准后，第二批评选上的企业在评选前即 2019 年的研发投入和专利数量都提前增加了。

（三）模型设定

①对于前文提出的假设一，借鉴已有的关于企业研发投入与政策

扶持的文献，构建模型检验政策扶持对企业研发创新活动的影响，将企业研发支出作为被解释变量，在回归模型中加入政府补贴强度、研发投入加计扣除政策优惠强度、企业税收负担和控制变量，模型设计为：

$$RD\ it = \beta 0 + \beta 1 \cdot Sub + \beta 2 \cdot Deduct + \beta 3 \cdot Taxburden + \beta \cdot Z + \lambda_t + \mu_i + \varepsilon_{it}$$

②针对前文提出的假设二，将假设一中影响企业研发创新的政策因素（政府补助和税收负担）作为被解释变量，是否入选专精特新“小巨人”企业名单的虚拟变量作为主要解释变量，检验企业在评选上专精特新之后是否获得更多政策上的扶持，模型表达式为：

$$Sub\ it = \beta 0 + \beta 1 \cdot List + \beta \cdot Z + \lambda_t + \mu_i + \varepsilon_{it}$$

$$Taxburden\ it = \beta 0 + \beta 1 \cdot List + \beta \cdot Z + \lambda_t + \mu_i + \varepsilon_{it}$$

③针对假设三，将是否入选名单的虚拟变量作为解释变量加入企业研发创新的回归模型，将企业研发投入强度和申请、获得的专利数量分别作为被解释变量，控制政策因素和衡量企业经营的相关指标。对企业研发投入的回归模型为：

$$RD\ it = \beta 0 + \beta 1 \cdot List + \beta \cdot Z + \lambda_t + \mu_i + \varepsilon_{it}$$

对申请、获得的专利数量进行回归分析时，由于从研发投入到专利申请以及专利申请与获得批准之间具有时间差，将处理组样本限制为第一批“小巨人”企业，设置评选上“小巨人”企业后（2019 年、2020 年）的年份虚拟变量与接受处理（入选名单）的交互项 List · Year Dummy 为解释变量，企业申请与获得的专利数量作为被解释变量，模型设计为：

$$Patent\ it = \beta 0 + \beta 1 \cdot List \cdot Year\ Dummy + \beta \cdot Z + \lambda_t - \mu_i + \varepsilon_{it}$$

④针对假设四，将处理组样本限制为第二批专精特新“小巨人”企业，设置公布专精特新“小巨人”企业评选标准后（2019 年、2020 年）的年份虚拟变量与接受处理（入选名单）的交互项 List · Year Dummy 为解释变量，企业研发投入强度和企业申请与获得的专利数量分别作为被解释变量，模型设计为：

$$RD\ it = \beta 0 + \beta 1 \cdot List \cdot Year\ Dummy + \beta \cdot Z + \lambda_t + \mu_i + \varepsilon_{it}$$

$$Patent\ it = \beta 0 + \beta 1 \cdot List \cdot Year\ Dummy + \beta \cdot Z + \lambda_t + \mu_i + \varepsilon_{it}$$

上述模型中，i 表示个体，t 表示时间，Sub、Deduct 和 Taxburden 分别表示政府补贴强度、研发投入加计扣除政策优惠强度和企业税收负担，List 表示是否入选“小巨人”的虚拟变量，Z 为控制变量，β0 表示截距项，βi（i = 1，2，3）分别为解释变量相对应的系数参数，λ_t 表示不因个体而改变的时间效应，μ_i 表示不随时间改变的个体效应，ε_{it}为随机扰动项。

（四）变量选择

1. 被解释变量

关于中小企业研发创新，本书主要从投入和产出两个方面来衡量企业的研发创新活动，首先是考察专精特新“小巨人”企业和其他创业板、科创板企业在研发活动上的投入，其次是分析企业研发创新的产出成果。

（1）研发投入

根据现有文献和研究的普遍做法，在研发投入方面，本书将企业财务报表中的研发费用作为衡量企业研发投入的变量，采用研发费用在营业总收入中所占比重的指标来衡量研发投入强度。

（2）创新产出

在创新产出方面，本书以企业申请和获得的专利数量来衡量企业的创新产出，在此基础上，对专利中的发明、实用新型和外观设计进行专利类型上的区分，进一步探究企业对研发专利类型是否存在偏好。此外，由于不同类型专利所需要的审查和批准时间不同，外观设计和实用新型专利申请的审批时间一般在一年以内，发明专利的审批通过时间为两年左右，并且在评选专精特新“小巨人”企业公布的专项标准中，将实用新型与外观设计专利进行了合并计算，而本书使用的专利数量统计为年度指标，结合黎文靖和郑曼妮（2016）等学者的做法，将实用新型与外观设计的专利数量进行合并处理。

表3.1　　被解释变量定义

类型	变量	测量指标
被解释变量	Rd 研发投入强度	研发费用/营业总收入
	Patent 创新产出（绩效）	当年申请、获得的专利数量 （发明专利、实用新型与外观设计）

2. 解释变量与控制变量

（1）政府补助

对于政府补助的衡量，已有的学者研究中主要采用绝对值（取对数）和相对值（比值）两种方法，本书使用比值的方法计算政府补贴强度指标，通过企业财务报表中营业外收入项目下的政府补助占营业总收入中的比重来衡量政府补助这一政策扶持方式对企业研发创新的影响。

（2）研发费用加计扣除与税收负担

针对研发费用加计扣除的衡量，本书借鉴刘圻等（2012）的设计方法，从政策的激励作用强度对其进行量化，采用研发费用加计扣除政策的优惠强度指标衡量该政策对企业研发创新活动产生的激励作用，计算方法为：当年研发投入×50%×企业所得税率/当期期末总资产。此外，本书采用税收负担指标从整体上对企业面临的税收负担进行衡量，计算公式为企业财务报表中的所得税费用除以当期利润总额。

（3）入选专精特新“小巨人”企业名单处理状态的虚拟变量

在模型中设置反映企业处理状态的虚拟变量，企业在被评选上专精特新“小巨人”企业之前虚拟变量为0，入选之后虚拟变量为1，即第一批入选企业在2019年及以后的处理状态为1，第二批入选企业在2020年的处理状态为1，创业板和科创板的其他企业在所有年份处理状态均为0。

（4）控制变量

本书对与企业研发活动相关的经营活动变量进行控制，在控制变量的选择上包括财务杠杆、经营现金流情况、融资约束以及企业所在的行业和地区等。财务杠杆通过企业的资产负债率来进行衡量；企业盈利能力的衡量指标采用总资产收益率，即当期净利润除以期末总资产；经营现金流为经营活动产生的现金流净额除以期末总资产，反映企业经营的现金流情况；融资约束采用了使用频率较高的 SA 指标；企业所在地区变量，根据企业注册所在省份划分为东部、中部和西部，采用虚拟变量进行分析；行业类型主要区分了制造业和非制造业；企业性质引入虚拟变量，国有持股企业为 1、民营企业为 0。

表 3.2 解释变量和控制变量定义

类型	变量	测量指标
解释变量	List 是否入选名单	虚拟变量（入选后为 1，入选前为 0）
	Sub 政府补贴强度	当年收到的政府补助/营业总收入
	Deduct 研发费用加计扣除政策优惠强度	当年研发投入 ×50% × 企业所得税率/当期期末总资产
	Taxburden 税收负担	所得税费用/利润总额

续表

类型	变量	测量指标
控制变量	Staff 研发人员	技术人员数量（取对数）及占比
	Roa 企业盈利能力	总资产收益率（净利润/期末总资产）
	Lev 财务杠杆	资产负债率
	Cash 经营现金流	经营活动产生的现金流净额/期末总资产
	Fc 融资约束	SA 指标 $=0.043\times$ 企业规模$^2-0.737\times$ 企业规模 $-0.04\times$ 企业年龄（企业规模为以百万为单位的期末总资产取对数）
	Di 企业所在地区	根据东中西部划分 东部：Di1 =1，Di2 =0 中部：Di1 =0，Di2 =1 西部：Di1 =0，Di2 =0
	Indus 行业类型	虚拟变量 行业代码 C 开头为 1，其余为 0
	State 产权性质	虚拟变量 国有持股企业为 1，其余为 0
	Age 企业年龄	当期时间—成立时间

（五）描述性统计

从表3.3对各主要变量的描述性统计中可看到内容如下：

①样本中企业研发投入强度的均值为0.074，即研发费支出占总营业收入的比例平均为7.4%，其中最大值为0.258，最小值为0.01，差距较大，表明企业之间在R&D支出方面存在一定差异；

②企业申请和获得专利数量的平均值分别为4.80件和3.73件，标准差较大，表明各企业在专利申请与获得的数量上存在较大差距，同时总体平均值大幅低于专精特新“小巨人”企业平均申请和获得的专利数量；

③企业中研发人员在全部员工中占比的平均值为22.8%，标准差为0.149，最小值仅为4.8%，而最大值达到67.6%，不同企业的研发人员占比差距较大；

④政府补贴强度的平均值为0.012，标准差为0.016，说明不同企业获得的政府补贴强度存在较大的差距；

⑤企业税收负担的平均值为0.119，大部分企业当期所得税费用在利润总额中的占比在0—20%区间内，但存在一些与均值差距较大的企业；

⑥企业的总资产收益率的平均值为3.8%，标准差为0.078，数据波动较大，部分企业总资产收益甚至为负，说明不同公司之间的盈利状况还是有着较大的差别，可能与企业研发和发展周期有关；

⑦从企业财务杠杆来看，资产负债率平均值为32.6%，最高达到72.7%，最低仅有6%，表明不同企业在财务杠杆状况上也存在明显差异；

⑧经营活动净现金流占营业收入比重的平均值仅为4.4%，表明企业经营活动的内部现金流情况较紧，不利于增加企业研发投入；

⑨融资约束的均值为-3.751，标准差为0.196，说明“小巨人”企业的融资约束问题普遍存在；

⑩企业成立的年份均值为16.56年，成立年份差距较大，表明“小巨人”企业所处的发展周期各不相同；

⑪从地区分布来看，78.1%的企业分布于东部省份，13.8%的企业位于中部，其余10%的企业位于西部；从行业分布来看，60.5%的样本企业从事制造业，其中90%以上的专精特新“小巨人”上市公司为制造业，只有10%不到的企业分布其他四个行业；从企业的产权性质来看，12.6%的企业存在国有持股，其中22.8%的专精特新“小巨人”企业存在国有持股，剩下77.2%的企业为民营企业。

表3.3　　变量的描述性统计

变量	样本数	平均值	标准差	最小值	最大值
研发投入强度	4586	0.074	0.055	0.01	0.258
申请的专利	4678	4.801	11.007	0	50
获得的专利	4678	3.732	8.846	0	41
政府补贴强度	3058	0.012	0.016	0	0.069
研发人员数量（对数）	4374	5.306	0.941	3.434	7.454
研发人员占比	4375	0.228	0.149	0.048	0.676
加计扣除政策优惠强度	4158	0.005	0.003	0	0.016
企业税收负担	4680	0.119	0.098	-0.158	0.385

续表

变量	样本数	平均值	标准差	最小值	最大值
企业盈利能力	4679	0.038	0.078	-0.278	0.157
财务杠杆	4678	0.326	0.176	0.06	0.727
经营现金流情况	4679	0.044	0.06	-0.096	0.179
融资约束	4679	-3.751	0.196	-4.197	-3.369
企业年龄	4700	16.561	4.775	4	43
所在地是否在东部	4702	0.781	0.414	0	1
所在地是否在中部	4702	0.138	0.345	0	1
行业是否为制造业	4702	0.605	0.489	0	1
是否存在国有持股	4736	0.126	0.332	0	1

另外，通过 STATA 中的 pwcorr 指令对变量进行相关性分析，从表 3.4 中可以看出变量间的相关系数较小，认为各变量之间不存在严重的共线性问题。

由相关性分析显示，在主要解释变量中，是否入选专精特新“小巨人”企业名单的虚拟变量与研发投入强度的相关系数为 0.027，显著性较低，入选名单可能会影响企业研发投入强度；政府补助强度与研发投入强度的相关系数为 0.27，并且在 1% 的水平上显著，表明政府补助与企业研发投入存在正相关关系；研发投入加计扣除政策优惠强度与研发投入的相关系数显著为正，表明与研发创新相关的税收优惠政策可能会促进企业投入更多到研发活动；税收负担的系数为 -0.215，表明企业税负对研发投入可能存在负面影响。

控制变量中，资产负债水平系数显著为负，表明企业高财务杠杆与企业研发投入为负相关关系；经营现金流的系数为负但不显著，对企业研发投入的影响不确定；融资约束系数为正，且在 1% 的水平上显著，说明企业面临的融资问题与其研发投入之间为负相关；企业年龄与研发投入的相关系数为负且在1%的水平显著，可能是成立时间较长的企业有成熟的研发体系，研发投入力度小于年轻企业。

表3.4　　变量之间的相关性分析

变量	(1)	(2)	(3)	(4)	(5)	(6)	(7)	(8)	(9)	(10)
(1) 研发投入强度	1.000									
(2) 是否入选“小巨人”	0.027	1.000								
	(0.198)									
(3) 政府补贴强度	0.270***	0.130	1.000							
	(0.000)	(0.000)								
(4) 加计扣除强度	0.642	−0.011	0.078	1.000						
	(0.000)	(0.487)	(0.000)							
(5) 税收负担	−0.215	0.018	0.014	−0.196	1.000					
	(0.000)	(0.249)	(0.475)	(0.000)						
(6) 盈利能力	−0.078	0.055	0.069	0.088	0.271	1.000				
	(0.000)	(0.001)	(0.001)	(0.000)	(0.000)					
(7) 财务杠杆	−0.240	−0.060	−0.176	−0.112	−0.083	−0.378	1.000			
	(0.000)	(0.000)	(0.000)	(0.000)	(0.000)	(0.000)				
(8) 经营现金流	−0.006	0.035	−0.020	0.134	0.039	0.343	−0.226	1.000		
	(0.692)	(0.028)	(0.321)	(0.000)	(0.014)	(0.000)	(0.000)			
(9) 融资约束	0.071***	−0.038	0.182	0.045	−0.011	0.091	−0.126	−0.035	1.000	
	(0.000)	(0.019)	(0.000)	(0.005)	(0.479)	(0.000)	(0.000)	(0.028)		
(10) 企业年龄	−0.070***	0.039	−0.146	−0.020	0.022	−0.060	0.032	0.047	−0.638	1.000
	(0.000)	(0.014)	(0.000)	(0.219)	(0.174)	(0.000)	(0.047)	(0.003)	(0.000)	

注：括号内为标准误。$*p<0.1$，$**p<0.05$，$***p<0.01$。

五 实证分析

（一）影响企业研发投入的因素

首先，在对面板数据进行回归分析前需确定模型为固定效应模型还是随机效应模型，本书使用 Hausman 检验，原假设为随机效应模型，检验结果如表 3.5 所示，P 值小于 0.01，因此拒绝原假设，采用固定效应模型，对样本中的个体和年份进行控制。

表 3.5　Hausman 检验

检验：原假设：扰动项与解释变量不相关
chi2（9）=（b－B）´[（V_b－V_B）^（－1）]（b－B）
=167.27
Prob > chi2 =0.0000

基于模型一，本书先从研发投入的角度衡量影响企业研发投入强度的影响因素，以研发费用支出占营业收入的比重作为被解释变量，得到的回归结果如表 3.6 所示。其中，第（1）列是仅用政府补助强度、研发投入加计扣除政策优惠力度和税收负担作为解释变量的个体固定效应模型，第（2）列是加入了企业财务杠杆等其他控制变量之后的个体固定效应模型，第（3）列是同时控制了个体和年份的双向

固定效应模型。

第（1）—（3）列的结果均显示，政府补贴强度和研发投入加计扣除政策优惠力度对企业研发投入强度具有显著的正向作用。在第（3）列中，政府补贴力度、研发投入加计扣除政策优惠力度、盈利能力、财务杠杆、经营现金流、融资约束、企业年龄对企业研发投入强度的影响均在1%的水平上显著，拟合系数 R 方为 0.481，说明模型的整体拟合效果较好。

具体而言：第一，政府补贴强度的系数为 0.207，即政府补助在营业收入中低端比重提高 1 个百分点，企业研发支出占营业收入中的比重提高 0.207 个百分点，表明政府补助对企业研发活动具有显著的正向激励作用，企业获得的政府补助占营业收入比重越大，在研发创新上的投入越多；第二，研发投入加计扣除政策优惠强度的系数显著为正，表明鼓励企业创新的税收优惠政策对企业研发具有显著促进作用，而税收负担系数为负但不显著，对企业研发投入强度无显著影响；第三，资产负债率的系数为 -0.035，表明企业财务杠杆越高，在研发创新上投入的资金越低，研发强度越低；第四，资产收益率的系数为 -0.116，表明企业在盈利能力方面的劣势会反向激励企业在研发创新上投入更多，也可能是盈利水平低的企业处于快速成长期，对研发创新更加重视；第五，企业年龄的系数为 -0.004，即企业成立时间越长，企业研发投入强度相对越低，可能与企业发展周期有关，企业进入成熟期后研发强度相对下降。

综上，通过回归分析得到与已有研究较为相符的结论，即政府补助和研发投入加计扣除的税收优惠政策对企业研发投入具有正向的促进作用。

表 3.6　　　　对企业研发投入强度的回归结果

	(1)	(2)	(3)
	研发投入强度	研发投入强度	研发投入强度
政府补贴强度	0.187***	0.217***	0.207***
	(0.033)	(0.034)	(0.036)
研发投入加计扣除政策优惠力度	9.825***	9.867***	9.93***
	(0.31)	(0.302)	(0.303)
税收负担	-0.021***	-0.002	-0.002
	(0.005)	(0.005)	(0.005)
盈利能力		-0.115***	-0.116***
		(0.009)	(0.009)
财务杠杆		-0.035***	-0.035***
		(0.006)	(0.006)
经营现金流		-0.031***	-0.03***
		(0.01)	(0.01)
融资约束		-0.101***	-0.102***
		(0.014)	(0.014)
企业年龄		-0.004***	-0.004***
		(0.001)	(0.001)
个体固定效应	控制	控制	控制
年份固定效应			控制
观测数量	2852	2852	2852
R方	0.399	0.478	0.481

注：括号内为标准误。*、**、*** 分别表示在 10%、5%、1% 的水平上显著。

（二）入选“小巨人”对政策因素的影响

1. 对企业获得政府补助的影响

基于模型二，以企业获得的政府补贴强度作为被解释变量，检验加入专精特新“小巨人”企业名单对企业获得政府补助的影响，得到的回归结果如表3.7所示。其中，第（1）列为个体固定效应模型，第（2）列为同时控制了个体和年份的双向固定效应模型，第（3）列是加入了企业产权性质的分样本回归，对企业是否为国有持股企业进行异质性分析。

从表3.7中回归结果可以看到，在控制固定效应后，入选名单对企业获得的政府补助的系数均在1%的水平上显著为正，第（2）列中入选“小巨人”的系数为0.008，表示企业在评选上“小巨人”后获得的政府补贴强度提高了0.8个百分点，表明企业在评选上专精特新“小巨人”之后获得了更多的政府补助，进而激励企业增加研发投入，可能存在政策扶持通过增加政府补助激励企业投入更多到研发创新的作用机制。此外，第（3）列中企业产权性质的系数为0.003，在5%的水平上显著，即国有持股企业获得的政府补贴强度高于其他企业0.3个百分点，表明国有持股企业相比民营企业获得的政府补贴强度更大。

表 3.7　　对企业获得政府补助的回归结果

	(1)	(2)	(3)
	政府补贴强度	政府补贴强度	政府补贴强度
是否入选“小巨人”	0.013***	0.008***	0.008***
	(0.002)	(0.002)	(0.002)
财务杠杆	0	0.001	0.001
	(0.004)	(0.004)	(0.004)
经营现金流	0.01	-0.001	-0.001
	(0.007)	(0.006)	(0.006)
融资约束	0.021**	0.015	0.016*
	(0.01)	(0.009)	(0.009)
企业年龄	-0.003***	-0.003***	-0.003***
	(0)	(0)	(0)
企业产权性质			0.003**
			(0.001)
个体固定效应	控制	控制	控制
年份固定效应		控制	控制
观测数量	2852	2852	2852
R 方	0.217	0.304	0.305

注：括号内为标准误。*、**、*** 分别表示在 10%、5%、1% 的水平上显著。

2. 对税收负担的影响

以企业的税收负担作为被解释变量，检验加入专精特新“小巨人”企业名单对企业税收负担方面的影响，得到的回归结果如表 3.8 所示。第（1）—（3）列中，入选名单对企业税收负担的系数均为负但不显著，表明企业在入选专精特新“小巨人”企业后整体税收负担没有显著变化，可能是因为政策层面上对于科技型企业的税收政策和税率是统一的，专精特新“小巨人”企业在面临的税收政策上与创业板和科创板的企业没有明显区别，而研发投入加计扣除的比例是外生政策给定的，是否入选名单不影响企业享受的扣除比例，但由于专精特新“小巨人”企业的研发投入更多，享受到的加计扣除政策减税力度更大，在一定程度上鼓励企业增加研发投入。

表 3.8　　对企业税收负担的回归结果

	(1)	(2)	(3)
	税收负担	税收负担	税收负担
是否入选“小巨人”	-0.011	-0.011	-0.011
	(0.021)	(0.023)	(0.023)
财务杠杆	-0.129***	-0.126***	-0.126***
	(0.02)	(0.02)	(0.02)
经营现金流	0.028	0.039	0.039
	(0.035)	(0.036)	(0.036)
融资约束	-0.122**	-0.112**	-0.113**
	(0.051)	(0.051)	(0.051)
企业年龄	-0.013***	-0.012***	-0.012***
	(0.003)	(0.003)	(0.003)
企业产权性质			-0.004
			(0.007)
个体固定效应	控制	控制	控制
年份固定效应		控制	控制
观测数量	3905	3905	3905
R 方	0.053	0.056	0.057

注：括号内为标准误。*、**、*** 分别表示在 10%、5%、1% 的水平上显著。

（三）入选“小巨人”对研发投入和创新产出的影响

1. 企业研发投入的影响

在检验入选“小巨人”企业对其获得政府补助是否产生显著影响后，基于模型一的回归结果显示政府补助对企业创新具有正向的激励作用，本书进一步分析评选上专精特新“小巨人”企业后企业研发投入是否存在显著增长，对于前文提出的假设三进行检验，在企业研发投入强度的固定效应模型中加入是否入选专精特新“小巨人”企业名单的虚拟变量，评估入选“小巨人”企业名单的政策效果，得到的回归结果如表 3.9 所示。其中，第（1）列是仅用是否加入作为核心解释变量的个体固定效应模型，第（2）列是加入了政府补贴强度和企业税收负担作为解释变量之后的个体固定效应模型，第（3）列是同时控制了个体固定效应和年份固定效应的双向固定效应模型。

根据表 3.9 回归结果显示，第（1）列中，入选专精特新“小巨人”企业名单的系数为 0.006，在 5% 的水平上显著，即企业在评选上专精特新“小巨人”企业后研发投入强度提高了 0.6 个百分点，表明入选专精特新“小巨人”企业名单对企业的研发投入强度存在较显著的正向作用。第（2）和第（3）列中，在控制了政府补贴强度和税收负担的变量后，入选专精特新“小巨人”企业名单的系数仍然为正但不显著，而政府补贴强度和税收负担的系数均显著。第（3）列政府补贴强度的系数为0.162，在1%的水平上显著，税收负担的系数为－0.015，在5%的水平上显著，表明政府补贴强度提高1%，企业研发投入强度提高16.2%，而企业的税收负担增加1%，相应的企业研发投入强度降低1.5%，验证了政府补助对企业研发创新存在正向的激励作用，而税收负担会抑制企业进行研发创新。结合前文对假设二的检验，表明入选专精特新“小巨人”名单主要通过增强企业获得的政府补助等渠道发挥促进企业增加研发投入的作用。

表3.9　　入选专精特新“小巨人”对企业研发投入强度的回归结果

	(1)	(2)	(3)
	研发投入强度	研发投入强度	研发投入强度
是否入选“小巨人”	0.006**	0.004	0.004
	(0.003)	(0.003)	(0.003)
盈利能力	-0.127***	-0.131***	-0.13***
	(0.008)	(0.011)	(0.011)
财务杠杆	-0.021***	-0.026***	-0.027***
	(0.006)	(0.007)	(0.007)
经营现金流	-0.028***	-0.026**	-0.031**
	(0.009)	(0.013)	(0.013)
融资约束	0.011	-0.007	-0.011
	(0.014)	(0.018)	(0.018)
企业年龄	0.002***	0.002	0.001
	(0.001)	(0.001)	(0.001)
政府补贴强度		0.181***	0.162***
		(0.045)	(0.048)

续表

	(1)	(2)	(3)
	研发投入强度	研发投入强度	研发投入强度
税收负担		-0.016**	-0.015**
		(0.007)	(0.007)
个体固定效应	控制	控制	控制
年份固定效应			控制
观测数量	3905	2852	2852
R 方	0.124	0.136	0.14

注：括号内为标准误。*、**、*** 分别表示在 10%、5%、1% 的水平上显著。

2. 对企业创新产出的影响

将模型中的被解释变量替换为企业申请、获得的专利数量，并根据专精特新“小巨人”企业的评选标准以及黎文靖等（2016）学者的研究，将专利划分为发明专利和实用新型、外观设计专利两大类型，设置评选上“小巨人”企业后（2019 年、2020 年）的年份虚拟变量与接受处理（入选名单）的交互项作为解释变量，对第一批评选上专精特新“小巨人”企业的样本和对照组企业进行回归，检验入选专精特新“小巨人”名单对企业创新产出的影响，得到的回归结果如表 3.10 所示。

表 3.10 是对第一批企业申请专利数量的回归结果，第（1）列是以是否入选“小巨人”企业与年份虚拟变量的交互项作为核心解释变量的双向固定效应模型，第（2）列是加入了企业研发投入强度作为解释变量之后的双向固定效应模型，第（3）列是将被解释变量替换

为申请的发明专利数量，第（4）列以申请的实用新型、外观设计专利数量作为被解释变量。

表 3.10　　对第一批企业申请专利数量的回归结果

	（1）	（2）	（3）	（4）
	申请的专利数量	申请的专利数量	申请的发明专利数量	申请的实用新型、外观设计专利数量
交互项	7.703***	7.765***	2.521***	5.094***
	（1.212）	（1.225）	（0.759）	（0.591）
盈利能力	2.26*	3.335**	2.377***	0.992
	（1.311）	（1.413）	（0.875）	（0.681）
财务杠杆	1.493	1.669	1.03	1.101**
	（1.007）	（1.033）	（0.639）	（0.498）
经营现金流	-1.666	-1.276	-1.191	0.363
	（1.701）	（1.751）	（1.084）	（0.844）
融资约束	-1.074	-1.219	-0.407	-0.365
	（2.466）	（2.524）	（1.562）	（1.217）
企业年龄	0.127	0.117	0.149*	-0.038
	（0.13）	（0.133）	（0.083）	（0.064）
研发投入强度		9.791***	6.983***	2.906*
		（3.456）	（2.14）	（1.666）
个体固定效应	控制	控制	控制	控制
年份固定效应	控制	控制	控制	控制
观测数量	3857	3771	3771	3771
R 方	0.042	0.045	0.033	0.058

注：括号内为标准误。*、**、*** 分别表示在 10%、5%、1% 的水平上显著。

根据表中的回归结果显示，第（1）—（4）列中入选专精特新“小巨人”企业与年份虚拟变量交互项的系数均显著为正，第（1）列中入选专精特新“小巨人”企业名单的系数为7.703，在1%的水平上显著，即企业在入选“小巨人”企业之后申请的专利数量相比之前增加了约7.7件，表明入选名单可能对企业的创新产出存在正向影响。考虑到企业获得的专利数量还受到企业研发投入强度的影响，在第（2）列对其进行控制，可以看到，研发投入强度与专利申请数量的系数为9.791，在1%的水平上显著，表明研发投入强度对申请和获得的专利数量有正向作用，企业研发投入增加有助于申请更多的专利。从专利的类型来看，发明专利与实用新型、外观设计专利申请数量的系数均显著为正。

表3.11是对第一批企业获得专利数量的回归结果，由于实用新型、外观设计专利获得批准的时间一般为一年以内，而发明专利获得批准的时间在两年左右，即2019年申请的实用新型、外观设计专利在2020年获得批准，而同时期申请的发明专利至少要在2021年才能获得批准，鉴于2021年的专利统计数据尚未更新，本书仅对实用新型、外观设计专利的获得批准数量进行回归分析，第（1）列是以是否入选“小巨人”企业作为核心解释变量的双向固定效应模型，第（2）列加入了上一期对应的专利申请数量作为解释变量之后的双向固定效应模型，被解释变量均为2020年获得的实用新型、外观设计专利数量。

表 3.11 对第一批企业获得实用新型、外观设计专利数量的回归结果

	(1)	(2)
	获批的实用新型、外观设计专利数量	获批的实用新型、外观设计专利数量
交互项	4.83***	6.546***
	(0.669)	(0.637)
盈利能力	0.96	0.619
	(0.723)	(0.682)
财务杠杆	1.671***	1.228**
	(0.556)	(0.524)
经营现金流	-1.557*	-1.581*
	(0.938)	(0.884)
融资约束	2.237	2.553**
	(1.361)	(1.284)
企业年龄	0.282***	0.298***
	(0.072)	(0.068)
上一期专利申请		0.381***
		(0.02)
个体固定效应	控制	控制
年份固定效应	控制	控制
观测数量	3857	3857
R方	0.055	0.16

注：括号内为标准误。*、**、*** 分别表示在10%、5%、1%的水平上显著。

根据表3.11中的回归结果显示，第（1）列和第（2）列中入选专精特新“小巨人”企业和年份虚拟变量交互项的系数分别为4.83和6.546，均在1%的水平上显著为正，表明第一批企业在评选上“小巨人”企业的第二年获得的实用新型、外观设计专利数量有显著增长。第（2）列中，入选“小巨人”与年份虚拟变量的系数为

6.546，表明“小巨人”企业在2020年获得批准的实用新型、外观设计专利数量相比2019年增加约6.5件，上一期对应专利申请数量的系数为0.381，表明2019年申请的实用新型和外观设计专利中约有38.1%的专利转化为当年新获得授权的专利。

（四）评选“小巨人”企业前企业的研发投入和专利数量变化情况

1. 评选前研发投入的变化

专精特新“小巨人”企业培育政策的效果不仅包括入选后通过加大补贴力度促进企业研发创新的效应，还包括在公布“小巨人”企业评选标准后诱导企业进行寻租行为的效应，激励企业为了顺利评选上而增加研发投入和专利持有量。针对前文提出的假设四，将模型中的被解释变量分别替换为企业研发投入强度，设置评选上“小巨人”企业前（2019年）的年份虚拟变量与接受处理（入选名单）的交互项作为核心解释变量，对第二批评选上专精特新“小巨人”企业的样本和对照组企业进行回归，检验第二批专精特新“小巨人”企业在已知评选标准的情况下是否提前增加了研发投入强度和研发投入绝对值，得到的回归结果如表3.12所示，第（1）列是以企业研发投入强度为被解释变量的双向固定效应模型，第（2）列是以研发投入绝对值（取对数）为被解释变量的模型回归结果。从表中可以看到，无论是研发投入强度还是投入绝对值，第二批入选专精特新“小巨人”的企业交互项系数均不显著，表明第二批“小巨人”企业在入选前其研发投入都没有显著增加。

表 3.12　　对第二批“小巨人”入选前企业研发投入的回归结果

	(1)	(2)
	研发投入强度	研发投入绝对值
交互项	0.003	0.027
	(0.003)	(0.043)
盈利能力	-0.125***	0.475***
	(0.008)	(0.105)
财务杠杆	-0.02***	0.446***
	(0.006)	(0.076)
经营现金流	-0.033***	0.074
	(0.01)	(0.129)
融资约束	0.006	-3.698***
	(0.014)	(0.185)
企业年龄	0.002**	-0.019**
	(0.001)	(0.01)
个体固定效应	控制	控制
年份固定效应	控制	控制
观测数量	3829	3848
R 方	0.129	0.515

注：括号内为标准误。*、**、*** 分别表示在 10%、5%、1% 的水平上显著。

2. 评选前专利数量的变化

同理，将模型中的被解释变量替换为第二批企业在 2019 年的专利申请数量，以入选前的年份虚拟变量与接受处理（入选名单）的交互项作为核心解释变量，检验第二批专精特新“小巨人”企业在是否策略性地提前增加了专利申请，建立自身在评选“小巨人”企业时的优势，得到的回归结果如表3.13所示，第（1）列是以是否入选“小巨人”企业与年份虚拟变量的交互项作为核心解释变量的双向固定效应模型，第（2）列是加入了企业研发投入强度作为解释变量之后的双向固定效应模型，第（3）列是将被解释变量替换为申请的发明专利数量，第（4）列以申请的实用新型、外观设计专利的数量作为被解释变量。从表中结果可以看到，（1）—（4）列中交互项的系数均显著为正，发明专利数量的系数为2，实用新型、外观设计专利数量的系数为4.007，即第二批入选企业在评选前一年（2019年）申请的专利数量显著增加，平均增加了6件，有理由认为第二批企业在已知专精特新“小巨人”企业评选标准后提前进行了专利申请的准备，以增加自身专利储备和提高参选时的竞争力。

表3.13　对第二批“小巨人”入选前专利申请数量的回归结果

	(1)	(2)	(3)	(4)
	申请的专利数量	申请的专利数量	申请的发明专利数量	申请的实用新型、外观设计专利数量
交互项	6.303***	6.252***	2***	4.007***
	(0.802)	(0.811)	(0.451)	(0.411)
盈利能力	2.762	4.074**	3.25***	0.491
	(1.915)	(2.063)	(1.147)	(1.045)
财务杠杆	3.464**	3.692***	2.148***	1.716**
	(1.392)	(1.427)	(0.793)	(0.723)
经营现金流	-3.365	-2.967	-2.342*	-0.138
	(2.363)	(2.431)	(1.352)	(1.231)

续表

	(1)	(2)	(3)	(4)
	申请的专利数量	申请的专利数量	申请的发明专利数量	申请的实用新型、外观设计专利数量
融资约束	-7.602**	-7.891**	-5.182***	-1.858
	(3.403)	(3.48)	(1.935)	(1.763)
企业年龄	-0.215	-0.234	-0.041	-0.171*
	(0.179)	(0.183)	(0.102)	(0.093)
研发投入强度		11.356**	7.569***	2.777*
		(4.76)	(2.647)	(1.617)
个体固定效应	控制	控制	控制	控制
年份固定效应	控制	控制	控制	控制
观测数量	3913	3828	3828	3828
R 方	0.06	0.063	0.046	0.06

注：括号内为标准误。*、**、*** 分别表示在 10%、5%、1% 的水平上显著。

与之对应的，对第二批专精特新“小巨人”企业在 2020 年获得的实用新型、外观设计专利数量进行回归发现，入选当年年份虚拟变量与接受处理（入选名单）交互项的系数均显著为正，表明第二批企业在评选当年获得授权的实用新型和外观设计专利数量显著增加，在一定程度上帮助其评选上“小巨人”企业，同时表明第二批“小巨人”企业在没有显著增加研发投入的情况下通过策略性增加专利数量这一评选专项指标来增强自身竞争力以及选拔政策对企业创新行为的引导作用。

表 3.14　对第二批“小巨人”企业入选当年实用新型、外观设计专利数量的回归结果

	(1)	(2)
	获批的实用新型、外观设计专利数量	获批的实用新型、外观设计专利数量
交互项	3.882***	3.309***
	(0.457)	(0.462)
盈利能力	1.169	1.431
	(1.099)	(1.126)
财务杠杆	2.276***	2.532***
	(0.8)	(0.919)
经营现金流	-3.027**	-1.986
	(1.357)	(1.46)
融资约束	0.196	-0.05
	(1.957)	(2.356)
企业年龄	0.248**	0.163
	(0.103)	(0.2)
上期专利申请		0.22***
		(0.01)
个体固定效应	控制	控制
年份固定效应	控制	控制
观测数量	3905	2805
R 方	0.069	0.269

注：括号内为标准误。*、**、*** 分别表示在 10%、5%、1% 的水平上显著。

六　稳健性检验

（一）平行趋势检验

利用固定效应模型对政策效果进行稳健性估计的前提是被解释变量满足“平行趋势”，即如果没有该政策的实施（本研究中为专精特新“小巨人”企业名单的公布），处理组与控制组之间应大体上保持共同的趋势，否则，模型将不能准确捕捉该政策的效应，因为处理组与控制组之间可能本身就存在着不同的变化趋势。

参考余明桂等（2010）的做法，通过构建专精特新“小巨人”企业名单公布前的年份虚拟变量，并生成该虚拟变量与政策指示变量的交互项（List · Year dummy）。通过将该虚拟变量纳入回归，根据其系数显著性判断在专精特新“小巨人”企业名单公布年份以前，研发投入强度的差异是否已经存在。本书一共检验了名单公布前3年和公布名单当年即2016—2019年被解释变量（研发投入强度）的变化趋势，回归结果和根据虚拟变量系数绘制的图形如图3.3所示。从表3.15中可以看到，无论是单独加入一年的虚拟变量还是一起加入，检验项的系数均不显著，因此认为企业的研发投入强度在专精特新“小巨人”企业名单公布之前不存在显著差异。从图3.3中也可以看到，专精特新“小巨人”企业名单公布前三年处理组与年份虚拟变量交互项的回归系数均在0轴附近波动，统计上认定为不显著，说明在公布“小巨人”企业名单前，实验组和对照组间企业研发投入强度的变化趋势不存在显著差异，平行趋势假设成立，前文回归中得到的入选“小巨人”对企业扩大研发投入具有正向促进作用的结论是稳健性的。

表3.15 平行趋势检验

	(1)	(2)	(3)
加入名单·接受处理	0.0045* (0.0026)	0.0048* (0.0027)	0.005* (0.0029)
加入名单·2016年	0.00453 (0.0083)	0.0058 (0.0086)	0.0063 (0.0091)
加入名单·2017年		0.0042 (0.0073)	0.0048 (0.008)
加入名单·2018年			0.0014 (0.0075)
其他控制变量	控制	控制	控制
个体固定效应	控制	控制	控制
年份固定效应	控制	控制	控制
观测数量	4091	4091	4091

（二）安慰剂检验

为了检验对专精特新“小巨人”企业培育政策效果估计结果的稳健性，排除其他可能存在的政策或随机因素的影响，本书采用安慰剂

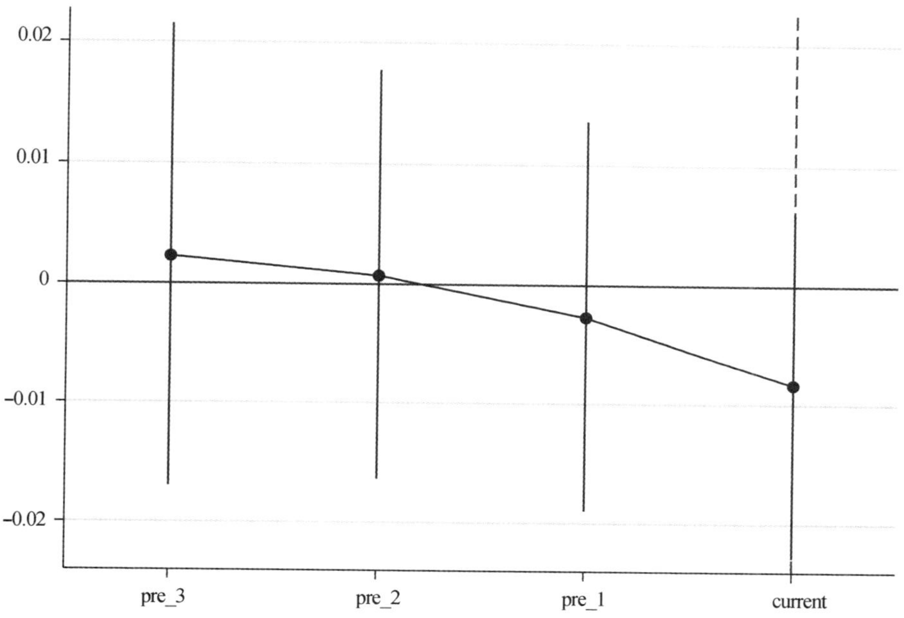

图 3.3 平行趋势检验

检验的方法，检验入选“小巨人”企业的政策效果是真实存在的还是对其他随机挑选的企业也成立。具体操作方法为，通过保留 2018 年的样本数据，从中随机抽取出 180 个样本（约等于样本中两批专精特新“小巨人”企业上市公司的数量），将其设置为伪实验组，把伪实验组与“小巨人”企业名单公布年份的交互项代入模型，进行 500 次循环回归，得到伪实验组入选名单虚拟变量的系数和 P 值的数据，如图 3.3 和图 3.4 所示。

可以看到，大多数伪实验组系数估计值的 P 值都大于 0.1（图

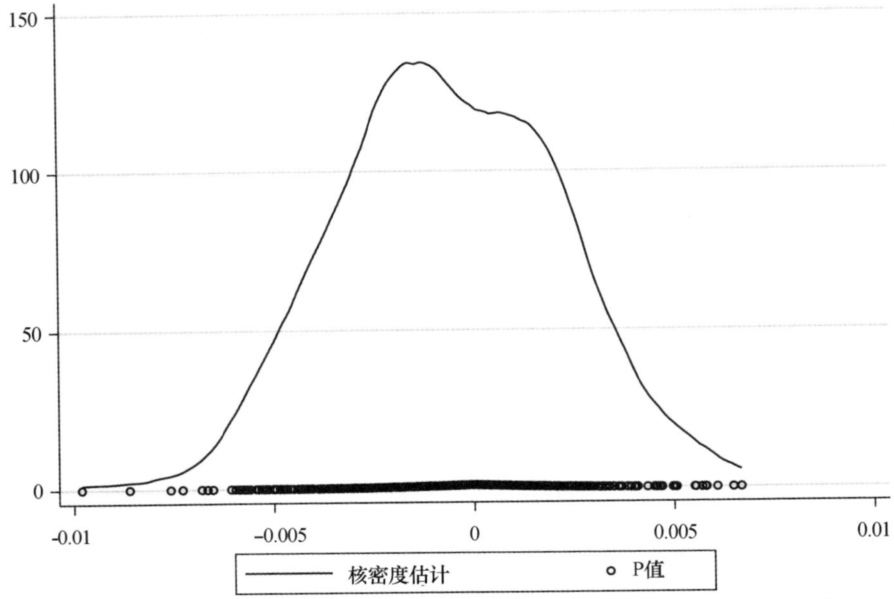

图 3.4　安慰剂检验

3.4 横线所示)，即在 500 次回归中，大部分用伪实验组估计的政策实施效果在 10% 的水平上不显著，即用通过随机抽选的企业代替“小巨人”企业得到的政策效果是不显著的，而前文用真实公布的专精特新“小巨人”企业样本数据估计得到的虚拟变量系数为 0.006 (图 3.5 中竖线所示)，远离图中系数分布的密集区域，这表明前文实证分析中对入选“小巨人”企业对其研发投入影响的估计结果不大可能是偶然得到的，不大可能受到了其他因素的影响，因此“小巨人”企业培育政策对企业研发创新具有促进作用的结论具备一定的稳健性。

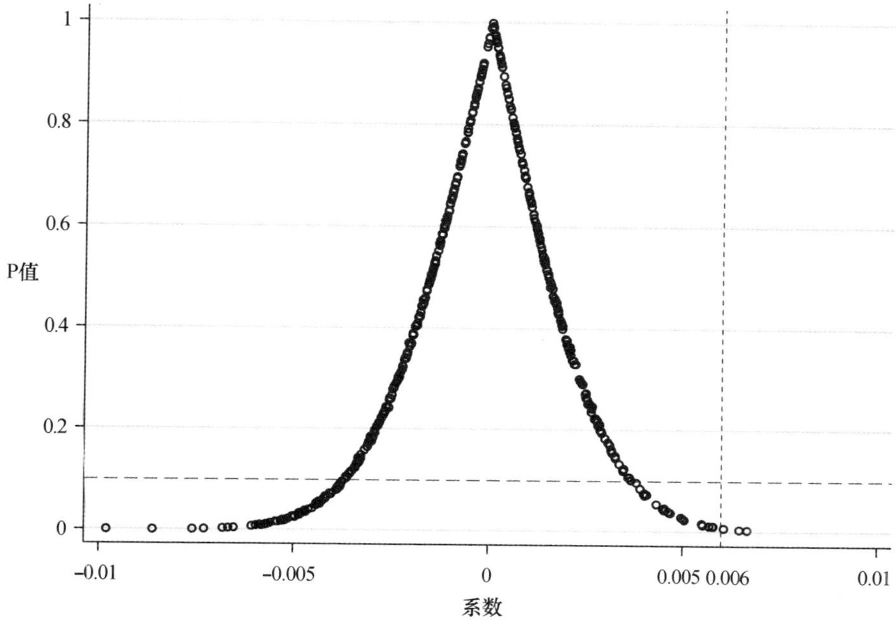

图 3.5　安慰剂检验（系数图）

（三）PSM - DID 分析

1. 入选名单对企业研发投入的处理效应

为解决入选专精特新“小巨人”企业上市公司与其他创业板、科创板企业之间在趋势变动上存在的系统性差异，降低固定效应模型方法的估计偏误，提高对专精特新“小巨人”培育政策效果估计的准确性，本书采用 PSM - DID 方法进行稳健性检验，利用企业的经营指标等数据对样本中的企业进行精准匹配，找到对照组中与“小巨人”上市公司情况最接近的企业，从而更准确地识别出入选“小巨人”对企业产生的政策效果是否显著。

在进行 PSM – DID 估计之前，需要先进行平衡性检验，即判断匹配后处理组和对照组的各变量之间是否变得平衡，如果不存在显著差异，则满足 PSM – DID 方法的使用条件，对两批企业分别进行的平衡性检验结果如表 3. 16 和表 3. 17 所示。可以看到，经过匹配后，绝大部分各变量的标准化偏差都小于 10%，第一批企业和第二批企业总体的偏差均值分别为 8. 2 和 5. 8，通过平衡性检验。

表 3. 16　　　　PSM – DID 适用性检验（第一批公布名单）

变量	是否匹配	均值		标准化偏差	T 检验	
	U：匹配前 M：匹配后	处理组	对照组	% bias	t 值	P 值
盈利能力	U M	0. 074 0. 074	0. 012 0. 073	53. 4 0. 5	1. 52 0. 03	0. 128 0. 975
财务杠杆	U M	0. 272 0. 272	0. 363 0. 254	–50. 6 9. 9	–1. 69 0. 34	0. 091 0. 736
经营现金流	U M	0. 061 0. 061	0. 049 0. 045	19. 0 24. 0	0. 69 0. 75	0. 489 0. 460
融资约束	U M	–3. 75 –3. 75	–3. 80 –3. 76	23. 6 6. 4	0. 94 0. 18	0. 346 0. 862
企业年龄	U M	16. 93 16. 93	17. 51 16. 91	–11. 4 0. 4	–0. 49 0. 01	0. 626 0. 990

注：偏差均值：U 为 31. 8，M 为 8. 2。

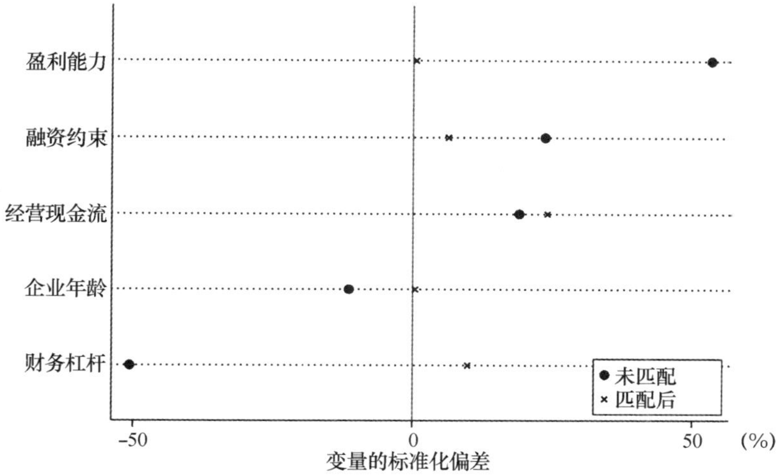

图 3.6　PSM – DID 适用性检验（第一批公布名单）

表 3.17　　PSM – DID 适用性检验（第二批公布名单）

变量	是否匹配	均值		标准化偏差	T 检验	
	U：匹配前 M：匹配后	处理组	对照组	% bias	t 值	p 值
盈利能力	U	0.059	0.015	35.8	2.87	0.004
	M	0.059	0.050	7.3	0.63	0.529
财务杠杆	U	0.298	0.374	−41.8	−3.27	0.001
	M	0.298	0.285	7.2	0.56	0.579
经营现金流	U	0.066	0.057	13.6	1.12	0.264
	M	0.066	0.058	11.5	0.85	0.398
融资约束	U	−3.85	−3.83	−11.3	−1.06	0.289
	M	−3.85	−3.86	−1.4	−0.09	0.928
企业年龄	U	18.67	18.15	10.3	0.98	0.328
	M	18.67	18.58	1.6	0.10	0.919

注：偏差均值：U 为 22.5，M 为 5.8。

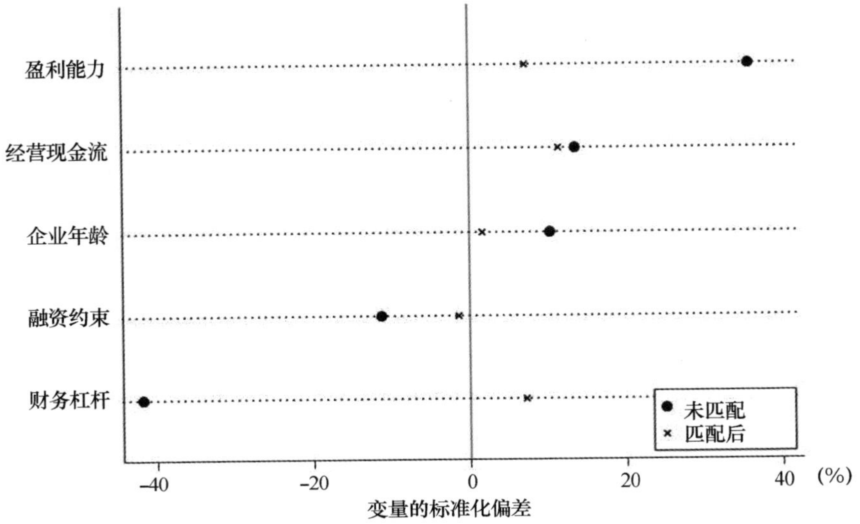

图 3.7　PSM – DID 适用性检验（第二批公布名单）

在具体匹配方法中，本书使用最近邻匹配，基于评选专精特新“小巨人”企业前一年的样本特征数据，作为入选名单的“小巨人”企业匹配参照的样本，匹配比例为1∶3。同时，使用公布名单当年的企业研发投入数据减去公布名单前一年的企业研发投入数据，得到的差值为公布专精特新“小巨人”企业名单当年企业研发投入数据的变化值（difference），将此差值作为被解释变量，是否入选名单的虚拟变量作为解释变量，通过 PSM 估计得到其系数即为处理组与对照组在企业研发投入变化值的差别（difference in differences）。

经过匹配估计，入选名单对企业研发投入的处理效应如表 3.18 所示，第一批专精特新“小巨人”企业接受入选名单处理的处理效应为0.0128，表明第一批企业在评选上“小巨人”企业后，研发投入强度与其相似的企业相比有更快的增长，存在激励企业研发创新的政策效果。第二批专精特新“小巨人”企业入选名单的处理效应为0.0019，表明第二批企业在入选“小巨人”企业之后研发投入强度与其相似的企业相比无显著差异，可能原因是第二批专精特新“小巨人”企业名单公布时间较晚，距离企业公布财务报表时间较短，入选“小巨人”企业对企业研发投入产生影响的政策效果尚未完全显现。

从总体来看，尽管显著性上存在差异，两批企业入选名单的平均处理效应均为正，表明入选专精特新“小巨人”企业名单对企业研发投入存在一定的积极影响，“小巨人”企业培育政策的扶持有利于增加企业研发投入、鼓励企业进行技术创新。

表3.18　　入选名单对企业研发投入的平均处理效应（ATT）

	处理组	对照组	处理组与对照组的差值	标准差	T检验
第一批	0.0021	-0.0107	0.0128	0.062	2.08
第二批	0.0057	0.0038	0.0019	0.035	0.52

2. 机制检验

通过前文对影响企业研发投入因素的回归，我们发现政府补助强度对企业研发投入强度具有正向的激励作用，而企业在评选上专精特新“小巨人”企业之后获得的政府补助整体上相比其他创业板、科创板的企业有所增加，可能存在通过加大政府补助力度促进企业研发投入的机制。因此，本部分将尝试检验入选专精特新“小巨人”企业名单对企业获得的政府补助强度的正面效应，与上一部分相似，同样采取最近邻匹配的匹配方法，匹配比例为1∶3。

适应性检验如表3.19和表3.20所示，匹配后各变量的标准化偏差基本在10%以下，两批企业总体的偏差均值均为4.2，可以认为处理组和对照组的各变量之间不存在显著差异，通过平衡性检验。

表3.19　PSM－DID适用性检验（2）（第一批公布名单）

变量	是否匹配	均值		标准化偏差	T检验	
	U：匹配前 M：匹配后	实验组	对照组	%bias	t值	p值
产权性质	U M	0.193 0.180	0.095 0.151	28.2 8.2	3.13 0.58	0.002 0.559
财务杠杆	U M	0.290 0.293	0.376 0.284	－47.5 5.4	－4.25 0.51	0.000 0.609
经营现金流	U M	0.065 0.065	0.058 0.070	12.5 －6.4	1.16 －0.52	0.246 0.606
融资约束	U M	－3.83 －3.83	－3.82 －3.83	－4.7 －0.3	－0.49 －0.02	0.327 0.951
企业年龄	U M	17.36 17.39	16.90 17.35	9.4 0.8	0.98 0.06	0.327 0.951

注：偏差均值：U为40.5，M为4.2。

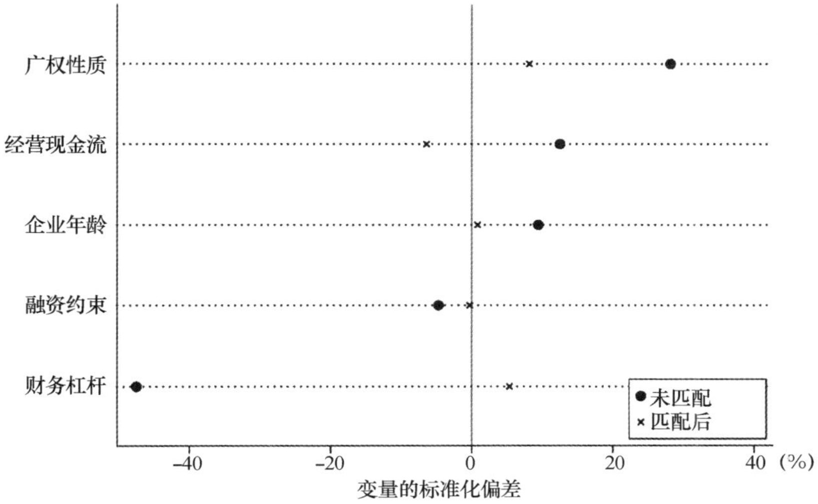

图 3.8 PSM - DID 适用性检验（2）（第一批公布名单）

表 3.20 PSM - DID 适用性检验（2）（第二批公布名单）

变量	是否匹配	均值		标准化偏差	T 检验	
	U：匹配前 M：匹配后	实验组	对照组	% bias	t 值	p 值
产权性质	U	0.186	0.096	26.2	2.57	0.010
	M	0.186	0.190	-1.1	-0.06	0.949
财务杠杆	U	0.297	0.376	-43.3	-3.33	0.001
	M	0.297	0.294	1.9	0.15	0.878
经营现金流	U	0.066	0.058	12.0	0.97	0.332
	M	0.066	0.067	-1.5	-0.10	0.924
融资约束	U	-3.85	-3.82	-14.3	-1.31	0.192
	M	-3.85	-3.83	-7.8	-0.52	0.605
企业年龄	U	18.61	17.90	15.6	1.41	0.158
	M	18.61	18.24	8.5	0.56	0.577

注：偏差均值：U 为 22.3，M 为 4.2。

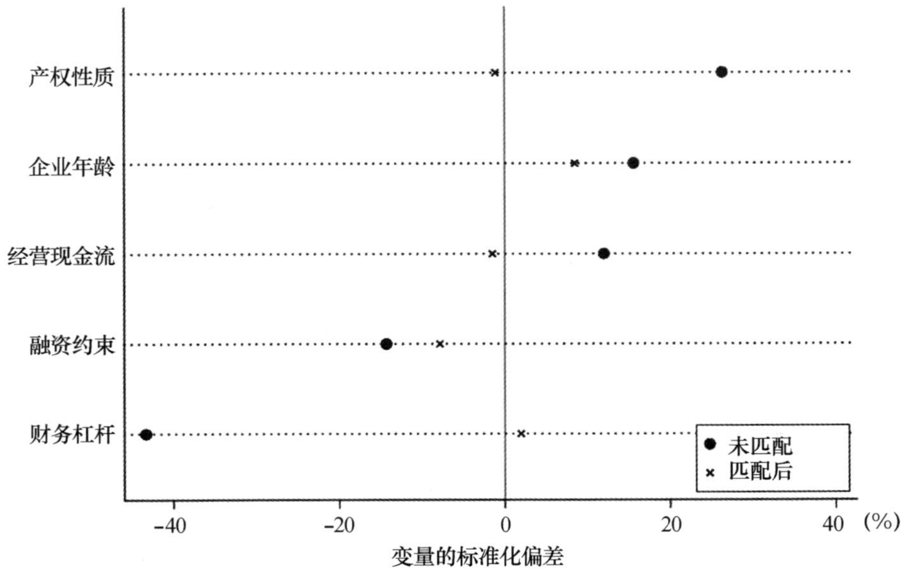

图 3.9　PSM－DID 适用性检验（2）（第二批公布名单）

与上一部分方法相同，用公布名单当年的企业研发投入数据减去公布名单前一年的企业政府补助数据，得到的差值为公布专精特新“小巨人”企业名单当年政府补助数据的变化值，将此差值作为被解释变量，是否入选名单的虚拟变量作为解释变量，通过 PSM 估计得到其系数即为处理组与对照组在政府补助变化值上的差别。

经过匹配估计，入选名单对政府补贴强度的处理效应如表 3.21 所示，第一批专精特新“小巨人”企业接受入选名单处理的处理效应为 0.0029，即企业入选“小巨人”后相比作为对照的企业，企业获得的政府补贴强度提高了 0.29%，表明第一批企业在评选上“小巨人”企业后获得的政府补贴强度相比与其相似的企业有更快的增长，进而激励企业进行研发创新。第二批专精特新“小巨人”企业入选名单的处理效应为0.0026，表明第二批企业在入选“小巨人”之后获得的政府补贴强度与其他企业相比不存在显著增长，可能是因为2020年度企业报表统计截止日期距离公布企业名单时间只有2个月，入选“小巨人”企业名单的政策效果未完全显现，给予“小巨人”企业的专项补助没有及时反映在财务报表中。

总体来看，两批企业入选名单的平均处理效应均为正，考虑到时间因素，本书认为入选专精特新“小巨人”名单对企业获得的政府补助强度存在一定的正面效应，企业在入选后获得了更多的政府补助和专项资金，政策扶持通过政府补助的机制对企业研发创新产生了激励作用。

表3.21　入选名单对政府补助的平均处理效应（ATT）

	处理组	对照组	处理组与对照组的差值	标准差	T检验
第一批	0.0022	-0.0007	0.0029	0.0016	1.8
第二批	0.0025	-0.0002	0.0026	0.0019	1.4

七　研究结论

（一）研究结论

通过对前两批评选上专精特新“小巨人”企业中的上市公司以及

创业板、科创板企业的实证研究，检验了影响企业研发投入强度的因素，并进一步对这些影响因素进行分析，检验企业入选“小巨人”企业名单对上述因素中与政策相关变量的影响，研究了专精特新“小巨人”企业培育政策发挥作用的渠道和机制，最后再次检验了评选“小巨人”企业对企业创新行为的引导效果以及入选“小巨人”名单对企业研发投入和创新产出的影响，并通过稳健性检验加强了回归结果的稳健性。基于上述研究内容，本书得出以下结论。

第一，在对影响企业研发投入影响因素的研究中，发现与政策扶持相关的政府补助、研发投入加计扣除等税收优惠政策对企业研发投入强度具有正向激励作用，税收负担对企业研发活动具有负面的阻碍作用。因此，政府补贴强度和研发投入加计扣除等税收优惠政策的力度越大，企业研发投入强度越大，专精特新“小巨人”企业的政策扶持中的专项资金补助等财税政策有助于增加企业研发投入。

第二，通过考察入选专精特新“小巨人”企业前后企业获得的政府补助等指标的变化并与其他企业进行对比，发现企业在评选上专精特新“小巨人”企业之后获得了更多的政府补助，税收负担则无显著变化，经过机制检验，认为加大政府补贴力度是专精特新“小巨人”企业培育政策发挥促进企业研发创新作用的渠道。

第三，通过考察入选名单前后企业研发投入强度的增量并对比其他企业的投入情况，发现入选专精特新“小巨人”企业名单对企业研发投入强度具有较显著的激励作用，而在控制政府补助和税收负担变量后，入选“小巨人”企业对企业研发投入强度的系数变得不显著，表明入选“小巨人”企业对企业研发投入可能是通过增加政府补助、缓解企业资金约束等作用机制实现促进企业创新的政策效果。从创新产出来看，第一批企业在入选“小巨人”企业当年申请的发明专利和实用新型、外观设计数量均有显著增加，并且在第二年获得授权的实用新型、外观设计数量也显著增加了，企业在入选“小巨人”后增加的研发投入转化为专利产出。

第四，第二批入选企业在已知第一批专精特新“小巨人”企业评选标准的情况下，为了扩大自身专利储备以增强评选“小巨人”企业时的竞争力，策略性地增加了其专利申请的数量，获得授权的实用新型和外观设计专利数量在次年显著增加，有理由认为第二批企业存在在没有显著增加研发投入的情况下通过策略性增加专利数量这一评选专项指标来提高自身竞争力的寻租行为。

（二）政策建议

促进企业研发创新，既需要功能性政策为企业提供科技创新的基础设施，搭建创新协同的数字化平台，也要求加大财税支持力度，通过选择性政策对创新能力强的企业进行奖补，补充其研发资金，缓解企业融资约束问题，利用研发投入加计扣除等税收减免政策激发企业创新动力。基于研究结果，本书提出以下建议。

一是坚持政府对企业创新研发投入进行补助的扶持政策，加大对企业研发创新投入的补贴力度，在此基础上进一步优化政府奖补资金的分配，在给予企业研发补助时综合考虑企业研发投入强度、科技人员占比、企业盈利能力及企业规模等因素，结合企业现状和需求，扩大政府补助范围的同时强化补助力度，鼓励重点企业创新。本书的实证研究表明，政府补助对企业研发创新活动具有较显著的正向作用，通过政府补助的机制促进企业提高研发投入强度，有助于提高企业创新能力和竞争力，进而推动中国产业结构转型升级。此外，积极推动“产学研”结合，引导高等学校和科研机构与企业展开深入合作，提升从研发投入到创新产出的转化效率，促进创新产出水平提高。

二是优化税收政策设计，充分调动企业研发的积极性。研发费用加计扣除政策在一定程度上减轻了科技型企业的税收负担，通过税收抵扣的方式补充了企业研发资金，减轻了企业融资约束问题，激励企业追加研发投入，应坚持推行研发费用加计扣除政策，扩大政策惠及的企业范围，针对不同类型的企业执行细分政策，使得政策更具有可行性和规范性，使税收优惠政策能够更有效地促进企业创新活力。目前中国研发费用加计扣除的比例为75%，与发达国家相比，中国对研发费用扣除的力度还有提高空间，本书建议提高研发费用加计扣除的比例，进一步释放税收优惠对企业研发创新的激励作用，根据实际情况可先在制造业行业和科技型企业中试点，将研发费用加计扣除比例提高到100%。此外，在充分考虑中国国情的基础上，合理借鉴欧美发达国家实行的研发费用抵免方式，针对科技型企业提供更加优惠的税收抵免政策，充分激发其研发创新的积极性。

三是加强评选机制和动态管理，在评选专精特新“小巨人”企业时，应进一步完善考评机制，避免企业为了评选上“小巨人”企业选择进行策略性创新，增加创新“数量”而非提高创新“质量”的投机行为，把企业研发创新的质量纳入考核标准，让真正具有创新实力和动力的中小企业入选专精特新“小巨人”名单。此外，强化考核评价，立足滚动式发展，采取淘汰制逐年剔除部分成长速度慢、目标实现进度相对落后的专精特新“小巨人”企业，对评选上“小巨人”的企业施加一定压力，避免企业在评选之后缺乏研发创新的动力、止步不前的现象发生，提高政策扶持的精准性和扶持效率，让政策扶持对企业研发创新的促进效果实现最大化。

第四章

支持"专精特新"中小企业发展的财政政策效果

一　引言

2022年3月11日，第十三届全国人民代表大会第五次会议审查并批准了国务院提出的《关于2021年国民经济和社会发展计划执行情况与2022年国民经济和社会发展计划草案的报告》。报告明确提出：完善优质中小企业梯度培育体系，激发涌现一大批专精特新企业，在资金、人才、孵化平台搭建等方面给予大力支持。中小企业作为国民经济的重要力量，已经成为经济增长和技术创新的关键引擎，是稳增长、惠民生、保就业、防风险、促改革的重要载体。但是，中小企业数量多并不代表它们一定具有经济韧性，必须有更多以"专业化、精细化、特色化、新颖化"为特征的中小企业才能更好地增强经济韧性。"专精特新"中小企业专注核心业务，具有持续创新能力，经营管理精细高效，整体抗风险能力较强，已成为落实创新驱动发展战略的关键载体，是提高产业链、供应链稳定性和竞争力的坚实保障，为构建新发展格局注入源源不断的新动力。

中国经济已由高速增长阶段转向高质量发展阶段。按照2021年《世界知识产权指标》报告的数据，2020年中国以45.7%的世界专利申请量、54.3%的全球商标申请量以及55.5%的工业品外观设计量名列世界第一。其中，华为技术有限公司以5464件PCT（专利合作条约）专利申请位列“PCT前10申请人”榜单第一。然而，从国际比较来看，中国与一些主要发达经济体之间仍存在较大差距：2020年，中国每百万人口专利申请数为959件，仅为韩国的27.5%；每百万人工业品外观设计专利申请数仅为韩国的43.4%（见表4.1）。部分领域如光刻机、芯片、操作系统等关键技术仍严重依赖进口。[①] 因此，在中国转变发展方式、优化经济结构、转换增长动力的背景下，引导和培育“专精特新”中小企业的发展，有助于提升企业产品和服务的质量，提高企业在资源约束下的效率，实现经济增长新旧引擎的更替，将“中国制造”逐步转变为“中国智造和中国创造”，推动经济高质量发展。

① 参见中科院教授发声：“中国科技领域大而不强，35项关键技术被卡脖子”，https://baijiahao.baidu.com/s?id=1685231712125027603&wfr=spider&for=pc。

表 4.1　　专利申请、商标申请和工业设计申请的国际比较　　（单位：件）

国家	每百万人口专利申请数		每百万人口商标申请数		每百万人口工业设计申请数	
	2010 年	2020 年	2010 年	2020 年	2010 年	2020 年
韩国	2660	3485	2623	5201	1117	1236
日本	2265	1807	/	/	219	178
瑞士	1069	1098	4504	5214	534	338
中国	219	959	728	6502	306	537
德国	910	819	3154	3835	740	656
美国	782	818	954	1667	54	66
英国	333	263	1419	3257	80	407
意大利	219	246	1781	2125	703	591
俄罗斯	203	168	1062	2369	20	33

资料来源：根据 *World Intellectual Property Indicators 2021* 中的数据整理而得。

本章其余部分的结构安排是：第二部分介绍中国支持“专精特新”中小企业发展的财政政策；第三部分对标政策目标，直观呈现中国支持“专精特新”中小企业发展的财政政策效果；第四部分对政策效果进行实证检验；第五部分对结果进行进一步讨论；第六部分总结结论并提出对应的政策建议。

二　中国支持“专精特新”中小企业发展的财政政策

中国支持“专精特新”中小企业发展的财政政策，以补贴和奖励为主，以税收政策和政府采购政策为辅。在北大法宝法律数据库中，以“专精特新” + “补贴”为关键词进行全文搜索，[①] 截至2022年5月16日，可搜索到52篇中央法规和1945篇地方法规。本部分通过整理中央和地方层面关于扶持“专精特新”中小企业的财政政策文件，通过对这些文件进行分类和整理，系统介绍中国支持“专精特新”中小企业发展的财政政策。

（一）支持“专精特新”中小企业发展的财政补贴政策

1. 针对“专精特新”中小企业落户投资的财政补贴

高新技术企业从创办到成熟大体可以分为：播种期和创建期、成长期和成熟期。在播种期和创建期，针对“专精特新”中小企业的财政补贴主要有两种形式：一是以贷款贴息的方式解决“专精特新”中小企业的融资问题，包括支持企业以专利质押贷款方式融资；二是对企业落户投资和技术改造直接进行奖励。

最早出台的政策对“专精特新”中小企业进行贷款贴息的是山西省长治市。2014年，长治市人民政府印发《长治市支持工业经济发展十五条措施》《长治市关于加快商贸流通业发展的若干措施》《长治市关于加快农业发展的实施意见》《长治市中小企业发展专项资金管理使用办法》《长治市市级财政科研项目和资金管理办法》五个文件，明确提出：自2014年8月20日开始，对经认定的“专精特新”

① 为突出财政政策，故搜索词加了“补贴”。若不加“补贴”，仅以“专精特新”为关键词，截至2022年5月16日，可搜索到258篇中央法规和5455篇地方法规。

中小企业，按在建项目（立项期内或建设期两年以内的项目）给予支持，视有无贷款情况，分别给予一般不超过20万元的贷款贴息或无偿资助。近几年，随着国家支持“专精特新”中小企业的各类政策频繁出台，各省（区）市都明确了对“专精特新”中小企业的贷款贴息标准。部分省（区）市的标准如表4.2所示。

表4.2　　部分地区对“专精特新”中小企业贷款贴息的内容

地区	实施日期	对“专精特新”中小企业贷款贴息的主要政策
安徽省淮南市	2020.05.19	对省级“专精特新”中小企业、成长型小微企业，其当年发生的一年期或以内的流动资金贷款，根据已支付的利息给予贴息补贴。贴息标准按照中国人民银行公布的一年期贷款基准利率的50%予以执行，每户企业补贴不超过50万元
北京市石景山区	2020.06.01	对其生产经营活动中发生的银行贷款利息、贷款担保等费用给予最高50%的贴息或担保补贴支持
河北省	2021.01.01	对省级重点支持的县域特色产业集群制造业企业首贷、新增的中长期贷款和信用贷款实施贷款贴息，其中对专精特新“小巨人”企业贴息标准上浮10%
辽宁省大连市	2021.06.16	对国家级和省级专精特新“小巨人”企业上一年度银行贷款给予贴息，贴息期限不超过12个月（含），贴息比例按照中国人民银行当期贷款基准利率的30%确定
广东省珠海市	2021.12.01	“专精特新”中小企业贷款：执行珠工信〔2019〕531号文规定的“按贷款项目最高不超过当期基准利率利息的50%给予贴息，单个企业年度贴息金额最高不超过50万元”的补贴标准

续表

地区	实施日期	对“专精特新”中小企业贷款贴息的主要政策
内蒙古自治区呼和浩特市	2022.01.01	专精特新“小巨人”企业的生产经营融资贷款，按实际放款日人民银行一年期贷款市场报价利率的50%给予贴息支持，每家企业每年贴息额度不超过50万元
吉林省	2022.01.06	鼓励银行业金融机构积极开展“专精特新”中小企业知识产权质押贷款业务，对实质性获得知识产权质押贷款的省级“专精特新”中小企业，按贷款年利息的50%给予贴息补助，时间最长不超过2年，总额不超过60万元
云南省	2022.01.28	对省级及以上专精特新“小巨人”企业贴息标准上浮10%
辽宁省沈阳市	2022.02.10	对专精特新“小巨人”企业、“专精特新”中小企业的当年已结清单笔银行贷款给予最多12个月贴息，贴息标准按照利息总额的50%计算，单个企业贴息最高不超过50万元

从各省市贷款贴息力度来看，地方政府根据自身财力，对“专精特新”中小企业的贷款贴息标准在银行贷款利息的15%—50%内浮动。部分省份如河北省和云南省，对专精特新“小巨人”[①] 企业贴息标准较一般“专精特新”中小企业更加优惠，上浮10%。从绝对值来看，每户企业获得的贷款贴息补贴不超过60万元。部分地区的贷款贴息标准在逐步调整。比如2021年6月，《沈阳市人民政府办公室

① 根据工业和信息化部办公厅《关于开展专精特新“小巨人”企业培育工作的通知》中的定义，专精特新“小巨人”企业是“专精特新”中小企业中的佼佼者，是专注于细分市场、创新能力强、市场占有率高、掌握关键核心技术、质量效益优的排头兵企业。

关于印发沈阳市稳定市场主体若干政策措施的通知》中确定的贷款贴息标准为中国人民银行当期基准利率的30%，2022年1月《沈阳市支持中小企业和个体工商户稳增长若干政策措施》将贴息标准调整为利息总额的50%。

各地为解决“专精特新”中小企业创建期的资金问题，除进行贷款贴息，还会对“专精特新”中小企业的投资直接补助，且补助力度较大。表4.3总结了部分地区对“专精特新”中小企业落户投资和技术改造的补贴政策。补贴力度较大的如广东省中山市和上海市闵行区，对“专精特新”中小企业项目投资的补贴金额高达千万元。在早期，如2014年，这些补助政策主要针对工业园区、公共服务平台等，并未直接针对企业。在补贴方式上，部分地区只要“专精特新”中小企业符合条件，一定规模以上的投资均可获得补贴，比如青岛市、沈阳市、呼和浩特市以及河南省等；部分地区则对投资项目规定了具体要求，比如上海市闵行区规定必须是符合闵行区产业发展规划的产业领域和传统优势产业等领域的企业引进消化吸收先进技术或者利用科技创新成果实施产品创新并实现产业化的项目；除了直接给予补贴或奖励，还有地区补贴房租，比如温州市对“一区一廊”范围内的省级科技型中小企业、高新技术企业获得创投机构3年内累计投资额500万元以上的，自核实确认年度次年起给予连续三年办公房租全额补贴。

表 4.3　部分地区对“专精特新”中小企业落户投资和技术改造的补贴政策

地区	实施日期	对“专精特新”中小企业落户投资和技术改造的补贴政策
北京市海淀区	2014. 07. 30	对集中应用核心区创新成果的驻区单位、“专精特新”园区等单位授予“海淀区新技术新产品应用推广示范基地”，并给予资金支持，支持金额不超过项目投资额的 10%，最高支持金额 100 万元
福建省厦门市	2014. 09. 30	对经认定的公共服务平台进行更新改造、购置服务设备和设施的项目，经认定符合条件的，按项目投资额的 30% 给予补助，单个项目补贴额最高不超过 500 万元
上海市闵行区	2020. 06. 15	对符合闵行区产业发展规划的产业领域和传统优势产业等领域的企业引进消化吸收先进技术或者利用科技创新成果实施产品创新并实现产业化的项目，根据综合评审结果，按项目总投资的 10% 给予补贴，最高不超过 1000 万元。对企业采用新技术、新设备、新工艺、新材料实施生产工艺和生产线技术改造项目，根据综合评审结果，按照新增设备投资额的 10% 给予补贴，最高不超过 2000 万元；对企业开展的信息化智能化建设项目，根据综合评审结果，按项目信息化智能化建设集成投入的 10% 给予扶持，最高不超过 2000 万元
广东省中山市	2020. 07. 13	对“专精特新”中小企业实施的技术改造项目，以及通过认定的市级以上智能制造试点示范项目按不超过设备购置额的 20% 给予奖励，单个项目最高奖励 1000 万元

续表

地区	实施日期	对“专精特新”中小企业落户投资和技术改造的补贴政策
浙江省温州市	2020.07.14	“一区一廊”范围内的省级科技型中小企业、高新技术企业获得创投机构3年内累计投资额500万元以上的，自核实确认年度次年起给予连续三年办公（生产）房租全额补贴（补贴面积不超过2000平方米），并以核实确认年度上一年度形成的地方综合贡献度为基数，自核实确认年度起连续三年每年给予企业新增的地方综合贡献度，最高奖励100万元
江苏省常州市	2020.12.26	优化创新发展生态。创新财政投入机制，从“后补贴”转向“前激励”，市区两级设立400亿元科创基金，带动全社会创新大投入，撬动形成2000亿元以上投资规模
山东省青岛市	2021.01.01	鼓励符合条件的“专精特新”小微企业技改，对新上设备投资额为100万元以上的，按设备投资额的20%予以奖补，最高100万元
辽宁省沈阳市	2021.02.02	对符合技术改造范围并实施技术改造的“专精特新”工业中的小企业，上年度实际完成投资200万元（含）以上至500万元（不含）的技术改造项目，按照固定资产投资的5%给予补助
内蒙古自治区呼和浩特市	2022.01.01	对“专精特新”中小企业投资100万元以上的技改项目，按项目设备投资额的20%予以补助，最高不超过50万元
河南省	2022.02.09	对国家级专精特新“小巨人”企业，在有效期内，按照不超过设备、软件实际投资的30%给予补助，最高不超过500万元

2. 针对“专精特新”中小企业成长壮大的财政补贴

2021年1月，财政部联合工业和信息化部发布了《关于支持“专精特新”中小企业高质量发展的通知》。按照该文件，2021—2025年，中央财政累计安排100亿元以上奖补资金，引导地方完善扶持政策和公共服务体系，分三批重点支持1000余家国家级专精特新“小巨人”企业高质量发展。2021年11月，国务院促进中小企业发展工作领导小组办公室印发《为“专精特新”中小企业办实事清单》，明确2021年年底前，中央财政安排不少于30亿元，支持1300家左右专精特新“小巨人”企业高质量发展，为其提供“点对点”服务，同时引导地方财政加大对“专精特新”中小企业支持力度。国家层面支持“专精特新”中小企业的财政政策的主要特点是重引导、优环境。通过培育国家级专精特新“小巨人”企业，引导省级培育省级“专精特新”中小企业；通过国家层面的奖补资金，撬动地方的奖补资金，最终形成“专精特新”中小企业的梯度培育；通过开展中小企业“双创”孵化创新型中小企业，为形成“专精特新”以及“小巨人”中小企业培育储备力量。

在中央的大力引导下，各地出台了各种针对“专精特新”中小企业的奖补政策，其中最为普遍的就是针对“专精特新”中小企业或“小巨人”企业认定的奖励政策（见表4.4）。从奖补力度来看，各地针对国家级专精特新“小巨人”企业的奖补标准差异较大，对首次认定为国家级专精特新“小巨人”企业的奖励为20万—200万元，对省市级“专精特新”中小企业的奖励为5万—100万元。部分地区力度更大，比如深圳市罗湖区在2022年《深圳市罗湖区扶持信息产业发展工作措施（征求意见稿）》中指出，对信息企业初次获得认定工业和信息化部专精特新“小巨人”企业的给予一次性200万元奖励，对初次认定省级“专精特新”中小企业的给予一次性100万元奖励，对初次认定市级“专精特新”中小企业的给予一次性50万元奖励。奖励力度较大的还包括湖州市吴兴区、烟台市、郑州市等，对国家工业和信息化部认定的专精特新“小巨人”的奖励基本都在100万元以上。

从扶持形式来看，除首次认定时的直接奖励，还有其他各式的扶持形式。比如北京市对“专精特新”中小企业的补助是以发放服务券的形式进行，企业可使用“专精特新”服务券享受半价优惠；金华市每年安排400万元资金用于企业服务券推广，支持“放水养鱼”、“小升规”、隐形冠军、专精特新“小巨人”企业、小微企业园入园企业等使用。除直接补贴企业外，还有部分省直接对县（市、区）进行奖补。比如山东省在《关于印发2022年“稳中求进”高质量发展政策清单（第一批）的通知》中指出，每年按照升规纳统、瞪羚企业、“独角兽”、专精特新“小巨人”、单项冠军等企业培育数量及增幅，以及公共服务示范平台数量、质量等，对县（市、区）实施综合评价，省级财政对评价结果排名前三的县（市、区），分别给予500万元一次性奖补。

表 4.4 2021 年以来各地区出台的对中小企业获得“专精特新”等认定的奖励政策

地区	实施时间	对中小企业获得“专精特新”等认定的具体奖励办法
山东省青岛市	2021.01.01	新认定为市隐形冠军、省“专精特新”及省瞪羚企业、“独角兽”的我市企业，分别给予 50 万元、30 万元、50 万元、300 万元的一次性奖励
浙江省金华市	2021.07.27	新认定国家级专精特新“小巨人”企业、制造业单项冠军示范企业以及单项冠军产品的，分别奖励 100 万元、100 万元、80 万元
江苏省连云港市	2021.08.28	获得国家级制造业单项冠军企业、专精特新“小巨人”企业的，分别给予 100 万元奖励；获得省“科技‘小巨人’”企业的，给予 50 万元奖励
浙江省绍兴市	2021.09.29	当年列入国家级制造业单项冠军示范企业（产品）的，奖励 100 万元；认定为国家级专精特新“小巨人”企业的，给予一次性奖励 30 万元；认定为省“隐形冠军”企业和培育企业的，分别奖励 50 万元、10 万元
浙江省湖州市吴兴区	2021.10.12	对当年被评为技术创新示范企业、专精特新“小巨人”的，奖励 150 万元（市奖励 100 万元，区配套奖励 50 万元）
黑龙江省	2021.10.20	每年认定中小企业数字化示范标杆企业 50 户，省级财政对每户企业一次性奖励 50 万元，其中省级“专精特新”中小企业一次性奖励 100 万元
河北省唐山市	2021.11.17	对获得国家专精特新“小巨人”称号企业给予 100 万元奖励。对获得省级“专精特新”称号的中小微企业，给予 20 万元奖励

续表

地区	实施时间	对中小企业获得“专精特新”等认定的具体奖励办法
山东省烟台市	2021. 11. 28	被新认定为国家级、省级专精特新“小巨人”企业的，分别给予一次性奖励200万元、100万元
吉林省	2022. 01. 06	对首次被认定为省级“专精特新”中小企业的，给予一次性20万元奖励；对首次被认定为国家级专精特新“小巨人”企业的，给予一次性50万元奖励
四川省眉山市	2022. 01. 10	对新认定为独角兽企业的，一次性奖励300万元；对新备案瞪羚企业、首次认定为单项冠军产品（示范）企业的，一次性奖励100万元；对首次认定为国家级专精特新“小巨人”企业的，一次性奖励80万元
辽宁省沈阳市	2022. 02. 10	对当年认定的国家级专精特新“小巨人”企业、省级“专精特新”中小企业，分别给予50万元、30万元奖励
河南省洛阳市	2022. 02. 24	对已认定和新认定的国家专精特新“小巨人”企业和省“专精特新”中小企业分别给予30万元和10万元一次性奖励
内蒙古自治区	2022. 04. 06	对自治区认定的创新型中小企业、“专精特新”中小企业和“小巨人”企业，分别给予20万元、50万元、100万元一次性奖励。对自治区评定的工业技改投资先进企业、科技创新先进企业、节能降耗先进企业、数字化应用先进企业、“专精特新”先进企业，每户给予一次性奖励100万元
河南省郑州市	2022. 04. 12	对新认定为国家级专精特新“小巨人”企业、省级专精特新企业分别给予200万元、50万元的一次性奖励

针对“专精特新”中小企业成长壮大的财政政策的一个重要目标是支持企业上市，很多地区都在政策文件中明确了对企业上市的奖励。整体来看，各地对“专精特新”类企业上市的奖励力度很大，奖补金额大都超过了“专精特新”类企业认定的奖补金额（具体参见表4.5）。从奖励方式来看，有针对企业上市的一次性奖励，如宁波市；大部分地区则都是分阶段进行奖补，如河南省按照辅导备案登记、中国证监会（证券交易所）受理申报材料两个节点给予补助；黑龙江省则按照在黑龙江证监局完成上市辅导验收合格、上市申请材料已被证监会、上交所、深交所正式受理以及首发上市三个阶段进行补助。另外，也有部分地区对企业在上市过程中所发生的成本进行补贴，如芜湖市对科技型企业因按照上市挂牌要求进行规范性改制发生的成本，对地方贡献部分在规范完成后由同级财政全额补贴；山东省对被投企业上市后给予中介机构服务费用20%的抵扣补贴。

除了支持企业在各类股权交易中心、“新三板”以及境内外上市，部分地区还鼓励企业在多层次资本市场开展直接融资。最典型的是芜湖市的做法：在《芜湖市人民政府关于金融支持科技创新的意见》中指出，符合条件的企业与市场化运作的私募股权投资基金签署投资协议后，可申请市级股权投资基金和县（市）区政府投资基金（公司）共同跟投。新三板挂牌科技型企业单次跟投上限为500万元，上市挂牌后备资源重点项目库企业单次跟投上限为1000万元，安徽证监局辅导备案企业单次跟投上限为4000万元。支持企业发行债券融资：对符合国家产业政策导向的新型债券品种予以一定支持，对成功发行创新创业公司债券（双创债）、绿色公司债券（绿色债）、创投基金类企业债券的企业，按实际融资规模给予2%以内、最高100万元的补贴。对支持企业承销发行以上类型债券的证券公司（主承销商），按实际融资规模给予1%以内、最高30万元的奖励。以全周期、全方位、各类方式支持企业做大做强：不仅补贴拟上市企业，还补贴支持企业承销发行的证券公司；不仅对拟上市企业进行补贴，还成立股权投资基金跟投，且跟投规模较大。

表4.5 部分地区对“专精特新”类企业上市的奖补政策

地区	实施时间	对“专精特新”类企业上市的奖补政策
浙江省宁波市	2021.01.01	国家级专精特新“小巨人”企业、高端服务业企业和科创板企业成功上市的，给予100万元特别奖励
安徽省芜湖市	2021.07.14	科技型企业因按照上市挂牌要求进行规范性改制发生的成本，对地方贡献部分在规范完成后由同级财政全额补贴。拟在境内上市的企业，在省级奖励400万元基础上，市（县、区）财政对企业上市分阶段给予1600万元补贴；对企业“新三板”挂牌给予最高520万元补贴，专精选层的再给予400万元补贴；按规定对在安徽省股权交易托管中心挂牌的企业给予最高50万元补贴。拟在境外上市的企业，经营主体和纳税在我市的，成功上市后参照境内上市标准一次性给予奖励（以对地方贡献为限）
山东省	2021.10.20	被投企业上市后给予中介机构服务费用20%的抵扣补贴，最高不超过200万元

续表

地区	实施时间	对“专精特新”类企业上市的奖补政策
河南省	2022.02.09	对申请在沪深交易所、北交所上市的省内专精特新企业，按照辅导备案登记、中国证监会（证券交易所）受理申报材料两个节点，分别给予不超过50万元、150万元补助
黑龙江省	2022.04.12	对在黑龙江证监局完成上市辅导验收合格拟在境内上市的后备企业，省级财政一次性补助200万元；对上市申请材料已被证监会、上交所、深交所正式受理的拟在境内上市的后备企业，省级财政一次性补助300万元；对在境内成功首发上市的企业，省级财政一次性补助500万元

3. 针对“专精特新”中小企业研发创新的财政补贴

“专精特新”中小企业是具有专业化、精细化、特色化、新颖化特征的中小企业。财政政策支持“专精特新”中小企业的一个重要目标是支持企业的研发创新行为。因此，各地区出台了各类专门针对企业研发投入的财政支持政策（见表4.6）。整体来看，各地区因地制宜，出台的政策较为多样。一是最为普遍的，按照企业研发投入的一定比例进行后补助奖励，比如陕西省、益阳市、河南省等。二是针对特定的研发成本进行补贴。比如温州市对高新技术企业、科技型中小企业购买的关键研发设备保险、专利保险等科技保险类产品进行补贴，呼和浩特市对企业研发用房的租金成本进行补贴，河南省对企业研发设备和软件的购买成本进行补贴。三是对企业研发的“专精特新”产品进行补助，比如青岛市、吉林省等。四是对企业建立研发机构、企业与高校、研究机构组成创新联合体、企业兼并和收购国外科技型企业或研发机构等进行补贴。此类补贴力度最大。比如合肥市支持领军企业组建创新联合体，通过“揭榜挂帅”“定向委托”方式，集中攻克一批“卡脖子”技术项目，给予最高1000万元补贴；河南省对“专精特新”中小企业、高校、科研院所等联合实施、取得标志性成果的项目，对联合承担并获得国家重大项目立项的，按照国家拨付经费比例给予最高500万元奖励。

表4.6　部分地区对“专精特新”类企业研发投入的财政支持政策

地区	实施时间	对“专精特新”类企业研发投入的财政支持政策
陕西省	2020.02.17	在落实企业研发费用税前加计扣除政策的基础上，按上一年度新增研发投入的8%给予后补助奖励，对“专精特新”中小型民营科技企业后补助奖励提高10%，单个企业每年奖补总额不超过300万元。扩大科技创新券适用范围，支持中小微企业购买科技服务或使用各类科技资源，给予年度不超过20万元补贴
浙江省温州市	2020.07.14	对高新技术企业、科技型中小企业购买的关键研发设备保险、专利保险等科技保险类产品，给予年度保费总额50%、不超过10万元的保费补贴
山东省青岛市	2021.01.01	用自主研发的“专精特新”产品（技术）为我市家电、机械装备、橡胶、汽车、轨道交通装备、船舶海工、电子信息等产业重点骨干企业配套的小微企业，按其年度新增配套额的5%给予最高50万元资金补助

续表

地区	实施时间	对“专精特新”类企业研发投入的财政支持政策
安徽省合肥市	2021.06.30	建立高成长种子企业、瞪羚企业、独角兽企业梯度培育库，对符合条件的高成长种子企业、潜在瞪羚企业、瞪羚和独角兽（含潜在）企业，给予单个企业每年最高500万元研发费用补贴。支持领军企业组建创新联合体，通过“揭榜挂帅”“定向委托”方式，集中攻克一批“卡脖子”技术项目，给予最高1000万元补贴
湖南省益阳市	2021.11.19	年纳税200万元以上，研发经费投入强度5%以上，且年度研发经费200万元以上的，按实际投入研发经费的10%给予补贴，最高不超过100万元
内蒙古自治区呼和浩特市	2022.01.01	企业租赁研发和生产用房的，按照其实际房租的30%给予租金补助，连续补贴3年，单户补贴额度每年不超过100万元
吉林省	2022.01.06	将省级“专精特新”中小企业研发生产的产品列入《吉林省首台（套）重大技术装备、首批次关键零部件和重点新材料推广应用指导目录》并实现销售的，按销售价格20%的标准给予企业一次性奖励，最高不超过200万元；对生产企业投保前3台产品，按照最高不超过3%的保险费率，对实际投保年度保费的80%给予补贴，最高不超过100万元。实施吉林省科技企业R&D经费投入引导计划，对省级“专精特新”中小企业的研发投入增量给予最高不超过40万元的补贴

续表

地区	实施时间	对“专精特新”类企业研发投入的财政支持政策
吉林省	2022.01.06	支持有条件的省级“专精特新”中小企业兼并和收购国外科技型企业或研发机构，对成功兼并的企业给予一定比例兼并费用补贴，最高不超过500万元。推动省级“专精特新”中小企业建立研发机构，对新认定的省级企业技术中心、国家级企业技术中心、国家技术创新示范企业分别一次性给予30万元、50万元、50万元的奖励。支持省级“专精特新”中小企业与高校、科研院所签订技术开发或技术转让合同并实施转化，按实际发生的技术合同交易额，给予不超过200万元的补助
河南省	2022.02.09	对“专精特新”中小企业、高校、科研院所等联合实施并取得标志性成果的项目，达到一定体量的可纳入省重大科技专项管理，并按照研发投入给予一定比例支持；对联合承担并获得国家重大项目立项的，按照国家拨付经费比例给予最高500万元奖励。 对经工业和信息化部认定、处于有效期内的国家级专精特新“小巨人”企业，在年度投资计算区间内用于提升企业创新能力和专业化水平购置设备、软件，按照实际投资给予不超过30%的补贴，最高不超过500万元

（二）支持“专精特新”中小企业发展的税收政策

2021年11月6日，国务院促进中小企业发展工作领导小组办公室印发《为“专精特新”中小企业办实事清单》，从 10 个方面提出 31 项具体举措。其中指出，开展税收服务“春雨润苗”专项行动，开通税费服务直通车，为“专精特新”中小企业提供“点对点”精细服务，建立“一户一档”，实施“一户一策”，进行滴灌式辅导培训，推送红利账单，确保税费政策直达快享、应享尽享。整体来看，税收政策重在优化中小企业的发展环境，通过各种手段提升中小企业的税务专业能力，确保相关优惠政策快速精准落地。

地方层面的税收政策基本与中央一致，整体原则是帮助企业用足用好研发费用加计扣除、增值税留抵退税等政策，提高专精特新企业的政策获得感，确保减税降费优惠政策应知尽知、应享尽享。除部分地区对企业所得税税前扣除中特别强调特定类型支出之外，① 基本没有针对“专精特新”中小企业更为优惠的税收政策。

（三）支持“专精特新”中小企业发展的政府采购政策

支持“专精特新”中小企业发展的财政支出政策除了对企业直接的奖补，部分地区还出台了针对“专精特新”中小企业需求端的政府采购政策。这些政策大体可以分为两类。第一类是对接“专精特新”

① 如河南省发展和改革委员会关于印发《关于进一步促进非公有制经济高质量发展的若干政策》的通知中指出，企业委托境外研发费用不超过境内符合条件研发费用 2/3的部分，可按规定在企业所得税前加计扣除；企业引进具有高级技术职称或博士、博士后等高层次人才支付的一次性住房补贴、安家费及科研启动经费，可按规定在税前扣除。

中小企业的产品，比如2019年6月无锡市出台的《关于促进民营经济高质量发展的实施意见》中明确指出，在政府采购中加大对民营企业的支持力度，向“专精特新”中小企业倾斜，市级部门年度采购预算总额中，专门面向中小微民营企业的预算比例力争不低于40%；在政府采购评审中，给予小微民营企业产品6%—10%的价格扣除。宁夏回族自治区人民政府《关于进一步深化预算管理制度改革的实施意见》指出，综合运用优先采购、预留份额、价格扣除等政策，制定政府采购支持中小企业发展管理办法实施细则，建立政府采购网上超市“专精特新馆”，鼓励优先采购创新产品。

第二类政府采购政策是政府购买公共服务，免费为专精特新企业提供对应的指导。比如《郑州市人民政府办公厅关于支持“专精特新”中小企业高质量发展的实施意见》指出，每年通过政府购买服务方式，开展系统解决方案供应商招标，组织中标单位对省级以上专精特新企业开展智能制造诊断服务，免费为专精特新企业提供系统性的智能制造解决方案。《呼和浩特市人民政府关于印发支持中小企业“专精特新”发展若干政策措施的通知》指出，以政府购买公共服务方式，三年内为100家以上成长型中小企业和重点培育的专精特新企业开展法治、信用诊断，组织专业机构、专家团队“上门问诊”并提供“专属评估报告”。

（四）我国支持“专精特新”中小企业发展财政政策的特点

1. 对“专精特新”补贴的具体政策出台时间集中在2019年之后

在北大法宝法律数据库中，以“专精特新”+“补贴”为关键词进行全文搜索，截至2022年5月16日，共有地方法规1945篇。其中，地方性法规10篇，地方规范性文件841篇，地方工作文件1094篇。从政策出台时间看，自第一批“小巨人”名单公布后，从2019年开始，各地集中出台了支持“专精特新”中小企业发展的财政政策，2021年出台的政策文件达到373条。2022年仅5个半月的时间，出台的政策就达到了188条。从政策内容来看，在2019年之前，出台的很多政策文件都是具有指导性的，缺少细致的规定。比如《安徽省人民政府关于促进经济平稳较快增长的若干意见》（皖政〔2008〕89号）要求，通过对中小企业政府财政性资金支持，扶持“专精特新”、成长性好、技术含量高的中小企业加快发展。但是具体如何扶持，并未有更细致的规定。《江苏省经济和信息化委员会关于印发江苏工业强省建设六大行动推进方案》（苏经信综合〔2013〕321号）提出了实施“专精特新”提升计划，设定了具体目标和工作方案，但是对于财政政策如何扶持企业朝“专精特新”方向发展，没有具体规定。各地具体的奖补政策、税收政策和政府采购政策，基本都是2019年之后出台的（见图4.1）。

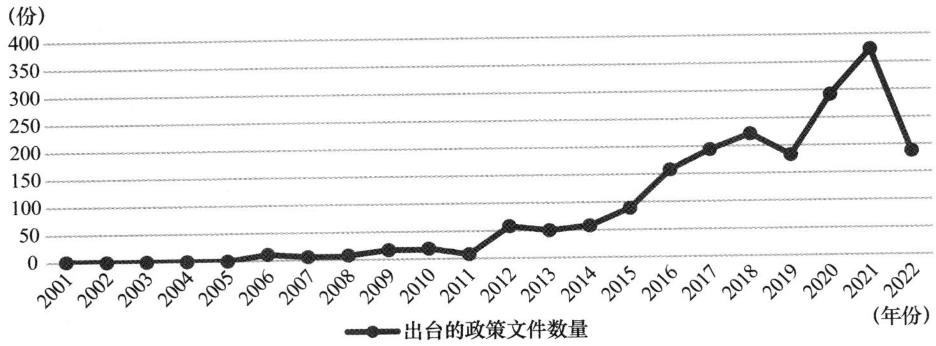

图4.1　以“专精特新”＋“补贴”为关键词在北大法宝法律数据库中搜索的政策文件

说明：2022年统计数量下降是因为2022年统计区间只有5个半月。

资料来源：北大法宝法律数据库。

2. 地区间政策力度差异较大

各地奖补政策差异较大。目前，工业和信息化部共公布了三批专精特新“小巨人”企业名单。从这些企业地域分布来看，浙江省和广东省的“小巨人”企业最多，分别有475家和433家，占全国“小巨人”企业总量超过18%。其次是几个经济大省（市），比如山东、江苏、北京和上海。这些地区基本出台的政策文件最多，奖补力度也最大。其中，最为突出的是安徽省，一共出台了322份政策文件。《安徽省“十四五”中小企业发展规划》制定的目标也较高：到2025年末，培育省级专精特新企业5000户以上，争创国家级专精特新“小巨人”企业500户以上，与北京市的发展目标基本相同。

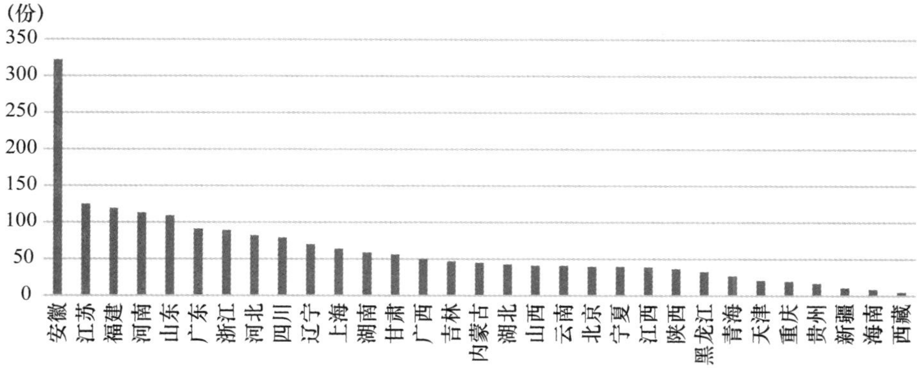

图 4.2 各地出台的支持“专精特新”中小企业的政策文件数量

资料来源：北大法宝法律数据库以“专精特新” +“补贴”全文搜索后按照地区分类。

3. 奖补政策较多，税收政策和政府采购政策较少

从上述政策梳理可以看出，针对“专精特新”中小企业的财政政策主要集中在奖补政策。各地对初创期企业、成长期企业、成熟期企业制定了全周期的扶持政策；奖补对象涵盖企业、科技园区、基层政府等；主要政策目标包括促进企业投资、扶持企业做大做强并最终实现上市、鼓励企业与高等院校、科研院所联合攻关重大项目等。税收政策和政府采购政策较少。税收政策和政府购买公共服务的政府采购政策比较接近，主要针对“专精特新”中小企业发展环境的优化，促进税收优惠政策和针对中小微企业政府采购政策的落地；企业产品的政府采购政策针对的是所有中小微企业，专门针对“专精特新”型中小企业的较少。

4. 对享受政策企业事前条件要求较多，事后绩效评价较少

目前各地出台的各类奖补政策，大都是以企业获得对应的认定为前提。企业要获得“专精特新”或者“小巨人”认定，需在主导产品、经济效益、专业化程度、创新能力、经营管理等方面达到诸多要求。一旦企业获得对应的认定或者进入相关企业库，就可以获得来自国家层面、省级层面以及区县层面的奖励。企业获得认定之后，主要的奖补激励来自企业上市或者联合攻关重大项目。但是，由于目前政策实施时间较短，对于企业上市之后的市场表现，尤其是创新方面的表现关注较少，目前没有看到有文件规定企业在获得奖补资金后发明专利、商标、工业设计等方面的要求。整体财政资金投入缺乏事后监管和评价。

三　中国支持“专精特新”中小企业发展的财政政策效果

为持续引导中小企业向“专精特新”方向发展，全国各省市陆续公布了“十四五”时期的发展目标与方向。从公布的发展目标来看，各省虽经济基础不同、产业结构各异，对“专精特新”中小企业的培育具有一些共性特征：一是培育力度大，到2025年，部分省份省级“专精特新”中小企业培育目标超过5000家；二是都注重梯度培育，

制定的发展目标基本涵盖了“创新型中小企业—省级‘专精特新’中小企业—国家级专精特新‘小巨人’”。2019 年 6 月，工业和信息化部公布第一批专精特新“小巨人”企业名单，入选企业 248 家；2020 年 11 月，第二批“小巨人”企业名单公布，入选企业 1744 家；2021 年 7 月公布的第三批“小巨人”企业名单共有 2930 家企业上榜。2022 年 4 月 19 日，工业和信息化部新闻发言人、运行监测协调局局长罗俊杰在国新办新闻发布会上表示：2022 年，“小巨人”企业准备再培育 3000 家左右，带动培育省级“专精特新”中小企业 5 万家左右。可以预计，截至 2022 年末，中国专精特新“小巨人”企业将会接近 8000 家。

本部分选取“专精特新”中小企业中的“排头兵”——“小巨人”企业进行分析，通过描述“小巨人”企业获得的补贴、税收负担以及市场表现，直观呈现我国支持“专精特新”中小企业发展的财政政策效果。

（一）“小巨人”相关奖补资金发放情况

虽然大部分地区对专精特新“小巨人”企业等的奖励标准在 2019 年之后逐步明确，但是，从上市公司公布的数据来看，政策的实际执行时间较早。表 4.7 统计了 2015—2020 年全部 A 股和 B 股企业在财务报表中披露的“小巨人”相关补助。2015 年，有 77 家上市公司在其财务报表中披露了“小巨人”相关的政府补助金额，总补助金额为4833.53万元。2015—2018年，相关的企业数量和补助金额逐年增加。到2018年，有130家企业披露了“小巨人”相关政府补助，总金额接近1亿元，平均每家企业获得的相关补助为76.52万元。令人意外的是，2019年和2020年，获得“小巨人”相关补助的企业数量在减少，虽然平均补助金额仅有微小下调，但企业数量下降明显，导致“小巨人”总补助金额下降明显。

表4.7　2015—2020年全部A股和B股企业中获得的“小巨人”相关政府补助

	“小巨人”相关补助金额（万元）	企业数量（家）	均值（万元）
2015年	4833.53	77	62.77
2016年	7979.19	127	62.83
2017年	8543.82	134	63.76
2018年	9947.36	130	76.52
2019年	6451.04	90	71.68
2020年	5639.04	85	66.34

资料来源：CSMAR数据库中公司研究系列——上市公司研发创新——财务状况——政府补助。

企业层面数据传递了一个非常重要的信号：并不是只有工业和信息化部公布的“小巨人”企业名单上的企业才可获得“小巨人”相关补助，大量其他企业也获得了相关补助，且补助金额不低于在工业和信息化部“小巨人”名单上的企业。表4.8进一步统计了248家工业和信息化部公布的第一批“小巨人”名单上42家上市公司中获得的“小巨人”奖补资金。可以看到，这42家上市公司虽然进入了第一批“小巨人”企业名单，但是只有少量公司获得了对应的奖补资金。2019 年 6 月第一批“小巨人”企业名单公布，2020 年，这 42 家上市公司只有烟台正海生物科技股份有限公司等 8 家公司在其财务报表中披露获得了“小巨人”奖励。

表 4.8　第一批“小巨人”公司中的上市企业获得的“小巨人”奖补情况

企业名称	股票代码	获得年份	奖励明细	奖励金额（万元）
上海新阳半导体材料股份有限公司	300236	2014	上海市科学技术委员会“小巨人”补助	30
瑞普（天津）生物药业有限公司	300119	2015	广州市科技“小巨人”奖励	60
瑞普（天津）生物药业有限公司	300119	2016	广州市科技“小巨人”奖励	15
福建星云电子股份有限公司	300648	2016	科技“小巨人”领军企业研发费用加计扣除奖励专项奖励	77. 2
包头东宝生物技术股份有限公司	300239	2017	拨付科技“小巨人”培育企业资助资金	25
福建星云电子股份有限公司	300648	2017	科技“小巨人”领军企业研发费用加计扣除奖励专项奖励	80. 9
包头东宝生物技术股份有限公司	300239	2018	科技“小巨人”培育企业资助资金	25
福建星云电子股份有限公司	300648	2018	科技“小巨人”领军企业研发费用加计扣除奖励专项奖励	336. 7

续表

企业名称	股票代码	获得年份	奖励明细	奖励金额（万元）
天津久日新材料股份有限公司	688199	2018	2018 年度科技“小巨人”达标奖	10
深圳科安达电子科技股份有限公司	002972	2019	深圳市福田区国库支付中心—科技“小巨人”支持款	60
安徽艾可蓝环保股份有限公司	300816	2019	国家专精特新“小巨人”企业奖	100
上海宏力达信息技术股份有限公司	688330	2019	科技“小巨人”财政补助	51.9
南通星球石磨设备有限公司	688633	2019	专精特新“小巨人”奖励	50
湖南凯美特气体股份有限公司	002549	2020	国家专精特新“小巨人”企业、市级“小巨人”奖励	70
包头东宝生物技术股份有限公司	300239	2020	细分领域专业化“小巨人”企业补助资金	100
中密控股股份有限公司	300470	2020	“小巨人”企业奖励	70
江苏久吾高科技股份有限公司	300631	2020	国家专精特新“小巨人”企业补助	50
烟台正海生物科技股份有限公司	300653	2020	2019 年市级制造业强市奖补专项资金（国家第一批专精特新“小巨人”）	200
湖北泰晶电子科技股份有限公司	603738	2020	随州市“小巨人”等五项政策奖补奖金 50 万元	50

续表

企业名称	股票代码	获得年份	奖励明细	奖励金额（万元）
埃夫特智能装备股份有限公司	688165	2020	国家专精特新“小巨人”企业	100
上海宏力达信息技术股份有限公司	688330	2020	2020 年度科技“小巨人”领军企业研发费用加计扣除奖励专项资金	46

资料来源：CSMAR 数据库中公司研究系列——上市公司研发创新——财务状况——政府补助。统计区间为：2014 年 1 月 1 日—2020 年 12 月 31 日，包含本会计期间和上一会计期间数据。

（二）“小巨人”企业的税收负担

2019 年以来，国家出台了大量政策降低中小微企业税收负担。然而，从“小巨人”企业公布的年度报表来看，“小巨人”企业的税负并未普遍降低，整体水平仍然较高，部分企业的税负甚至还出现了增加。表 4.9 展示了部分“小巨人”上市企业的企业所得税税负。[①] 这些“小巨人”上市时间较早，可以进行简单的前后比较。从这 10 家公司的数据来看，2015—2019 年，这些企业的平均企业所得税税负为 15% 左右，差不多是高新技术企业的法定税率水平。2020 年至 2021 年，这 10 家企业中 5 家企业的所得税税负有所下降，3 家企业所得税税负无明显变化，2 家企业所得税税负不降反升：上海凯利泰

① 以企业年报中的所得税费用除以利润总额。

医疗科技股份有限公司在经历了2020年的巨额亏损后，2021年的所得税税负增加至19.13%；税收负担更加突出的是江苏天瑞仪器股份有限公司，2018年、2019年、2020年的所得税税负分别为27.13%、31.92%和58.21%。

表4.9　　部分“小巨人”上市企业的企业所得税税负

	2015年	2016年	2017年	2018年	2019年	2020年	2021年
瑞普（天津）生物药业有限公司	13.47%	14.10%	13.65%	12.91%	13.90%	13.98%	11.11%
上海新阳半导体材料股份有限公司	14.54%	10.58%	14.28%		19.84%	16.03%	9.05%
包头东宝生物技术股份有限公司	20.26%	15.65%	15.20%	13.26%	11.31%	7.47%	13.76%
湖南凯美特气体股份有限公司	12.23%	13.21%	16.10%	9.12%	13.92%	10.53%	-1.34%
江苏天瑞仪器股份有限公司	20.10%	13.74%	18.59%	27.13%	31.92%	58.21%	-10.22%
上海凯利泰医疗科技股份有限公司	13.47%	14.76%	16.58%	7.46%	15.50%	-43.18%	19.13%
苏州苏试试验集团股份有限公司	18.65%	17.33%	14.19%	13.68%	13.08%	10.87%	10.26%
中密控股股份有限公司	14.71%	14.56%	16.06%	14.23%	13.98%	13.80%	13.33%
恒锋工具股份有限公司	14.56%	14.47%	16.98%	21.68%	11.16%	14.74%	12.53%
威海克莱特菲尔风机股份有限公司	12.88%	12.72%	11.18%	10.76%	12.17%	10.98%	11.76%
均值	15.49%	14.11%	15.28%	14.47%	15.68%	11.34%	8.94%

资料来源：CSMAR数据库及企业公布的年度报告。

（三）“小巨人”企业的市场表现

从各地的政策文件可以看到，支持“专精特新”中小企业的一个重要目标是支持企业上市，对企业上市的奖补力度非常大。2021年11月15日北京证券交易所开市，81家首批上市企业中，有16家为“小巨人”企业，50%以上是“专精特新”中小企业。在第一批“小巨人”名单企业中共有42家上市公司，在名单公布后上市的就有21家（具体见表4.10）。

支持“专精特新”中小企业发展的财政政策目标除了支持企业上市，还包括促进企业创新、支持企业发展。2021年11月23日，工业和信息化部副部长徐晓兰在国务院新闻办公室举行国务院政策例行吹风会上指出，目前共培育的3批4762家国家级专精特新“小巨人”企业，研发人员占比基本达到25%，平均研发强度超过了7%。“小巨人”企业平均专利数超过50项，共设立国家级研发中心312家，院士工作站500余个，省级技术中心、工程中心、研究院近5000个；另外，据工业和信息化部对1000余家“小巨人”企业跟踪显示，2021年1—9月，“小巨人”企业营业收入、利润总额同比分别增长31.6%、67.9%，比规模以上工业中小企业营业收入增速、利润总额增速分别高8.8个和35.4个百分点，“小巨人”企业营业收入利润率为14.2%，比规模以上工业中小企业高8.2个百分点。①

表4.10　　进入第一批“小巨人”名单后上市的企业

公司名称	所属行业	上市时间
沈阳芯源微电子设备有限公司	半导体设备	2019年12月16日
天津久日新材料股份有限公司	其他化学制品	2019年11月5日
上海宏力达信息技术股份有限公司	电气自控设备	2020年10月15日
深圳科安达电子科技股份有限公司	轨交设备	2019年12月27日
陕西中天火箭技术股份有限公司	航天装备	2020年9月25日
云南震安减震科技股份有限公司	其他橡胶制品	2019年3月29日
安徽艾可蓝环保股份有限公司	环保工程	2020年2月10日
神驰机电股份有限公司	汽车零部件	2019年12月31日
江西晨光新材料股份有限公司	化学制品	2020年8月4日
上海微创心脉医疗科技股份有限公司	医疗耗材	2019年7月22日
苏州绿的谐波传动科技股份有限公司	机器人	2020年8月28日
广州方邦电子股份有限公司	电子化学品	2019年7月22日
埃夫特智能装备股份有限公司	机器人	2020年7月15日
张家港保税区灿勤科技有限公司	通信网络设备及器件	2021年11月16日
贵州航宇科技发展股份有限公司	航空装备	2021年7月5日
江苏联瑞新材料股份有限公司	非金属材料	2019年11月15日
迈得医疗工业设备股份有限公司	医用耗材	2019年12月3日
深圳市深科达智能装备股份有限公司	其他专用设备	2019年12月27日
湖南金博碳素股份有限公司	光伏设备	2020年5月18日
南通星球石墨设备有限公司	能源及重型设备	2021年3月24日
湖南华纳大药厂股份有限公司	化学制剂	2021年7月13日

① 参见《平均专利数超50项！专精特新“小巨人”企业支撑创新发展大格局》，https：//m.gmw.cn/baijia/2021－11/23/35332021.html。

四　对政策效果的实证检验

为准确评估支持“专精特新”中小企业财税政策的效果，本章选取2019年6月和2020年11月公布的前两批“小巨人”名单中的上市公司为研究对象，选取与“小巨人”名单企业营业收入相近，但是未进入前两批“小巨人”名单的企业作为对照组，通过双重差分的方法来评估政策的效果。

（一）数据说明与模型设定

本章主要采取的评估策略是双重差分法。双重差分法作为一种评估政策效果的常用方法，需要准确识别处理组和对照组。工业和信息化部在2019年5月和2020年11月分别发布了第一批和第二批专精特新“小巨人”企业名单。第一批和第二批“小巨人”企业分别为248家和1744家，其中分别包括27家和133家A股上市企业。由于只有A股上市公司才披露了较为完整的企业财务信息，按照数据的可得性，我们将前两批“小巨人”名单中的A股上市公司设为处理组。同时，按照这些“小巨人”上市企业所在行业的2021年营业收入进行排序，排序位于“小巨人”企业前三名和后三名的企业作为对照组。按照此标准确定对照组之后，我们发现，部分对照组企业在2021

年公布的第三批“小巨人”名单中，为使估计更加精准，我们去掉了对照组中进入第三批“小巨人”名单的样本。“小巨人”上市企业中，最早上市的瑞普（天津）生物药业有限公司上市时间为2010年，故能够找到的处理组企业财务报表最早是2010年。因此，本书选取的研究区间是2010—2021年。数据均来自这些上市公司的企业季度报表。

参考马述忠、房超（2021）双重差分的研究设计，本书通过构建如下的模型（1）来检验企业进入前两批“小巨人”名单对微观企业获得政府补助、企业研发行为和企业经营绩效的影响。

$$y_{it} = \alpha_0 + \alpha_1 Treat_i * Post_{it} + \alpha_2 X_{it} + \omega_i + \mu_t + \varepsilon_{it} \quad (1)$$

其中，i代表企业，t代表季度时间变量。被解释变量 y_{it} 在不同情形下分别代表i企业在对应季度时间变量t时刻所获得的政府补助、企业营业收入、企业净资产收益率、企业研发投入和企业税负。解释变量 $Treat_i$ 为虚拟变量，若样本企业在前两批“小巨人”名单上，则 $Treat_i$ 取值为1，否则为0；$Post_t$ 为时间虚拟变量，若t为企业进入“小巨人”名单之前，则i企业对应的 $Post_{it}$ 取0，否则取1。由于我们考虑了两批“小巨人”名单的影响，故采用的异时DID方法估计（heterogeneous timing DID）。X_{it} 表示企业层面的各类控制变量。参考杨兴全等（2018）的做法，具体包括经营活动现金流、企业规模、企业年龄、是否为国有企业、股权集中度、企业资产负债率和无形资产占比（具体变量定义见表4.11）。α_1 是本书关注的系数，其衡量了支持专精特新“小巨人”企业政策的效果，也就是处理效应。为控制年份和企业层面的不可观测因素，再加入企业层面固定效应 ω_i 和时间固定效应 μ_t 。ε_{it} 表示影响企业绩效的其他随机因素。

按照刘诗源等（2020）的研究，自新《企业会计准则》颁布后，中国上市公司在报告研发支出上有明显的学习适应过程，披露研发支出的企业比例逐年提高并在 2011 年出现明显跃升，而披露了研发支出的样本中 0 值比例极低，本书的研究区间是 2010—2021 年，故在样本中对没有披露研发支出数据的企业样本，我们做 0 值处理。对股权集中度为 0 的样本，我们将其作为缺失值剔除。另外，企业税负存在部分极端值，我们在 1% 的水平上进行了缩尾处理。

表 4.11　　变量定义

变量	符号	单位	定义
被解释变量			
政府补助	Grant	元	政府补助绝对值取自然对数
企业营业收入	GOI	元	企业营业收入取自然对数
企业净资产收益率	Npr	%	净利润/总资产
企业研发投入	RD	%	研发费用支出/总资产
企业税负	Citb	%	企业所得税/利润总额
解释变量			
双重差分交叉项	Did		进入前两批“小巨人”名单为 treat = 1，否则为 0；若 t 为企业进入“小巨人”名单之前，则 i 企业对应的 $Post_{it}$ 取 0，否则取 1
控制变量			
经营活动现金流	Cf	%	经营活动产生的现金净流量/总资产
企业规模	Size	元	公司期末总资产的自然对数
企业年龄	Age	年	用 2021 − 注册时间，然后取自然对数

续表

变量	符号	单位	定义
是否国企	State	虚拟变量	国有1；其他0
股权集中度	Shr1	%	第一大股东持股比例
资产负债率	Lev	%	总负债/总资产
无形资产占比	IA	%	无形资产净额/总资产

（二）描述性统计的直观结果

表4.12是所有数据的描述性统计结果。通过将处理组企业和对照组企业的描述性统计进行对比，表4.12的结果展示了进入前两批“小巨人”企业的基本特征。

第一，进入第一批“小巨人”名单的企业并不是行业中营业收入最高的，但普遍财务状况较好，具有“精细化”特征。处理组企业总营业收入的均值为19.41，低于对照组的19.75。“小巨人”名单中的企业，比如天津久日新材料股份有限公司，2021年年度营业收入甚至排名全行业倒数第二。但是，处理组企业净资产收益率为4.88%，远高于对照组的3.31%；处理组经营活动产生的现金流均值为1.65%，超过对照组的1.27%；处理组的平均资产负债率为24.44%，低于对照组的31.50%。处理组企业整体净利润增长较为稳健。

第二，处理组企业研发投入高于对照组企业，符合“新颖化”特征。支持“专精特新”中小企业的最重要目标是推动中小企业的创新，实现从“中国制造”到“中国智造和中国创造”。因此，在工业和信息化部“小巨人”企业认定标准中，会重点突出研发经费支出：要么规定了近2年研发经费支出占营业收入比重，要么规定了研发投入经费的绝对值和研发人员占企业职工比例。从数据来看，处理组研发投入占企业总资产的比例平均为1.26%，高于对照组的0.98%。

第三，处理组企业平均所获得的政府补助低于对照组企业。虽然国家及地方层面都给予了进入“小巨人”名单的企业较多的奖励，但从数据来看，处理组企业获得的政府补助均值为14.63，而对照组为14.72。原因可能有二：一是因为国家级专精特新“小巨人”的奖励为20万—200万元，该奖励相对于其他类型的政府补助来说规模较小，且各地政策执行标准差异较大，比如有475家第一批“小巨人”企业的浙江省，奖励标准最高也只有100万元，相比于年度财务报表所公布的平均1300万元金额影响较小，更多是起到示范引领作用；二是如前文所分析，大量未进入名单的企业获得了“小巨人”奖励。国家层面政策和地方层面政策的不一致导致补贴效果可能不明显。

第四，“小巨人”名单企业税负较高。从数据来看，处理组企业所得税税负的均值为13.36%，而对照组为12.99 %，进入前两批“小巨人”名单的企业税负在行业中整体偏高。这也为2021年11月国务院领导小组办公室印发的《为“专精特新”中小企业办实事清单》中税收服务精准优化提供了数据支撑。

整体来看，进入前两批“小巨人”名单的企业符合“专精特新”特征：企业较新，规模不大但财务状况良好，国有企业占比很少，企业研发投入较多。但是，其他的一些特征可能会导致这些企业在行业竞争中处于劣势，比如无形资产占比较少，企业税收负担较重，获得的政府补助较低。这可能导致这些企业虽具有较高的成长潜力，但受制于宏观环境成长不确定性较大，需要精准有力的政策来扶持这些企业朝“专精特新”方向发展。

表 4.12 数据的描述性统计

进入第一、第二批“小巨人”名单企业（处理组）						未进入第一、第二批“小巨人”名单企业（对照组）					
变量	样本量	均值	标准差	最小值	最大值	变量	样本量	均值	标准差	最小值	最大值
Grant	151	14.63	1.81	7.60	17.25	Grant	1291	14.72	2.13	5.70	20.23
GOI	1004	19.41	0.88	15.96	21.79	GOI	8133	19.75	1.21	14.28	24.15
Npr	1004	4.88	4.03	-3.81	28.83	Npr	8133	3.31	6.11	-174.83	66.40
Citb	1004	13.36	9.42	-51.65	75.29	Citb	8133	12.99	14.12	-51.65	75.29
Lev	1004	24.44	13.22	1.53	65.72	Lev	8133	31.50	19.16	1.07	265.33
RD	1004	1.26	1.53	0.00	8.99	RD	8133	0.98	1.43	0.00	12.21
IA	1004	3.78	2.42	0.01	10.45	IA	8133	4.16	3.60	0.00	53.20
State	867	0.06	0.24	0.00	1.00	State	6280	0.15	0.36	0.00	1.00
Size	1004	20.91	0.57	19.20	22.46	Size	8133	21.25	0.95	18.16	24.16
Cf	1004	1.65	6.11	-19.56	23.24	Cf	8129	1.27	6.60	-57.83	87.39
Shr1	824	33.80	14.75	6.93	87.00	Shr1	6973	33.64	13.40	6.49	82.50
Age	1004	2.90	0.32	2.20	3.40	Age	8133	3.00	0.27	1.95	3.71

（三）支持“专精特新”中小企业财税政策的效果

表 4.13 展示了进入“小巨人”名单对企业的“增收”效果。由

表4.13的结果可以看出，相比于未进入“小巨人”名单的企业，进入名单的企业“增收”效果较为显著。进入名单后，“小巨人”企业的营业收入增加0.12%—0.26%，且结果基本稳健。从控制变量的结果看，现金流对企业“增收”效果显著。现金流是企业内源性融资的基础，代表了一定时期内企业可自由支配资金的丰盈程度（付文林、赵永辉，2014）。对于创新型的中小企业来说，现金流更为重要。对于中小企业来说，其面临的融资约束问题更显著、外部融资成本更高；对于创新型中小企业，其面临生存和创新的双重压力，现金流的改善能够提高其研发的边际收益，降低研发风险。而且，有研究表明（Lyandres and Palazzo，2012）企业持有现金可以起到显著的策略性作用，它会通过提升自身在行业中的竞争力，削弱其他竞争者的研发强度，从而提高价值。因此，支持“专精特新”中小企业的财税政策能够给目标企业带来“增收”效应的源泉之一可能是：通过改善企业现金流提高经营绩效。

提高企业资产负债率在一定程度上具有“增收”效应。一直以来，中小企业融资问题都是学术界关注的热点。纵观出台的支持“专精特新”中小企业的政策，目标之一就是给予这些企业融资服务支持，促进其融资提速。科技型中小企业在完成起步之后，在进入扩大规模高速发展阶段，资金是发展的最大瓶颈，也是其研发投入的前提条件。《为“专精特新”中小企业办实事清单》明确提出，建立“专精特新”中小企业名单推送共享机制，鼓励银行业金融机构围绕“专精特新”中小企业需求，量身定制金融服务方案，打造专属信贷产品。因此，政策能够给目标企业带来“增收”的第二个原因可能是：一定程度上缓解了企业的融资约束。

表 4.13　　政策的“增收”效应

被解释变量：企业总营业收入							
Did	0.2664***	0.2657***	0.1505***	0.1747***	0.1676***	0.1676***	0.1238***
	(7.495)	(7.473)	(5.657)	(5.778)	(5.550)	(5.554)	(4.320)
Cfo		0.0019*	0.0039***	0.0033***	0.0034***	0.0035***	0.0047***
		(1.942)	(5.180)	(3.844)	(4.001)	(4.084)	(5.236)
Size			0.8469***	0.8345***	0.8210***	0.8172***	0.7951***
			(82.514)	(72.062)	(69.568)	(68.896)	(50.441)
Shr1				-0.0001	-0.0005	-0.0005	-0.0045***
				(-0.050)	(-0.464)	(-0.499)	(-3.077)
lev					0.0019***	0.0020***	0.0021***
					(5.628)	(5.811)	(5.064)
IA						-0.0066***	-0.0062**
						(-3.108)	(-2.237)
State							-0.1206***
							(-3.338)
时间固定效应	YES	YES	YES	YES	YES	YES	YES
企业固定效应	YES	YES	YES	YES	YES	YES	YES
_cons	19.6971***	19.6942***	1.7324***	1.9767***	2.2199***	2.3290***	2.9339***
	(3834.343)	(3720.129)	(7.957)	(7.691)	(8.536)	(8.880)	(8.368)
N	9118	9114	9114	7757	7757	7757	6155
r2_a	0.8637	0.8637	0.9239	0.9220	0.9223	0.9224	0.9316
F	56.1708	29.9741	2.3e+03	1.4e+03	1.1e+03	952.7326	480.0011

注：***、**、*分别表示在 1%、5%、10% 的水平上显著。

2021 年以来，中国财税政策经历了从“加力提效”到“提质增效”的转变，政策目标不仅关注企业的“增收”效应，还关注“增收”效应的质量。对于支持“专精特新”中小企业的政策而言，政策目标还包括提升企业创新能力和经营管理水平，促进企业智能转型和国际市场开拓，政策尤其注重“补短板”效应。表 4.14 展示了政策的“补短板”效应。如第 6 列所展示的，政策在一定程度上促进了企业净资产收益率的提升，即政策不仅促进了企业营业收入的增长，净利润增长也较为明显。进入“小巨人”名单后，处理组企业的净资产收益率比对照组高 0.92%。这与直接计算的净利润增长率结果较为相符：2019—2021 年，处理组企业的净利润年平均增速为 28.56%，对照组企业的净利润年平均增速为 23.96%，处理组比对照组高出 4.6 个百分点。而且，在疫情影响下，对照组企业 2021 年的平均利润较 2020 年有所下降，处理组还能保持较为强劲的增长，平均利润从 2020 年的 1.14 亿元增加至 2021 年的 1.72 亿元。①

政策的“补短板”效应包括促研发和降税负。从研发投入的结果来看，企业进入“小巨人”名单后，研发投入上升明显，这与解维敏等（2009）、张同斌和高铁梅（2012）、陆国庆等（2014）的研究结果一致：对企业研发创新的各类加计扣除、补贴、奖励等政策，促进了企业的研发投入。进入“小巨人”名单后，企业税负并无显著变化。其背后可能的原因是，针对“小巨人”企业的税收政策主要集中在优服务、促落地，而未有其他更为优惠的政策，故处理组和对照组

① 此处因为要算年度增速，故未包含第二批“小巨人”企业样本。

的企业税负可能不会存在明显差异。

表 4.14　　政策的“补短板”效应

	处理组				对照组			
	企业税负	政府补助	净资产收益	研发投入	企业税负	政府补助	净资产收益	研发投入
did	-0.4248	0.9497**	0.0640	6.5224	-0.1962	0.9218**	0.2011***	8.1608
	(-0.882)	(2.430)	(1.175)	(1.177)	(-0.375)	(2.132)	(3.017)	(1.178)
Cfo					0.0144	0.1593***	0.0131***	-0.8158***
					(1.179)	(11.817)	(6.326)	(-3.778)
Size					0.6730**	3.8473***	0.0774**	-0.0137
					(2.459)	(16.169)	(2.110)	(-0.004)
Shr1					-0.0006	0.1913***	0.0126***	0.6285*
					(-0.025)	(8.706)	(3.732)	(1.786)
Lev					0.0095	-0.1452***	0.0016	-0.0089
					(1.340)	(-22.720)	(1.621)	(-0.087)
IA					0.1244***	-0.1575***	0.0162**	-0.1911
					(2.671)	(-3.768)	(2.512)	(-0.285)
State					-0.7897	-0.7170	0.0828	24.6239***
					(-0.964)	(-1.314)	(0.985)	(2.818)
时间固定效应	YES	YES	YES	YES	YES	YES	YES	YES
企业固定效应	YES	YES	YES	YES	YES	YES	YES	YES
_cons	14.7263***	3.4057***	0.9997***	13.0298***	-0.5702	-79.9970***	-1.1333	-7.6692
	(293.269)	(60.312)	(126.942)	(16.274)	(-0.093)	(-15.116)	(-1.389)	(-0.090)
N	1350	9118	9118	9118	956	6155	6155	6155
r2_a	0.3286	0.3415	0.7831	-0.0206	0.2688	0.4185	0.7694	-0.0182
F	0.7781	5.9058	1.3805	1.3858	2.5066	125.5645	10.7923	3.6289

注：***、**、*分别表示在1%、5%、10%的水平上显著。

（四）异质性检验

生命周期理论指出，企业在不同的发展阶段上规模、盈利性、成长性、投融资策略、研发创新意愿等明显不同。在第三批专精特新“小巨人”企业认定条件中，分类条件根据企业上年度营业收入的差异，区分了三个档次。表4.15的实证研究也表明，企业规模对企业营业收入有显著影响。因此，在本部分，我们将样本参照国家统计局制定的《统计上大中小微型企业划分办法（2017）》的标准，将营业收入超过（或等于）4亿元的企业设为大型企业，低于4亿元的企业设为中小型企业。表4.15展示了区分企业规模的政策效果。

区分企业规模之后，我们看到，政策效果在不同规模企业中差异显著。第一，“增收”效应在不同规模企业中都显著存在，但是大型企业更加明显。结合前文分析的企业“增收”效应来源，“小巨人”企业中的规模较小企业，可能同时面临内源性融资和外源性融资的约束。在内源性融资方面，企业在行业中立足未稳，盈利较少甚至尚未开始盈利，从经营中获取的资金较少；在外源性融资方面，企业的经营风险较高，尚未建立良好的市场声誉，信贷资金供给者通常持谨慎态度，限制了企业融资的便利程度（黄宏斌等，2016）。进入“小巨人”名单后，各地陆续推出“‘小巨人’贷”，在一定程度上可以缓解企业的外源性融资约束。但这些政策都是2021年年底之后才陆续推出，政策效果尚未显现，故从目前数据看，对规模较小的“小巨人”企业尚看不到政策效果。

第二，“促研发”效应只存在于规模较大的企业，中小型企业税负“不降反升”。其可能的原因是，企业进入“小巨人”名单后，地方政府关注度较高，尤其是国家级“小巨人”企业，这些企业在一定程度上需要在行业内起到标杆榜样作用，可能导致纳税遵从度较高。故处理组企业在政策实施后，企业税负出现了显著的增加。企业税负的增加，加上处理组企业并未比对照组企业获得更多的政府补助，可能降低了企业的研发激励。

表4.15　区分企业规模的政策效果

	“增收”效应		“补短板”效应：促研发		“补短板”效应：降税负	
	大型企业	中小型企业	大型企业	中小型企业	大型企业	中小型企业
did	0.1495***	0.1278***	0.2151*	0.0928	3.2821	14.6237**
	(3.849)	(3.455)	(1.647)	(1.461)	(0.210)	(1.977)
Cfo	0.0084***	0.0031**	0.0177***	0.0014	-0.6411*	-1.0186***
	(9.259)	(2.271)	(5.791)	(0.572)	(-1.756)	(-3.673)
Size	0.6218***	0.6896***	-0.3044***	0.2111***	-0.8301	2.8389
	(31.943)	(29.787)	(-4.651)	(5.310)	(-0.106)	(0.613)
Shr1	-0.0010	-0.0004	0.0114**	0.0106***	1.5652**	-0.0674
	(-0.604)	(-0.201)	(2.022)	(2.987)	(2.328)	(-0.164)
Lev	0.0038***	0.0000	0.0058***	-0.0005	0.0233	0.0427
	(6.309)	(0.087)	(2.848)	(-0.549)	(0.096)	(0.392)
IA	-0.0111***	0.0162***	-0.0075	0.0521***	0.2478	-0.6838
	(-3.539)	(3.886)	(-0.711)	(7.270)	(0.196)	(-0.820)

续表

	“增收”效应		“补短板”效应：促研发		“补短板”效应：降税负	
	大型企业	中小型企业	大型企业	中小型企业	大型企业	中小型企业
State	-0.1193***	-0.0953	-0.1360	0.4873***	47.5011***	2.1766
	(-3.478)	(-1.613)	(-1.179)	(4.804)	(3.444)	(0.184)
时间固定效应	YES	YES	YES	YES	YES	YES
企业固定效应	YES	YES	YES	YES	YES	YES
_cons	7.0747***	4.4814***	7.4561***	-4.1652***	-29.8118	-42.2265
	(16.155)	(9.046)	(5.063)	(-4.895)	(-0.169)	(-0.426)
N	2946	3150	2946	3150	2946	3150
r2_a	0.9058	0.8218	0.8171	0.7981	-0.0423	-0.0197
F	232.1774	139.0073	10.0451	14.7896	2.7800	2.9410

注：***、**、*分别表示在1%、5%、10%的水平上显著。

五 对结果的进一步讨论

（一）研究的局限

1. 数据局限

本章将研究对象锁定为工业和信息化部公布的前两批专精特新“小巨人”企业。进入前两批“小巨人”名单的企业共有1992家。但是，由于上市公司才会定期公布财务报表，故研究对象只能聚焦于其中的上市公司。只有上市公司样本可能会导致两个问题：第一，“小巨人”企业中的上市公司可能本身是名单中规模较大、发展较好的公司，故可能给估计带来一定偏差；第二，政策目标是支持“专精特新”中小企业发展壮大，其中就包括支持企业上市，由于样本的因素，我们无法评估政策对企业上市的影响。而且，在上市公司样本中，我们只能获得其中在A股上市企业的财务报表，港股公司和新三板公司的数据不完整导致我们处理组企业样本进一步缩小。数据的局限可能会导致结果并不完全准确。

2. 可能的其他政策干扰

企业进入“小巨人”名单后，受到的政策支持可能不仅包含财政补贴、税收服务和政府采购，还会有信贷支持、人才支持等多方面政策。“增收”效应的结果可能是多种政策的综合结果，我们的结果可能高估了财政政策的效果。然而，本章的其他研究结果尤其值得注意：一是企业进入“小巨人”名单并未使其获得比其他类型企业更多的政府补助；二是“补短板”效应尤其值得注意：即便可能在各类政策综合扶持的作用下，对规模较小的企业“促研发”效果不明显，而且还导致了规模较小的企业税收负担的增加。

（二）“增收”效应可能的其他来源

1. 企业市场开拓

在工业和信息化部办公厅《关于开展专精特新“小巨人”企业培育工作的通知》中指出，“小巨人”企业的培育目标包括四个方面：促进其在创新能力、国际市场开拓、经营管理水平、智能转型等方面得到提升发展。企业市场的开拓可以在需求端解决新产品研发之后的产品销售问题。当企业拓宽市场渠道后，经营规模与生产规模相继扩张，能够满足不同层次客户的需求，从而拥有更多的利润空间，即市场开拓对企业的“增收”效应。然而，本书在研究政策对企业营业收入的影响中，由于缺乏相应的数据支撑，无法识别市场因素尤其是国际市场开拓在“增收”效应中的具体影响程度。

2. 企业智能转型

近年来，中国制造企业面临的内外部环境正在发生深刻变化，以“智能制造”为主攻方向推动产业技术变革和优化升级成为新时期制造业发展的重要路径。“智能制造”能够促进上下游企业之间的协同作用，更好地实现了产品全生命周期的有机融合，推动了产业链资源和信息的重新优化和整合，从而降低生产过程中人为错误的发生率，使各环节的生产成本降到最低，最终推动企业利润持续增长，即产生“增收”效应。然而，智能转型周期性长，特征变化不明显，加上数据的缺陷，使得本书无法识别出来自智能转型的“增收”效应。

（三）“补短板”效应不明显的可能原因

1. 补助与其他补助资金的协调

按照上市公司财务报表附注中披露的政府补助数据，企业获得的政府补助种类繁多，包括财政专利补助款、企业人才培训补助、稳岗补贴、化学原料科技奖、专利创造资助资金、进项税额加计扣除、增值税即征即退、科技创新园装修改造经费、人才资助款、重大项目补助、省级专项资金、重大科技创新项目、专题调研奖励、博士后工作站研究人员经费、知识产权专项经费、市级院士工作站财政拨款、招商引资补助款等各种类型名目繁多的补助，且部分金额较大，远远超过企业获得“小巨人”认定的奖励。因此，“小巨人”认定奖励实质多少能够起到引导企业创新的作用，需要我们进一步思考。另外，即便是“小巨人”相关奖励，国家级“小巨人”和省级“小巨人”奖励之间存在替代效应，不同层级政府之间奖励资金如何协调，应该是后续补助资金发挥作用关注的重点。

2. 认定即奖励的机制导致后续激励不足

Clausen（2009）提出，产业政策对企业研发投入的作用，受政策的专用性、激励机制的设计以及后续的监管等因素影响。安同良等（2009）指出，政府给予的 R&D 补贴不仅面临事后的道德风险，更为普遍存在的是企业申请 R&D 补贴时的事前逆向选择问题。现有对“小巨人”企业的奖励政策，大都是事前奖励，且大部分都是只要企业获得“小巨人”企业认定，就可以给予企业对应的奖励，这种在认定之初便给予企业的奖励，给企业形成一种“绝对认可”的心理暗示，缺乏对后续资金使用情况的跟进以及成果转化的激励政策。且如前文所分析，在此类机制下，企业选择保留补助资金或扩大产能规模而非加大研发投入可能本身就是企业的占优策略。如何设计更为有效的激励机制及后续的监管机制，可能是政策发挥“补短板”效应的前提条件。

3. 缺乏专门针对“小巨人”企业的降税负政策

社会心理和税收文化都会影响企业的税收遵从。税收文化利用税收征管服务中的非法律、非行政的人文力量约束征纳双方的行为，特别是税收道德修养在一国范围内形成一定的社会舆论，对公民纳税心理造成深刻而长远的影响（梁俊娇，2006）。如前文所述，政策实施之后，部分“小巨人”企业的税收负担不降反增，这是政策需要重点关注的“副作用”：企业进入“小巨人”名单，对企业来说，既是奖励和荣誉，另一方面也可能给企业带来了负担，增加了企业的税收遵从成本。

六　结论与政策建议

（一）结论

本章通过梳理中国支持“专精特新”中小企业的财税政策，总结其特征。在此基础上，对其中的“小巨人”支持政策进行绩效评估，试图从“增收”效应和“补短板”效应两个维度考察进入前两批

"小巨人"名单对企业发展的影响。本书研究表明：进入工业和信息化部公布的"小巨人"名单并未使企业获得更多的政府补助，支持"小巨人"企业的财税政策具有显著的"增收"效应；"促研发"效应主要在其中规模较大的企业中体现；规模较小的企业进入"小巨人"名单后，企业税负未降反升。由于数据和政策执行时间较短，此结论并不一定完全准确，但描述性统计的基本结果和实证检验的结果基本一致，为后续政策的完善提供了参考方向。

（二）政策建议

1. 政策要注重不同奖补政策之间的协调

前文分析表明，目前国家层面、地方层面不同名目的奖补政策较多，种类繁多的奖补政策之间可能会相互"挤出"，削弱了单个政策的效果，很难起到预期作用。另外，奖励资金若金额太少，可能无法起到实质性激励作用；金额设置过大又需考虑财政可承受能力。因此，政策需要注重不同奖补政策之间的协调，同一类别的奖励资金如财政专利补助款、专利创造资助资金、知识产权专项经费等，尽量统筹使用。特别的，可参考北京市服务券的做法，每批次每家企业可申领一定金额的服务券，凭券享受半价优惠，并在高新技术企业认定、知识产权贯标、新技术新产品认定、人力资源培训、招聘等服务领域享受更多优惠，避免企业得到奖补资金后滞留在企业或者仅用于扩大产能规模。

2. 奖补政策需更具持续性

目前针对“专精特新”中小企业的奖励大都是事前奖励。企业符合工业和信息化部的标准、获得对应的认定资格，就可以获得对应的奖励，对事中和事后激励关注较少。这种“一竿子到底”的奖励政策，导致企业后续激励不足。广州市尝试探索了分级奖励，分别针对企业落户投资、成长壮大、研发创新等不同阶段进行奖励。但是，一个完整的研发环节至少应该包含创新准备、研发和成果转化环节，即便是广州市的尝试，仍缺少最后的成果转化环节。因此，政策制定者应事前调研企业和行业的经营状况，以分级分步的形式对企业进行奖补，按照上一步企业的绩效确定下一步的奖补规模。在投放补助资金后，应当设立专管部门对企业内部使用补助资金的行为进行监督和管理，详细调查资金的使用去向和具体成果反馈。在成果反馈上，尤其注重企业的实质性创新，比如专利尤其是发明专利、企业无形资产的创造等，避免企业以某些“策略性创新”行为来制造“表面研发”的假象。

3. 重点关注规模较小的企业

规模不同的企业管理水平、对市场的敏感度、抗风险能力差异巨大。对于规模较小的企业来说，补助资金的使用效率更为堪忧。因此，政府在颁布相应扶持政策之前以及资金投放之后，都应当重点关注规模较小的企业。在制定支持政策之时，重点考虑小规模企业的生存困境与发展路径，提出针对性的补助标准和措施；在资金投放之后，可以委托专业人士对规模较小的企业进行实地指导，及时跟进资金的使用效果，定期回访企业管理层人员，了解公司未来的发展战略，帮助这些小企业公平参与市场竞争，最终朝“专精特新”方向发展。

4. 实质性给“专精特新”中小企业降税负

近些年，中国出台了大量财税政策来降低中小企业税负，这些政策涵盖了企业所得税、增值税等多个税种，其他费用也大幅度降低。但是，这些政策大都是普惠性政策，并未专门针对“专精特新”中小企业。如前文所分析，“小巨人”企业由于在行业内要发挥更多的榜样作用，可能反而会导致其税负增加，这无疑不利于这些企业的发展。《为“专精特新”中小企业办实事清单》提出的政策更多地是从税收服务的角度促进这些优惠政策的落地，并不能实质性地降低“专精特新”中小企业税负。对此，可考虑在目前政策基础上，在税收优惠政策上给予“专精特新”中小企业适当倾斜，以平衡其因为社会心理和税收文化压力所导致的税负增加。

第五章

专精特新政策对企业信贷融资的影响

一　专精特新信贷融资政策

据不完全统计，已颁布关于中小微企业支持政策文件超过 20 个，其中有关专精特新的政策文件 6 个。促进专精特新企业信贷融资的政策主要包括发挥专项资金引导、拓宽融资渠道、进行财税改革等，相关具体政策如附录附表Ⅱ－1—附表Ⅱ－4 所示。

（一）信贷支持政策

在信贷支持方面，工业和信息化部 2013 年提出要鼓励银行业金融机构创新金融产品和服务，支持“专精特新”中小企业采取信用贷款、知识产权质押、仓单质押等多种方式融资。2021 年 11 月在为“专精特新”中小企业办实事清单中，将信贷支持政策进一步完善为鼓励银行业金融机构围绕“专精特新”中小企业需求量身定制金融服务方案，应用金融科技手段加大对“专精特新”中小企业信用贷款投放。

银保监会（中国银行保险监督管理委员会简称）积极配合有关部门做好“专精特新”小微企业的金融支持和金融服务工作，主要包括如下几方面。一是积极引导银行机构注重小微企业“软”竞争力，如知识产权价值、技术力量、人才信息等，将其纳入授信评审要素。二是保持高新技术企业、“专精特新”中小企业的中长期贷款合理增长。三是加大信用贷款力度。四是建立相应企业信息库，加强信息共享和比对，提供高质量融资服务。五是开发专属产品，在押品方面，除了传统的不动产抵押，更多引入知识产权抵押、品牌抵押、应收账款和其他动产抵押。

中国人民银行在《中国普惠金融指标分析报告（2020 年）》中称，要不断完善专精特新小微企业知识产权评估体系、交易体系及质押登记系统，更好发挥知识产权在企业融资中的增信作用。

在地方层级方面，各地方政府积极响应配合，2021 年各省区市大多出台了有关“专精特新”的政策。具体措施包括鼓励金融机构设计专属产品、提供优惠利率、鼓励新增首贷和中长期贷款、开拓多种质押方式。

北京市 2019 年年底出台《关于推进北京市中小企业“专精特新”发展的指导意见》，在信贷、股权投资、担保、融资租赁、供应链金融等多种渠道加大对“专精特新”中小企业的融资支持。2021 年 10 月，北京市为获得“专精特新”中小企业称号的企业提供“创新贷”和“成长贷”，贷款方式包括纯信用贷款、知识产权质押、第三方担保、房产等多种抵押方式。2021 年 12 月，指导银行业金融机构推出

“专精特新贷”。

浙江省2016年出台《关于培育隐形冠军，促进中小企业“专精特新”发展的通知》，引导支持金融机构为隐形冠军培育企业量身定做金融产品。2017年3月提出每年对“专精特新”培育企业开展信用评级服务，支持商业银行运用信用评价等级确定信贷额度及利率水平。2022年鼓励金融机构创新“专精特新”专属信贷产品。

湖南省2019年推出《专精特新企业融资促进方案》，面向专精特新企业推出专属产品，三年累计投放授信约200亿元。2021年提出加大对“小巨人”企业的融资支持力度。

河北省连续几年出台政策促进“专精特新”中小企业的发展。2015年、2018年引导基金投资“专精特新”，支持金融机构量身定做金融产品。2021年向专精特新“小巨人”企业的首贷、新增的中长期贷款和信用贷款实施贷款贴息。

山东省在2022年的《山东银行业保险业支持“专精特新”中小企业高质量发展行动方案》中，着重提出要给予“专精特新”中小企业优惠利率贷款，深化首贷培植行动。

（二）融资担保政策

在融资担保方面，各地方政府对“专精特新”中小企业给予了支持，具体措施包括鼓励优先担保、开发专属产品、控制担保费率、给予担保补贴等。

河北省2015年鼓励融资性担保机构优先为“专精特新”中小企业提供担保。浙江省2016年鼓励政策性融资担保机构为“专精特新”中小企业优先提供担保，2017年构建政策性融资担保体系优先服务“专精特新”培育企业。2022年明确提出政府性融资担保机构的平均担保费率要保持在1%以下。北京市2021年引导政府性融资担保机构开发“专精特新贷”，降低综合费率，实施“见贷即保”。上海市2022年出台了《浦东新区“十四五”期间支持中小微企业政策性融资担保财政扶持实施办法》，对担保费用给予补贴和按担保额增加的风险补贴。

（三）货币政策

2022年4月28日，央行披露设计了“科技创新再贷款”，额度为2000亿元，利率1.75%，期限1年。科技创新再贷款支持范围包括“高新技术企业”、“专精特新”中小企业、国家技术创新示范企业、制造业单项冠军企业等科技企业，优先支持参与国家科技计划项目企业、国家制造业创新中心、国家级专精特新“小巨人”企业、国家关键产业链龙头骨干企业及上下游关键配套企业、参与组建创新基地平台企业以及国家级科技园区内企业。

（四）其他支持政策

除了上述融资支持政策外，各部委和地方政府积极建立信息化服务平台，促进金融机构与专精特新企业深入沟通。

2013 年 7 月，工业和信息化部发布关于促进中小企业“专精特新”发展的指导意见，提出要提高信息化应用水平，搭建中小企业信息化服务平台，提供筹资融资相关的信息化服务。2021 年 1 月，财政部与工业和信息化部共同印发《关于支持“专精特新”中小企业高质量发展的通知》，支持公共服务示范平台为国家级专精特新“小巨人”企业提供上市辅导服务，并对重点“小巨人”企业提供“点对点”服务。2021 年 11 月，工业和信息化部《关于印发为“专精特新”中小企业办实事清单的通知》中提出要提供精准对接服务，包括建设全国中小企业服务一体化平台移动端，开展万人助万企活动，为每家企业解决困难。

在地方层级方面，各地政府积极推出各类服务平台、设立各类基金，推进金融机构与企业之间以及企业与企业之间的沟通和合作。

北京市于 2019 年 12 月推出《关于推进北京市中小企业“专精特新”发展的指导意见》，将北京市“专精特新”中小企业纳入北京市中小企业服务体系，为其提供投资融资相关的高质量服务。2021 年 12 月出台《北京市关于促进“专精特新”中小企业高质量发展的若干措施》。一是充分利用各级政府投资基金，重点支持专精特新企业发展。二是建立项目信息共享机制，开展多层次融资对接活动。三是支持北京股权交易中心私募股权份额转让交易，鼓励社会资本设立 S 基金，与政府投资基金开展合作。

浙江省在 2016 年 8 月推出关于培育隐形冠军，促进中小企业“专精特新”发展的通知，提出组建“专精特新”产业联盟，搭建企业间沟通交流平台。2017 年 3 月引发关于推进中小微企业“专精特新”发展的实施意见，提出建立和完善省市县三级中小企业综合服务平台，为中小微企业提供质优价廉的普惠服务。引导各类创投机构对接中小微企业，搭建中小微企业投融资平台。在 2022 年 4 月出台的《关于大力培育促进“专精特新”中小企业高质量发展的若干意见》中，强调推动设立中小企业发展基金，带动社会资本加大对“专精特新”中小企业股权投资，并加强中小企业公共服务平台建设，组建“专精特新”中小企业服务联盟。

湖南省于 2019 年 8 月出台《专精特新企业融资促进方案（2019—2021 年）》，提出联合推进政银合作。2021 年 2 月发布的《专精特新“小巨人”企业培育计划（2021—2025）》中再次强调积极促进银企精准对接，并优先推荐专精特新“小巨人”企业纳入全省制造业产融合作“白名单”。

河北省 2015 年 8 月出台《关于促进中小企业“专精特新”发展的意见》，组织企业与各类产业发展基金对接，引导基金投资“专精特新”中小企业，组织“专精特新”政银企合作对接活动。2017 年 8 月印发《河北省“专精特新”中小企业提升实施方案》，为专精特新企业组织专项对接服务，强调要发挥中小企业公共服务平台网络和中小企业公共服务示范平台的作用。2021 年 12 月河北省发布《促进中小企业“专精特新”发展若干措施》，提出以下内容。一是要健全融资配套体系。包括为小微企业银企对接搭建便利高效平台，发挥河北省金融服务平台作用，整合打通公共涉企数据与机构内部金融数据，实现共享共用。支持市场化企业征信机构采集非信贷数据或替代数据，为专精特新企业融资提供优惠征信服务。二是要优化服务模式。建立“专精特新”中小企业名单推送共享机制，鼓励银行业金融机构为专精特新企业量身定制金融服务方案。鼓励应用“中征应收账款融资服务平台”开展企业融资。

山东省于2022年1月出台《山东省“专精特新”中小企业培育方案》，提出：一是推动发展天使投资，培育一批天使投资人和创业投资机构，推动建立多种模式的天使投资基金，助力种子期、初创期小微企业平稳健康成长；二是加大基金投资引导，吸引社会资本，大力支持“专精特新”中小企业发展，打通基金投资“专精特新”中小企业“直联通道”。2022年3月推出山东银行业、保险业支持“专精特新”中小企业高质量发展行动方案，强调加强精确辅导对接。包括完善金融辅导制度，为“专精特新”中小企业提供多元化金融服务，做好企业贴身管家；组织银行保险机构对“专精特新”中小企业开展全面对接，灵活运用各类政策精准帮助企业纾难解困。

二 支持专精特新企业信贷融资的政策效果

（一）金融机构采取的行动

1. 银行信贷产品

在政策的号召下，各银行对支持“专精特新”中小企业采取了一系列措施。一是建立专门的内部组织，提升专业化服务能力。如农业银行建设了科创金融服务中心；民生银行成立专项服务工作组；广州银行组建重点产业直营团队，专门负责相应金融服务方案制定与实施。二是创新营销服务，出台对“专精特新”中小企业的专门营销服务指引，如工商银行的《关于深化“专精特新”中小企业金融服务的意见》，农业银行的《关于加强专精特新“小巨人”企业营销工作的指导意见》，建设银行的《科技企业创新能力评价体系全行应用推广方案》，等等。三是制定专属服务方案，较多银行均根据专精特新企业特点，制定了涵盖企业生命周期的综合金融服务方案和体系，全方位挖掘“专精特新”中小企业的金融需求。四是设计专属产品，较多银行都推出了专精特新企业专属的产品，后文将详细介绍。

无论是国有大型商业银行，还是股份制商业银行、城商行、农商行，都针对专精特新企业设计了专属信贷产品。其中，国有大型商业银行实力强劲，产品种类更为丰富，服务地区也更加广泛。从地区来看，“专精特新”专属信贷产品多集中在北京、上海等专精特新发展更为蓬勃的地区。从产品本身来看，这些专属产品在贷款额度、期限、还款方式、担保方式、转入条件上有自身特点，积极满足专精特新企业的需求，且普遍具备更高授信额度、更低贷款利率、宽松担保条件、还款方式灵活等特点。各省市政府积极和银行合作，共同设计服务本地区专精特新企业的产品，如北京市和山东省，首批均和六家银行合作为专精特新企业提供服务，设计产品，后续逐步加入更多银行，且这些银行在设计信贷产品时，积极与政府和融资担保合作（见

表 5.1、5.2、5.3、5.4）。

表 5.1　　专精特新信贷产品——国有大型商业银行

银行	产品	具体内容
中国银行北京分行	惠如愿·专精特新贷	“小巨人”额度最高 1300 万元，专精特新最高 700 万元，类专精特新最高 400 万元；线上秒批秒贷，线下 3 天审批；多种方式组合增信
中国银行山东分行	惠如愿·专精特新贷	利率范围 3.85%—4.85%；最长贷款期限 3 年，最高贷款额度 3000 万元
工商银行北京分行	快易贷	300 万元以内信用方式，其他情况担保公司线上担保；年化利率 3.85%
工商银行北京分行	创易贷	纯信用贷款；年化利率 4%；额度不超 5000 万元，优质最高 1 亿元；期限不超 1 年，优质企业不超 3 年。可用应收、私募股权、IPO 募集资金等还款
建设银行北京分行	善新贷	授信额度最高 3000 万元；支用秒到账；额度有效期最长 1 年，随借随还、循环使用，按日计息；可采用信用方式办理
建设银行山东分行	科技转化贷	利率范围 3.85%—4.5%；最长贷款期限 60 个月，最高贷款额度 10000 万元
建设银行山东分行	上市贷	利率范围 3.85%—4.2%；最长贷款期限 3 年，最高贷款额度 3000 万元
交通银行北京分行	交银科创信用贷	年化利率 3.4%；授信期限 2 年，单笔期限 1 年；额度不超 3000 万元；纯信用
交通银行北京分行	普惠 e 贷	信用、抵押等多种担保方式；流动资金贷款产品；年化利率最低 3.25%；授信期限最长 3 年，单笔期限 1 年；额度最高可贷 1000 万元
交通银行深圳分行	专精特新贷	以研发投入为核心，从补贴收入、缴税贡献、知识产权价值、股权融资、优质订单、人才工资等十个维度综合评定企业能力，量身定制十大定贷场景

续表

银行	产品	具体内容
农业银行北京分行	高新技术企业贷	大中型企业最高不超5亿元，小微企业信用方式不超1000万元；鼓励采用知识产权质押融资方式融资；资质较好的企业可采用信用方式
	纳税e贷	纯信用；线上办；循环用；最高额度300万元；期限1年，普惠优惠利率
	“小巨人”链捷贷	全线上申请；信用方式为主；申请款；普惠优惠利率
邮储银行	科技信用贷	授信不超3000万元；贷款期限最长3年；利率最低3.7%；纯信用

表5.2　专精特新信贷产品——股份制商业银行

银行	产品	具体内容
恒丰银行	“小巨人”贷	利率范围3.85%—4.5%；最长贷款期限1年，最高贷款额度10000万元
	专精特新贷	利率范围3.85%—5%；最长贷款期限3年，最高贷款额度10000万元
	抵押增值贷	利率范围3.85%—4.5%；最长贷款期限1年，最高贷款额度5000万元
青岛银行	专精特新贷	利率范围3.85%—5.5%；最长贷款期限3年，最高贷款额度10000万元
	产业领军贷	利率范围3.85%—5.5%；最长贷款期限3年，最高贷款额度10000万元
中信银行岳阳分行	科创e贷	全线上；纯信用；单户最高额度1000万元；期限不超过1年；随借随还
中信银行北京分行	专精特新科创e贷	利率4.35%左右；授信额度不高于1000万元；贷款期限不超过1年

续表

银行	产品	具体内容
浦发银行上海分行	专精特新信用贷	额度高；期限长；利率收取模式灵活；可形成股权投资和银行债权投资联动
浦发银行广州分行	专精特新信用贷专属融资产品	为国家级专精特新“小巨人”企业提供3000万元信用贷款；为广东省的专精特新企业提供1000万元信用贷款和最长3年期的贷款支持
华夏银行四川分行	智造贷	纯信用；单户最高额度500万元，最长贷款期限1年；按月付息，到期还本
兴业银行北京分行	专精特新贷	利率范围3.85%—5%；授信额度不高于3000万元；信用免担保

表5.3　　专精特新信贷产品——城商行

银行	产品	具体内容
北京银行济南分行	专精特新贷	利率范围3.85%—4.85%；最长贷款期限2年，最高贷款额度5000万元
北京银行（北京地区）	领航贷（顶尖）	最高5000万元；流动资金授信期限最长2年；固定资产贷款、并购贷款、法商按揭贷款可配套中长期项目贷款；利率3.7%；纯信用
	领航贷（明星）	授信额度最高3000万元；流动资金授信期限最长2年；固定资产贷款、并购贷款、法商按揭贷款可配套中长期项目贷款；利率4%；单一或组合担保
	领航贷（优秀）	授信额度最高1000万元；流动资金授信期限最长2年；利率4.2%；单一或组合担保
四川银行	专精特新贷	单户可贷3000万—1亿元；主要以信用方式发放，支持知识产权、商标、专利权、股权、应收账款质押或融资性担保等增加授信额度；最长期限不超1年

续表

银行	产品	具体内容
重庆银行	专精特新信用贷	最高额度1000万元；最长期限3年；贷款1年及以内，按月付息，到期还本，期限超1年分期还；“小巨人”年化利率不超3.95%；“专精特新”中小企业年化利率不超4.45%
河北银行	专精特新贷	信用类；专精特新“小巨人”单户最高不超过200万元；“专精特新”示范企业单户最高不超100万元；知识产权质押类单户贷款额度上限100万元
宁波银行北京分行	专精特新贷	纯信用；利率3.85%—5.5%；期限12个月；额度100万—1000万元
杭州银行北京分行	专精特新贷	纯信用；利率最低议价3.85%—5.6%；国家级信用额度3000万元，省市级信用额度2000万元

表5.4　　专精特新信贷产品——农商行

银行	产品	具体内容
上海农商行	引航贷	信用类；最长期限5年；最高金额5000万元
天津金城银行	专新贷	随借随还，灵活支取；全在线，手机操作；最高授信额度500万元
甬城农商银行	智创贷 智造贷	信用方式发放，支持知识产权、商标等方式增加授信额度；流动资金贷款可循环使用、随借随还，无本续贷；3个工作日完成审批

2. 融资担保

对于所属地区名单内的“小巨人”企业、专精特新企业、“隐形冠军”企业等，各省区市的融资担保公司积极与银行和政府合作推出专属担保产品。这类专属担保产品多为信用担保，担保费率较低，审批迅速。

表 5.5　　专精特新融资担保产品

融资担保公司	具体内容
上海市中小微企业政策性融资担保基金管理中心	为本市符合条件的“专精特新”中小企业提供最高 1000 万元的贷款担保；贷款期限为 1 年期的流动资金贷款；担保费率低至 0.5%，最高不超过 1%
宁波市融资担保有限公司	担保的授信金额单户最高 1000 万元；可通过与县市（区）政府性融资担保机构联合担保进一步提升授信额度；银行贷款利率不超过同期 LPR + 100bp；支持短期流动资金贷款、中长期贷款、贸易融资等多种授信使用方式
北京中关村科技融资担保有限公司	成本低、审批快、信用额度高；担保费率不高于 1.5%/年，且免收评审费，其中优质客户可降至 1%/年；合作银行提供优惠贷款费率
北京中小企业融资再担保有限公司	信用额度高、期限长、审批快、成本低；担保费率可低至 1%/年
银川中小企业融资担保有限公司	国家级专精特新“小巨人”企业无须抵押或保证，可给予最高 500 万元担保贷款额度；自治区级专精特新“小巨人”企业和示范企业只需实际控制人保证，即可给予最高 400 万元担保贷款额度
西部（银川）融资担保有限公司	专精特新企业的反担保要求降至 60% 以下；单户企业最高可给予 1000 万元的担保贷款额度

续表

融资担保公司	具体内容
重庆市小微企业融资担保有限公司	重庆市“专精特新”中小企业名单内企业无须抵押担保即可获得流动资金贷款服务；纯信用、费率低、资料简；单户最高可贷1000万元；期限最长36个月
重庆三峡融资担保集团股份有限公司	最高至1500万元的信用担保额度，追加少量抵质押物可获得最高5000万元的担保额度；年化担保费低至1.35%
九江市融资担保有限公司	免抵押、低利率；单笔贷款最高额度1000万元；贷款利率上限按一年期LPR上浮不超过30%，担保费率上限不超过1%；见贷即保

（二）专精特新企业实际获得的信贷支持

1. 信贷融资整体进展较快

对于专精特新企业获贷情况，根据中国人民银行2021年第三季度金融统计数据新闻发布会上披露的数据，其一，专精特新企业的获贷率比较高。2021年9月末，专精特新企业的获贷率是71.9%，户均贷款余额7582万元。其二，贷款余额稳定增长，成本持续下降。2021年9月末，专精特新企业贷款余额同比增长18.2%，比全部贷款的增速高6.3个百分点，贷款合同平均利率是4.52%，分别比2020年年末和2020年同期低0.15和0.25个百分点。

从已有各地区披露数据来看，对于地区内纳入专精特新企业名单的企业，企业获贷率较高。截至2021年10月，深圳169家国家级专精特新“小巨人”企业中，140家曾获得银行信贷支持，获贷率

82.8%，高出全国水平11个百分点。截至2021年12月末，宁夏专精特新企业获贷率达80%，户均贷款余额9280万元，贷款余额同比增长8.6%，高于各项贷款增速2.1个百分点。2022年第1季度，广东专精特新“小巨人”企业获贷率为75.6%，贷款余额324亿元，同比增长70.1%。2022年4月末，河南全省专精特新“小巨人”企业贷款较年初增加12.4亿元，获贷率达到72.9%。

2. 专精特新融资利率较低

根据某商业银行信贷数据，我们对比专精特新企业评级前后及其与非专精特新企业融资对比，可以得到表5.6—表5.12的结果。通过统计可得以下结论。

从利率表现来看，专精特新的企业贷款利率低于非专精特新企业，国家级专精特新企业信贷利率更低，评级后进一步降低。

从贷款期限表现来看，专精特新的企业贷款期限短于非专精特新企业，但评级后延长。

从信用贷比例表现来看，专精特新的企业贷款信用贷比例低于非专精特新企业，国家级专精特新企业更低，但评级后信用贷比例增加。

从时间趋势来看，专精特新企业和非专精特新企业利率都在逐年降低，贷款期限都在缩短，信用贷比例都在上升。

由统计可知，专精特新企业的利率、贷款期限、信用贷比例低于非专精特新企业，国家级专精特新企业又低于专精特新企业；国家级专精特新企业评级后企业利率降低，贷款期限和信用贷比例相较评级前有所上升。这意味着专精特新企业在获评后获得了更好的信贷条件。

表 5.6 专精特新企业融资指标描述性统计

	专精特新	国家级专精特新	国家级专精特新（评级后）	非专精特新
样本数（个）	6881	600	535	122768
利率（%）	4.76	4.64	4.61	4.94
贷款期限（月）	14.04	9.19	13.04	15.84
信用贷比例（%）	22.51	9.17	10.09	40.81

表 5.7 专精特新与非专精特新企业利率对比 （单位：%；个）

	专精特新		非专精特新	
	利率	样本数	利率	样本数
2012—2018 年	5.34	35	6.15	2361
2019 年	5.69	99	5.57	2929
2020 年	4.81	782	5.30	14349
2021 年	4.74	5965	4.84	103129

表 5.8 国家级专精特新企业评级前后利率统计 （单位：%；个）

	国家级专精特新		国家级专精特新（评级后）	
	利率	样本数	利率	样本数
2012—2018 年	5.97	4		
2019 年	5.15	2		
2020 年	4.75	62	4.44	3
2021 年	4.62	532	4.62	532

表 5.9　　专精特新与非专精特新企业贷款期限对比　　（单位：月；个）

	专精特新		非专精特新	
	贷款期限	样本数	贷款期限	样本数
2012—2018 年	56.4	35	73.93	2361
2019 年	35.68	99	46.50	2929
2020 年	17.76	782	21.26	14349
2021 年	12.94	5965	12.90	103129

表 5.10　　国家级专精特新企业评级前后贷款期限统计　　（单位：月；个）

	国家级专精特新		国家级专精特新（评级后）	
	贷款期限	样本数	贷款期限	样本数
2012—2018 年	81	4		
2019 年	36	2		
2020 年	15.89	62	16	3
2021 年	13.03	532	13.03	532

表 5.11　　专精特新与非专精特新企业信用贷比例对比　　（单位：%；个）

	专精特新		非专精特新	
	信用贷比例	样本数	信用贷比例	样本数
2012—2018 年	0	35	8.3	2361
2019 年	1.01	99	10.99	2929
2020 年	6.01	782	26.34	14349
2021 年	25.16	5965	44.42	103129

表 5.12　　国家级专精特新企业评级前后信用贷比例统计　（单位：%；个）

	国家级专精特新		国家级专精特新（评级后）	
	信用贷比例	样本数	信用贷比例	样本数
2012—2018 年	0	4		
2019 年	0	2		
2020 年	1.61	62	0	3
2021 年	10.15	532	10.15	532

3. 融资约束下降

采用上市公司中小企业数据，我们计算专精特新企业短债长投等指标变化。短债长投行为能反映资金错配行为和融资约束，财务成本则更直观地反映融资成本。结果如表 5.13—表 5.15 所示。

表 5.13　　融资约束等指标描述性统计

		第一批国家级专精特新企业	第一批国家级专精特新企业（评级后）	非专精特新企业
短债长投	均值	0.208	0.191	0.256
	样本数（个）	522	207	28668
财务成本	均值	0.010	0.006	0.016
	样本数（个）	520	207	28690

注：融资约束、短债长投、财务成本是以非平衡面板数据计算的结果。

表5.14　第一批国家级专精特新企业与非专精特新企业短债长投对比

	第一批国家级专精特新企业		非专精特新企业	
	短债长投	样本数（个）	短债长投	样本数（个）
2015—2018年	0.220	315	0.265	16160
2019年	0.205	71	0.261	4249
2020年	0.196	68	0.246	4236
2021年	0.171	68	0.225	4023

表5.15　第一批国家级专精特新企业与非专精特新企业财务成本对比

	第一批国家级专精特新企业		非专精特新企业	
	财务成本（亿元）	样本数（个）	财务成本（亿元）	样本数（个）
2015—2018年	0.012	313	0.014	16170
2019年	0.007	71	0.014	4255
2020年	0.005	68	0.022	4244
2021年	0.004	68	0.015	4021

从短债长投行为表现来看，第一批国家级专精特新企业的短债长投程度低于非专精特新企业，评级后短债长投程度更低。

从财务成本表现来看，第一批国家级专精特新企业财务成本低于非专精特新企业，评级后财务成本降低。

从时间趋势来看，第一批国家级专精特新企业和非专精特新企业短债长投程度都在降低，第一批国家级专精特新企业财务成本逐年降低，非专精特新企业的财务成本波动相对较大。

整体上看，专精特新企业融资约束较低，成本较低，评级后受益较大。

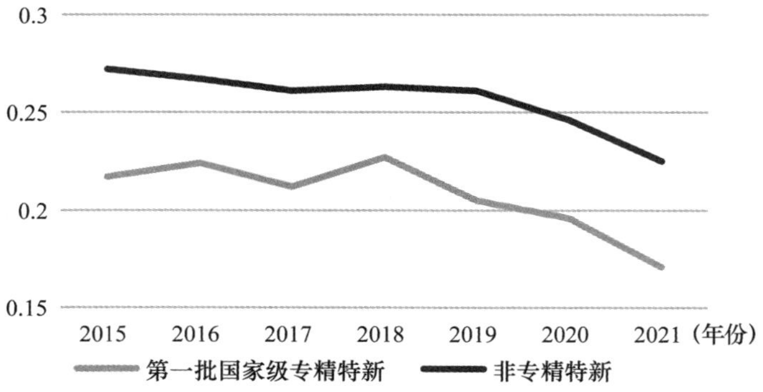

图 5.1 第一批国家级专精特新与非专精特新企业短债长投程度变化

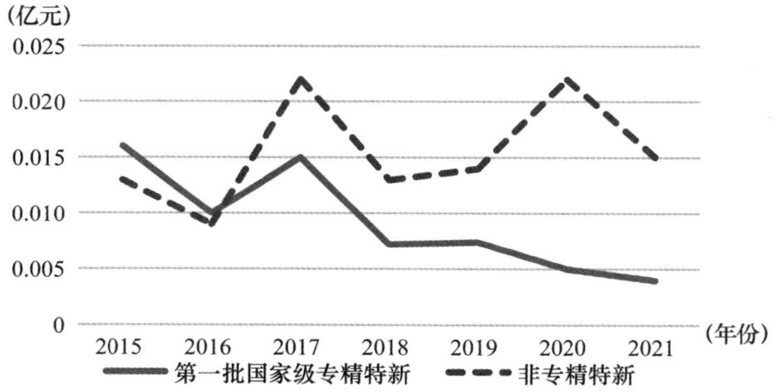

图 5.2 第一批国家级专精特新与非专精特新企业财务成本变化

三 目前支持专精特新企业信贷融资的政策存在的不足

（一）政策针对性不足，地方政策同质化程度较高

尽管中国目前形成了上下联动、部门协同的多层次衔接的专精特

新支持体系，且取得了一定成果，但是仍存在针对性不足的问题。当前关于专精特新企业的针对性政策少，多数仍是针对中小企业的政策，大水漫灌的问题比较严重，没有关注到专精特新企业在不同的成长模式和阶段中的差异化需求。

从政府层面看，多数为引导性政策，具体评选专精特新企业的标准，信贷、融资担保、上市等方面支持相关企业的各项政策主要由各地方政府根据自身情况设计。以支持专精特新企业的货币政策为例，2020 年、2021 年共三次下调支农、支小再贷款利率，2022 年对没有跨省经营的城商行和存款准备金率高于 5% 的农商行，下调存款准备金率 0.5 个百分点。但除了 2022 年 4 月新设立的科技创新再贷款，至 2022 年年底仍没有针对专精特新企业的全国性的货币政策。

地方政府层面，专门针对“专精特新”出台的政策较少，且主要集中在北京、上海等专精特新发展更为蓬勃的地区，其余省区市多在中小微企业相关政策中偶尔提及对专精特新企业的额外关注。此外，虽然部分地区确实推出了支持专精特新企业的相关政策，但不同地区的扶持政策同质化程度较高，没有根据当地的实际情况制定相应的政策，政策创新性不强，部分地区出台的扶持政策流于形式。例如，鼓励金融机构设计专属金融产品、优先提供担保、鼓励挂牌上市等文本内容在多数地方政策文件中可见，但缺乏可以量化的举措，甚至直接照抄中央的政策文件。仅有几个专精特新发展较为繁荣的省区市出台的政策文件中详细列举了鼓励融资的措施，如浙江省明确了平均担保费率保持在 1% 以下，河北省对专精特新“小巨人”企业贴息标准上浮10%。对挂牌上市企业给予补助，北京市和山东省分别与六家银行合作设计专精特新专属产品。

表5.16 部分地方专精特新政策文件数量

省份	文件数量
浙江	3
北京	3
河北	3
湖南	2
上海	2
山东	2
江苏	2
天津	1

（二）政策分散繁多，缺乏系统性

国务院、工业和信息化部以及地方中小企业主管部门都出台了有关专精特新企业的政策，这些政策分散在众多文件中，企业极难系统地掌握政策信息。此外，专精特新企业支持政策缺乏系统性，工业和信息化部只是发布了引导性政策和申报执行文件，针对“专精特新企业”的管理办法、认定程序、评价管理、评价指标体系等都无完整的文件规定。

在项目申报方面，有“专精特新企业”“专精特新‘小巨人’企业”“专精特新重点‘小巨人’企业”“创新型中小企业”，还有“省级专精特新企业”“市级专精特新培育”，甚至区（县）也有对应政策，种类多、评选标准不同、文件分散，纷乱繁杂，在信息获取上加大了企业项目申报的难度。一方面，企业希望能充分利用各种奖补政策；另一方面，由于各种政策之间存在一定的嵌套，企业担心若没有按照程序正确申报将无法获得立项。在信贷融资方面，各地方政府与银行、融资担保公司等合作为专精特新企业设计的专属产品分散在各个银行网站中，不便于专精特新企业获得相关服务。在上市培育方面，尽管各地方政府都出台了协助专精特新企业上市融资的服务措施，但依旧有很多企业不了解上市融资的具体操作，仍然是资本市场的门外汉[①]。

（三）政策传导中各部门间的协作问题

中央及地方对专精特新企业的融资支持政策涵盖了信贷支持、融资担保、上市培育等多个方面，但是如何确保银行之间、担保机构之间、PE/VC 机构之间的有序竞争以及银行、担保机构、PE/VC 机构、证券交易所、企业之间的正常合作，是现有政策面临的一个重要问题。对于 PE/VC 机构来说，能否实现安全的投资退出是影响其决策的重要因素，而投资退出则取决于专精特新企业的上市进度，这又需

---

① 我们用两个月的时间采访“专精特新”，发现这些问题——直通北交所（tobse. cn）。

要证券交易所给予相关的支持。此外，例如投贷联动的金融服务模式也需要各金融机构紧密合作、互补互利。投贷联动是指股、贷、债等三类不同风险偏好和收益要求的金融机构，围绕不同成长阶段的企业的差异化投融资需求，建立紧密的利益共同体。在收益共享、风险共担的基础上，商业银行以“股权＋债权”的模式对企业进行投资，形成权益融资和债务融资相结合的融资模式。在此模式下，银行与VC/PE机构合作，风投机构先通过股权融资方式，满足高科技中小企业的部分融资需求，商业银行再行跟进，提供高科技中小企业剩余股权融资需求和债务融资需求。

（四）缺乏完善专精特新企业信息与数据的政策

由于大多专精特新企业是中小企业，而中小企业相对于大型企业往往各项数据不够完善、财务制度不够健全，因此银行出于风险控制的角度就会更愿意将信贷资源投放给信息更加透明的大型企业，形成对专精特新企业信贷资源的挤出。要在根源上解决金融机构不愿投放信贷资源的问题，就需要使专精特新企业的各项信息数据透明化、公开化。然而，目前发布的政府政策文件中很少提到要完善专精特新企业的数据信息，尤其是缺少中央层面对这方面的政策说明，这势必导致信贷融资支持政策的有效性降低。当前仅有的相关政策由河北省政府颁布，其政策文件提到要“发挥河北省金融服务平台作用，整合打通公共涉企数据与机构内部金融数据，实现共享共用。支持市场化企业征信机构采集非信贷数据或替代数据，为专精特新企业融资提供优惠征信服务”。

四　提升对专精特新企业融资支持的政策建议

为提升对专精特新企业的融资支持，以下几个努力方向可以尝试。

首先，系统化设计，统一职能部门和信息披露。如完善顶层设计，将分散的有关专精特新建设的职能统一到一个部门，并设置专门工作小组和发展顾问，进行专业化管理和帮扶。为企业提供一站式服务，建立各地区专精特新企业服务系统，综合披露国家和地区相关政策，并提供项目申报服务，汇总发布信贷支持、融资担保等专精特新专属产品，便于企业获取服务，也可以在站内完善企业信息便于与投融资平台对接。信息披露方面，应重点关注各地区名单内专精特新企业在资金、贷款汇率等方面是否得到了有效支持，而不仅仅是地区专精特新企业数量。以山东省为例，山东省建立了“专精特新”中小企业信贷对接服务系统，不仅在产品专区汇集了各合作银行的专精特新专属产品，而且在项目专区建立“专精特新”中小企业贷款项目库，实行项目储备库动态管理。

其次，慎重把握政策力度。政策过快、过慢对金融机构发展和实体经济适应政策、调整发展策略都有负面影响。应引导规范“专精特新”中小企业的服务机构关注企业的实际需求。制定统一的第三方服务机构规范，明确服务清单和各方责任。

再次，对专精特新企业的融资支持应更多关注企业实际得到的支持，加大信息披露力度。目前对专精特新企业的政策支持主要为对名单内企业进行奖金激励，信息披露范围十分有限，主要关注点为各省区市现有专精特新企业数量及未来计划培育数量，获贷率等信息获取难度极大，没有形成定期披露机制。一方面应将信息披露重心转移到企业实际得到的支持，如获贷率、首贷率、上市率、平均担保费率、融资金额等；另一方面通过定期披露数据加大信息披露力度，从而对各省区市对专精特新企业支持效果进行有效监督，或可设定目标，避免政策流于形式。再者，加快完善专精特新企业数据要素市场。由于大多专精特新企业是中小企业，而中小企业相对于大型企业往往各项数据不够完善，财务制度不够健全，因此银行出于风险控制的角度就会更愿意将信贷资源投放给信息更加透明的大型企业。中央及各地方政府不能仅仅给予金融机构政策命令，而要在根源上解决金融机构不愿投放信贷资源的问题，这样才能保障政策精准落地，而不至于出现金融机构应付指标的问题。因此，应在政府主导下，尽快建立综合信息共享平台，推动数据资源开放共享，为各方合作创造条件，实现信息公开，打破信息孤岛。在具体实现过程上，政府可以联合金融机构，充分利用大数据技术获得专精特新企业的精准画像，使相关财务信息透明化，从而激励金融机构提供金融服务。

最后，补充针对专精特新企业的早期融资支持政策。政府应当与投资机构深入交流，切实解决投资机构遇到的实际问题，使专精特新企业的认定标准能在更大程度上为投资机构的投资标准提供参考，促进投资机构在专精特新企业成长早期注入资金，保证专精特新企业长久健康发展。

第六章

支持专精特新企业直接融资的政策及效果

一　支持专精特新企业直接融资的政策梳理

2022 年《政府工作报告》强调，着力培育专精特新企业，在资金、人才、孵化平台搭建等方面给予大力支持。近年来，各级政府部门积极部署，出台了一系列政策激发中小企业创新活力和发展动力，在多个行业引领中小企业向“专精特新”发展。2016 年 3 月，工业和信息化部提出发展制造业单项冠军。自 2018 年 11 月提出专精特新“小巨人”企业以来，工业和信息化部已经开展四批专精特新“小巨人”企业的培育工作。

（一）直接融资政策

在上市培育方面，工业和信息化部于 2013 年提出要鼓励符合条件的“专精特新”中小企业上市融资、发行债券。2021 年 1 月在与财政部共同发布的关于支持“专精特新”中小企业高质量发展的通知中提出要支持企业加快上市步伐，加强国际合作，等等，进一步提升发展潜力和国际竞争能力。2021 年 11 月国务院领导小组办公室印发《为“专精特新”中小企业办实事清单》，提出了多种措施畅通市场化融资渠道，聚焦资本市场支持：在区域性股权市场推广设立“专精特新”专板，探索为“专精特新”中小企业申请在新三板挂牌开辟绿色通道。

证监会在就北京证券交易所有关基础制度安排方面向社会公开征求意见中指出，要构建包容、精准的发行上市制度。贯彻新发展理念，突出“专精特新”中小企业特点，明确简便、包容、精准的发行条件，建立多元、灵活、充分博弈的承销机制，聚焦服务实体经济，大力支持科技创新。

在地方层级方面，各地方政府积极响应配合，出台了各类支持专精特新企业上市的政策，促进专精特新企业直接融资。具体措施包括设立“专精特新”专板、为专精特新企业挂牌上市提供资金补贴和全流程服务，以及为上市企业提供个性化融资服务、扩大债权融资规模等。

北京市于 2021 年 12 月发布关于促进“专精特新”中小企业高质量发展的若干措施，一是加大股权融资支持力度，支持龙头企业围绕供应链上下游开展股权投资，用好北京股权交易中心“专精特新板”。二是支持企业挂牌上市，建立上市挂牌后备企业资源库，设立企业上市服务专员，支持企业在新三板挂牌并给予资金补贴。支持企业在 A 股或境外主要证券交易所上市，优化上市办理服务，市、区级财政按照相关规定给予补贴。三是推动上市企业高质量发展。探索开展上市企业个性化融资服务，支持上市企业募投项目在京落地，完善上市企业股票质押风险处置机制，支持银行、证券、保险、资产管理等机构参与上市企业股票质押风险化解。打击编造、传播上市企业虚假信息或者误导性信息的行为，规范相关报道评论。

浙江省在2017年3月出台关于推进中小微企业“专精特新”发展的实施意见，支持中小微企业上市挂牌，鼓励上市公司对中小微企业开展并购重组。2022年出台关于大力培育促进“专精特新”中小企业高质量发展的若干意见，强调加强直接融资服务。包括推进企业上市“一件事”集成办理，鼓励地方政府对上市企业给予奖励；引导“专精特新”中小企业发行公司债、企业债和在银行间市场发债融资；支持企业围绕重点产业链开展并购重组；在浙江股权交易中心设立“专精特新”专板，为“专精特新”中小企业提供全面服务。

湖南省于2021年印发《湖南省专精特新“小巨人”企业培育计划（2021—2025）》，大力支持专精特新“小巨人”企业登陆主板、科创板、新三板、区域性股权市场等专业资本市场。

河北省在2018年11月印发《河北省支持中小企业融资若干措施》，鼓励中小企业挂牌上市融资，以“专精特新”中小企业和科技型中小企业为重点，动态调整挂牌上市后备企业资源库，加大上市考核力度，实施精准培育，分类对接多层次资本市场。2021年12月河北省民营经济领导小组印发《河北省促进中小企业“专精特新”发展若干措施》，推动直接融资。具体包括全面落实推动企业股改上市融资三年行动计划，支持企业利用多层次资本市场通过挂牌上市、增发、重组、发行公司债券等方式实现直接融资，对各类上市挂牌的企业提供相应的资金补贴。

山东省在2022年1月推出《山东省“专精特新”中小企业培育方案》，强调要加大上市培育力度，重点组织国家级专精特新“小巨人”企业对接北交所、科创板和创业板，省级“专精特新”中小企业对接“新三板”。

江苏省于2017年3月出台《关于加快发展先进制造业振兴实体经济若干政策措施的意见》，发展创投、天使等股权投资基金，推动专精特新“小巨人”企业在中小板、创业板、全国中小企业股份转让系统和省股权交易中心上市挂牌。

（二）上市培育机构

在上市培育方面，国内各层次的资本市场采取了与政策相吻合的扶持措施，助力专精特新企业上市融资。具体采取的措施由各类证券交易所推出，包括被称为“新三板”的全国中小企业股份转让系统，脱胎于“新三板”精选层的北京证券交易所，以及被称为“四板”的各地的区域性股权交易中心。

“新三板”协助专精特新企业进行股票融资和资产并购重组，并推出更高级别的“精选层”培育专精特新企业。所谓“新三板”，又被称为全国中小企业股份转让系统，是多层次资本市场体系的重要组成部分，是服务创新型、创业型、成长型中小企业的成长平台，在丰富市场层次结构、完善市场差异化安排、拓宽中小企业直接融资渠道方面做了大量开创性工作。新三板在培育专精特新“小巨人”方面作用突出：据统计，截至2021年8月，在783家专精特新“小巨人”挂牌公司及已摘牌的专精特新“小巨人”公司中，有524家曾在新三板发行普通股，累计融资454.68亿元；有132家在新三板单家融资额超过1亿元；有63家专精特新“小巨人”企业在新三板完成了73次并购重组，交易金额合计71.95亿元，其中7家被上市公司收购①。新三板融资和资产并购重组功能有效降低了专精特新“小巨人”企业资金缺口，为其实现创新发展突破提供助力，加速了“小巨人”成长。2020年7月27日，新三板精选层正式设立并开市交易。自精选层推出以来，新三板依托三个层次形成规范、培育、升级三大定位，其中精选层特有的转板上市制度更是为挂牌企业提供了直接上市的渠道，意图帮助“专精特新”中小企业实现融资和成长。三层次的市场结构、升降层机制以及精选层转板制度为挂牌企业提供了晋层基础，调整市场准入门槛和允许公募基金等长期资金直接投资精选层则提高了市场的流动性，两者共同盘活了整个新三板市场。

北京证券交易所升级“新三板”精选层，以更加具有针对性的制

① 数据来源：《中国证券报》。

度设计服务专精特新企业。北京证券交易所（以下简称“北交所”）于2021年9月3日成立，建立北交所的主要思路是：按照分步实施、循序渐进的原则，总体平移精选层各项基础制度，坚持北交所上市公司由创新层公司产生，维持新三板基础层、创新层与北交所“层层递进”的市场结构，同步试点证券发行注册制。因此从定位上来看，北交所由新三板精选层升级而来，与现有沪、深两大交易所和三大板块形成错位发展；从服务对象上来看，科创板主要服务于符合国家战略、突破关键核心技术、市场认可度高的科技创新企业，强调的是科技前沿领域，创业板则主要为具有较高成长性的中小企业服务，包含了所有行业。而北交所的服务对象比科创板更加宽泛，相对于创业板则更强调“专精特新”中小企业，拓展了创新型中小规模企业的广度。北交所在其制度设计上呈现四大亮点：一是组织形式上，北交所是首个公司制证券交易所，有效激励为上市公司提供更多服务；二是发行制度上，北交所实行试点注册制，上市标准四选一，将现有的精选层66家挂牌企业直接升级，后续企业要求为新三板挂牌满12个月的创新层公司，极大提升新三板的吸引力；三是交易机制上，保持T+1交易方式，设置30%涨、跌幅限制，个人投资者准入门槛为50万元；四是持续监管上，现金分红、减持规则、股权激励尊重新三板原有基础，体现对中小企业的包容性。

此外，北交所积极配合地方政府对专精特新企业给予支持。2021年10月12日，北交所、全国股转公司与北京市经济和信息化局（以下简称“北京市经信局”）、北京市地方金融监督管理局（以下简称

“北京市金融局”）、北京证监局联合举办北京市专精特新企业“走进北交所”系列培训服务活动启动会暨战略合作协议签署仪式。北交所、全国股转公司与北京市经信局，北交所、全国股转公司与北京市金融局签署战略合作协议。根据协议，北交所、全国股转公司将与北京市经信局建立定期会议、联合培训、调研走访、数据共享、宣传报道等机制，共同打造专精特新企业北交所上市工程、创新层晋层工程、全国股转系统挂牌工程和储备工程，推动北京市专精特新企业利用多层次资本市场实现高质量发展。

各地区域性股权交易中心推出“专精特新”专板，为本地的专精特新企业进行具有针对性的上市培育。区域性股权交易市场，俗称“四板市场”，是为特定区域内的企业提供股权、债券转让和融资服务的私募市场，也是我国多层次资本市场的重要组成部分。作为服务地方企业的区域性股权交易中心，在专精特新企业的培育工作上也更容易发挥作用。为专精特新企业开小灶、建立“专精特新”专板，便是重要的手段之一：据统计，截至 2022 年 5 月 24 日，全国已有 12 个股权交易中心的“专精特新”专板开板，累计挂牌 2139 家企业。此外，还有 18 个区域性股权交易中心正在筹建“专精特新”专板①。

① 数据来源：《直通北交所》。

表 6.1　　全国四板市场“专精特新”专板建设进度（一）①

序号	地区	四板名称	是否有专板	开板时间	挂牌企业数（个）
1	安徽	安徽省股权托管交易中心	是	2017	734
2	重庆	重庆股份转让中心	是	2019. 12. 20	53
3	河北	河北股权交易所	是	2019. 11. 14	106
4	江苏	江苏股权交易中心	是	2016. 12. 27	544
5	甘肃	甘肃股权交易中心	是	2021. 06. 29	6
6	青海	青海股权交易中心	是	2021. 12. 8	6
7	海南	海南股权交易中心	是	2021. 06. 11	101
8	山西	山西股权交易中心	是	2019. 11	35
9	广西	广西北部湾股权交易所	是	2022. 05. 12	46
10	广东深圳	深圳前海股权交易中心	是	2021. 11. 24	23
11	浙江宁波	宁波股权交易中心	是	2021. 11. 26	288
12	福建厦门	厦门两岸股权交易中心	是	2021. 11. 24	197

表 6.2　　全国四板市场“专精特新”专板建设进度（二）②

序号	地区	四板名称	是否有专板
1	北京	北京股权交易中心	筹建中
2	河南	中原股权交易中心	筹建中
3	四川、西藏	天府（四川）股权交易中心	筹建中
4	新疆	新疆股权交易中心	筹建中
5	黑龙江	哈尔滨股权交易中心	筹建中
6	广西	广西北部湾股权交易中心	筹建中
7	江西	江西联合股权交易中心	筹建中
8	内蒙古	内蒙古股权交易中心	筹建中
9	吉林	吉林股权交易所	筹建中

① 数据来源：《直通北交所》。

② 数据来源：《直通北交所》。

续表

序号	省份	四板名称	是否有专板
10	云南	云南省股权交易中心	筹建中
11	广东	广东股权交易中心	筹建中
12	福建	海峡股权交易中心	筹建中
13	浙江	浙江省股权交易中心	筹建中
14	天津	天津滨海柜台交易市场	筹建中
15	宁夏	宁夏股权托管交易中心	筹建中
16	辽宁	辽宁股权交易中心	筹建中
17	湖南	湖南股权交易所	筹建中
18	贵州	贵州股权交易中心	筹建中

（三）其他行动

除了以上几类支持措施外，各地的金融机构还与政府紧密合作，设立“专精特新”基金吸引社会资本扩大对专精特新企业的股权投资。2021 年，在中央和地方政府的政策支持下，股权投资市场对专精特新企业的关注度进一步提升，投资案例 1600 余起，总投资金额同比增长约 40%。[①] 在安徽省，中小企业（专精特新）发展基金发挥投早投小投创新的支撑作用。截至 2021 年年底，该基金已累计完成募资 122. 12 亿元，投资项目 226 个，带动了一批高端装备制造、新一代电子信息技术、新材料、生命健康等新兴产业的中小企业发展。重庆市依托重庆科创投集团等组建重庆市专精特新企业发展基金。北京则充分利用各级政府投资基金，重点支持“专精特新”中小企业发

① 数据来源：清科研究中心。

展，鼓励社会资本与政府投资基金开展合作。福建省在2021年11月与国家中小企业发展基金有限公司举办“专精特新”中小企业投融资对接活动，和有融资需求的专精特新企业进行深入沟通，为后续投融资合作奠定了基础。

另外，在相关政策的扶持下，VC/PE机构也竞相投资专精特新企业，给予其资金支持。截至2021年10月，达晨财智累计共有62家投资企业进入国家级“专精特新”名单，累计投资额超过25亿元，逾半数项目投资占比超过5%，累计已上市及上市预披露企业共16家；深创投已投专精特新企业105家；高瓴与无锡市锡山区人民政府签署战略合作协议，成立总规模约50亿元的高瓴创投二期人民币专项基金，投资、培育“专精特新”和“小巨人”企业[①]。

二 专精特新“小巨人”企业直接融资成效

（一）专精特新“小巨人”企业总体上市情况

截至2022年3月，专精特新“小巨人”中有351家企业在中国多层次资本市场上市，占总数的7.4%，具体包括A股主板与创业板的241家（包括北交所上市的16家）、科创板的110家（不包括正在受理上市的43家）。此外，有654家“小巨人”企业在新三板挂牌，

① 数据来源：《直通北交所》。

占总数的13.7%，新三板已经成为中国“专精特新”中小企业进行直接融资的重要平台。截至2021年年底，在北交所上市的81家企业中有16家（约20%）是专精特新“小巨人”企业。

表6.3　专精特新“小巨人”企业总体上市情况（2022年3月）①

<table>
<tr><th>资本市场</th><th>上市/挂牌数量（家）</th><th>占专精特新“小巨人”企业的比例（%）</th></tr>
<tr><td>A股主板</td><td rowspan="2">225</td><td rowspan="2">4.7</td></tr>
<tr><td>创业板</td></tr>
<tr><td>科创板</td><td>110</td><td>2.3</td></tr>
<tr><td>新三板</td><td>654</td><td>13.7</td></tr>
<tr><td>北交所</td><td>16</td><td>0.3</td></tr>
<tr><td>合计</td><td>1005</td><td>21.0</td></tr>
</table>

从注册资本看，专精特新“小巨人”的平均注册资本为1.1亿元，约四分之三（3554家）“小巨人”企业注册资本低于此平均值。九成以上“小巨人”企业注册资本平均分布于1000万—5000万元（占33.8%）、5000万—1亿元（占30.7%）、1亿—10亿元（占27.8%）三个区间，其余少数企业注册资本低于1000万元或超过10亿元②（见图6.1）。

图6.1　专精特新“小巨人”企业注册资本结构（2022年3月）③

① 数据来源：工业和信息化部赛迪研究院报告。

② 数据来源：工业和信息化部赛迪研究院报告。

③ 资料来源：工业和信息化部赛迪研究院报告。

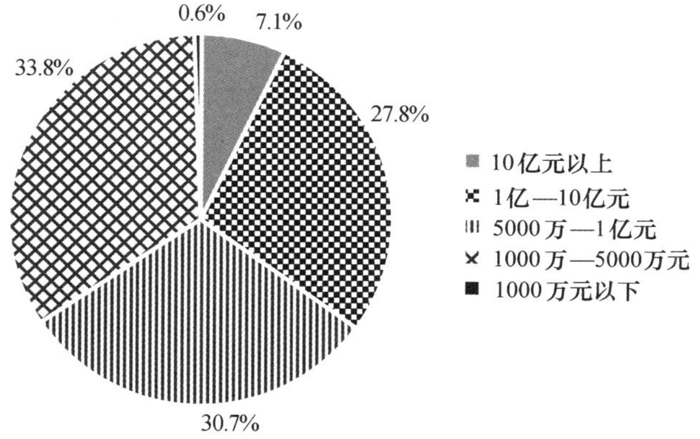

（二）专精特新“小巨人”企业在创业板的上市情况

截至2021年8月底，132家专精特新“小巨人”企业已在创业板上市，IPO融资金额合计570亿元。其中，创业板注册制下的新上市公司中包含了28家专精特新“小巨人”企业，IPO融资金额合计156亿元。在二级市场上，“小巨人”的价值获得了投资人的认可，被给予了较高的估值。截至2021年8月20日，创业板专精特新“小巨人”上市公司总市值达到10266.8亿元，平均市值77.78亿元。其中，市值在100亿元以内的上市公司105家，占比80%；市值在100亿—200亿元的15家，占比11%；市值在200亿元以上的12家，占比9%[①]。

专精特新“小巨人”企业登陆创业板市场后，积极利用再融资、

① 数据来源：工业和信息化部赛迪研究院报告。

并购重组、股权激励等资本工具，持续做优做强。再融资方面，截至2021年8月20日，创业板132家专精特新“小巨人”上市公司共实施57单再融资方案，累计募集资金305.86亿元，其中15单发行可转换债券，合计募集资金70.26亿元；41单向特定对象发行股份募集资金，合计募集资金230.67亿元；凯伦股份完成配股，募集资金4.94亿元。其中，通过“小额快速”机制募集资金1.76亿元，高效解决了资金需求。并购重组方面，截至2021年8月20日，创业板专精特新“小巨人”上市公司累计实施完成40单重大资产重组方案，涉及交易金额202.74亿元，有力支持实体经济发展。股权激励方面，创业板专精特新“小巨人”企业建立健全了长效激励约束机制，激发公司创新发展内生动力。截至2021年8月20日，创业板共有75家专精特新上市公司推出122单股权激励计划，涉及股份数量5.67亿股[①]。

（三）专精特新企业在北交所的上市情况

截至2022年4月29日，57家专精特新企业在北京证券交易所上市，占比超六成。其中，还有17家属于国家级专精特新“小巨人”企业。56家披露2021年财报的专精特新企业营收总计245亿元，平均营收超4亿元；归母净利润总计32亿元，平均净利润接近6000万

---

① 数据来源：《直通北交所》。

元。这些专精特新企业中，有 45 家营收增长，占比近 8 成。此外，还有许多专精特新企业正在积极推进其在北交所的上市：截至 2022 年 5 月 12 日，已获北交所受理、尚未上市的 51 家企业中（不含审核状态为“中止”“终止”的企业），有 26 家是专精特新企业，占比超一半。在这 26 家专精特新企业中，还有 11 家是国家级专精特新“小巨人”企业①。

三　专精特新企业直接融资事件：来自天眼查数据

（一）全国专精特新融资概况

1. 国家级专精特新“小巨人”企业融资事件主要发生在认证前

截止到 2022 年 6 月 30 日，前三批专精特新“小巨人”企业 4762 家，共有 2038 家（占比 42.8%）企业共发生 5963 起融资事件，认证前发生融资事件 5125 起，认证后发生融资事件 838 起。

① 数据来源：《直通北交所》。

表 6.4　　国家级专精特新“小巨人”认证前后企业融资事件数量　（单位：起）

批次	认证前融资事件数量	认证后融资事件数量	总融资事件数量
第一批	330	114	444
第二批	1911	379	2290
第三批	2884	345	3229
合计	5125	838	5963

资料来源：天眼查©研究院。

超过6%的企业在获得认证后得到首轮融资。截止到2022年6月30日，三批2038家专精特新“小巨人”获得融资的企业中，有124家企业在认证后发生首轮融资。

定向增发、A轮融资、IPO上市、战略融资等融资事件均主要发生在认证前，各类融资事件在认证前发生的比例分别为81.84%、92.21%、67.15%、91.45%。

表 6.5　　国家级专精特新“小巨人”认证前后融资轮次情况　（单位：起）

类型	认证前融资	认证后融资	各类型融资事件合计
定向增发	1226	272	1498
A 轮融资	639	54	693
IPO 上市	276	135	411
战略融资	588	55	643

资料来源：天眼查©研究院。

2. 融资次数在10次以上的企业一共有31家

融资次数排名第一的企业是北京亿华通科技股份有限公司，专注于氢燃料电池发动机研发及产业化；第二家是北京天智航医疗科技股份有限公司，专注于骨科手术机器人研发；第三家是天津久日新材料股份有限公司，专注于专业性光引发剂、单体、齐聚物、紫外吸收剂等光固化材料。

表6.6　专精特新“小巨人”典型企业融资情况　（单位：万元，年，次）

序号	企业名称	注册资本	所属行业	注册时间	融资次数
1	北京亿华通科技股份有限公司	7135.10	科学研究和技术服务业	2012	16
2	北京天智航医疗科技股份有限公司	41984.68	科学研究和技术服务业	2010	15
3	天津久日新材料股份有限公司	11122.68	制造业	1998	14
4	蓝箭航天空间科技股份有限公司	20000.30	科学研究和技术服务业	2015	14
5	深之蓝海洋科技股份有限公司	38008.93	科学研究和技术服务业	2013	13
6	北京佰才邦技术股份有限公司	13716.13	科学研究和技术服务业	2014	13
7	杭州华澜微电子股份有限公司	15000.00	科学研究和技术服务业	2011	12
8	北京智行者科技有限公司	1601.45	科学研究和技术服务业	2015	12

续表

序号	企业名称	注册资本	所属行业	注册时间	融资次数
9	北京华卓精科科技股份有限公司	24000.00	科学研究和技术服务业	2012	12
10	深兰科技（上海）有限公司	929.20	科学研究和技术服务业	2012	11
11	上海西井信息科技有限公司	1458.33	信息传输、软件和信息技术服务业	2015	11
12	上海冰鉴信息科技有限公司	9738.67	科学研究和技术服务业	2015	11
13	青岛海泰新光科技股份有限公司	8698.00	制造业	2003	11
14	科大国盾量子技术股份有限公司	8000.00	租赁和商务服务业	2009	11
15	观典防务技术股份有限公司	23751.00	科学研究和技术服务业	2004	11
16	翱捷科技股份有限公司	37647.08	科学研究和技术服务业	2015	11
17	长扬科技（北京）有限公司	8000.00	科技推广和应用服务业	2017	10
18	云知声智能科技股份有限公司	6357.34	科学研究和技术服务业	2012	10
19	云丁网络技术（北京）有限公司	1418.16	科技推广和应用服务业	2014	10
20	珠海欧比特宇航科技股份有限公司	70215.82	批发和零售业	2000	10
21	芯海科技（深圳）股份有限公司	10000.00	专业技术服务业	2003	10
22	苏州艾隆科技股份有限公司	7720.00	科学研究和技术服务业	2006	10
23	确成硅化学股份有限公司	41758.79	制造业	2003	10

续表

序号	企业名称	注册资本	所属行业	注册时间	融资次数
24	南京安元科技有限公司	5143.65	信息传输、软件和信息技术服务业	2003	10
25	南京贝迪新材料科技股份有限公司	7500.00	制造业	2008	10
26	湖北万润新能源科技股份有限公司	6391.14	制造业	2010	10
27	杭州长川科技股份有限公司	60432.87	科学研究和技术服务业	2008	10
28	广东凯金新能源科技股份有限公司	36693.89	批发和零售业	2012	10
29	北京云迹科技股份有限公司	6181.82	科学研究和技术服务业	2014	10
30	北京易点淘网络技术有限公司	1612.98	科学研究和技术服务业	2014	10
31	沧州四星玻璃股份有限公司	12316.00	制造业	2006	10

注：排序按照专精特新“小巨人”企业融资次数排序。

资料来源：工业和信息化部网站、天眼查©研究院。

3. 投资次数最多的5家投资机构占全部投资次数的25%

前五家投资机构投资事件数量合计505次，约占全部投资事件的25%，从前五家来看，国资2家、混合所有制1家、国外资本1家、民营资本1家，呈现出国资牵头、社会共同发力的投资局面。

在投资机构中，深圳市创新投资集团有限公司投资国家级专精特新“小巨人”的企业数量和轮次均为全国第一。深圳市创新投资集团有限公司（以下简称“深创投”），实控人为深圳市人民政府国有资产监督管理委员会。投资国家级专精特新“小巨人”企业共175次，投资企业108家。深创投投资轮次最多（5轮）的企业分别是厦门亿芯源半导体科技有限公司（集成电路）、上海商米科技集团股份有限公司（物联网）、南京安元科技有限公司（工业互联网）。

深圳市达晨创业投资有限公司（以下简称“达晨创投”），投资国家级专精特新“小巨人”的企业数量和轮次位列第二。达晨创投实控人为湖南省国有文化资产监督管理委员会。投资国家级专精特新“小巨人”共126次，投资企业52家。达晨创投投资轮次最多（8轮）的企业是杭州沈氏节能科技股份有限公司（碳达峰、碳中和）。

江苏毅达股权投资基金管理有限公司（以下简称“毅达资本”），投资国家级专精特新“小巨人”的企业数量和轮次位列第三。毅达资本实控人为自然人，该公司第二大股东是江苏高科技投资集团有限公司（江苏省人民政府控股），为混合所有制企业。毅达资本投资国家级专精特新“小巨人”共85次，投资企业62家。

红杉资本中国基金，投资国家级专精特新“小巨人”的企业数量和轮次位列第四。红杉资本中国基金投资国家级专精特新“小巨人”共61次，投资企业22家。

深圳市同创伟业创业投资有限公司（以下简称“同创伟业”），投资国家级专精特新“小巨人”的企业数量和轮次位列第五。同创伟业实控人为自然人，共投资国家级专精特新“小巨人”企业58次，投资企业37家。

专精特新“小巨人”作为中国“补链强链”、推动制造强国的重要举措，得到了国有资本、社会资本的大力支持，投资机构瞄准制造强国十大领域，紧跟战略性新兴产业发展方向，在碳达峰、碳中和、网络安全、生物医药及高性能医疗器械、集成电路、新能源汽车领域投资了大量优质企业。同时，可以明显看出，以地方产业投资基金为代表的产业资本在专精特新“小巨人”投资中发挥了中流砥柱的作用，成为专精特新企业发展中一条独特的风景线。

（二）2022 年第一季度融资统计

1. 2022 年第一季度融资概况

截至2022 年第一季度，国家级专精特新“小巨人”企业中共有92 家企业，发生 98 次融资事件。2021 年第四季度，共有 154 家企业，发生 166 次融资事件，融资企业数量 1 季度环比下降 40%，融资事件数量 1 季度环比下降 41%。2021 年第一季度，共有 182 家企业，发生 204 次融资事件，融资企业数量 2022 年第一季度同比下降 49.45%，融资事件数量 2022 年第一季度同比下降 51.96%。

2022 年第一季度定向增发融资 20 次，IPO 上市融资 17 次，股权融资 8 次。2021 年第四季度定向增发融资 41 次，IPO 上市融资 25 次，股权融资 8 次，2022 年第一季度环比分别下降 63.63%、32%、0。2021 年第一季度定向增发融资 55 次，IPO 上市融资 27 次，股权融资 49 次，2022 年第一季度同比分别下降 63.64%、37.04%、83.67%。

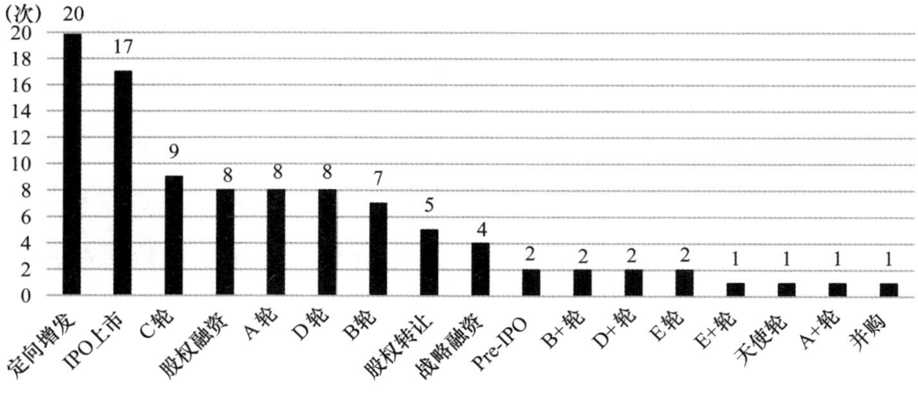

图 6.2　2022 年第一季度国家级专精特新“小巨人”融资情况

资料来源：天眼查©研究院。

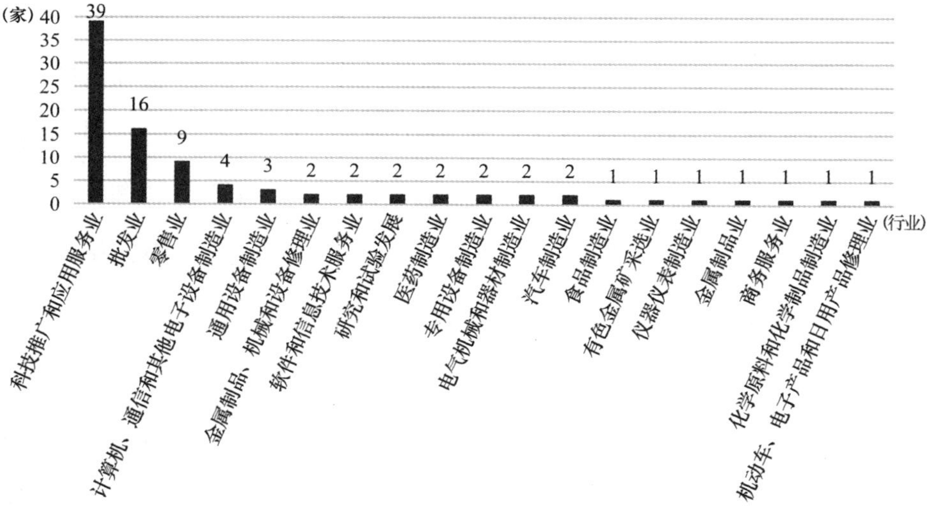

图 6.3　2022 年第一季度国家级专精特新“小巨人”融资行业分布

资料来源：天眼查©研究院。

2. 2022 年第一季度融资行业分布

2022 年第一季度，发生融资事件的企业主要集中在高科技行业，获得融资的 92 家企业中，分布在科技推广和应用服务业 39 家，占比 42%；批发业 16 家，占比 17%；计算机、通信和其他电子设备制造业 9 家，占比 10%。

3. 一线城市融资活跃度更高

2022 年第一季度，融资企业数量最多的是上海 17 家，其次北京 15 家，并列第三是广东省 9 家、山东省 9 家。北京、上海专精特新“小巨人”企业融资环境远好于其他省份。

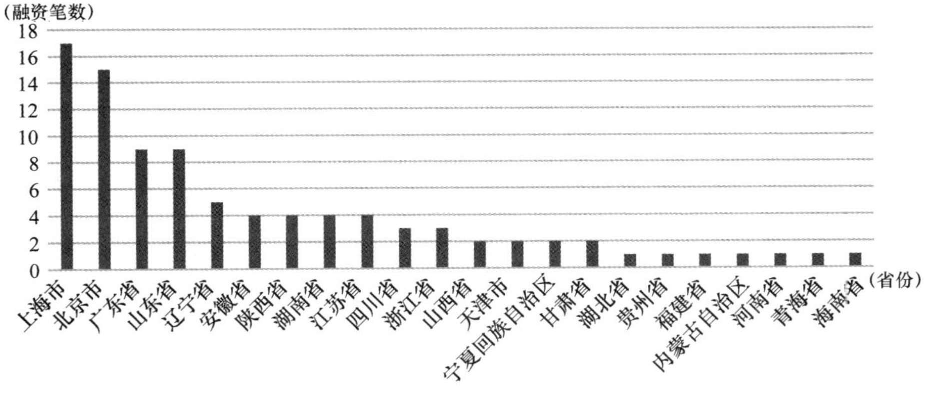

图 6.4　2022 年第一季度国家级专精特新“小巨人”融资区域分布

资料来源：天眼查©数据研究院。

4. 头部融资机构重点投资情况

从头部融资机构投资方向来看，截至 2022 年第一季度，受到头部资本重点投资的企业有深创投、毅达资本等领投的北京清能互联科技有限公司（B 轮，1 亿元），鼎晖资本领投的北京微步在线科技有限公司（E+轮，3亿元），软银愿景二号基金领投的上海傅利叶智能科技有限公司（D轮，4亿元），深创投领投的深圳市创芯微微电子有限公司（天使轮，数千万元），小鹏汽车、IDG资本、理想汽车、蔚来资本等领投的欣旺达电动汽车电池有限公司（战略融资，24.3亿元）。

北京清能互联科技有限公司专注于能源行业运筹优化及人工智能应用，主要在电力市场建设、电网调度优化、发电数字化及智能运营、能源互联网规划及运行优化、能源大数据分析预测等领域为客户提供战略咨询、核心算法、软件平台、云平台应用、信息挖掘与分析等产品及服务，是碳达峰、碳中和产业的重要支撑企业。

北京微步在线科技有限公司是新一代网络安全公司，提供专业的SaaS化解威胁检测产品与服务，推出基于流量和终端的“云+流量+端点”全方位威胁发现产品线，位于网络安全产业链的安全内容与威胁管理环节，是数字经济领域、网络强国的重要支撑企业。

上海傅利叶智能科技有限公司是一家以自主研发核心康复机器人技术为基础平台，为医疗机构及广大患者提供全球领先的智能康复综合性解决方案，是生物医药及高性能医疗器械领域的重要支撑企业。

深圳市创芯微微电子有限公司是一家专注于高精度、低功耗电池管理及高效率、高密度电源管理芯片研发和销售的集成电路设计公司，专注于电池管理和电源管理芯片开发，是新一代信息技术领域的重要支撑企业。

欣旺达电动汽车电池有限公司是欣旺达电子股份有限公司（股票代码：300207）的全资子公司。该公司致力于通过先进的锂电池集成技术，为中国乃至全球新能源车企提供电动汽车电池包解决方案，拥有了电动汽车电池包领域完整的研发、制造能力，拥有完全自主知识产权的电池管理系统（BMS），高度自动化电芯分选、模组成组和电池包装配全自动化生产线，是新能源汽车领域的重要支撑企业。

（三）2022 年第二季度融资统计

1. 2022 年第二季度融资概况

截止到 2022 年第二季度，国家级专精特新“小巨人”企业中共有 118 家企业，发生 124 起融资事件。2022 年第一季度，共有 92 家企业，发生 98 起融资事件，融资企业数量 2022 年第二季度环比增长 28.26%，融资事件数量 2022 年第二季度环比增长 26.53%。2021 年第二季度，共有 169 家企业，发生 182 起融资事件，融资企业数量 2022 年第二季度同比下降 30.18%，融资事件数量 2022 年第二季度同比下降 31.87%。

从融资类型看，国家级专精特新“小巨人”企业 2022 年第二季度定向增发融资 35 次，IPO 上市融资 21 次，A 轮 17 次，战略融资 5 次。2022 年第一季度定向增发融资 20 次，IPO 上市融资 17 次，A 轮 8 次，战略融资 4 次，2022 年第二季度分别环比增长 75.00%、23.53%、112.50%、25.00%。2021 年第二季度定向增发融资 51 次，IPO 上市融资 25 次，A 轮 16 次，战略融资 8 次，2022 年第二季度分别同比增长 -31.37%、-16.00%、6.25%、-37.50%。

截止到 2022 年第二季度，全国企业中共有 1399 家企业，发生

3132 起融资事件。2022 年第一季度，共有 2089 家企业，发生 4286 起融资事件，融资企业数量 2022 年第二季度环比下降 33.03%，融资事件数量 2022 年第二季度环比下降 26.92%。2021 年第二季度，共有 5801 家企业，发生 5805 起融资事件，2022 年第二季度融资企业数量同比下降 75.88%，融资事件数量同比下降 46.05%。

从融资类型看，全国企业 2022 年第二季度定向增发融资 265 次，IPO 上市融资 96 次，A 轮 661 次，战略融资 207 次。2022 年第一季度定向增发融资 629 次，IPO 上市融资 52 次，A 轮 925 次，战略融资 160 次，2022 年第二季度分别环比增长 -57.87%、84.62%、-28.54%、29.38%。2021 年第二季度定向增发融资 519 次，IPO 上市融资 99 次，A 轮 494 次，战略融资 295 次，2022 年第二季度分别同比增长 -48.94%、-3.03%、33.81%、-29.83%。

表 6.7　国家级专精特新“小巨人”和全国 2022 年第二季度融资变化趋势　（单位：%）

指标类型	国家级专精特新“小巨人”环比增长率	全国企业环比增长率	国家级专精特新“小巨人”同比增长率	全国企业同比增长率
融资企业数量	28.26	-33.03	-30.18	-75.88
融资事件数量	26.53	-26.92	-31.87	-46.05
定向增发	75.00	-57.87	-31.37	-48.94
IPO 上市	23.53	84.62	-16.00	-3.03
A 轮	112.50	-28.54	6.25	33.81
战略融资	25.00	29.38	-37.50	-29.83

资料来源：天眼查©研究院。

国家级专精特新“小巨人”企业和普通企业相比，在2022年第二季度表现出更高的活力和资本关注度，率先开始复苏，与2021年第二季度同期相比，表现出了更高的抗压韧性。

2. 2022年第二季度融资行业分布

2022年第二季度，发生融资事件的企业主要集中在高科技行业，获得融资的118家企业，其中，分布在科技推广和应用服务业27家，占比23%；研究和试验发展17家，占比14%；批发业14家，占比12%。

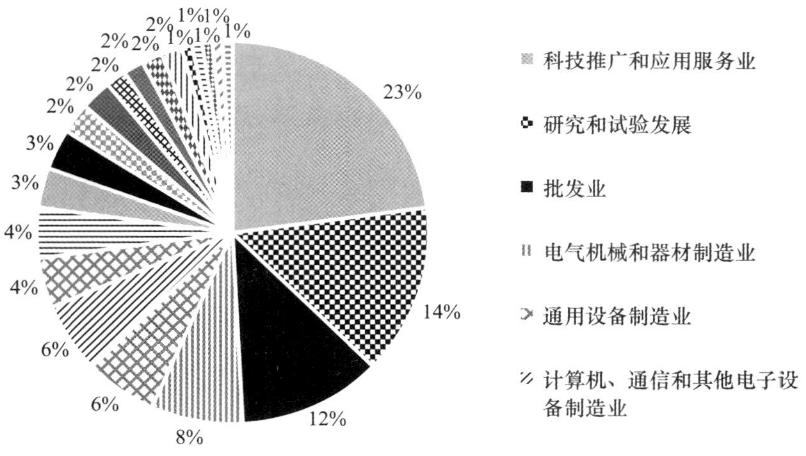

图6.5　2022年第二季度国家级专精特新“小巨人”融资行业分布

资料来源：天眼查©研究院。

3. 2022 年第二季度融资区域分布

2022 年第二季度，融资企业数量最多的是广东省 21 家，第二是北京市 20 家，第三是浙江省 14 家，第四是江苏省 10 家。上海市第二季度融资 4 家，受新冠疫情冲击，较 1 季度 17 家大幅下降，排名由第 1 位降到第 8 位。

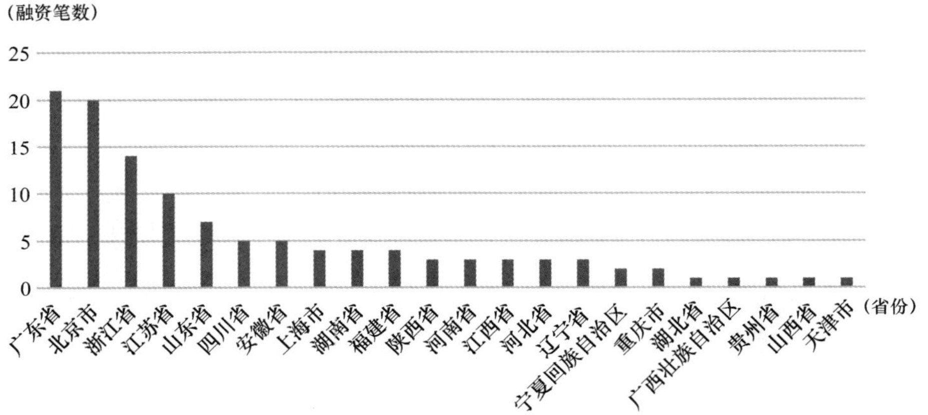

图 6.6　2022 年第二季度国家级专精特新“小巨人”融资区域分布

资料来源：天眼查©研究院。

4. 头部融资机构重点投资情况

从国家级产业基金和头部融资机构投资方向看，受到重点关注的企业有国家制造业转型升级基金投资的三家企业，北京威努特技术有限公司（E 轮，超 10 亿元），凌云光技术股份有限公司（战略融资，2 亿元），科德数控股份有限公司（定向增发，1.6 亿元），鼎辉领投的鑫精合激光科技发展（北京）有限公司（Pre－IPO，近5亿元），复星领投的北京天地和兴科技有限公司（D轮，近7亿元），深创投领投的深圳库博能源科技有限公司（未披露，B轮）。

北京威努特技术有限公司是国内首家成立的工控安全厂商，公司自主研发了符合工控系统安全特点的五大类31款网络安全产品，覆盖电力、轨道交通、石油石化、市政、智能制造等多个国家关键信息基础设施重要行业，迄今为4000多家客户提供了全生命周期解决方案及专业化安全服务。据第三方权威数据显示，威努特迄今连续五年市场占有率稳居工控安全行业第一，且实现了现金流盈利。该公司是数字经济领域、网络强国的重要企业。

凌云光技术股份有限公司以光技术创新为基础，围绕机器视觉与光纤光学开展业务，公司战略聚焦机器视觉业务，坚持“为机器植入眼睛和大脑”，为客户提供可配置视觉系统、智能视觉装备与核心视觉器件等高端产品与解决方案。该公司是数字经济领域的重要企业。

科德数控股份有限公司是大连光洋科技集团有限公司的控股子公司，是中国本土专业化高档数控系统和关键功能部件的完整产业制造商，是国内制造类企业中实现“机床和控制、反馈装置及电机一体化”的知名供应商。公司生产的主要产品是高档数控机床等产品。该公司是高档数控机床和机器人领域的重要企业。

鑫精合激光科技发展（北京）有限公司是以智能3D智造为依托，面向航天航空、航海核电等高端制造领域，是专业从事复杂金属构件定制化产品制造、产品设计与优化、软件定制开发与销售、技术咨询与服务；产品再制作与修复；3D 打印设备制造与销售的国家级高新技术企业。该公司是航天航空装备领域的重要企业。

北京天地和兴科技有限公司成立于 2007 年，是国内专业从事工业网络安全的领军企业。该公司打造“天塀”“地盾”“和睿”“兴邦”四大产品系列，覆盖检测评估、防护隔离、审计分析、平台管理等全域工业网络安全需求，具备安全风险管理、渗透测试、攻防演练、安全培训、安全测评、应急响应等全方位的工业网络安全服务能力，已成为关键信息基础设施行业网络安全体系化建设的主要赋能方。2022 年，天地和兴顺利通过 IEC62443 国际工业安全标准认证，成为国内首家获得该项国际认证的工业网络安全企业。该公司是数字经济领域体现网络强国的重要企业。

深圳库博能源科技有限公司是一家在电力数据领域的能源互联网科技公司。公司专注于“工商业客户电力运营数据服务、分布式储能、需求侧响应、虚拟电厂”四大业务单元的运行与研究。目前已经为 1500 多家不同行业客户提供能源协同解决方案，合计构造超 100mWh 分布式储能系统。该公司是碳达峰、碳中和技术领域的重要企业。

5. 小结

专精特新“小巨人”在 2022 年第二季度融资承压，但表现出了极强的韧性，部分企业进一步加强融资，提高自身抗压性。国家级产业资金也积极加大投资力度，大力支持专精特新“小巨人”发展。从区域看，上海市受新冠疫情冲击较大，2022 年第二季度投资数量大幅下降；北京保持稳定；广东省加大投资力度，上升迅猛。从行业看，2022 年第二季度数字经济领域依然是投资机构的重点，更将重点聚焦到工业网络安全等领域。

四　专精特新企业直接融资中存在的问题及对策

根据相关统计结果显示，目前专精特新企业获得的早期融资支持还不足，需要政府出台相关扶持政策发力。首先，总体上来说专精特新企业获得的股权融资比较有限。据统计，在公示的共三批国家级专精特新“小巨人”企业中有 2014 家曾获得股权融资，占比为 42.29%。从投资机构端来看，投资超过 10 家国家级专精特新“小巨人”的投资机构仅有 99 家，投资数量最多的前 20 家多是以管理人民币基金为主的基金管理团队，多达 3617 家机构仅投资了 1 家国家级专精特新“小巨人”企业。此外，PE/VC 机构投资专精特新企业以成长期为主，早期投资数量较少。获得过股权融资的国家级专精特新“小巨人”企业从企业成立到获得首轮投资的平均时间为 8.36 年，中位时间为 7.69 年，仅有 11.82% 的企业在成立后一年内获得首轮投资[①]。不同于典型的互联网和商业模式创新企业，专精特新企业的成长周期普遍比较长，要求资本更要有耐心，更要具备长期投资的心态，也需要一定的政策激励。

早期投资不足和后期上市比例不高有关。统计显示目前各板块上市专精特新企业占比刚超过1/5，比例有待提高，上市规则有待进一步放宽，向注册制发展。

同时，政策在支持直接融资过程中也要避免资本服务机构对“专精特新”中小企业盲目做大估值产值。在科创板、新三板等上市过程中，引导服务机构注重对企业的技术创新和科创属性的考察。除了专精特新企业上市率，应重点关注上市给企业带来的资金支持效果，避免为了提高上市率而上市。

① 数据来源：LP智库报告。

第七章

专精特新企业人才队伍建设分析

一　专精特新企业发展概述

（一）“专精特新”是企业实现高质量发展的必由之路

习近平总书记高度重视中小企业发展，强调中小企业能办大事，要培育一批“专精特新”中小企业。2021 年 7 月，中央政治局会议再次做出加快“专精特新”中小企业发展的明确部署。2022 年 3 月 5 日，时任国务院总理李克强在向第十三届全国人民代表大会第五次会议所作的《政府工作报告》中指出，着力培育专精特新企业，在资金、人才、孵化平台搭建等方面给予大力支持，以此“增强制造业核心竞争力”，为培育更多“专精特新”中小企业指明了发展方向。这是“专精特新”首次被写入政府工作报告，让已经成为政策、产业、资本热词的“专精特新”再度升温。

1. 中小企业亟须寻新路、拓新局

中共中央、国务院高度重视中小企业发展。近年来，习近平总书

记做出了一系列重要指示批示，习近平总书记2020年考察浙江时指出中国中小企业有灵气、有活力，善于迎难而上、自强不息，在中国经济发展中，起着不可替代的重要作用。作为构成市场经济主体中数量最大、最具活力的群体，中小企业贡献了中国50%以上的税收，60%以上的GDP，70%以上的创新，80%以上的就业，占企业总数的90%以上，并容纳90%以上的新增就业。就业是经济的“晴雨表”，更是社会的“稳定器”，而中小企业是吸纳就业的主力军，实现更加充分更高质量的就业已成为推进经济发展、共同富裕的重要基础，维持社会稳定的重要支撑。立足新发展阶段，中小企业需要直面遇到的困难挑战，寻求新的发展路径，坚定不移地把“创新、协调、绿色、开放、共享”的新发展理念贯穿到中小企业发展的全过程，切实转变中小企业发展方式、转换发展动能，形成“十四五”乃至更长时期的发展思路和方向，要以改革创新应对变局、开拓新局。

2. “专精特新”是提升企业核心竞争力的关键

面对当前复杂严峻的经济形势和中国发展阶段、环境、条件的变化，习近平总书记指出，要推动形成以国内大循环为主体、国内国际双循环相互促进的新发展格局。双循环首先是国内循环，在第一产业、第二产业、第三产业通过数字经济循环，到信息循环，到物流循环，到生产能力的循环，再结合国际循环，就能找准今后民营企业发展的目标。当前市场竞争首先是科技竞争，科技竞争依然是未来竞争的核心，关键在于提升企业核心竞争力。而“专精特新”中小企业专注于产业链细分环节，聚焦核心主业，创新能力、创新活力和抗风险能力较强，是提高产业链、供应链稳定性和竞争力的坚实保障。其使命在于推动制造业国内大循环，在确保产业链、供应链稳定的前提下，逐步向全球产业链前端和价值链高端转型，深度融入国内国际双循环，为构建新发展格局注入源源不断的新动力。

高质量发展是企业生存和发展的必经之路，是提升企业核心竞争力，久立于不败之地的关键。“专精特新”中小企业是引领创新的排头兵、解决制造业“卡脖子”问题的主攻手，是战风斗浪的压舱石、稳步发展的生力军。专精特新发展是实现企业转型升级的重要抓手、优化产业生态的必然要求、增强经济韧性的强大保障。支持中小企业加快专精特新发展就是构筑“稳”的基础，形成“进”的着力点，是企业实现高质量发展的必由之路。

（二）专精特新企业发展呈现的优质特征

1. 围绕重点产业领域

（1）4762 家“小巨人”企业的行业分布情况

从产业门类看，专精特新“小巨人”企业超六成属于工业基础领域、超八成属于战略性新兴产业及相关服务业，行业分布较为集中，是保障产业链、供应链稳定的重要支撑。根据赛迪产业大脑统计，新一代信息技术、新材料、高端装备制造、生物产业和节能环保专精特新“小巨人”占比位列前五，分别为 20.9%、16.4%、15.0%、

11.7%和8.9%（见表7.1）。从行业细分看，专精特新“小巨人”企业主要分布在电子核心产业、智能制造装备、高效节能、先进石化化工新材料和先进无机非金属材料等领域，在战略性新兴产业中的占比分别为15.3%、14.2%、6.0%、5.9%和5.5%。

表7.1　专精特新“小巨人”企业的产业分布占比　（单位：%）

产业领域＼时间	2019年	2020年	2021年	2019—2021年合计
新一代信息技术	16.7	20.0	21.7	20.9
新材料	16.0	16.8	16.2	16.4
高端装备制造	17.0	12.9	16.0	15.0
生物产业	16.3	13.2	10.5	11.7
节能环保	10.9	9.0	8.7	8.9
新能源汽车	1.3	1.7	5.7	4.1
新能源	0.6	2.7	3.0	2.8
数字创意	0.6	1.0	0.5	0.7
战新相关服务业	0.0	0.4	0.7	0.5
其他产业	20.5	22.4	17.0	19.0

资料来源：赛迪产业大脑，2022.04。

（2）A股“小巨人”企业分布情况

截至2021年年底，4762家专精特新“小巨人”企业中，在A股上市的有300余家，近两年平均营业收入增速和平均净利润增速超过25%，是全部上市公司均值的2倍左右，可以看到“小巨人”企业发展的质量。2021 年 11 月 15 日北京证券交易所开市，81 家首批上市企业中，有 16 家为“小巨人”企业，50% 以上是“专精特新”中小企业。

从行业分布看，上市公司主要集中于高端装备制造、新材料、新一代信息技术、新能源等中高端制造领域。排名前五行业共计 222 家，占比 71.38%，分别是：机械设备 82 家、化工行业 48 家、医药生物 37 家、电子行业 32 家、电气设备 23 家。

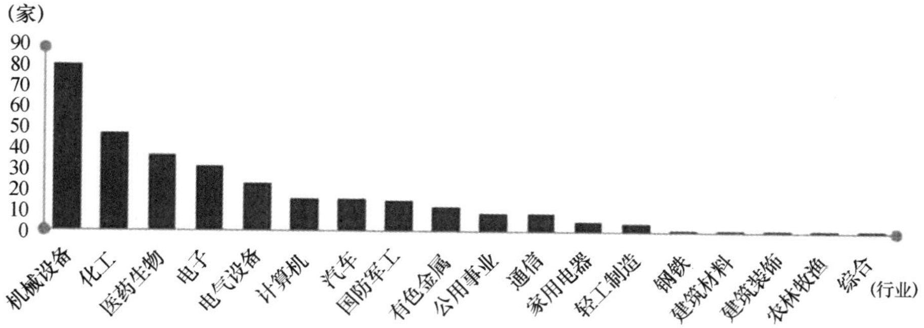

图 7.1　专精特新“小巨人”A 股公司行业分布

从板块分布看，300 多家“专精特新”上市公司聚集于“双创”板块，主板、创业板、科创板分别有 88 家、133 家、90 家（见图 7.2）。可以看出，专精特新“小巨人”企业在资本市场获利的能力较强。

2. 呈现“56789”新特征

2021 年 11 月 23 日，时任工业和信息化部副部长徐晓兰在国务院政策例行吹风会上指出，从 4762 家专精特新“小巨人”企业的发展

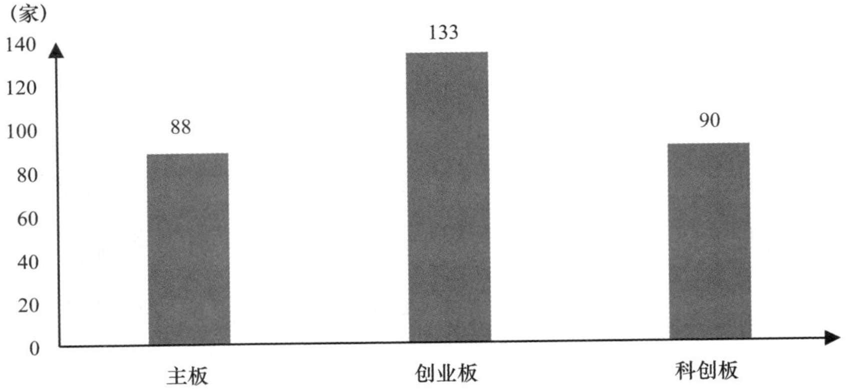

图7.2 专精特新“小巨人”A股公司板块分布

来看，呈现出“56789”的新特征：超五成研发投入在1000万元以上，超六成属于工业基础领域，超七成深耕行业10年以上，超八成居本省细分市场首位，平均研发强度超7%、平均拥有有效专利超50项，九成集中在制造业领域，涌现出一批“补短板”“填空白”的企业。可见，专精特新“小巨人”企业聚焦主业、做精实业，持续性创新投入大、前沿领域自主创新成果多，与产业链上下游配套能力强，是制造强国最具活力的“动力细胞”，已成为制造强国建设的重要支撑力量。

3. “创新型”特点的“新”

（1）发明专利

①拥有的发明专利数量、申请情况

创新是专精特新的灵魂，根据智慧芽数据分析，截至2021年年底，中国“小巨人”企业共申请专利48.18万件。从专利类型来看，软件著作权量为5.56万件；发明专利保护全新且独立的技术，可表征“小巨人”企业技术创新实力，为6.57万件，占比13.6%，此类“硬实力”专利占全国发明专利总量的2.1%，占全国企业总量的3.4%，可见“小巨人”企业极其重视技术研发创新，重点追求在细分领域或产业关键环节的“一枝独秀”。

从区域分布看，主要分布在广东、浙江、江苏、山东和上海。广东“小巨人”企业有效发明专利数量及申请专利总量均居全国榜首；江苏、山东、上海整体优势明显；浙江申请专利总量虽跻身前五，但发明专利数量明显落后广东省和江苏省（见图7.3）。

②围绕战略性新兴产业

战略性新兴产业是专精特新的重要领域之一，从战略性新兴产业的分布领域来看，新一代信息技术产业、高端装备制造业、新材料产业的有效发明专利量分布最多，均在1万件以上，占发明专利数量的59.5%。新能源汽车、新能源以及数字创意产业发明专利数量偏低，总占比不足5%。从技术实力看，通过在A股上市企业中，筛选出与专精特新“小巨人”上市企业要素相似的企业进行对比，专精特新“小巨人”上市企业平均授权专利增速呈现波动增长趋势，且从2019年开始，增速已超越其他制造业上市企业。

（2）研发强度

工业和信息化部数据显示，“小巨人”企业的研发人员占比基本达到25%，平均研发强度超过了7%。国家统计局数据显示，2020年

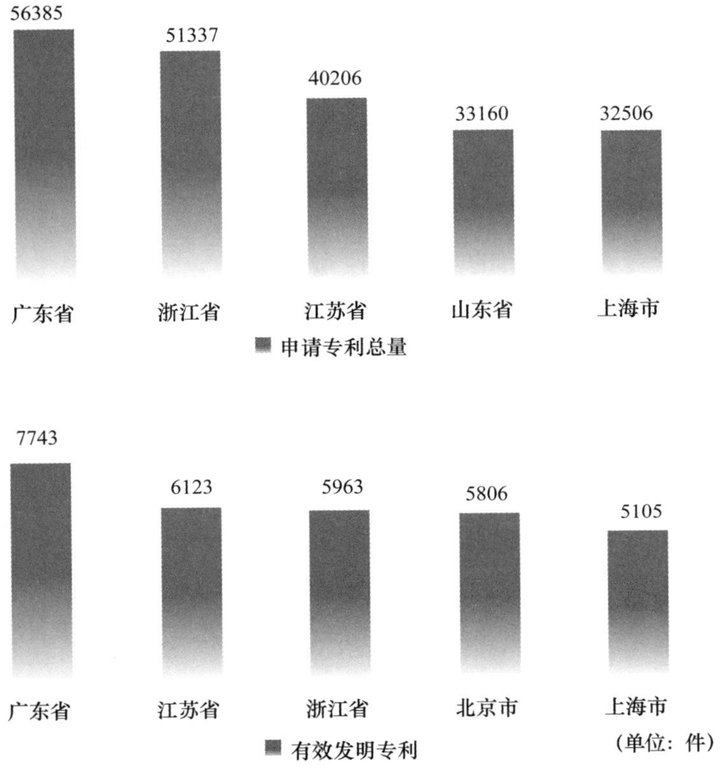

图7.3　专利申请前五的省市

规上工业企业研发强度为1.41%。全国工商联数据显示，全国研发投入前1000家民营企业2020年研发投入强度为2.57%。从以上数据对比可知，“小巨人”企业研发投入远超行业平均水平，企业创新能力强劲。“小巨人”企业平均专利数超过50项，共设立国家级研发中心312家，院士工作站500余个，省级技术中心、工程中心、研究院近5000个，已经成为中小企业创新发展的“排头兵”“领头雁”。2021

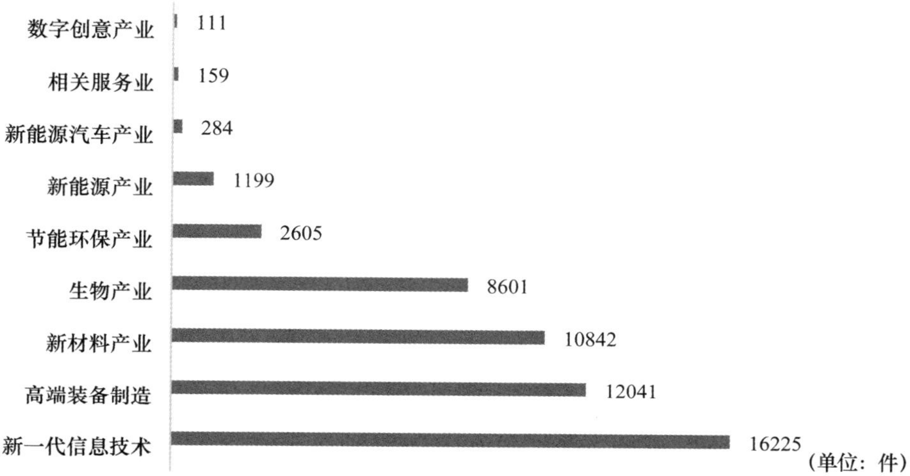

图 7.4　前第三批“小巨人”企业有效发明专利产业分布

年 11 月，14 家“小巨人”企业参与申报的 13 个项目获得了 2020 年度国家科学技术奖，可以说“小巨人”企业支撑了创新的大格局。

（3）主持或参与制（修）订的国家标准、行业标准、团体标准情况

专精特新“小巨人”企业在高价值专利——发明专利上有良好的表现，同时积极参与国家标准制（修）订，兼具创新的硬实力与软实力。截至 2021 年 8 月，专精特新“小巨人”企业参与制（修）订标准 9511 个，其中国家级标准 4442 个、行业标准 1175 个、团体标准 3218 个、地方标准 175 个、企业标准 501 个。

4. 地域特征——经济大省支柱产业是专精特新的孕育沃土

专精特新“小巨人”企业呈现齐头迸发之势，基本实现全国覆盖。其中，东部地区企业数量超过半数，达到2626家，占比55.14%；中部地区1084家，占比22.76%；西部地区771家，占比16.19%；东北地区281家，占比5.90%，与全国制造业企业区域分布规律基本保持一致。“小巨人”企业全国分布与经济总量全国分布相似，约四成企业集中在头部五省（自治区、直辖市）。

从各省（自治区、直辖市）的优势产业领域看，专精特新“小巨人”企业的产业领域分布呈现较高的区域集中性，多个产业领域的头部五省（自治区、直辖市）占比约四成，个别产业甚至接近八成。根据赛迪产业大脑统计，新能源汽车、新一代信息技术、高端装备制造、生物产业、新能源的头部五省（自治区、直辖市）占比分别为48.6%、44.8%、41.3%、40.5%、39.6%，而数字创意产业头部五省（自治区、直辖市）比重高达67.5%。浙江和广东优势明显，是在八大产业领域均入围前五的两个省份。其中，浙江新能源汽车、高端装备和节能环保制造的“小巨人”企业数量位列全国第一，占比分别为11.6%、9.8%和8.7%；生物产业和新能源的“小巨人”企业数量全国排名第二，占比分别为8.5%和8.3%。广东新一代信息技术的“小巨人”企业数量全国排名第一，占比15.5%；数字创意、新能源汽车、新材料和节能环保的“小巨人”企业数量全国排名第二，占比分别为15.0%、11.2%、7.3%和8.3%。

（三）人才是实现高质量发展的根本动力

党的十九大报告指出，人才是实现民族振兴、赢得国际竞争主动的战略资源。2018 年 3 月，习近平总书记出席第十三届全国人民代表大会一次会议广东代表团审议时指出，“要坚持发展是第一要务、人才是第一资源、创新是第一动力”（习近平，2020）。从党的十九大报告的“战略资源”到“第一资源”，说明人才是撬动所有资源的首要资源，也是最为重要的决定性资源，强起来要靠创新，创新要靠人才。2021 年 9 月 27 日至 28 日，习近平总书记在中央人才工作会议上指出，聚天下英才而用之，要发挥企业在人才培养、引进、使用中的积极作用。2022 年 4 月 29 日中央政治局召开会议，审议了《国家“十四五”期间人才发展规划》，牢固确立了人才引领发展的战略地位，全方位培养、引进、用好人才。

1. 人才是根本动力

推动高质量发展，需要切实提升发展的质量、效率和动力，努力实现“三大变革”，是“十四五”时期实现高质量发展的必然要求。企业作为质量变革的主体，紧扣生产的全链条、全阶段、全领域的质量创新，增强技术创新水平和资源配置效率，带动行业以及全社会全要素生产率的提升。效率变革是提升中国经济竞争力的关键和实现高质量发展的支撑。市场竞争，归根结底是投入产出的竞争、效率高低的竞争。要以创新为驱动力，以技术赋能、管理升级填平低效率“洼地”，实现提质增效，逐步提高制造业的吸引力、竞争力。

动力变革是在劳动力数量和成本优势逐步减弱后，加快劳动力数量红利到质量红利的转换，也就是说，人才是实现高质量发展的最根本动力。十三届全国政协经济委员会副主任刘世锦指出，要“全面提高教育质量，提高经济社会发展各个层面劳动者的素质”，“培养和造就一大批具有国际水平的战略科技人才、科技领军人才、青年科技人才和高水平创新团队”。在中国传统动力减弱的背景下重新培植经济发展新动力新优势，将传统要素驱动力转变为创新驱动力。

2. 专精特新及人才相关政策

2021 年 7 月，中共中央政治局会议做出加快“专精特新”中小企业发展的明确部署，并将之与“补链强链”“卡脖子”联系到一起，给予前所未有的重视。由此可见，国家发展“专精特新”中小企业的决心之大、力度之强。

2021 年 11 月，国家围绕中小企业和“专精特新”发展密集出台一系列政策，再次将中小企业“专精特新”培育推向高潮。11 月 10 日，国务院办公厅发布《关于进一步加大对中小企业纾困帮扶力度的通知》，紧接着国务院促进中小企业发展工作领导小组办公室印发《为“专精特新”中小企业办实事清单》《提升中小企业竞争力若干措施》，12 月 17 日，工业和信息化部会同国家发展和改革委员会、科学技术部、财政部等十九部门联合发布《“十四五”促进中小企业发展规划》，为“专精特新”中小企业发展壮大凝心聚力、蓄势添能。

2022 年 5 月 16 日，工业和信息化部、国家发展和改革委员会、科学技术部、财政部、全国工商联、国家知识产权局等十一部门联合印发《关于开展“携手行动”促进大中小企业融通创新（2022—2025 年）的通知》，明确通过部门联动、上下推动、市场带动，促进大中小企业创新链、产业链、供应链、数据链、资金链、服务链、人才链全面融通，在人才链方面，将在人才培养引进、人才共享共用、人才队伍融通、创新能力提升方面着手，推动大企业打造专业化开放共享培训平台，加强对产业链中小企业人才培养。

以上政策文件聚焦中小企业发展痛点、难点问题，针对性地提出可落地可操作的解决举措，其中，人才是影响专精特新企业创新能力发展的第一要素，创新呼唤人才，创新需要人才。关于人才的政策内容如下。

表 7.2　　　　有关“专精特新”重点政策人才部分的解读

序号	发布时间	发布部门	政策名称	人才相关内容
1	2021 年 11 月 10 日	国务院办公厅	《关于进一步加大对中小企业纾困帮扶力度的通知》	支持企业稳岗扩岗。落实失业保险稳岗返还及社保补贴、培训补贴等减负稳岗扩就业政策，支持中小企业稳定岗位，更多吸纳高校毕业生等重点群体就业。推动各级政府公共服务平台、人力资源服务机构为中小企业发布实时有效的岗位信息，加强用工供需信息对接

续表

序号	发布时间	发布部门	政策名称	人才相关内容
2	2021 年 11 月 19 日	国务院促进中小企业发展工作领导小组办公室	《为“专精特新”中小企业办实事清单》	七、加强人才智力支持 （二十一）组织“专精特新”中小企业人才培训，到 2022 年底，培训经营管理人才不少于 2 万名，对“小巨人”企业实现培训服务全覆盖。中德中小企业经营管理人员培训向“小巨人”企业倾斜。 （二十二）梳理“专精特新”中小企业人才需求，推动各地建设一批工程师协同创新中心，为企业搭建高层次人才供给通道，在国家人才计划中对“小巨人”企业予以倾斜
3	2021 年 11 月 19 日	国务院促进中小企业发展工作领导小组办公室	《提升中小企业竞争力若干措施》	十、提升人才队伍素质 （二十九）培育企业家队伍。加强对企业家的培养、激励和保护，大力弘扬企业家精神。建立健全企业家参与涉企政策制定机制，对推进缓慢的地方进行督促。开展中小企业经营管理领军人才培训和“企业微课”在线培训，通过在线直播课和慕课等录播课形式“送政策、送技术、送管理”。 （三十）优化职称评审机制。建立中小企业职称申报兜底机制，为中小企业专业技术人员职称评定提供绿色通道，支持有条件的地方对中小企业专业技术人才实行单独分组、单独评审，或组织开展中小企业专项评审

续表

序号	发布时间	发布部门	政策名称	人才相关内容
3	2021 年 11 月 19 日	国务院促进中小企业发展工作领导小组办公室	《提升中小企业竞争力若干措施》	（三十一）促进人才供需对接。开展全国中小企业网上百日招聘高校毕业生、金秋招聘月等活动，通过网络、现场、入校等线上线下各类招聘形式，加强中小企业人才对接，提供优质高效的流动人员人事档案管理服务
4	2021 年 12 月 17 日	工业和信息化部会同国家发展和改革委员会、科学技术部、财政部、商务部、海关总署、国家税务总局等十九部门	《“十四五”促进中小企业发展规划》	加强中小企业人才培养。建设优秀经营管理人才队伍，搭建各类企业家学习交流平台，开展中小企业经营管理领军人才培训，加强国际人才交流，提升企业家在制定企业战略、完善治理机制、把握创新方向、融资引智等方面的能力；注重年青一代企业家的培养，引导企业家健康成长和企业代际稳健传承。优化“企业微课”线上培训平台，完善课程体系，丰富教学内容，提高课程质量。提高专业技术人才的综合素质、专业水平和创新能力，壮大高水平工程师和高技能人才队伍，培育一批在市场中成长起来的、具有较强竞争力的青年科技人才和创新团队。支持企业自主开展人才评价、岗位技能提升和转岗转业培训；全面推行企业新型学徒制培训，形成新时期中国特色“师带徒”机制。健全技术人才和技能人才培养、使用、评价、激励制度，扩大中小企业高质量就业容量。完善中小企业创新人才引进制度，

续表

序号	发布时间	发布部门	政策名称	人才相关内容
4	2021 年 12 月 17 日	工业和信息化部会同国家发展和改革委员会、科学技术部、财政部、商务部、海关总署、国家税务总局等十九部门	《“十四五”促进中小企业发展规划》	健全引进人才服务机制和配套措施。推动高校、科研院所等事业单位科研人员通过挂职、项目合作、兼职创新等模式与中小企业开展合作。探索研究型企事业单位与创新型中小企业之间的人才柔性流动机制
5	2022 年 5 月 16 日	工业和信息化部、国家发展和改革委员会、科学技术部、财政部等十一部门	《关于开展“携手行动”促进大中小企业融通创新（2022—2025 年）的通知》	（七）以队伍建设为抓手，提升大中小企业人才链 1. 加强人才培养引进。实施专项人才计划，选拔一批创新企业家、先进制造技术人才和先进基础工艺人才。加大海外高层次人才引进力度，支持产业链上下游企业培养、吸引和留住骨干人才。组织实施制造业技能强基工程，健全制造业技能人才培养、评价、使用、激励制度，建设一支数量充足、结构合理、技艺精湛的制造业技能人才队伍。（工业和信息化部、人力资源社会保障部、国资委负责） 2. 推动人才共享共用。推动大企业自建或联合社会力量建立人才学院、网络学习平台、公共实训基地等，打造专业化开放共享培训平台，加强对产业链中小企业人

续表

序号	发布时间	发布部门	政策名称	人才相关内容
5	2022年5月16日	工业和信息化部、国家发展和改革委员会、科学技术部、财政部等十一部门	《关于开展“携手行动”促进大中小企业融通创新（2022—2025年）的通知》	才培养。鼓励大企业设立高技能人才培训基地和技能大师工作室，培养造就高技能领军人才，引领带动高技能人才队伍建设和发展。探索建立大企业、科研院所技术型专家人才到中小企业兼职指导和定期派驻机制。（工业和信息化部、人力资源社会保障部、国资委、全国工商联按职责分工负责） 3. 提升人才队伍融通创新能力。引导大企业开展人才交流、培训活动，加强大中小企业人才理念、技术、管理等方面交流。开设中小企业经营管理领军人才培训促进大中小企业融通创新主题班，帮助经营管理人员拓展融通发展视野、深化融通发展思维、提升融通对接能力。实施数字技术工程师培育项目，加快数字技术领域人才培养，推动数字经济和实体经济融合发展。谋划建设一批卓越工程师培养实践基地，面向融通创新需求打造卓越工程师培养模式。（工业和信息化部、人力资源社会保障部、国资委、全国工商联负责）

二 专精特新企业人才队伍现状分析

2021年11—12月，领军企业研究院（北京领军信息技术研究院有限公司，以下简称“领军企业研究院”）开展了“万名博士聚光明”博士人才岗位需求调研，共收集深圳市光明区技术、博士岗位需求单位49家，其中三成以上的企业为专精特新及专精特新“小巨人”企业，博士以上高层人才岗位需求1000个；技术攻关课题需求81个。在人才需求方面，调研企业对青年拔尖人才（博士后研究人员、知名高校毕业生等），有丰富实践经验的骨干人才（高级工程师、职业经理人、资深投资顾问等），战略性新兴产业、新业态的紧缺人才及复合型技能人才需求较为强烈，分别占比33.09%、28.06%、25.18%。从巨大的人才缺口可以看出，经营管理人才、技术人才、技能人才对企业持续发展至关重要，是企业未来人才建设的重点，也是全社会人才供给的强化方向。为推动制造业高质量发展，作为高科技人才发展的蓄水池，聚焦主业、专注创新的专精特新企业需要持续关注上述三类人才队伍的建设。

表 7.3　　深圳光明区人才需求层次

选项	比例（%）
在业内有巨大影响力的海内外领军人才（例如：发达国家院士和我国两院院士、世界 500 强企业高管等）	10.79
有丰富实践经验的骨干人才（高级工程师、职业经理人、资深投资顾问等）	28.06
有培养前途的青年拔尖人才（博士后研究人员、知名高校毕业生等）	33.09
战略性新兴产业、新业态的紧缺人才、复合型技能人才	25.18
其他类型人才	2.88

另外，根据工业和信息化部此前三批对专精特新“小巨人”企业的认定条件也可以看出，对认定企业的要求重点体现在专业化发展能力、创新能力和持续成长能力上，三个维度对人才的需求各有侧重。如专业化发展能力，不仅要求经营管理人才会管理懂技术，有经验勇创新，在出口上也会有更多的考量；企业要实现创新发展，关键在于技术人才；企业持续成长能力首先在于企业高管对风险的认知与规避，技能人才则是支撑企业高质量发展的重要支点。据此，基于以上三个维度，对专精特新企业的人才需求进行深入分析。

（一）专业化发展能力

经营管理人才

（1）复合型人才

当前，专精特新企业在发展过程中往往更需要“双料”人才，这种“双料”人才通常是指既有技术又懂管理的人员。该特点在新一代信息技术产业领域尤为突出。新一代信息技术产业作为中国战略性新兴产业的重点发展领域之一，是当前国际新一轮产业竞争和抢占经济科技制高点的战略先导领域，其经营管理人才主要来源于高端科技人才和创新创业团队，因此具有明显的技术优势，但内部管理、外部市场能力不足。

（2）传统制造业企业高管

制造业是实体经济的支柱，人才是制造业的核心。现阶段，中国制造业不仅面临大国工匠紧缺的局面，高水平经营管理人才也相对短缺，传统制造业领域相对明显。其现有经营管理人才主要来源于创业工程师和传统的师承制、继承制。主要呈现以下特点：一是年龄优势较弱，经营管理人才年龄趋于大龄化，平均年龄偏大，人才梯队层级不明显；二是经营管理虽有一定经验，但是创新意识欠缺。中高级经营管理岗位对经验和阅历提出了更高的要求，太过年轻的管理者往往无法胜任这一职位，而年纪较大的经营管理人才虽然有丰富的企业经营管理经验和阅历，但是容易导致企业出现缺乏创新思维和变革能力的企业文化。

目前，培训是建设优秀企业家队伍较为常见的组织形式，是提升企业家的经营管理理念，增强创新能力、决策能力、战略开拓能力和现代经营管理能力的重要途径。以中小企业经营管理领军人才“专精特新”专题培训为例，自 2019 年起，工业和信息化部人才交流中心联合各地中小企业服务机构开展“专精特新”专题培训，着力培养大批优秀的中小企业经营管理人才，领军企业研究院在具体实施教学和服务的过程中，引导企业把“专精特新”发展方向作为中小企业转型升级、转变发展方式的重要途径。截至2022年4月，参训学员近千人，其中，2021年度“专精特新”专题培训11个班级，培养410余位企业家，覆盖全国11个省（自治区、直辖市）；到2022年4月中小企业经营管理者参训后，其所在企业获评省级专精特新企业138家，获评国家专精特新“小巨人”企业107家，获评制造业单项冠军企业十余家，可见，培训在打通政策“最后一公里”的环节上，确实能够帮助企业经营管理人才厘清专业化发展方向，增强创新意识和提高创新能力，获得持续成长的新动能。但综合来看，企业经营管理人才培训力度仍显不足，有极大提升空间，针对处于不同发展阶段的优质企业开展梯度培育，进一步提升培育的覆盖面。

（3）出口业务人才

专精特新企业深耕细分领域，约有1/5的“小巨人”企业国内市场占有率超过50%，逐渐实现进口替代。在如今全球迎来“双链”调整战略机遇、国内构建双循环新发展格局的关键时期，专精特新企业只有形成更多比较优势，走出国门，才能提高对全球产业链、供应链的把控力。当前，专业人才的缺乏已成为制约专精特新企业出口业务最大的瓶颈。制造业领域企业对出口业务人才的渴求不仅体现在量上，更多体现在对人才各方面素质的高要求，但人才综合素质要求偏高也导致人才缺口。只懂得一门学科无法满足大互联网时代背景下的企业需要，既精通国际贸易又通晓国际法律，同时具备金融相关专业知识、能解决国际贸易的复合型人才成为企业出口业务追寻的“香饽饽”。

（二）企业创新能力

技术人才

（1）研发人才占比情况

中国企业对创新型人才的需求量较大，并且存在持续增长的空间。在创新类型方面，84.8%的企业需求以技术创新性人才为主，其中研发人员占比大于15%。信息技术岗位员工占研发人员总数的39.8%，工程技术知识型员工占27.55%，实验测试员工占20.41%。

（2）企业内部技术人才构成情况

①学历情况

企业对创新型人才的重要考核标准之一是人才自身的文化水平，文化程度在一定程度上影响个人的工作能力，员工学历与企业利润率、企业绩效成正相关。企业在招聘员工时尤其是招聘高科技人才时，更加注重学历的要求。中国企业比较重视文化素质，其中在对科技型企业的调查结果显示，大专及以上学历的员工占总数的91.67%，本科及以上学历占比大于70%，远远高于普通型中小企业的20%。需求层次方面，企业明确表态创新型人才需要硕士及以上的学历，而有些企业对创新型人才的学历并无严格要求，而是更看重其实际工作经历、实践能力和经验。

②职称情况

参照制造业规律与发达国家成功经验，专精特新的核心竞争力在于工程师与高级技工的人才集聚。专精特新的灵魂是创新，唯有创新才能做到专业化、精细化、特色化、创新型，而创新的关键要素在于人才个体及其组合团队。相关研究表明，“中国制造”面临的一个现实问题是高质量发展人才供给不足，技师技工缺口很大。数据显示，日本的高级技工数量占整个产业工人群体的40%，德国高级技工数量的占比为50%，发达国家占比平均超过35%，而中国高级技工数量的占比仅有5%。虽然中国技能劳动者超过2亿人，其中高技能人才超过5000万人，但是技能人才常年供不应求，求人倍率长期保持在1.5倍以上，严重制约了劳动生产率的整体提升。

（3）企业外部人才资源

科研项目合作，是指校企间以科研项目为纽带开展合作研究。主要有两种类型：一是“联合研究”，即大学研究人员和企业研究人员以对等的身份，共同确定研究课题和方案，共同开展研究，经费可能来自企业、双方共同分担或第三方；二是“委外研究”，即企业提供研究经费，委托大学以科研项目的方式开展研究，企业一般不派研究人员共同参与研究。

同样来自“万名博士聚光明”岗位需求调研的结果显示，深圳市光明区企业可接受的高层次人才引进方式主要有全职、兼职或柔性引进三种方式，兼职、柔性引进占比31.7%，通过建立联合研发机构，如博士后、院士、诺奖工作站加快突破关键核心技术，解决企业“卡脖子”问题。可见，联合研发、联合人才培养或委外研发已成为当前企业攻克核心技术难题的重要路径之一。

表 7.4　　深圳光明区高层次人才引进方式　　（单位：%）

选项	人才占比
全职	65.85
兼职	17.07
柔性	14.63
其他	2.44

①联合研发机构、联合研发、联合人才培养情况

各地企业依托创新人才研究院、国家级实验室等创新平台，通过提供成果推介、技术培训、大专家问诊、关键技术和产线建设等服务载体，成为专精特新企业的“研发部”、“指导员”和“智囊团”。

②委外研发

在科研项目合作方面，企业以项目方式委托大学进行研究或技术开发，或与大学共同承担国家科技计划项目，已经是常见的合作形式。人才交流方面，也有类似人才交流合作机制，如研究机构在企业设立院士工作站，企业聘请大学或科研院所研究人员提供研发支持，以及企业和高校共同培养研究人才等。

（4）困难和重点需求

人才资源是新时代企业发展进程中的最重要资源之一，但就目前

中国企业创新型人才管理机制来看，仍然存在很大的问题。深入研究中国企业普遍存在的“招工难，用工难”问题发现，企业缺乏的不仅仅是人才，更缺乏合理的人才聘用机制。创新型中小企业中员工离职率高达 25.1%，且知识型员工表现出更高的流动性，离职率高达 35%，并且离职原因中员工主动离职占比超过 85%。

①企业内部人才培养机制、职称评价机制

企业对创新型人才需求量大，仅靠外界引入是不能够满足人才缺口的，而且引入外来人才存在着信息不对称的风险，即招聘的员工虽然十分优秀但不符合公司目前的需求，出现“英雄无用武之地”、企业业绩未得到明显改善的情况，造成了资源的浪费，进一步加剧了人才的流失。另外，创新型人才不仅需要拥有深厚的理论基础知识和过硬的心理素质能力，也需要有丰富的实践经验，对企业的行业环境、发展战略十分了解，才能够从企业实际情况出发，开展符合企业实际需要的创新研究，切实提高企业绩效。只有企业内部员工，才最了解、最熟悉企业需要什么样的人才。然而，现实中，企业往往耐心不足，只顾眼前利益，忽略了对创新型人才的培养，造成了企业创新型人才“蓄水池”供给不足，甚至面临枯竭的危险。

②高端人才引进难

改善人才引进方式与途径。首先企业应以自身的发展目标为导向，结合企业自身能力条件，制订科学的人才需求计划，选用与企业未来发展目标相符合的创新型人才，避免盲目投入导致的人才缺失、资源浪费行为；同时需要完善人才引进机制，除招聘高等院校、科研院所优秀人才，还要善于挖掘企业内部成员创新潜力，全方位选用人才。

③高质量人才长期留用难

最困扰企业的是，“缺乏人才，招不来人才，招来了又留不住”。这是“专精特新”中小企业反映最普遍最集中的问题。深入研究发现，表面上企业缺的是人才，实际缺的是一套科学合理的引进和留用人才的机制。由于大多数创新型企业是家族企业，企业内部管理人员受教育水平普遍不高，在人才引进方面主要依靠老板的人格魅力和口头承诺，进入工作后双方都认为没有达到预期理想效果，最终往往导致人才流失。

（三）持续成长能力

1. 经营管理人才

2018 年 12 月 21 日，中央经济工作会议指出，资本市场在金融运行中具有牵一发而动全身的作用。上市公司作为促进资本金融与实体经济良性循环的微观基础，是资本市场投资价值的源泉。目前，以注册制为龙头的一系列改革措施带来资本市场生态的变化，一方面给上市公司提供了发展机遇，另一方面对其公司治理、信息披露、资本运营等水平提出更高要求。为适应变化，上市企业需要建立一支对资本市场和风险有认知的高管团队。高管团队作为企业战略的制定者和执行者，其人力资本特征必然会对企业引进风险投资的策略产生重要影响。以中国中小板上市公司中有风险投资融资背景的企业为样本展开实证研究，结果发现：高管团队受教育水平越高，企业越可能在发展早期引入风险投资，管理层持股比例越高，越可能在发展早期引入风投以及采用分轮融资策略。

引进风险投资是企业发展过程中的重要战略决策之一。高管团队作为企业经营管理的主要决策者，必然会对企业引入风险投资的决策产生重要影响。高管受教育程度会影响其综合认知能力与专业技术水平。高管团队受教育水平越高，对引入风险投资机构所能提供的资源和能力支持的要求就可能越高。相对于政府和民营背景的风险投资机构，外资背景和混合背景的风险投资机构通常具有国际化网络和多样化资源，且投资经验更丰富，因此更可能受高教育水平管理团队的青睐。具有高教育水平的管理团队通常具有更开放的心态，接受新事物的能力较强，因而更可能在企业发展早期阶段引入风险投资。分轮融资对管理团队的沟通协调和容忍不确定性的能力都有较高要求，因而更容易被教育水平较高的高管团队接受。联合投资能够带来不同风险投资机构间资源和信息的共享，更有可能符合高教育水平管理团队的要求。如果企业家希望在企业发展早期就引入风险投资并且使管理团队能够与风险投资机构达成充分且高效的合作，那么就必须思考管理团队在年龄和受教育水平上的构成，并且建立和提升管理团队对资本市场和风险的认知。

2. 技能人才

（1）工匠、技工

过去二十年，中国的经济增长主要是资源、资金及劳动力等要素的高投入所推动的外延式、粗放式的增长。要走出一条科技含量高、经济效益好、资源消耗低、环境污染少的可持续发展道路，不但需要科学和知识，而且需要具备专业技术和技能的工匠、技工。只有依靠技能员工和工匠的实际操作，先进的科研成果才能转化为有竞争力的产品；企业的每一项创新发明、每一次产品升级，都是以技能人才的智慧与劳动为基础的，其作用是其他类型的高级人才所无法替代的。无论是从宏观层面，助力中国从制造大国向制造强国转身，还是从微观层面，让更多个体跳出单一赛道的“内卷”，找到属于自己的事业舞台，都要求企业加速技能人才培养。

①职业教育

职业教育是国民教育体系和人力资源开发的重要组成部分，肩负着培养多样化人才、传承技术技能、促进就业创业的重要职责。在全面建设社会主义现代化国家新征程中，职业教育前景广阔、大有可为。以习近平新时代中国特色社会主义思想为指导，深入贯彻党的十九大以来历次会议精神，坚持党的领导，坚持正确办学方向，坚持立德树人，优化类型定位，深入推进育人方式、办学模式、管理体制、保障机制改革，切实增强职业教育适应性，加快构建现代职业教育体系，建设技能型社会，弘扬工匠精神，培养更多高素质技术技能人才、能工巧匠、大国工匠，为全面建设社会主义现代化国家提供有力人才和技能支撑。

“职业教育与普通教育是两种不同教育类型，具有同等重要地位。”《国家职业教育改革实施方案》（“职教20条”）开宗明义地指出了职业教育的特点和应该遵循的发展方向。对于没有机会进入大学的学生来说，职业教育不失为另一种受教育方式，让千千万万年轻人在不同岗位上都能散发人生光彩。尤其是在脱贫攻坚过程中，“职教一人，就业一人，脱贫一家”的例子比比皆是，职业教育成为阻断贫困代际传递的有力抓手。

②企业职工大学、岗前培训

职工教育是依据社会需求，对职工进行再教育的培养培训活动，为人力资源的开发与国民经济的持续发展提供了可靠保障。职工教育是对在职工人和一般职员进行的教育活动，包括对职工的各项技能培训、基础文化教育、中等与高等的文化和专业教育、大学后继续教育与适应职工日益增长的精神生活与多种个人爱好需求的社会文化及生活教育等。职工教育承担着智力开发、人才培养的重任，同现代化建设有着极其密切的关系，是促进国民经济持续发展的可靠保证。回顾职工教育政策70年历史演变，对于激励广大职工以主人翁姿态投身经济建设主战场，争做新时代的劳动者，展现社会主义现代化国家新征程中工人阶级团结奋斗的新风采具有十分重要的现实意义。党和政府高度重视职工教育事业的可持续发展，围绕“谁来发展职工教育”“如何发展职工教育”“发展怎样的职工教育”等关键问题出台了一系列政策法规支持企业职工大学的持续发展。

同时岗前培训优势也特别明显，岗前培训以上岗为目的，所传授的经验技巧都以在工作岗位中需要经常运用的技巧，以及所遇见的常规性难点为主要内容。让新员工快速掌握干好本职工作所需要的方法和程序，也就是说，新员工工作起来将更富有成效，犯错误的可能性更小。岗前培训使新员工不仅了解本职工作，而且了解企业，了解企业的价值观和发展目标；使新员工提升对工作和企业的亲密度和忠诚度，因为能够更快适应自己的岗位工作，同时还有企业的关心，能够帮助他们获得成功。通过积极有效的措施让新员工全心全意为企业贡献力量。对于新员工，培训环节能够高效化解其入职焦虑，并在培训期间熟悉自己的同事，增强团队意识。对于企业培训负责人，通过培训可以实时了解员工对企业的认可度及工作动态，为后期培训规划做好准备。在培训过程中及时发现工作中的漏洞、问题，通过转变思维观念、创新培训模式，提高新员工的学习积极性，在培训过程中积累更多经验教训，持续优化企业培训内容，使每位员工都能在培训学习中有所收获，更能尽职尽责地完成本职工作。

③师徒制

师徒制是一种更加积极、完善的“传—帮—带”新人培育手段。在企业人力管理中，无论是大企业，还是中小企业，都存在这种“师傅带徒弟”的培养模式。例如，一些国企老厂的“师徒制”甚至有着“一日为师，终身为父”的传统，精彩演绎了整整一代人的工作关系，通过身教与传承，培养高素质、高技能、高水平的技能人才。这种“师徒制”对人力资源管理的重要意义在于：能够让新来的员工更快、更好地融入公司，让后进的员工及时跟上团队的步伐，形成团队的“人才梯队建设”，也能让“师傅”体验到更多的职业成就感，也有效锻炼了师傅的领导力。

对带教师傅来说，除了自我能力的提升外，自身也有着很大的社会价值——一个人能够通过自己的阅历经验来帮助别人和他们一起成长。老师傅工作经验丰富，且在具体操作和解决问题方面有自己独特的方式方法，这都是多年来在实际操作过程中不断摸索和积累的宝贵财富。人力资源和社会保障部职业能力建设司有关负责人表示，在中国经济发展方式转变和产业结构优化调整的背景下，技能劳动者总量不足、技能水平不高和就业结构性矛盾等问题日益凸显。通过推行企业新型学徒制，有利于更好推行终身职业技能培训制度，进一步拓展职业培训工作领域，创新职业培训模式，为高质量发展和供给侧结构性改革提供技能人才支撑。在传统的企业师傅带徒这一模式基础上，引入职业培训机构和职业院校协同开展培训，并由政府进行激励推动，给予政策支持和财政补贴。在各类企业普遍推行“招工即招生、入企即入校、企校双师联合培养”的新型学徒制，有利于形成政府、企业和培训机构发挥各自优势、协同推进人才培养的良好工作格局。同时，建立企业新型学徒制培训制度，可以将就业与培训紧密衔接，也有利于解决培训针对性不强、有效性不足，企业培训主体作用发挥不充分这两个重点难点问题。

（2）困难

①招工难、用工难

近年来，北京、山东、广东、浙江等主要用工地多出现“招工难”“用工荒”现象。根据深入招工企业与市场调研了解到，随着新冠疫情防控取得重大决定性胜利，复工复产加速有序推进，劳动力供需结构性矛盾凸显，制造业熟练工与高端人才紧缺，服务业与互联网行业吸纳就业增多。年轻人就业观念发生转变、劳动密集型产业转型缓慢是招工难的主要原因。中国人口红利逐渐弱化，劳动力呈现“有限供给”态势，随着复工复产加速推进，“招工难”“用工贵”等问题凸显。随着社会经济发展，年轻人就业观念发生转变。同时，随着劳动保护体系日趋完善，劳动者维权意识增强，用人单位面临“无人可招”与“无人敢裁”叠加之痛。

②高等职业教育、中等职业教育和职业技能考核的有效接续难

职业技能考核是按照国家规定的职业标准通过政府授权的考核鉴定机构对劳动者的专业知识和技能水平进行客观公正、科学规范的评价与认证活动。高职高专院校以培养职业型人才为目标通过职业技能考核为高职高专学生未来职业发展奠定良好的职业基础，对学生上岗就业以及职业发展具有重要的意义。虽然越来越多的高职高专学生取得了职业技能证书，但是获得职业技能考核资质的专业人才仍然严重不足。因为学校重视不够，有些学校不重视职业技能考核工作、没有建立职业技能鉴定所（站）的计划、没有实行取得职业技能考核资质措施等，使得职业教育学员缺乏参加培训考核的积极性，造成企业用工后（职业技能考核）的有效接续难。

③企业职工大学及岗前培训成本高、周期长

岗前培训成本高、周期长，这个问题在大多数情况下，很容易被忽略，而且将其归咎于客观原因。其实，培训时间过长是“有害”的，这会导致“培训有毒”，在企业内部形成恶性循环。假设 50 人参

与 3 天面授培训，企业支付的成本有多少？仅仅是给咨询公司的培训费吗？这只是一部分，很可能还是其中一少部分。用经济学的账来算，“成本是放弃了的最大价值”，也就是 50 个员工由于参加培训而未能从事日常工作，因此没能创造出来价值。换个角度，成本可以是显性成本和隐性成本。培训的显性成本是外部的差旅、物料、会场等成本，而隐形成本主要是投入的时间精力。一次培训，可能投入的时间精力有多少呢？非常庞大，包括前前后后的沟通时间、学员的差旅时间、学员现场学习的时间。单看学员现场学习时间，假设一个月收入 10000 元的员工在听课，企业实际费用在 15000 元左右，折合到日工资大约 700 元，乘以 50 个人，得到的数值是 35000 元。

换句话说，50 个月收入 10000 元的学员听课一天，学员的时间成本总和相当于 35000 元。综合来看，培训成本过高。结论是：培训课程不是越长越好，而是要尽可能提高教学效率。

④师徒制传承，成才慢

师徒制是各个行业传统的人才培养方式。理想的状态是，师傅传授本领，徒弟学习技艺，学成后师徒一同攻城略地，但现实总与期望还有些差距。师徒制中，师傅作为独立的个人，在传承中具有一些天然的弊端，往往会导致培养学习内容缺乏系统性，教授内容的时间周期过长；不同师傅各教一套，对徒弟来说不具普适性。总的来说，师傅的经验财富与徒弟的成长需求难以耦合。这些问题，给企业带来更多的是思考和寻求解决办法。

三　提升方向和发展建议

（一）紧密围绕两条主线，加大人才引育力度

对企业自身而言，要想成为掌握独门绝技的“单打冠军”或者“配套专家”，就要做到专业化、精细化、特色化、创新型，这离不开具有创新精神和工匠精神的高水平人才。因此，要紧扣企业创新能力和持续成长能力两条主线，以经营管理人才、技术人才和技能人才等为抓手推动专精特新企业高质量发展。

1. 经营管理人才

（1）重点关注企业家群体“领头羊”

企业经营管理者是企业的领军人才，加强优秀企业家队伍建设，对于加快提高企业核心竞争力、引领和支撑制造业迈上新台阶具有十分重要的意义。要增强培训的精准性，壮大经营管理人才队伍。加强企业家培训教育，充分用好领军人才“专精特新”培育，不断提高企业家综合素质和能力水平，围绕国家产业政策解读、企业转型升级、企业发展战略、企业经营管理等内容，着重培养和提高企业家的创新发展能力、决策管理能力、资本运作能力、市场开拓能力和核心竞争能力。

（2）董监高人才队伍的建立、培养和引进

上市公司作为中国资本市场的支柱和基石，已成为中国实体经济

的“基本盘”、经济发展动能的“转换器”、服务国家战略的“先锋队”和助力居民就业的“稳定器”，其中董监高人才队伍对于上市公司的管理和发展起着非常重要的作用。当前，世界正在经历百年未有之大变局，上市企业面临的境内外发展经营环境正在发生深刻变革，亟须建立以董监高为代表的高管团队，提高人才专业能力，强化对风险的认知。一是要着力培养造就人才，为企业提供全方位、个性化、多样性、高品质的董监高管理培训，助力董监高拓宽视野认知、优化知识结构、提升专业素养，同时更应加强对资本市场和风险的认知。二是要根据企业特点，着力凝聚吸引、用活用好高水平董监高人才，为企业高质量发展注入新的活力。

2. 技术人才

专业技术人才队伍作为中国人才队伍中的骨干力量，对推动企业专精特新发展起着重要的支撑作用。加大对专业技术人才的培养和引进力度，一是要加快对主导产品领域、新兴领域研发带头人的培养和引进。

二是要加快数字化、智能化领域专业人才的培养。制造业数字化、智能化是各国抢占制造新技术制高点的重点领域，是中国信息化和工业化深度融合的必然手段，成为中国制造业由“大”到“强”、由“中国制造”到“中国创造”的强大驱动力量。目前，数字化、智能化方面的技术人才非常紧缺，需要培养大批专业技术人才满足产业发展的需求，或针对企业难以攻克的，以及部分尖端领域“卡脖子”难题，采用委托外部团队定向研发的方式。

三是要加强企业标准化人才的培养和引进。标准是科学技术的结晶，与科学技术如影相随。占据高新技术标准的制高点，就拥有了其技术产品发展的先机，特别是在以先进制造业和现代服务业为代表的现代产业链中，技术标准更是起着行业“准入证”和运作规范的重大作用，对科学技术的发展起着推进和引领的作用。企业是主体，企业标准化是中国标准化的主体。中国标准化事业的振兴和发展，更依赖于企业标准化人才的培育。目前，标准化人才缺乏已经成为制约我国实施技术标准战略的重要因素。因此，应鼓励和支持高等学校、科研院所开设标准化课程，建设标准化学科，培养高层次标准化人才。

四是要加强“双碳”“绿色”人才的培养。“双碳”目标的提出无疑极大促进了节能环保绿色产业的蓬勃发展，绿色就业随之兴起，如 2021 年 3 月人力资源和社会保障部公布的 18 个新职业中，碳排放管理员位列其中。随着双碳目标对各行业影响的深入，“双碳”人才成为企业必不可缺的，未来中国“双碳”人才市场需求将会持续不断增长。这就需要加快高素质、专业化“碳中和”创新高层次人才队伍建设，特别是绿色科学技术创新、绿色技术应用、绿色经济管理、绿色减排等人才队伍建设；充分利用“碳达峰”“碳中和”为人才培养提供广阔天地，强化国家目标、市场需求与学科建设间的联系，把优秀人才聚集、培养与相关重大科技布局、产业布局、平台建设有机结合，加快低碳行业专业人才培养，为中国低碳转型发展和实现“碳中和”国家自主贡献目标提供人才保障、专业支撑。

3. 技能人才

高技能人才是中国人才资源开发的重要组成部分，是提高劳动者素质、增强企业核心竞争力、提升尖端技术应用和创新成果转化的重要支撑，是推动中国制造从“低端”迈向“高端”不可或缺的重要力量。当前中国产业结构调整进入优化升级的关键时期，无论是做大做强制造业，还是提升产业服务质量，都需要一大批技能人才，尤其是高技能人才的支撑。

职业院校作为高技能人才培养的主阵地，要坚持以培养生产第一线需要的高素质技能人才为目标，增强人才培养与产业发展的契合度。与行业企业深度合作，开展科技攻关和技术服务，满足行业企业技术发展需求，促进企业急需领域的高技能人才培养。

（二）优化人才发展环境，营造良好用工氛围

1. 完善创新型人才激励制度

企业创新型人才是企业创新发展的动力来源，科学完善的激励制度可以促进其提高创新效率，同时增强对企业的认同感、归属感，避免人才流失。

在“专精特新”中小企业中，员工通常具备较高的学历水平。通常情况下，一个人受教育水平的高低直接和心理发展程度成正比。由此可见，越是高学历的人才，越是渴望自我价值得到实现。而如果在

一个企业中，会聚大量高学历人才的话，很容易形成一致的价值取向。因此，将该概念引入创新型中小企业人力资源管理创新中，就代表人力资源管理部门需要构建以人为本的激励机制，激发员工的内驱动力，从而将更多精力投入工作中。除此之外，和其他类型企业靠物质奖励激励员工不同，创新型中小企业的员工所需的并非单一的物质奖励，还需要与之配套的精神奖励。例如，良好的晋升系统、优秀的培训机制、自由的工作氛围、完善的福利待遇、具有挑战性的工作内容等。在此过程中，人力资源部门可以深入员工群体，调查员工的实际激励需求，然后制定相应的激励机制，实现员工个人价值与企业创新发展的有机统一，这才是用好人才、留住人才的最佳方式。

2. 建立企业用工服务平台

探索建立企业用工服务平台，针对专精特新企业存在的用工难问题，及时、全面地发布人才就业信息、企业用工信息，实现信息互通和共享，在此基础上，联合全国的高校、科研院所，开展一系列研发对接会，或联合人力资源机构和特定领域的中职院校，帮助专精特新企业进行用工的精准对接。

3. 树立正确的人才培养观

企业应该意识到创新型人才对企业发展所具有的潜在价值，重视对创新型人才的培养。企业缺乏对创新型人才需求、自身特点的了解是企业创新型人才流失的最直接原因。企业创新型人才最主要的需求与薪酬和职位相比，更看重自身价值的实现和未来职业的发展，企业加大对人才的培养力度，不仅可以提高其为企业创造价值的效率，还能满足创新型人才对企业的需求，起到对创新型人才的激励作用，降低人才流失率。

“专精特新”中小企业要在人力资源管理方面进行创新，需要结合企业自身实际，尽快完善人力资源管理培训体系，以此加强对员工的专业培训，提升其工作能力。首先，人力资源管理人员自身，要加强对最新人力资源管理知识的学习，并将所学知识应用在人力资源管理培训体系的建立过程中。其次，人力资源管理人员需对员工专业化培训方式进行创新。例如，人力资源管理人员可以灵活运用抖音、快手等短视频平台，将繁杂的专业培训内容精简成短视频，以此扩大其在企业内部的影响。除此之外，人力资源管理人员还可以通过在线直播培训的方式，使员工居家也能得到专业技能的培训提升。最后，在员工专业培训过程中，人力资源管理人员需要根据科技行业发展，随时调整培训内容，使员工的科技思维和研发理念能够紧跟时代发展潮流。

4. 培养创新型企业文化

企业文化决定了其成员的创新自由度，必须打造一种有利于员工开展创新研究的企业文化。首先，要建立一个完善的知识共享平台，培养创新型人才间的沟通、合作、共享精神，通过知识共享平台的搭建实现学习效率最优化、成果效益最大化。其次，建立一个多元化、动态化的人才激励政策。企业应考虑到企业创新性人才需求层次的特殊性，采用物质激励与精神激励相结合的方式。即不仅要采用奖金、分红、股权等物质薪资方式进行员工激励，更要关注员工自身价值的实现、个人能力的提升、未来职业的发展等非物质方式进行多元化激励。同时要意识到员工需求并非一成不变而是一个动态的过程，因此要时刻关注员工的需求变化，及时进行沟通，创造一个良好的工作生活环境，提升幸福感、满足感，使其将主要精力放在工作当中，为企业创造更大的价值。

如果说企业管理制度是支撑企业发展的骨骼，那么企业文化就是企业的灵魂。由于许多科技人才十分在意工作氛围，因此“专精特新”中小企业能否打造出自由的企业文化，具有重要意义。另外，“专精特新”中小企业的员工，尤其是科技研发部门的员工，由于需要长时间埋头苦干，全身心投入科研项目，因此对于自身的健康、娱乐、家庭等往往难以兼顾。基于这种情况，一方面，人力资源管理部门需要安排员工定期参与体检、团建等活动，帮助员工保持健康的身体和心态。另一方面，“专精特新”中小企业可以向国外创新型企业学习，给予技术型员工更多的带薪休假时间，从而让员工有充裕的时间经营家庭。可见，唯有“专精特新”中小企业帮助员工解决后顾之忧，员工才更能将全部精力投入工作之中。

（三）出台系列人才政策，促进产才融合发展

当前，创新资源总量不足和配置不合理并存，需要一手抓增量、

一手抓存量，做好整合文章，推进人才、项目和资金的一体化配置，促进各类创新要素集聚裂变。创新要素裂变首先在于人才结构调整，产业转型升级根本在于人才转型升级。通过健全人才“引育链、资金链、服务链”，以人才优先引领产业升级、以人才红利打造发展优势，实现人才集聚与产业升级的融合发展。

出台系列人才扶持、服务政策。政策是聚合产才的“金钥匙”，通过一系列的人才扶持政策，进一步加大对专业技术人才和技能人才引进培育的奖励力度。重点产业发展呼唤大批高水平的技能匠才，聚焦相关产业需求，对企业新引进或新认定的高层次人才，给予一次性奖励，或提供子女入学、购房、医疗保健、创业扶持等全方位服务，解除人才后顾之忧。让人才在重点产业集群发展中发挥支撑和引领作用，确保引进培育的人才与产业更好地融合，有效带动产业升级。

（四）以企业为主体，建立多方协同创新机制

“产学研用”聚合力“四位一体”育人才。创新是系统工程，有“最先一公里”的创新策源问题、“最后一公里”的产业化问题，但更多的是小试、中试、技术迭代等“中梗阻”问题。完善创新体系，需要围绕细分领域，提高人才招引和科研资源配置的精细化水平，聚焦企业人才需求，建立各级工业和信息化主管部门牵头，以企业为主体，以高等院校、科研院所为依托，各创新主体共同参与的协同创新机制，推进企业与学校深度合作，完善人才谱系、织密创新网络。为

国家创新发展、产业升级战略引育高素质专业人才，打造高端要素引力场、人才蓄水池，促进产、学、研、用深度融合，重塑产业竞争力，提升产业话语权，打造新增长点，最终形成良性互动的创新生态系统。

各级工业和信息化主管部门应积极组织专精特新企业不定期与院士专家和学科带头人召开座谈会，全面开展科技大专家问诊“专精特新”活动。将院士、专家和专精特新企业负责人会聚到一起，由企业负责人介绍自身发展情况和技术诉求，院士专家进行面对面“把脉问诊”。同时牵头将专精特新企业、高等院校、科研院所等联合建立起全国性服务平台，加快高端服务资源集聚，促进资源共享，帮助专精特新企业及时将难题发布出去，高效精准匹配技术解决方案，加快专精特新企业的技术创新步伐。使更多的专家赋能企业，为专精特新企业高质量发展营造良好氛围，进一步帮助和引导中小企业从“小而多”走向“精而强”，坚定不移地走“专精特新”发展道路。

1. 技工培养和用工阶段：职业教育与技能鉴定的衔接

目前，职业教育与实际工作严重脱节，属于“象牙塔”内的职业教育，并没有将企业的现实需要和国家职业技能鉴定的内容结合到教学内容中，培养出来的人才并不能适应工作岗位的需要，也很难顺利通过职业技能鉴定。因此，职业教育机构应根据行业发展和企业需求调整教学内容、学科建设，将职业技能鉴定工作联系到整个教学过程中，并在平日的教学及考核中紧扣职业技能鉴定内容，使课堂内容与职业技能鉴定接轨。

2. 技能研发阶段：工程师协同

以工程师为纽带，以项目为抓手，吸引、整合“产学研用”等各方面资源，开展协同创新，加强共性技术供给，服务产业转型升级。

一是聚焦共性技术，围绕单个企业不愿做、做不了、做不好的技术问题，通过工程师协同，打通产业链痛点、堵点，为传统产业强身赋能。二是开展共同攻关。通过赛马制、揭榜挂帅等机制，吸引高校、科研院所的人才参与技术攻关，缩短从实验室到市场的距离。三是实现共享人才。通过工程师协同创新枢纽，人才成为面向整个行业的共享工程师，解决企业“养不起”和人才“吃不饱”的矛盾。四是通过从当地龙头企业中直接聘任工程师，以及与国内外高校、科研院所等机构合作，并通过合作聘任、联合培养、培训交流等途径培养工程师。

3. 研发和生产阶段：工程师和工匠协同

工程师和工匠是企业的“智囊团”、项目的“攻关队”、队伍的“方向标”。在研发和生产阶段，通过建立工程师和工匠协同创新工作室，助力企业解难题、破瓶颈、攻难关，打通研发和生产的传递壁垒。

各产业各行业紧密联动，聚力协同，探索创建跨区域、跨行业、跨企业的工程师和工匠人才协同创新工作室联盟体系，组织开展创新攻关与技术交流，使各级各类创新工作室由“点”成“面”、聚“线”成“网”，形成工程师和工匠人才协同创新工作室矩阵，打通产业链上下游，以此调动人才协同创新工作室的积极性，形成师带徒、“匠”带兵的良好氛围。

第八章

以数字化转型推动中小企业"专精特新"发展

一　抢抓数字机遇推动中小企业“专精特新”发展

（一）中小企业数字化转型对经济发展至关重要

1. 中小企业是中国重要经济主体

中小企业好，中国经济才会好。中国中小企业具备“56789”的典型特征。中小企业贡献了超过50%以上的税收、60%以上的GDP、70%以上的技术创新、80%以上的劳动就业，占整体企业数量比例超过90%，是中国经济的“毛细血管”，是中国重要的经济主体。

2. 中小企业迎来数字化发展机遇

当前，以大数据、云计算、人工智能、区块链为代表的新兴技术日新月异，数字化、网络化和智能化是大势所趋。近年来，数字基础设施建设全面提速，大数据、云计算、人工智能等数字技术加速普及，国民数字素养不断提升，为中小企业数字化赋能创造了难得机遇。

一是政策红利不断释放。中国高度重视中小企业数字化转型，实施了中小企业数字化赋能专项行动，认定了一批公共服务平台，培育了一批专精特新企业，各地围绕“上云上平台”、工业互联网赋能等积极出台支持政策，为中小企业数字化转型提供了良好环境。二是基础设施持续加强。5G、大数据中心等数字基础设施发展迅速，网络提速降费深入实施，2020 年企业宽带和专线平均资费降低 15%。部分龙头企业探索面向中小企业提供普惠算法和算力，有效降低了中小企业获取和使用数字化资源的门槛。三是数字技术应用普及。消费侧数字技术渗透率超过 50%，其中网络购物领域高达 85.2%。数字技术对传统产业的渗透率不断提升。随着工业互联网建设加速推进，数字化水平较高的龙头企业加速平台化发展，带动更多中小企业上云上平台，也为中小企业提升竞争力创造了机遇。四是数字素养持续提升。截至 2022 年 6 月，中国网民规模为 10.51 亿人，形成了生机勃勃的数字社会。数字经济不断壮大，国民数字技术使用能力持续提升，数字人才规模稳步扩大，为培育工作场景下的数字化能力提供了扎实基础。

表 8.1　数字化转型政策汇总

文件	主要目标
《中华人民共和国国民经济和社会发展第十四个五年规划和2035年远景目标纲要》	迎接数字时代，激活数据要素潜能，推进网络强国建设，加快建设数字经济、数字社会、数字政府，以数字化转型整体驱动生产方式、生活方式和治理方式变革
《“十四五”国家信息化规划》	以推动高质量发展为主题，以建设数字中国为总目标，以加快数字化发展为总抓手，发挥信息化对经济社会发展的驱动引领作用，推动新型工业化、信息化、城镇化、农业现代化同步发展，加快建设现代化经济体系
《“十四五”数字经济发展规划》	农业数字化转型快速推进，制造业数字化、网络化、智能化更加深入，生产性服务业融合发展加速普及，生活性服务业多元化拓展显著加快，产业数字化转型的支撑服务体系基本完备，在数字化转型过程中推进绿色发展
《“十四五”信息通信行业发展规划》	在加快新型数字基础设施建设、支撑全社会数字化转型过程中，行业要打开新的增长空间，同时在新兴业态的跨领域协同监管以及网络安全保障能力提升等方面要克服新挑战
《物联网新型基础设施建设三年行动计划（2021—2023年）》	到2023年年底，在国内主要城市初步建成物联网新型基础设施，社会现代化治理、产业数字化转型和民生消费升级的基础更加稳固
《“十四五”智能制造发展规划》	建设一批智能制造领域创新载体和公共服务平台，并形成服务网络。制（修）订200项以上智能制造国家、行业标准。建成120个以上具有行业和区域影响力的工业互联网平台
《北京工业互联网发展行动计划（2021—2023年）》	推动工业互联网赋能企业数字化转型并沿产业链布局延伸，面向集成电路、汽车、高端装备、生物医药、都市消费品、新材料等重点行业

续表

文件	主要目标
《天津市制造业数字化转型三年行动方案（2021—2023年）》	到2023年，培育不少于60家国内优秀的智能制造和工业互联网解决方案服务商，打造国内领先的智能制造解决方案策源地和生产地
《河北省数字经济发展规划（2020—2025年）》	围绕实现交通一体化、生态环境保护、产业转型升级、构建区域创新体系等目标，打造跨区域跨行业的工业互联网平台
《浙江省数字化改革标准化体系建设方案（2021—2025年）》	围绕数字化改革总体设计，努力打造涵盖标准体系、工作推进体系、技术支撑体系、安全保障体系的“五横四纵”标准化体系
《上海市全面推进城市数字化转型“十四五”规划》	到2025年，上海全面推进城市数字化转型取得显著成效，对标打造国际一流、国内领先的数字化标杆城市，基本构建起以底座、中枢、平台互联互通的城市数基
《江苏省制造业智能化改造和数字化转型三年行动计划（2022—2024年）》	聚焦省重点先进制造业集群和重点产业链，夯实工业互联网平台、工业软件、智能硬件和装备、网络设施及安全等基础支撑，加大优秀服务商培育和典型案例推广应用力度
安徽省《“数字江淮”建设总体规划（2020—2025年）》	围绕发展数字经济、建设数字政府、构建数字社会三大板块，推动经济社会各领域数字化转型发展
《山东省“十四五”数字强省建设规划》	实现第一、第二、第三产业重点行业领域数字化改造全覆盖，高水平建成山东半岛工业互联网示范区，打造具有全球重要影响力的产业数字化创新发展策源地
《福建省做大做强做优数字经济行动计划（2022—2025年）》	培育多元工业互联网平台，支持产业园区、龙头企业打造若干跨行业跨领域工业互联网平台和一批行业工业互联网平台

续表

文件	主要目标
《广东省制造业数字化转型实施方案（2021—2025 年）》	推动超过 3 万家规模以上工业企业运用新一代信息技术实施数字化转型，带动 80 万家企业上云用云降本提质增效，培育一批制造业数字化转型标杆企业
湖北省《关于全面推进数字湖北建设的意见》	到 2025 年，数字经济突破性发展，数字产业化水平居全国前列、产业数字化能力快速提升，数字生活成为新风尚，提供智慧便捷的公共服务，打造智能美好城乡
《湖南省“十四五”信息化发展规划》	数字经济实力显著增强，数字产业化和产业数字化水平大幅提升，融合发展的新模式新业态不断丰富，数字消费持续扩容提质
《河南省“十四五”数字经济和信息化发展规划》	通过实施重点领域数字化转型工程，建成全国农业数字化发展典范，打造一个跨行业、跨领域的综合性工业互联网平台，电商物流、智慧文旅、智慧金融等服务数字化水平大幅提升
《吉林省制造业数字化发展“十四五”规划》	到 2025 年年底，我省工业互联网平台赋能效应凸显，融合应用的广度与深度不断扩展，重点产业数字化水平大幅跃升
《四川省“十四五”数字经济发展规划》	以产业数字化为重点，构建现代产业体系，塑造数字经济新优势，推进社会数字化转型；以优化布局为抓手，加强区域协同，助推数字经济融入新格局

资料来源：各地区工业和信息化主管部门。

表 8.2　　中小企业数字化转型政策汇总

文件	内容要点
《中小企业数字化赋能专项行动方案》	助推中小企业上云用云；夯实数字化平台功能；创新数字化运营解决方案；加强数据资源共享和开发利用；强化网络、计算和安全等数字资源服务支撑；加强网络和数据安全保障

续表

文件	内容要点
《关于健全支持中小企业发展制度的若干意见》	支持中小企业发展应用5G、工业互联网、大数据、云计算、人工智能、区块链等新一代信息技术，提升中小企业数字化、网络化、智能化、绿色化水平
《国务院关于深化“互联网+先进制造业”发展工业互联网的指导意见》	加快中小企业工业互联网应用普及。推动低成本、模块化工业互联网设备和系统在中小企业中的部署应用，提升中小企业数字化、网络化基础能力。鼓励中小企业充分利用工业互联网平台的云化研发设计、生产管理和运营优化软件，实现业务系统向云端迁移，降低数字化、智能化改造成本
《关于支持“专精特新”中小企业高质量发展的通知》	促进数字化、网络化、智能化改造，业务系统向云端迁移，并通过工业设计促进提品质和创品牌
《广东省促进中小企业发展条例》	支持中小企业提升信息化水平，运用工业互联网新技术、新模式，对生产管理关键环节实施数字化、网络化、智能化升级，提高生产效率
《山东省民营经济（中小企业）“十四五”发展规划》	启动实施数字化赋能专项行动，各类互联网信息发布平台加快搭建，企业应用数字化信息渠道更加便捷，全省“上云用云”中小企业超过20万家
《山东省“专精特新”中小企业培育方案》	到2025年，省级“专精特新”中小企业数字化改造率为80%以上，国家级专精特新“小巨人”企业全面实现数字化改造；“专精特新”中小企业数字化应用率和业务系统向云端迁移率为80%以上
《河北省汽车制造业数字化转型行动计划（2020—2022）》	推动汽车零部件制造中小企业设备上云、数据上云、基础设施上云，有效降低数字化转型成本，逐步形成数字驱动、网络协同、共享发展的新生态

续表

文件	内容要点
《吉林省工业和信息化厅关于促进制造业数字化转型的指导意见》	推动中小企业上云上平台。丰富和提升平台的服务供给能力，提升企业上云上平台积极性，减轻企业上云上平台的压力
《江苏省制造业智能化改造和数字化转型三年行动计划（2022—2024年）》	中小企业“智改数转”推进工程。通过政府采购，省、市、县对规上中小工业企业协同开展智能制造免费诊断服务，推行智能制造顾问制度，帮助企业提供解决方案。到2024年底，全省中小企业“智改数转”云服务平台汇聚资源500家以上
《北京工业互联网发展行动计划（2021—2023年）》	滚动遴选工业互联网优秀供应商，建立“北京中小企业数字化转型资源池”，鼓励发展一批符合中小企业实际需求的平台、方案、产品和服务，符合条件可纳入中小企业服务券等政策支持范围
《内蒙古自治区深化“互联网＋先进制造业”发展工业互联网实施意见》	加快中小企业工业互联网应用普及。推广标准化、模块化的低成本工业互联网设备和系统在中小企业中部署应用。引导中小企业开放专业知识、设计创意，加快推进各行业共性技术知识库、模型库、数据库的建设，形成完善的行业知识体系，实现先进制造技术、知识、能力、设备和服务的软件化应用和平台化共享
《湖南省工业互联网App培育三年行动计划》	通过中小企业“上云上平台”行动，充分激发制造企业开发工业App积极性，支持中小企业“上云上平台”标杆企业加快信息化建设步伐，梳理可模型化、标准化、模块化、软件化的工业技术、工艺经验，逐步提升关键业务环节软件化率
《四川省人民政府关于深化“互联网＋先进制造业”发展工业互联网的实施意见》	实施“万家企业上云”行动。引导中小企业业务系统向云端迁移，实现大企业建平台和中小企业用平台的双向迭代、互促共进，为加快制造协同化、服务化、智能化提供实践新模式。引进和培育重点云服务商，推动与中小企业加强供需对接，量身定制上云方案，促进企业高效、高质、深度上云，打造一批上云示范企业

资料来源：各地区工业和信息化主管部门。

3. 中小企业数字化转型成效初显

2021 年，中国工业互联网研究院围绕“工业互联网平台赋能中小企业数字化转型”主题，面向山东、江苏、广东、湖南、重庆等地区开展调研，覆盖 684 家上云上平台的中小企业。调研数据显示，51.46% 企业处于践行实施阶段，实现了部分环节的数字化改造，推动设备和工具数字化升级，对数据进行采集、分析和可视化研究；9.21% 中小企业处于深度应用阶段，基本实现了新一代信息技术与生产经营充分融合，基于数据分析和模型驱动有效提高了科学决策水平。

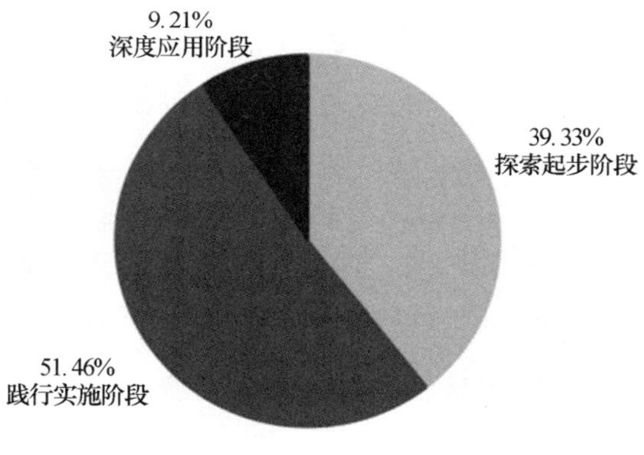

图 8.1　中小企业数字化转型阶段分布

（二）“专精特新”是中国中小企业的重点发展方向

中国高度重视中小企业“专精特新”发展。2021 年 3 月，“十四五”规划纲要明确提出“推动中小企业提升专业化优势，培育专精特新‘小巨人’企业和制造业单项冠军企业”等。2021 年 7 月 30 日，中央政治局会议提出“要强化科技创新和产业链供应链韧性，加强基础研究，推动应用研究，开展补链强链专项行动，加快解决‘卡脖子’难题，发展‘专精特新’中小企业”。2021 年 11 月，国务院促进中小企业发展工作领导小组办公室印发《为“专精特新”中小企业办实事清单》《提升中小企业竞争力若干措施》等，为“专精特新”中小企业发展壮大凝心聚力、蓄势添能。今年，“专精特新”首次被写入《政府工作报告》，指出要“着力培育‘专精特新’企业，在资金、人才、孵化平台搭建等方面给予大力支持”。“专精特新”政策给中小企业带来发展机会窗口。截至 2022 年 3 月，全国已有 19 个省（自治区、直辖市）推出专项政策支持“专精特新”中小企业发展，资金支持超 40 亿元。

表 8.3　　各省份“专精特新”中小企业政策汇总

内容	省份	措施
提升企业技术创新能力	山东省	支持“专精特新”中小企业独立或联合设立研发机构，并建档入库重点支持
	安徽省	实施“产学研 1 + N”创新工程，支持“专精特新”中小企业与强院强校强所合作建立实验室，2022 年计划实施重点产学研合作项目 50 个、“揭榜挂帅”任务 100 项以上
	江西省	“专精特新”中小企业申报或牵头申报的科技研发、重大成果转化等创新类项目，同等条件下优先支持

续表

内容	省份	措施
推动大中小企业融通创新	北京市	围绕龙头企业薄弱环节，组织“专精特新”中小企业开展揭榜攻关和样机研发，支持“小巨人”企业围绕产业链布局开展并购重组，吸引上下游企业在京落地
	河北省	支持大型企业创新裂变、分拆孵化科技含量高的“专精特新”中小企业，打造细分领域的“小巨人”企业
	山东省	围绕“专精特新”中小企业分布集中的重点产业链，采取政府指导、平台承办、双向互动形式，常态化组织产业链“链主”与上下游“专精特新”中小企业供需见面、路演推介等系列活动
壮大特色产业集群	北京市	各区围绕主导产业方向和企业发展需求，优化产业和空间布局，做好土地供应保障，打造一批“专精特新”特色园区
	吉林省	加快孵化载体建设，在现有省级创业孵化基地内，遴选10个主导产业突出、创新能力强的孵化基地，作为省级“专精特新”产业孵化园
	重庆市	在新一代信息技术、新能源及智能网联汽车、高端装备等关键领域，重点培育10个市级重点关键产业园
拓宽市场化融资渠道	海南省	股权交易中心设立“专精特新板”，截至目前，已有123家企业在“专精特新板”挂牌培育，合计获得融资5119万元
	北京市	充分利用各级政府投资基金，重点支持“专精特新”中小企业发展。支持龙头企业围绕供应链上下游开展股权投资。鼓励社会资本与政府投资基金开展合作
	广西壮族自治区	支持“专精特新”中小企业开展信用类债券融资，按照自治区相关政策给予奖补

续表

内容	省份	措施
增强信贷有效支持	河北省	对“小巨人”企业贴息标准上浮10%，支持市场化企业征信机构采集非信贷数据或替代数据，提供优惠征信服务
	吉林省	单独调配30亿元再贷款和20亿元再贴现额度，加大再贷款再贴现等货币政策工具的定向支持力度
	安徽省	持续开展“十行千亿万企”融资服务专项行动，2022年鼓励合作银行安排不少于4000亿元专项信贷资金，给予中小企业重点支持
完善梯度培育体系	广东省	运用大数据分析判断“专精特新”中小企业在远、中、近期挂牌上市的成熟度以及市场定位和要求等，制作企业画像和企业标签，按照“潜在拟挂牌上市企业”“重点拟挂牌上市企业”“优先支持拟挂牌上市企业”等不同成熟度层次，实施靶向培育
	辽宁省	对于符合梯度培育的“专精特新”产品、企业，构建年度“专精特新”培育库，实施分级动态管理
提供定制专属服务	安徽省	建设推广税企直通互动平台，“点对点”为“专精特新”中小企业精准推送税费政策、提示提醒信息等，一户一栏、一企一策
	辽宁省	为“专精特新”中小企业提供技术创新、数字化网络化智能化改造等服务
	吉林省	推动政府主导的中小企业服务中心建立专家志愿服务团或服务工作站，为“专精特新”中小企业提供各类公益性服务
	湖北省	将专精特新“小巨人”企业作为走访服务企业的重点对象，定期深入企业送政策、解难题、促发展

续表

内容	省份	措施
助力“引才留才育才”	北京市	对国家级“小巨人”企业招聘世界大学综合排名前200位的国内高校本科及以上学历毕业生或“双一流”建设学科硕士研究生给予落户支持
	吉林省	实施“专精特新”中小企业“百千万”人才培育计划，定期举办“专精特新”中小企业人才招聘会
	河南省	实施“中原英才”计划等人才引育工程，为拥有关键核心技术和成果的人才提供个性化政策支持的“绿色”通道

资料来源：各地区工业和信息化主管部门。

（三）“专精特新”中小企业数字化转型意义重大

2021年，国务院促进中小企业发展工作领导小组办公室印发《为“专精特新”中小企业办实事清单》，提出要推动“专精特新”中小企业数字化转型，打造一批数字化标杆企业，组织工业互联网平台和数字化转型服务商提供数字化转型评价诊断服务和解决方案，推动中小企业业务“上云”；组织开展智能制造进园区活动，面向“专精特新”中小企业开展标准宣贯、现场诊断和供需对接。

第一，推动“专精特新”中小企业数字化转型，有助于发挥其示范引领作用，带动广大中小企业数字化转型。“专精特新”中小企业往往具备较强的技术、人才和资金优势，先行先试开展数字化转型。根据两化融合服务平台数据，中国制造业小微企业和中小企业达到“集成提升和创新突破阶段”的比例分别超过17.9%和31.6%，其中

“隐形冠军”中达到“集成提升和创新突破阶段”的占比为小微企业平均水平的3倍，在数字技术应用方面更加深入。专精特新企业处于中小企业数字化转型领军梯队，部分形成了可复制、可推广的数字化转型经验。推动“专精特新”中小企业打造数字化转型示范标杆，树立同行业中小企业转型经验参考和实效参照，有助于其发挥示范引领作用，带动更广大的中小企业群体实现数字化转型升级。

第二，推动“专精特新”中小企业数字化转型，有助于激发制造业转型升级动力，促进实体经济高质量发展。“专精特新”中小企业往往在产业链上某个环节具有“专业化、精细化、特色化、新颖化”的优势，目前，中国专精特新企业大部分为科技型制造业企业。推动“专精特新”中小企业数字化转型，有助于激发制造业领军梯队企业中的“工匠精神”，促进其以数字化的手段进一步提升专业化、精细化、特色化和创新化水平。从中央政治局会议提出“发展‘专精特新’中小企业”，到《“十四五”数字经济发展规划》提出帮助传统企业和中小企业实现数字化转型，再到工业和信息化部表示将在2022年年底为不少于10万家中小企业提供数字化转型服务，促进10万家中小企业业务上云，种种迹象已经表明，以数字化路径赋能中小企业发展，推动更多“专精特新”中小企业数字化转型，是壮大中国中小企业发展力量、振兴实体经济、夯实工业发展基础、推动中国经济高质量发展的重要通路之一。

第三，推动“专精特新”中小企业数字化转型，有助于强链补链，助力解决关键核心技术“卡脖子”问题。2021年，中共中央政治局二季度会议提出，“要强化科技创新和产业链供应链韧性，加强基础研究，推动应用研究，开展补链强链专项行动，加快解决‘卡脖子’难题，发展‘专精特新’中小企业”。发展“专精特新”中小企业的重大意义是，有助于补齐中国产业链供应链短板，解决中国关键技术领域的“卡脖子”问题。Wind数据显示，中国A股市场专精特新企业主要集中在制造业领域，且大部分处于制造业中游的机械设备、化工、生物医药、电子和电器设备等领域。其中机械设备行业中专精特新企业主要集中在新能源设备、光伏和工业4.0等国民经济核心关键领域，化工行业中专精特新企业则集中在半导体材料、新材料、环保等重点领域。在复杂的国际政治经济背景下，推动专精特新企业数字化转型，有助于加速中国“强链补链”进程，助力解决关键核心技术“卡脖子”难题。

（四）数字化转型为“专精特新”发展提供新思路

目前，中小企业“专精特新”发展存在四方面问题。第一，专业化发展易导致中小企业抗风险能力弱，市场拓展易遭遇瓶颈。一是市场环境方面，在行业经历动荡或颠覆性替代品出现时，专注于特定环节且产品品类有限的中小企业往往面临生存困境。二是经营规模方面，领域过度聚焦导致产品在单一国家市场容量有限，亟须提升中小企业对接全球市场能力，进一步拓展中小企业产品服务市场空间。三是生态协作方面，产业链供应链信息资源未实现畅通，大中小企业间

“数字鸿沟”阻碍整体生态效率提升，中小企业专业化经营风险有进一步提升空间。

第二，工匠精神缺失、高级技能人才供给不足、数据支撑基础薄弱导致精细化发展受限。一方面，支撑产品精细化的人才供给不足。价值观职业观偏见、职业发展受限、激励机制不健全、培育机制不完善等因素导致技能人才供给不足，深耕行业、精益求精的“工匠精神”缺失。另一方面，支撑管理精细化的数字基础薄弱。中小企业数字化基础薄弱、数字化思维和能力不足，数据对于精细化管理的支撑作用不强。

第三，企业隐性知识管理落后，自主品牌建设待加强，特色化动能不强。在知识管理方面，中小企业特色工艺、特色技术等知识管理依赖语言、文字等传统媒介，数字化知识管理模式尚未广泛应用，隐性知识显性化程度不高。在品牌建设方面，中小企业的产品服务呈现同质化、模仿化发展，制定差异化战略的意识、信心和能力不充足，基于数字技术的客户管理、客户服务、产品推广等能力待提升。

第四，企业家精神不足、创新资源匮乏、发展环境不完善等因素制约中小企业创新潜能释放。一是企业家精神缺失。部分中小企业经营管理者对于经济发展规律认识不深刻、对市场前沿观察不敏锐，缺乏创新冒险精神。二是中小企业创新资源有限。部分中小企业经济基础和技术基础较差，创新人才资源匮乏，市场规模有限导致均摊研发成本过高，中小企业创新动能不足。三是创新发展环境不完善。共性技术研究平台服务能力较弱，中小企业知识产权保护体制不健全，知识产权质押融资方式单一、模式落后。

数字化转型有助于推动中小企业“专精特新”发展。一是数字技术推动生产资源要素实现平台化汇聚，为中小企业聚焦细分领域并融入协作配套网络提供有利外部条件，提升其专业化水平。二是通过应用大数据、云计算、人工智能、区块链、物联网等数字技术，中小企业可逐步实现业务流程自动化、生产制造精细化和管理决策智能化，推动中小企业提质、增效、降本和降耗。三是应用工业 App 等数字工具有助于中小企业实现专有知识数字化管理，制定差异化竞争战略，提供特色化产品服务，打造自身品牌和影响力。四是有助于中小企业聚焦核心技术环节实现突破，基于数据实现产品迭代和产品研制，推动中小企业在产品技术、组织变革、商业模式等方面实现创新化发展。

二 中国“专精特新”中小企业数字化转型现状

在 684 家中小企业样本中，有 42 家为工业和信息化部认定的国家级专精特新企业，95 家为省级“专精特新”中小企业，共计 137 家，占比为 20.03%。基于调研数据分析，得出以下发现。

（一）专精特新企业转型成效初显，为转型领军梯队

此次调研的“专精特新”中小企业中近七成已迈入践行实施阶段

(56. 93%）和深度应用阶段（13. 87%），而未被认定的中小企业该比例为 58. 13%。13. 87% 的“专精特新”中小企业处于深度应用阶段，约为未被认定的中小企业（处于深度应用阶段）的 1. 73 倍，后者处于深度应用阶段的比例为 8. 04%。整体来看，“专精特新”中小企业数字化转型程度较未被认定的中小企业转型更加深入，处于中小企业数字化转型领军梯队。

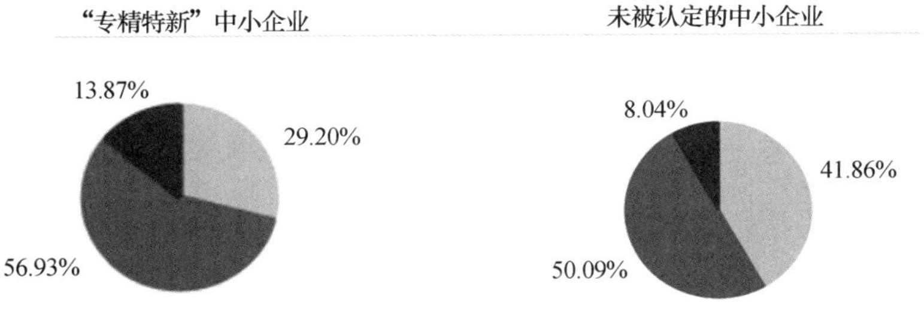

图 8. 2　数字化转型梯队分布对比分析

注：扇形大小对应中小企业数量占比；不同颜色对应数字化转型不同阶段，详见图例，余同。

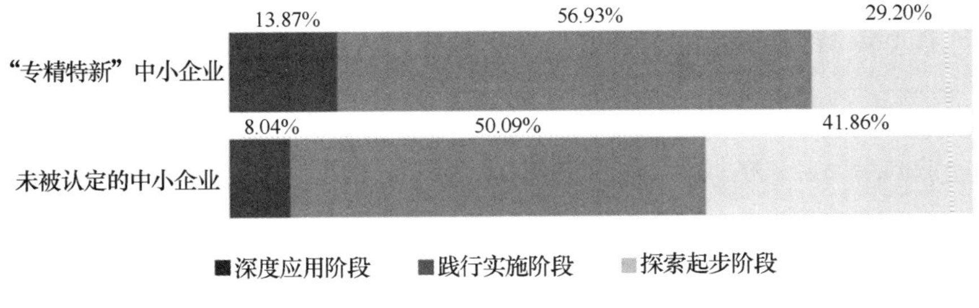

图 8. 3　数字化转型梯队分布对比分析

（二）专精特新企业数字基础薄弱，整体高于平均

中小企业整体数字化转型基础薄弱。从数字化转型相关指标来看，被调研中小企业数字化装备占比、设备联网率、信息系统覆盖率均有较大提升空间。从数字化装备占比来看，40.79%的被调研中小企业数字化装备占比低于20%，超过60%的被调研中小企业的数字化装备占比低于40%；从设备联网率来看，25.73%被调研中小企业设备联网率为0—20%，21.05%被调研中小企业为20%—40%，近一半被调研中小企业设备联网率低于40%；从信息系统覆盖率来看，31.58%的被调研中小企业信息系统覆盖率为0—20%，18.42%的被调研中小企业信息系统覆盖率为20%—40%，近五成中小企业信息系统覆盖率低于40%（见图8.4）。

28.70%未被认定的中小企业的信息系统覆盖率低于20%，“专精特新”中小企业该比例则为13.87%，约为前者一半。在数字化装备占比方面，超过四成未被认定的中小企业数字化装备占比低于20%，“专精特新”中小企业则不到三成。在设备联网率方面，34.37%未被认定的中小企业设备联网率低于20%，“专精特新”中小企业该比例约为20%（见图8.5）。

（三）专精特新企业能力全面提升，转型成效更突出

数字化转型推动中小企业内外部能力全面提升。从企业内部能力

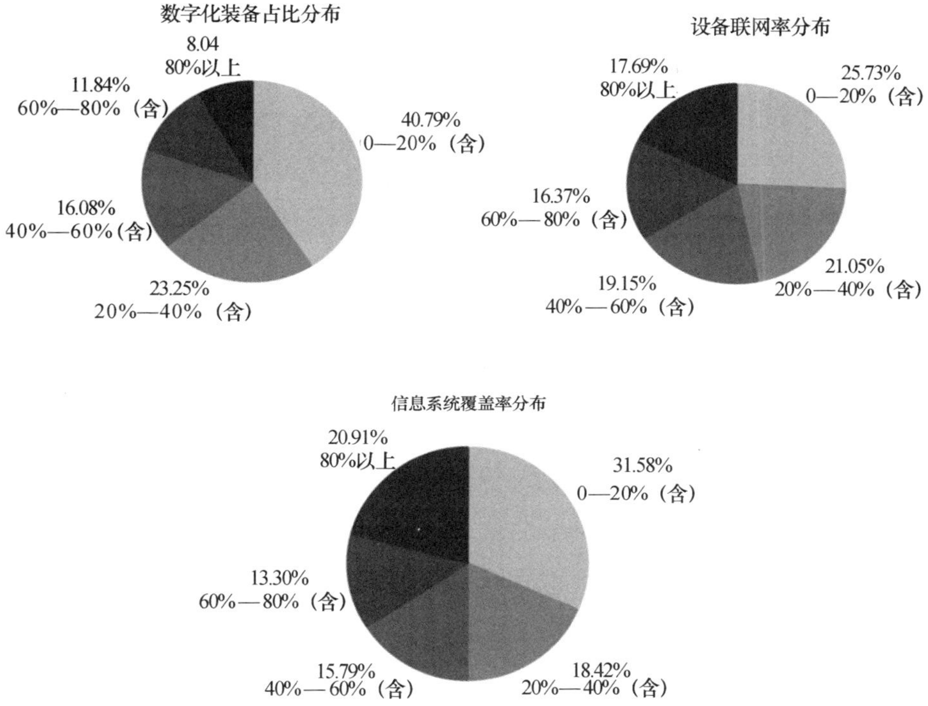

图 8.4　被调研中小企业数字化转型基础水平

来看，随着数字化转型进程的推进，数据要素采集、汇聚、处理、分析和价值创造作用逐步凸显，中小企业数据管理能力提升；数据贯通和业务协同等共同推动企业组织形态向平台化变革，大数据和人工智能等新兴技术提升企业智能决策能力，企业管理能力得到整体提升；数字化转型推动设备互通，实现设备运行状态监测和预测性维护等，提升企业设备管理能力；基于销售数据反向驱动研发，实现柔性排产，高效实现资源对接，提升中小企业快速市场响应能力。从企业外

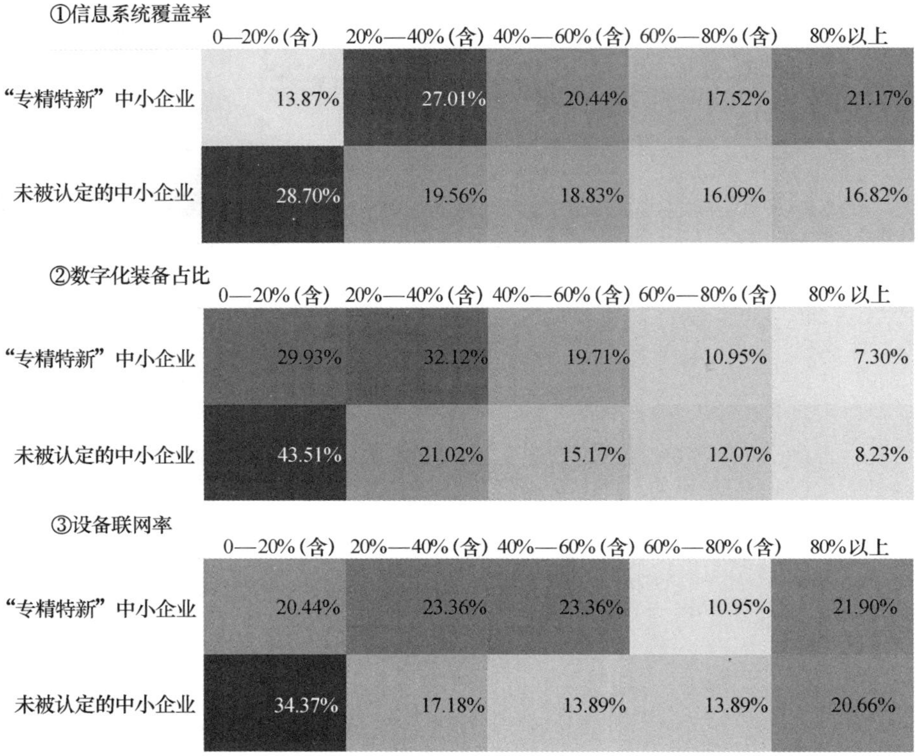

图 8.5 中小企业数字化转型基础对比分析

部能力来看，数字化转型有效提升了中小企业的专业化能力、需求对接能力和协作配套能力，较好地促进了制造业生态资源对接和产业链供应链分工；大型企业基于工业互联网平台输出自身服务能力，逐渐进入赋能中小企业阶段，大中小企业协作能力提升，大中小企业融通发展生态构建逐步完善；数字化转型可有效推动供应链金融等新模式新业态，扩宽中小企业融资渠道，提升中小企业融资能力。

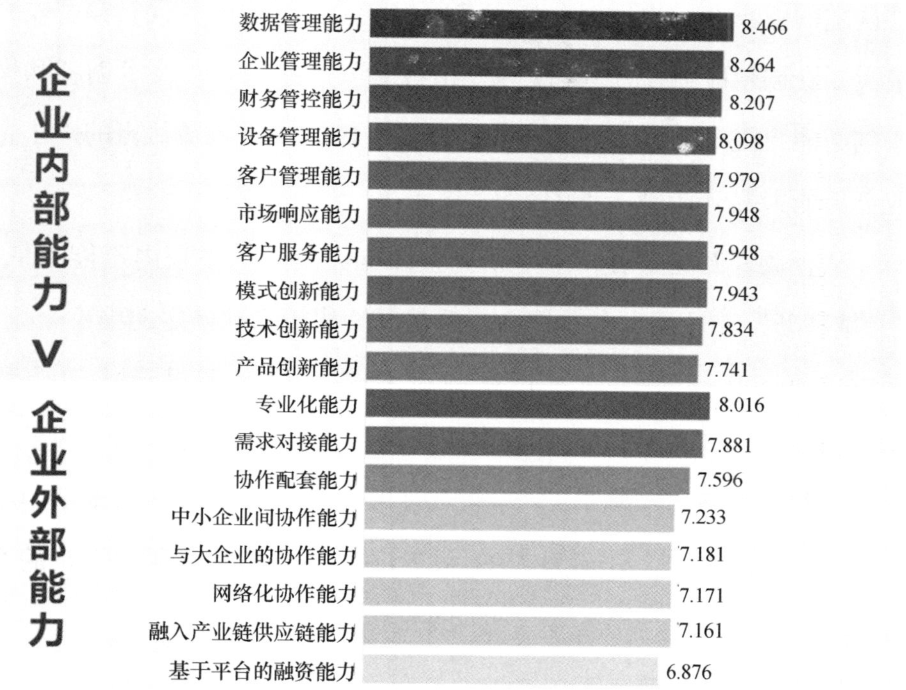

图8.6　数字化转型推动中小企业内外部能力

说明：颜色越深/柱形图越长表示能力提升越显著，满分为10.000分。

“专精特新”中小企业在各个能力维度的提升水平均优于未被认定的中小企业。从企业内部能力看，“专精特新”中小企业各维度能力提升水平均高于8.00（满分为10.00，下同），而未被认定的中小企业在数据管理、财务管控、设备管理等方面能力提升较优，高于8.00，其他维度能力提升低于8.00。其中“专精特新”中小企业数据管理能力提升8.60，明显优于未被认定的中小企业的8.31；“专精特新”中小企业财务管控能力提升程度位于第二位，提升程度高于未被认定的中小企业的8.01，在财务管控能力方面，两者提升幅度差距最大；在创新能力提升方面，“专精特新”产品创新、技术创新和模式创新能力提升显著，提升水平均高于8.00，优于未被认定的中小企业创新能力提升情况（见图8.7）。

从企业外部能力看，中小企业整体能力提升水平较内部能力低，“专精特新”中小企业各项能力提升情况均优于未被认定的中小企业。其中，数字化转型推动专精特新企业专业化水平提升成效凸显（8.33），远高于未被认定的中小企业的7.97。基于工业互联网平台的融资能力提升幅度较小，“专精特新”中小企业和未被认定的中小企业之间差距不大，分别为7.07和7.06，基于工业互联网平台的产融合作潜力有待进一步激发（见图8.8）。

从政策支持保障来看，多重政策利好精准滴灌“专精特新”中小企业，“专精特新”中小企业迎来重大发展机遇期。2021年，财政部与工业和信息化部联合印发《关于支持“专精特新”中小企业高质量发展的通知》，指出要“促进数字化网络化智能化改造，业务系统向云端迁移，并通过工业设计促进提品质和创品牌”。2021年11月，国务院促进中小企业发展工作领导小组办公室发布《为“专精特新”中小企业办实事清单》，从10个方面提出31项具体举措，其中包括“推动数字化转型”，打造一批数字化标杆企业，组织工业互联网平台和数字化转型服务商为中小企业提供数字化转型诊断服务和解决方案；组织开展智能制造进园区活动，面向“专精特新”中小企业开展

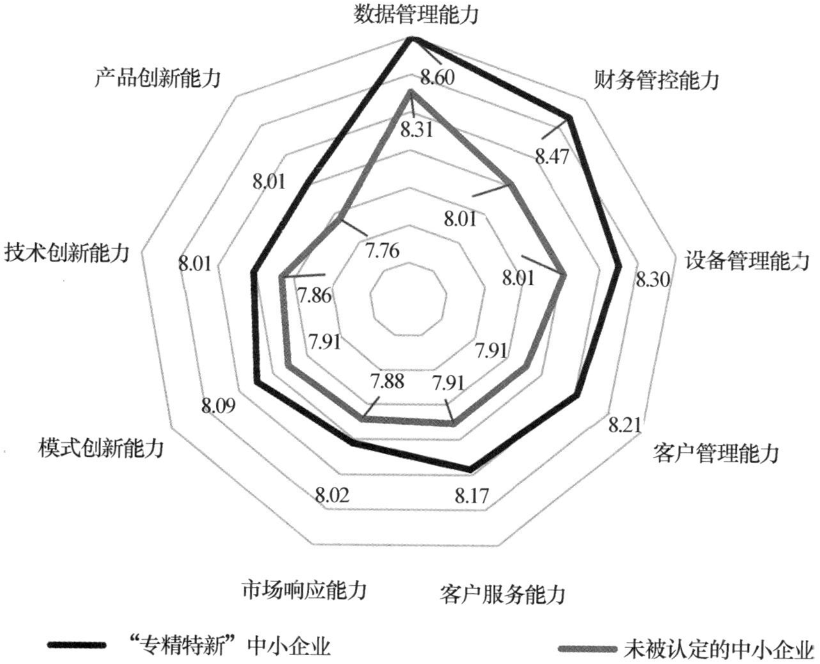

图 8.7　“专精特新”中小企业和未被认定的中小企业内部能力提升对比

标准宣贯、现场诊断和供需对接活动。各地积极出台支持包括“专精特新”中小企业在内的中小企业数字化转型支持政策。其中，作为工业大省和工业互联网发展高地，山东省于 2022 年出台《山东省“专精特新”中小企业培育方案》，为“专精特新”中小企业数字化设定量化目标，指出到 2025 年，省级“专精特新”中小企业数字化改造率为 80% 以上，国家级专精特新“小巨人”企业全面实现数字化改造；“专精特新”中小企业数字化应用率和业务系统向云端迁移率为

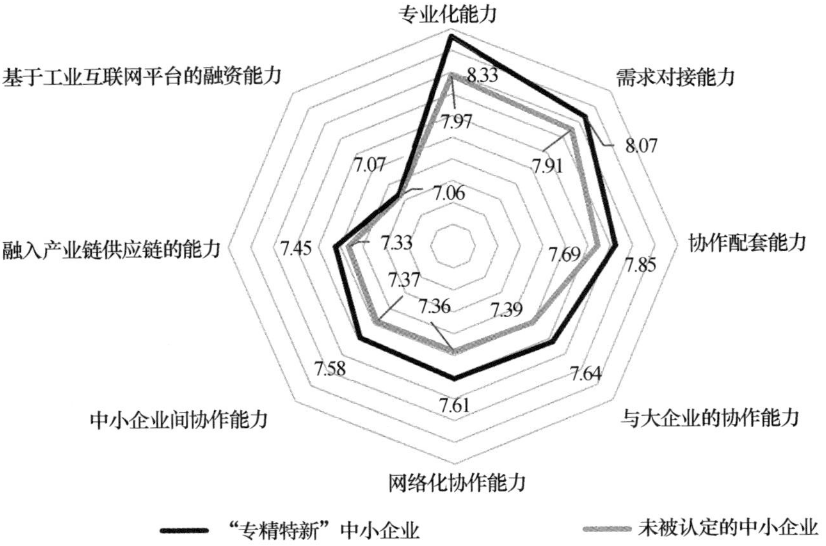

图 8.8 “专精特新”中小企业和未被认定的中小企业外部能力提升对比

80%以上。

从转型资金投入来看，“专精特新”中小企业现金流更加稳健，可用于投入数字化转型的资金更加充沛。一是“专精特新”中小企业整体利润率高于中小企业平均水平。根据工业和信息化部数据，面向1140家专精特新“小巨人”企业的调查显示，2021年1—9月，“小巨人”企业营业收入、利润总额同比分别增长31.6%、67.9%，比规模以上工业中小企业营业收入增速、利润总额增速分别高8.8个和35.4个百分点。二是“专精特新”中小企业利润增长势头更为明显。“专精特新”中小企业订单量更大、更稳定，经营成本持续优化，利润增长趋势向好。2021年，广东省“专精特新”上市公司中有10家净利润率增速超过100%，近一半企业增速大于10%。三是“专精特新”金字招牌吸引资本青睐。湖南专注于新材料的“专精特新”中小企业的管理人员表示，“专精特新”认证有助于增强企业信用背书，可以有效降低融资贷款和市场拓展中的不对称性。融资贷款和市场拓展带来资金和订单，又进一步推动专精特新企业发展壮大。

从企业发展战略来看，专精特新企业从“做成”向“做好”发展，“专精特新”战略驱动和中小企业数字化转型先行。数字化转型成效取决于企业数字化转型战略规划和实施应用实际。转型战略规划取决于企业自身情况和转型需求的梳理。“专精特新”中小企业处于中小企业领军梯队，对于其所处业务环境、转型方向和技术应用现状有更加准确的判断，更有动力和能力开展数字化转型。同时，“专精特新”中小企业经营管理者与产业前沿联结紧密，与业界先进经验交流频繁，具备更加前瞻性的数字化视野以及更为合理的数字化转型预期，可有效自上而下推动企业开展数字化转型。大型企业开展数字化转型，需要逐级做到全量全要素的实时随需的联结，需要跨越组织边界采集、打通并联结更多数据。“专精特新”中小企业与大型企业协作配套需求驱动其在与大型企业协同的环节率先开展数字化转型。根据中国工业互联网研究院面向5个地区684家上云上平台中小企业的调研数据，接近66%未被认定的中小企业开启转型时间小于或者等于3年，“专精特新”中小企业中该比例仅为55.88%，前者高于后面近10个百分点。

（四）专精特新企业数字化转型典型案例

1. 富创精密打造集成电路零部件离散制造新模式

沈阳富创精密设备股份有限公司（以下简称“创富精密”）是国内半导体设备精密零部件的领军企业，也是全球少数能够量产应用于7纳米工艺制程半导体设备的精密零部件制造商。公司主要产品应用的半导体设备覆盖集成电路制造中刻蚀、薄膜沉积、光刻及涂胶显影、化学机械抛光、离子注入等核心环节。创富精密是2021年认定的国家级专精特新“小巨人”企业。

富创精密的产品——集成电路关键设备零部件具有多品种、小批量、高精度、定制化、制造过程高度复杂的特点，与之相匹配的离散型制造模式对公司的管理能力要求较高。公司生产经营规模持续扩大、组织架构日益庞大，管理、技术和生产人员数量持续增加等因素对公司的管理层和内部管理水平提出了更高的要求。

2017年，富创精密启动实施智能工厂项目，通过两大核心举措推动形成集成电路零部件行业离散型制造新模式。一是多系统集成及改造提升。研发应用CAPP（Computer Aided Process Planning，计算机辅助工艺过程设计）、ERP（Enterprise Resource Planning，企业资源计划）、MES（Manufacturing Execution System，制造执行管理系统）、PDM（Product Data Management，产品数据管理）、APS（Advanced Planning System，高级排产系统）、DNC（Distributed Numerical Control，分布式数控）和 QMS（Quality Management System，质量控制系统），对企业现有装备进行改造提升及智能装备的引进，应用信息管理系统、三维仿真、工业大数据建模与分析等关键技术，实现总体设计、工艺流程及智能产线优化布局，提升生产效率，降低企业运行成本，缩短产品研制周期，降低产品不良率和单位产值能耗。具体为：实施 PDM 系统进行产品研发设计的数据管理；实施 MES 系统，实现生产数据采集、详细计划、质量管理等生产性业务，实现以计划为主线的生产全流程进度管控和质量管控；从 MES 或 ERP 系统中获取产品 BOM 信息、工艺信息等，进行计划排产和优化；实施全流程的质量管理流程，应用 PDM 系统和售后服务系统，提升产品全生命周期管控能力；实施数字化的可视化系统，实时反馈生产制造进度，实现移动端的车间管理，包括生产设备安全状态检测、作业人员安全管理、环保状态监测和紧急问题处置等功能。

二是搭建精密制造知识库。（1）搭建集成电路零部件精密制造知识库系统，主要由公共库、资源库和决策库三大部分构成，并将对应的数据资源进行结构化存储，通过接口输出至智能工艺平台，通过前台界面可实现资源的直接调用和工业方案的自动创建，以结构化数据输出结果，大幅提升工艺设计效率。（2）进行嵌入式定制开发，添加通用初始化、供需初始化、刀具库、后处理、工艺文件输出等模块，实现知识库管理关联的快速设计和自动生成，提升工艺设计质量及效率。（3）加工模拟仿真的定制开发。基于不同型号设备加工代码的仿真，在设计端进行设备实际运行风险预判，并通过程序自动进行工时精确计算。（4）完成一键工艺输出功能的开发，即后处理程序、工艺规程、刀具清单、装夹图等数据，通过一键输出接口自动传输至系统，自动创建结构化数据关系，完成流程发布后便可以支持现场应用系统的使用。

富创精密打通了销售、设计、工艺、生产、服务之间的数据链，基本形成销售与客户大数据、生产运营大数据两个大数据系统，以这两个大数据为依托改善企业经营产生实际效果，运营成本大幅度降低27%、产品研制周期缩短49%、生产效率提升23.63%、产品不良品率降低45.64%、单位产值能耗降低16.8%，公司的核心竞争力得到了显著提升。

2. 白马实业“1+1”数字化、智能化、绿色化计划

浙江白马实业有限公司（以下简称“白马实业”）是国内领先的园林工具制造商，主要研发制造引擎及锂电打草割灌机、草坪机、绿篱机、吹风机、链锯、多功能机等园林工具和智能割草机。白马实业是国家级专精特新“小巨人”企业、国家高新技术企业、浙江省隐形冠军企业。白马实业制订并实施了“1+1”计划，即实施1个智能工厂项目和1个RMA2智能割草机器人研发及产业化项目，围绕“产品智能化、制造精益化、经营数字化”三个重点方向，全面提升企业核心竞争力，打造规模大、有特色、有光明未来的园林机械及机器人企业。

白马实业主要通过三个方面举措推动数字化、智能化和绿色化。一是成立智能制造专项委员会。白马实业从各个部门抽选骨干成立公司智能制造专项委员会，并且制定了合理科学的项目汇报制度，定期跟进数字化转型项目进展，确保项目实施落地。二是推动智能产品研发和产业化。推动智能割草机器人 RMA20V 产品研发，加快关键领域技术成果的产业化应用，补齐国内草坪机动割草机领域的“短板”，推动产品在技术和市场上达到国际领先水平。三是建设锂电园林设备智能工厂建设，主要包括以下四个方面。（1）设计数字化：树立个性化和定制化的数字化设计思维，建设集成 CAD、CAE 等软件的协同设计平台，基于客户需求进行产品方案设计。（2）工艺数字化：应用设计仿真验证技术对工艺制造流程进行验证，提升研发效率，节约研发生产成本，降低次品率。（3）生产数字化：加强 PLM 和 ERP 系统数据集成，加快流程自动化数字化衔接，实现产品 BOM 自动派发 ERP 等功能；应用机器视觉等人工智能技术，实现在线监测和数据分析，及时优化工艺参数。（4）制造过程管控数字化：围绕锂电车间、引擎装配车间、金工车间、砂轮车间等进行物联网改造，对于设备和产线进行全面改造和升级；搭建集成 ERP、MES、PLM 等系统的一体化物联网平台，实现人员、设备、物料、产品等数据的采集、汇聚、展示和控制。

白马实业通过建立统一的数据平台和物联网平台以及建立工厂内部通信网络架构，实现了设计、工艺、制造、检验、物流等制造过程各环节之间的数据贯通，主要成效体现在以下五个方面：一是减少人工成本，车间产线自动化生产水平大幅提升，人工操作及干预有效减少，同比节约人工 20% 左右，每年节约人力成本 100 万元；二是降低设备能耗，搭建了全厂生产线设备精益管理平台，设备非必要的频繁启停和设备空载率大幅降低，平均每年节约生产成本5%，年节约成本约10万元；三是减少产品损耗，通过MES系统和PLM系统的实施，产品在线检测及追溯，极大降低了在制品的损耗和不良品率，减少了企业产品的损耗，综合每年约节省成本30万元；四是降低污染排放，通过在制品的检测及追溯，自动化生产设备和自动化生产线的改造提升，减少了工业耗材的产出和排放；五是提高产品质量，通过MES质量检测及产品追溯系统的应用，PLM系统对产品全生命周期及生产过程的管控，使不良品率实现了有效降低。

3. 奥凯种机以数字化转型创新制造和服务模式

酒泉奥凯种子机械股份有限公司（以下简称“奥凯种机”）是一家集科技研发、产品制造、市场营销于一体的现代化种子、粮食、农副产品深加工机械装备制造企业，于2021年被认定为国家级专精特新“小巨人”企业。

奥凯种机通过智能检测、装配、物流、仓储等核心技术装备的集成应用以及各类自动化系统与信息系统的集成，构建数字化车间，实现钣金加工智能检测、智能仓储物流，并通过生产大数据的分析，大幅提升了生产效率提高了产品质量，缩短了产品交付周期，降低了生产能耗。具体举措如下。一是推动传统制造方式向智能化生产和柔性化制造转变。在生产制造环节，通过MES系统进行车间作业优化排程，降低生产等待和浪费并提高设备利用率，通过建设钣金自动化产线，提升生产过程标准化程度，降低产品品质对员工技能水平的依赖；在仓储物流环节，建设自动化立体仓库和以 AGV 为主体的智能物流系统，实现物料精准定位，提升仓储管理和物流管理效率，降低相关人力成本，提升员工工作体验感。二是构建“企业管控、实施运营和创新合作”的创新服务模式。搭建 OA 协同办工综合管理平台，完善企业人力资源数字化管理系统，推动 PLM、PDM、CAPP、ERP、MES 等系统进行数据传递与集成，实现生产经营一体化，降低运营成本 28% 左右。三是创建专家服务团队和产业融合协同发展模式。联合科研院所、高校、企业内专家，创建种业行业创新战略联盟，建立种业装备专家工作服务团队，推动学术界、科研界和产业界优势互补和资源共享，提升生态整体能力，共同推进种业装备行业发展。

三　数字化转型推动中小企业“专精特新”化发展

（一）深化产业协作配套，提升中小企业专业化水平

数字技术推动生产资源要素实现平台化汇聚，为中小企业聚焦细分领域并融入协作配套网络提供有利的外部条件。数字技术赋能中小企业更便捷、更安全、更广泛地对接订单、原材料、人才、技术、产能等资源，降低其专业化经营不确定性，提升产业链供应链分工精细化程度和稳定性。据中国工业互联网研究院调研数据，数字化转型推动中小企业专业化能力和需求对接能力提升显著，提升幅度分别为 8.02 和 7.88，处于企业外部能力提升前两位（见图 8.9）。

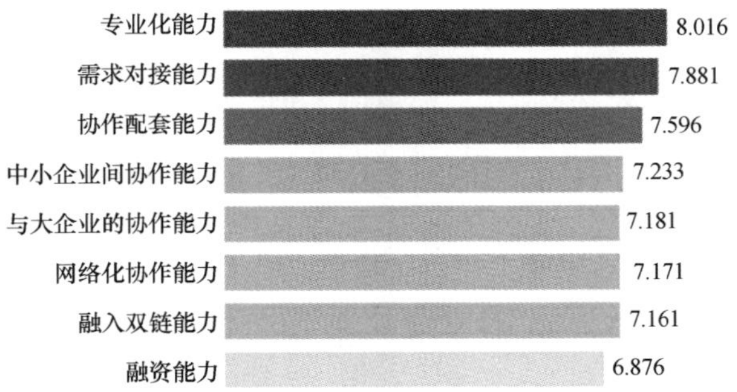

图 8.9　数字化转型推动中小企业外部能力提升情况

随着转型由探索起步阶段向深度应用阶段推进，中小企业的需求对接能力水平由 7.45 增至 9.02，专业化能力水平由 7.52 增至 8.95，协作配套能力水平由 7.19 增至 8.60，数字化转型对于中小企业专业化水平提升作用不断增强。同时，随着数字技术赋能中小企业数字化转型范围拓展，数字技术对于企业分工协作促进能力越强，中小企业专业化发展水平越高（见图 8.10）。

图 8.10　分阶段数字化转型推动中小企业外部能力提升情况

案例：阿里云助力广东小家电产业集群中小企业数字化转型

广东省是中国制造大省和全球重要制造基地，拥有超过400个产业集群和专业镇。广东省高度重视以产业集群数字化转型推动中小企业数字化转型。2019年，广东省出台《广东省产业集群工业互联数字化转型试点工作方案（试行）》，并启动了第一批集群试点；2020年印发了《广东省工业和信息化厅关于组织2020年特色产业集群数字化转型试点工作的通知》；2021年，《广东省人民政府关于印发广东省制造业数字化转型实施方案及若干政策措施的通知》；2022年，出台《广东省产业集群数字化转型工程实施细则（2022年）》，加快推进以“工业互联园区+行业平台+专精特新企业群+产业数字金融”为核心架构的新制造生态系统建设。

以顺德和中山为代表的小家电产业集群开启了数字化转型之路。阿里云工业互联网平台通过搭建低成本、快部署、易运维和可集成的云端数字平台，帮助中小企业聚焦自身专业环节，提升产业集群生态资源对接能力，助力中小企业找准生态位并发挥专业优势做强做优。其数字化赋能实施路径主要为：协同设计，中小企业可以通过工业互联网平台对接第三方设计平台或者直接对接设计方，赋能不具备设计能力的生产制造型中小企业以低成本的方式获取高质量的设计方案，中小企业可以充分发挥自身优势，通过平台实现“短板”资源对接，还可以降低设计成本50%—80%；协同制造，通过数字化转型连接中小企业内部生产与外部供应链，实现供应链高效协同，提升交货准确率近20%；通过集成电商平台与工厂平台，实现数据驱动的以销定产，提升中小企业库存周转率近30%。

（二）激发数据要素潜能，助力中小企业精细化运营

通过应用大数据、云计算、人工智能、区块链、物联网等数字技术，中小企业可逐步实现业务流程自动化、生产制造精细化和管理决策智能化，有效激发数据要素潜能，降低中小企业内部控制成本，推动中小企业提质、增效、降本和降耗。比如，在采购环节数字化方面，根据埃森哲数据，按照采购物料成本占销售产品成本55%为前提计算，采购费用下降1%的利润贡献大致与销售额提高12%—18%相同。

案例：海南赛诺数字化改造成效显著，生产控制精度达行业顶尖水平

海南赛诺实业有限公司（以下简称“海南赛诺”）是从事BOPP薄膜、功能涂布薄膜（即双向拉伸聚丙烯薄膜）、激光全息防伪膜研发生产的技术密集型企业。海南赛诺围绕实际发展需求，引进了一些配套设备和系统，与产业链、供应链上下游企业和客户建立数字化管理系统，开发符合企业个性化需求的数字化系统等，推动了生产制造、能耗监测、运营管理、安全保障等环节的数字化改造，取得了显著成效。

具体举措包括：（1）生产制造环节：引进西门子生产控制系统，工作人员可以在中控室查看现场生产数据和设备使用情况，实现远程监视和现场远程控制；引进产线数据采集系统，实现电机电流、震

动、温度等，烘箱温度、风量等，薄膜的张力、压力、松紧度等重要参数的采集、分析和处理；（2）能源管理环节：依托云集系统实现重点能耗设备的能源利用情况实施动态监测，基于能耗数据进行统计分析和诊断，规范和优化企业节能减排工作，提升能源利用率；（3）安全保障环节：引进海康威视监控系统，一是对生产危险区域进行监测，在员工进入危险区域后自动报警，二是对于员工安全防护措施进行检查，如果没有满足佩戴安全帽等安全防护要求，系统则会自动报警；（4）经营管理方面：引进 ERP 系统，汇聚生产资源计划、制造、财务、销售、采购、物流等模块数据，管理层可实时查看数据和决策，企业经营管理快速反应能力有所提升。

数字化改造有效推动海南赛诺产能提升至原有产能的至少三倍，产品能耗降低 50%、损耗降低 50%，生产控制精度、产品性能及生产技术达到国内领先水平。

（三）强化差异发展战略，构筑中小企业特色化优势

一是特色化知识管理，工业 App 等数字工具有助于中小企业实现企业专有知识数字化管理，推动独特工艺、技术、知识等数字化传承。二是差异化品牌建设，中小企业可基于数据发掘大企业尚未覆盖或无动力覆盖的空白细分市场，充分发挥灵活机制优势，制定差异化竞争战略并提供特色化产品服务，打造自身品牌和影响力。三是个性化产品服务，客户管理服务数字化帮助中小企业精准识别客户需求并

提供针对性产品服务，助力客户体验感提升和价值创造，推动高质量发展成果共享。

案例：葆德科技以数字化转型落实“以用户为中心”发展战略

广东葆德科技有限公司（以下简称“葆德科技”）创立于2010年，主营空气压缩机，集研发、生产、销售及互联网于一体，所有空气压缩机均可使用葆德云系统进行数字化管理，实现工业领域的“人机合一”。每台机器每隔1分钟就会将排气量、压力温度等关键数据自动上传到“葆德云”进行实时监测。借助“葆德云”，葆德科技实现从“卖设备”到“卖服务”的转变。葆德以用户为中心进行企业数字化、智能化转型，打开了一条可持续发展新路。

具体措施如下。（1）率先应用物联网链接传统设备：葆德科技和星物联团队合作研发了一款可以监测设备的故障反馈信息系统。当设备出现故障时，售后团队会及时收到一条简单的手机报障短信。这项远程检测功能，使得企业的售后服务在市场上大受欢迎。葆德科技之后把传统的工业行业与互联网相结合，自主研发“葆德云”工业互联网平台。将工厂、服务商以及空气压缩机终端用户联结起来，使所有空气压缩机均能在“葆德云”通过物联网技术与互联网进行数据交换，实现数据上云、服务上云、知识上云。在手机上可以随时看到任何一家客户公司使用的设备实时运转情况。葆德科技的客户也可通过系统在线一键报修，寻求售后服务。（2）“小名片”精准营销撬动大商机：葆德科技于2019年开发出“星云销”系统。一张电子名片，就能画出精准的客户画像，为销售人员提供精准的销售建议，这张“小名片”就是数字化智能精准营销工具“星云销”。在“星云销”系统中，不仅能看到葆德科技的企业情况介绍、工厂 VR 实景，还可以获取葆德科技旗下所有产品的详细介绍，并与“小名片”所属员工实现在线交流。客户在“星云销”平台可以获得一站式购物体验。销售人员可以利用“小名片”的后台系统看到客户详细的浏览痕迹，通过算法对客户的浏览痕迹进行意向分析，及时对销售人员给出跟进提醒和销售建议。对客户精准抓取，形成预测订单，在供应链上就会促进精准制造，将供应与需求准确链接，节省企业开支。

葆德科技实现全链数字化后，企业管理效率及产品品质得到了大大提高；销售环节每年至少可节省数十万元印刷费，增加 2—2.5 个百分点的纯利润；实现订单生产、销售服务和售后服务的信息可视化和运作智能化，进一步推动数字化智能工厂建设。

（四）驱动关键创新突破，促进中小企业新颖化发展

“专精特新”的灵魂是创新。数字化转型有助于中小企业聚焦核心技术环节实现突破，基于数据实现产品迭代和新型产品研制，推动中小企业组织管理变革和商业模式创新。根据艾瑞咨询数据，低代码灵活度高，可覆盖中小企业 95% 应用场景，能适应中小企业功能快速迭代需求以推动创新落地。根据中国工业互联网研究院调研数据，整体来看，数字化转型推动中小企业数据管理能力、财务管控能力等提

升显著，中小企业模式创新能力、技术创新能力、产品创新能力有一定提升。随着中小企业数字化转型深入，中小企业三个维度的创新能力提升作用显著。其中，技术创新提升效果显著，技术创新和模式创新能力分别实现“⑨→⑧→④”、“⑦→⑥→⑤”的能力提升；产品创新基础水平较低，提升趋势较为缓和，实现“⑩→⑨→⑧”的能力排名提升。

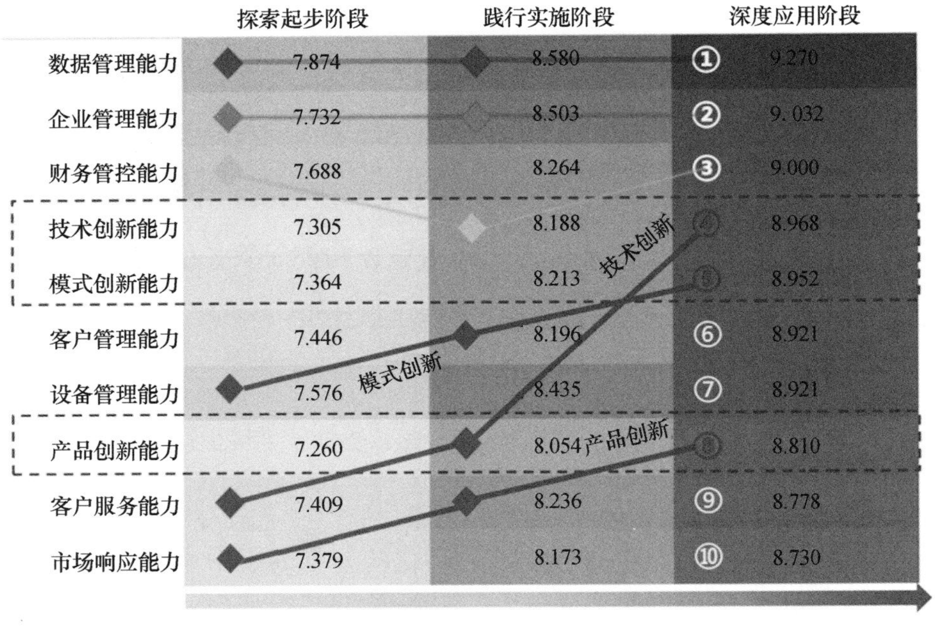

图 8.11　分阶段中小企业内部能力提升情况

说明：颜色越深表示企业能力提升越显著，满分为 10.000 分；“①……⑩”等数字代表同一阶段能力提升、降低排序。

案例：广州温伴以数字化转型开启“共享烘干”新模式

广州温伴新能源科技有限公司（下称“广州温伴”），主营空气能烘干机的制造研发。作为国内最早“触网”的空气能烘干机生产厂家之一，广州温伴将工业互联网引入行业内。经过4年的探索，温伴从原来的设备制造销售模式，转型成为烘干机智慧租赁平台：以低成本用上高科技节能烘干机，“延长”蔬果销售寿命，等等。在加强普通农户风险抵御能力的同时，增加经济收益。工业互联网的应用不但使温伴自身实现了商业模式的转型，而且通过价值链的延伸普惠了广大农民。

数字化转型推动广州温伴从传统的设备制造销售模式转变为烘干机智慧租赁平台，数字赋能模式创新，帮助果农低成本使用高科技节能烘干机，最大化果蔬价值，增强果农的抗风险能力和增加经济收益。

设备物联：2014年，温伴探索启动数字化转型，计划推动已经出售的烘干机联网，并掌握烘干机运行情况、客户使用习惯，更好地推动前端的产品迭代研发和后端的客户个性化服务。温伴选择了树根互联，共同开启烘干行业的工业互联网应用探索。通过接入工业互联网平台，温伴实现了对产品实时运行状况和设备健康数据等的“了如指掌”。

远程运维：农用烘干机体积十分庞大。过去，机器一旦出现故障，温伴都需要从广州派专人上门维修，差旅成本昂贵，运维压力巨大。利用智能远程监控系统反馈的数据，温伴可提前提醒客户更换零配件；设备发生故障，优先通过远程“看诊”判定“病因”，如要更换配件，可远程寄给客户。同时，温伴也将售后服务的“最后一公里”外包给当地空调维修网点，让他们上门安装配件。

大数据的“杠杆效应”：通过对设备使用数据的分析，温伴发现，由于农产品有特定的成熟期，大部分客户的设备每年都会有闲置期，且不同区域不同客户闲置时间不一。因此，温伴在树根互联的协助下，建立烘干机的租赁共享平台，让农民低成本租用成为可能，克服了设备价格昂贵买不起的难题。

知识共享：不同蔬果制成美味、健康又不流失“颜值”的干果有着不同的工艺，通过工业互联网，温伴掌握大量不同种类实物的烘干工艺参数，并生成工艺包。这样，即便是首次使用的农户，也可以直接选用工艺。这样的知识共享和复用，让每一个普通的农民能零门槛享受到科技带来的好处。

“共享烘干”模式创新激发广州温伴发展新动能。设备物联不仅可以快速地判断出设备的健康情况，而且全国各地的海量运行数据也为温伴产品的售后服务带来新的增长空间；温伴的售后团队从 8 人减少到 2 人，故障处理时间从过往的数天缩减到数小时甚至几分钟，极大地降低了运维的成本；租赁共享平台使得温伴从设备制造商，成为一家扶贫助农的服务型公司；利用温伴的工艺包，农民加工产品的效率提高 30%。

四　以数字化推动中小企业“专精特新”发展的挑战

（一）数字人才供给不足为首要挑战

数字化转型依赖人才驱动，人才是数字化转型的重要支撑。中国整体数字化人才资源较为匮乏。据统计，中国企业信息与通信技术员工占总员工比例为1%—1.5%，低于欧盟数字人才占比2.5%—4%。数字化人才少是大多数国家中小企业数字化转型中遇到的普遍重要挑战。根据日本信息处理推进机构2021年发布的报告，中小企业普遍缺乏完整的数字化人才培养体系，人才支持力度有待提高。其中“人才培养和保障”类别下“数字技术人才”一项，中型企业和小型企业自测平均得分均低于1.0（满分为5.0）。在德国，在员工数量100人以内的中型企业中，有35%的企业拥有信息技术专业人员；在员工数量为10—49人的小型企业中，这一比例仅为12%；德国79.5%的手工业企业是微型企业，员工数量不足9人，这类企业数量占比高且数字化人才短缺严重，企业整体数字化程度最低。

根据中国工业互联网研究院调研数据，数字化人才匮乏是中小企业数字化转型面临的首要挑战。超过75%的中小企业数字化人才占比小于20%，数字化人才占比为20%—40%（含）的企业占比为13.16%，占比为40%—60%（含）的企业占比为6.14%，数字化人才占比大于60%的企业不到5%（见图8.13）。整体来看，中小企业

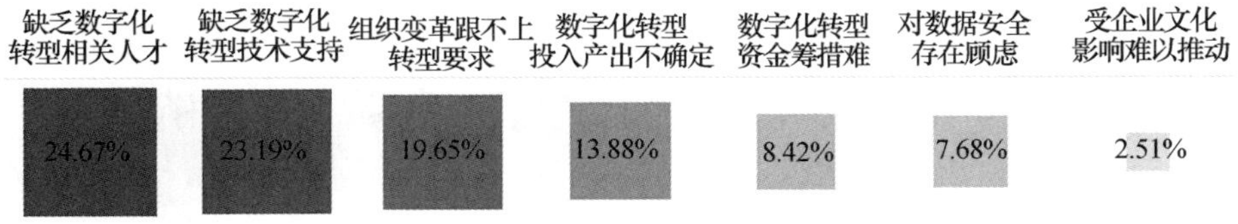

图 8.12 中小企业数字化转型面临多重挑战

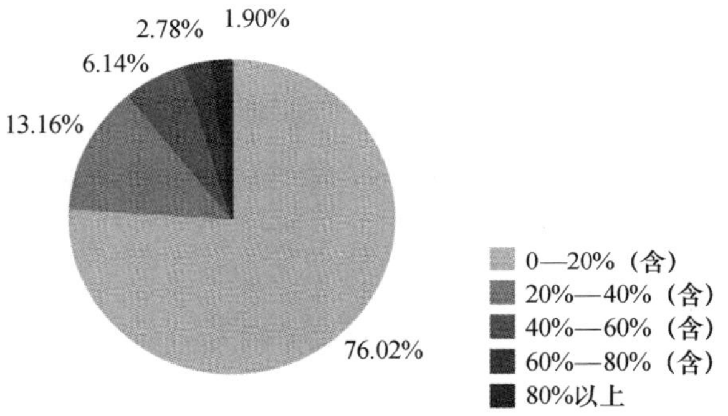

图 8.13 中小企业数字化转型相关人才占比

数字化人才资源稀缺，中小企业人员结构待进一步优化。在建筑建材、医药、食品、饮料等行业数字化人才匮乏问题较为严重。

基于调研数据分析，“专精特新”中小企业数字化转型面临的前三大挑战分别为数字人才资源匮乏、数据安全顾虑和缺乏应用指导。数字人才资源供给不足为首要挑战。73.72%被调研“专精特新”中小企业数字化人才占比低于（包含）20%，近九成“专精特新”中小企业数字化转型人才占比低于40%（见图8.14）。

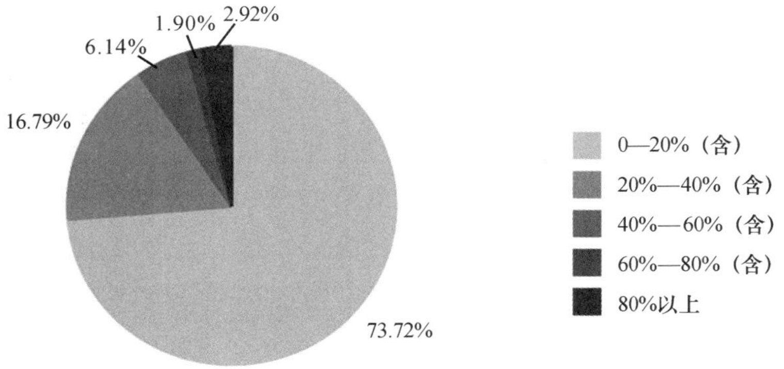

图 8.14　“专精特新”中小企业数字化人才占比

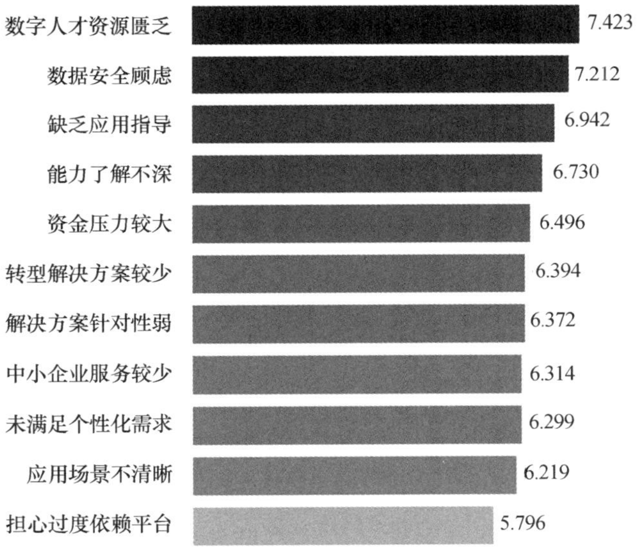

图 8.15　“专精特新”中小企业数字化转型挑战分析

（二）企业数字化基础水平较为薄弱

中小企业整体数字化水平较低，转型关键基础能力不足。根据中国工业互联网研究院面向684家上云上平台的中小企业调研数，从数字化转型相关指标来看，中小企业的数字化设备链接率、信息系统覆盖率和设备联网率均具有较大提升空间，超过60%中小企业数字化设备链接率低于40%，近50%中小企业信息系统覆盖率低于40%、设备联网率低于40%。根据《中小企业发展报告（2020—2021）》，中国约10%中小企业实施了ERP（企业资源计划）和CRM（客户关系管理）方案；约6%的中小企业实施了SCM（供应链管理）方案。

中小企业数字技术应用和组织形态变革等方面存在较大提升空间，需坚持“软硬兼施”原则，推动数据价值深度挖掘。技术应用方面，行业机理、工艺流程、知识经验等积累不足，数据功能和模型应用较为初级，数据质量和集成程度要求高的技术功能尚未普及。组织形态方面，根据中国工业互联网研究院调研数据，19.65%企业认为组织变革跟不上转型需求为数字化赋能首要困难，生产管理、运营管理和知识管理多依赖人工经验，业务部门与技术部门相互孤立，数字融合应用能力建设阻力大。

（三）数字化转型资金投入压力较大

中小企业利润微薄，“融资难、融资贵”问题尚未得到充分疏解，数字化转型资金投入存在较大压力。基于调研方式问答的文本分析，中小企业对于“资金”“补贴”关注最为密切，详见词云。从被调研的中小企业整体来看，处于探索起步阶段的中小企业整体资金压力最大，但对于财税政策支持的感知最低。普惠性财税金融政策亟须向更尾端延伸，不断提升政策渗透性。从“专精特新”中小企业群体来看，随着数字化转型深入，“专精特新”中小企业资金压力逐渐减小、财税金融支持感知力度逐步增强。其背后原因可能为“专精特新”发展战略和数字化转型共同推动中小企业获取并完成更多订单，形成更加健康、稳定和可持续的现金流，但探索起步阶段“专精特新”中小企业的资金压力最大，而财税金融支持力度感知较弱，亟须以探索起步阶段为切入点，推动更多“专精特新”中小企业实现数字赋能。

图 8.16　词云

（四）数据安全顾虑阻碍其转型深化

中小企业担忧数据安全，存在“不敢转”的问题。中小企业在使用工业互联网平台时存在“想用但不敢用”的问题。数据安全和网络安全顾虑主要来自治理层面和竞争对手企业层面。一方面，中小企业担心生产数据、财务数据被相关监管部门汇聚，进而影响企业生产经营效益。另一方面，中小企业担心平台将生产经营数据、生产工艺数据、研发设计数据等分享给竞争对手，导致商业机密泄露。

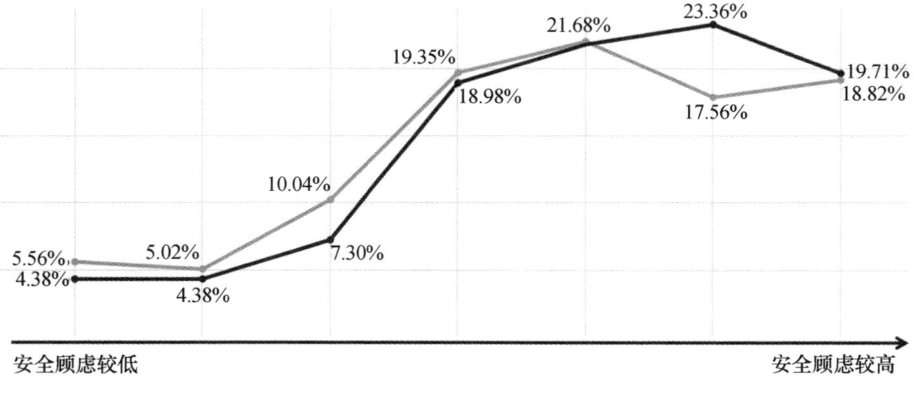

图 8.17　中小企业数字化转型过程中的安全顾虑对比分析

在数字化转型探索起步阶段，中小企业缺乏数据安全整体性思考，对于工业互联网平台数据安全顾虑水平较低。但随着数字化转型深入，中小企业数据安全意识觉醒，数据安全顾虑逐渐增强。在深度应用阶段，接近30%被调研的中小企业表示非常担心数据安全问题，整体数据安全顾虑水平较高。超过40%的“专精特新”中小企业存在较高的安全顾虑。“专精特新”中小企业的安全顾虑曲线相对于未被认定的中小企业“左低右高”趋势更加明显，即安全顾虑较高的中小企业占比高于未被认定的中小企业，而安全顾虑低的专精特新“中小企业”占比相对较低。

（五）中小企业数字化方案供给不足

中小企业数字化产品服务供给水平低制约中小企业数字化赋能深入。中小企业数字化转型需求碎片化、多元化，数字化解决方案提供商更有动力服务大型企业，服务中小企业动能低。目前，市场上普遍较多的是偏公有云和通用能力的平台商，面向特定行业、特定领域，直接面向制造企业应用场景提供服务产品的功能性平台数量依然有限，面向中小企业需求的转型解决方案数量少、针对性弱，可能存在市场失灵现象。

数字化转型服务商对工业一线缺乏足够的实践和理解，容易就技术谈技术，其解决方案没有与地方特点、行业特点、企业需求真正相结合，缺乏解决企业实际问题的能力。这导致了在面向特定行业或工业场景提供服务时，制造企业的业务要求往往难以得到满足，尤其是无力于解决企业的个性化需求问题，少有平台能够为中小企业提供一站式的解决方案。而广大中小微企业在实施数字化转型、选择工业互

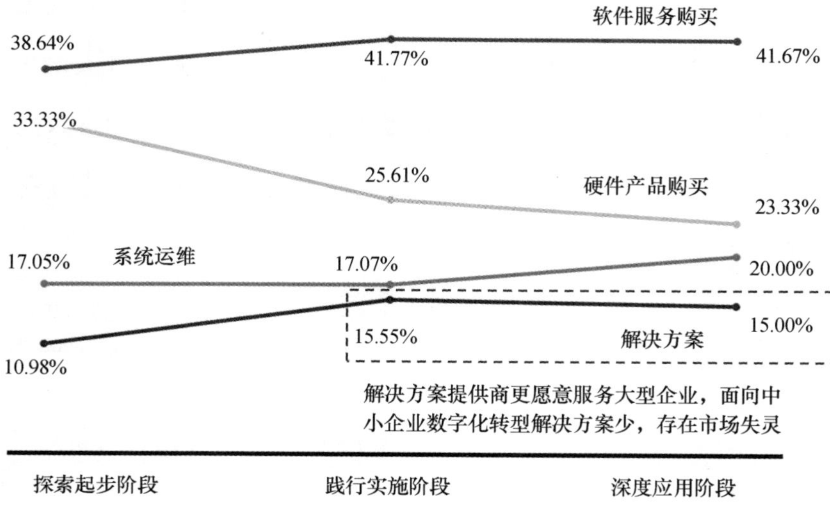

图 8.18　中小企业数字化转型资金投入结构

联网供应商时，普遍存在试错资金、时间成本及风险，又进一步放大了这一痛点。

（六）数字化转型发展环境尚不完善

从公共服务来看，处于不同数字化转型阶段的中小企业需求存在差异，比如，探索起步阶段的中小企业对于培训咨询需求较高，而深度应用阶段的中小企业则更倾向于资源对接活动，面向中小企业的多层次公共服务亟待构建完善。对于“专精特新”中小企业来说，数字化转型指导供给不足是阻碍其转型深入的重要因素。基于调研数据，

“缺乏应用指导”位列“专精特新”中小企业数字化转型诸多挑战中第三，亟须从市场和公共服务端增强中小企业数字化转型供给。聚焦面向中小企业的数字化转型公共服务，“专精特新”中小企业对于培训、咨询服务需求最高；随着转型的不断深入，“专精特新”中小企业对于资源对接和应用推广服务需求持续提升。

从发展生态来看，数字化产业链供应链和数字化生态待构建完善，资源配置效率仍有提升空间，未形成明显协同倍增和集群效应。从体制机制来看，中小企业担心数字化导致真实经营数据被管理部门获取，从而提高经营成本，亟须制定转型过渡政策，推动多部门协同，消除中小企业数字化顾虑。

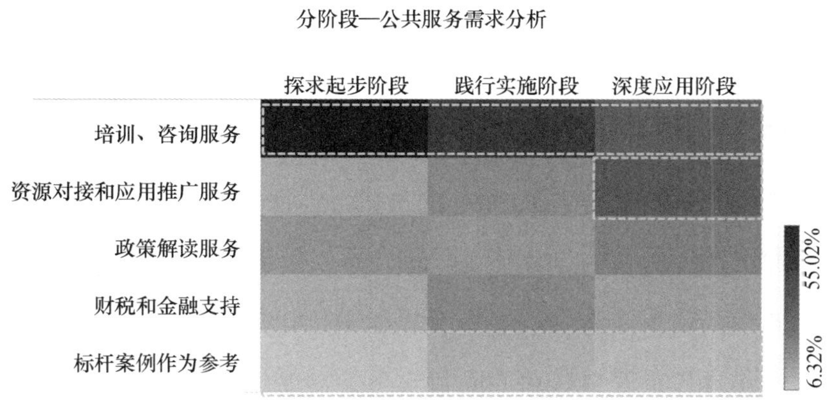

图 8.19　分阶段工业互联网平台公共服务需求分析

说明：颜色深浅表示同一转型阶段中小企业公共服务需求占比的大小。

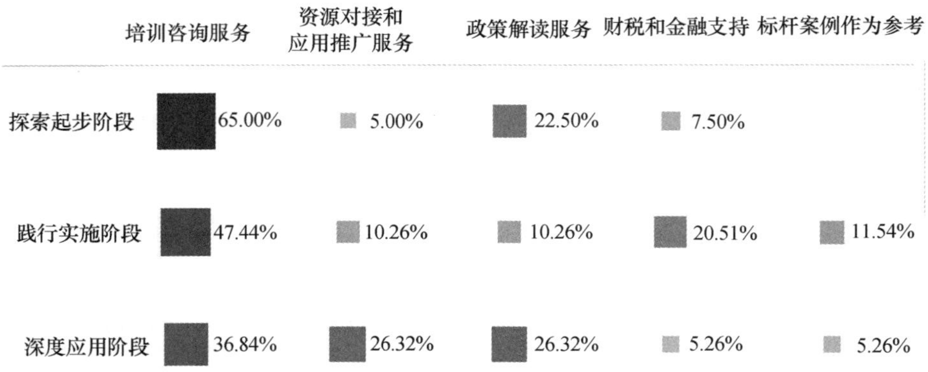

图 8.20　专精特新企业数字化转型公共服务需求分析

五　关于以数字化促进“专精特新”发展的政策建议

（一）弘扬企业家精神和工匠精神，培育复合型人才

弘扬企业家精神，鼓励企业家以“专精特新”为方向，聚焦主业、苦练内功、强化创新，推动企业成为掌握独门绝技的“单打冠军”或配套专家。建设面向中小企业的多层次数字化转型人才培训体系，开展中小企业经营管理领军人才数字化相关培训，推广企业“一把手工程”理念，搭建大型企业和中小企业数字化管理人才交流合作平台。发展数字化人才职业教育，鼓励引导中小企业自行组织或购买数字化转型培训服务，引导工业互联网企业和数字化转型服务商等加强数字化转型实践指导。鼓励中小企业员工参加大型企业跟班实训，实现数字化转型一线经验推广复用。

（二）深化数字化产品服务供给，加速技术普惠步伐

强化基础设施建设，推动工业互联网平台应用，提升普惠算力供给水平，鼓励“企业出一点、服务商让一点、政府补一点”，多渠道降低中小企业数字化转型门槛。深入开展工业互联网平台赋能深度行等活动，以平台进基地、进园区、进产业集群，推动“专精特新”中小企业上云上平台。鼓励工业互联网平台提供“低成本、快部署、易运维、强安全”的轻量化工具，加速培育高价值工业 App，加速工业知识经验沉淀封装，下沉数字化能力，助力中小企业解决转型难点痛点问题。创新发展基于工业互联网的普惠金融，创新中小企业信用评估机制，提升包括“专精特新”中小企业在内的中小企业融资能力。

（三）推动生态资源平台化汇聚，提升协作配套能力

发展壮大工业互联网产业生态。推动形成“大企业建平台、中小企业用平台”的协同发展机制，大企业基于工业互联网平台完善生产系统和管理流程，中小企业基于工业互联网平台以低成本、灵活的方式补齐数字化能力短板。鼓励和引导制造业龙头企业、工业互联网平台企业发挥核心作用，引进解决方案提供商、软件服务商、硬件提供商等，发展壮大工业互联网产业生态。推动建设专精特新特色产业园。

（四）强化财税金融等政策支持，构建创新发展环境

加强中小企业数字化转型公共服务体系建设，推动建设“专精特新”中小企业特色产业园，提升政策宣贯、转型评估、规划咨询、应用指导、需求对接等服务水平。建立完善数据确权、交易流通、安全保护等基础制度和标准规范，强化数字化转型安全保障能力。探索创新突破体制机制障碍，加强多部门协同，探索实施转型过渡期政策，稳定中小企业数字化转型预期，以机制创新助力“专精特新”中小企业数字化转型。

第九章

产业链大中小企业协调发展效应研究及机制创新

一　研究背景及现状

（一）政策背景

党的十九届五中全会通过的《中共中央关于制定国民经济和社会发展第十四个五年规划和二〇三五年远景目标的建议》鲜明提出，“十四五”时期经济社会发展要以推动高质量发展为主题。经济高质量发展离不开企业的高质量发展。推动大中小企业协调发展，有利于构建大企业和中小企业协同发展的产业供给体系，有助于提升中小企业专业化发展能力和水平，是践行供给侧结构性改革、推动经济高质量发展的重要举措。

2015 年 5 月，国务院正式印发《中国制造 2025》，这是部署全面推进实施制造强国的战略文件，是中国实施制造强国战略第一个十年的行动纲领。《中国制造 2025》中明确提出：促进大中小企业协调发展。强化企业市场主体地位，支持企业间战略合作和跨行业、跨区域兼并重组，提高规模化、集约化经营水平，培育一批核心竞争力强的企业集团。激发中小企业创业创新活力，发展一批主营业务突出、竞争力强、成长性好、专注于细分市场的专业化“小巨人”企业。发挥中外中小企业合作园区示范作用，利用双边、多边中小企业合作机制，支持中小企业“走出去”和“引进来”。引导大企业与中小企业通过专业分工、服务外包、订单生产等多种方式，建立协同创新、合作共赢的协作关系。推动建设一批高水平的中小企业集群。2015 年 11 月，国务院总理李克强在会见马来西亚工商界代表时讲到，大企业与中小企业协同促进是时代发展需要。大企业发挥旗舰作用，形成千帆竞发态势，需要有众多中小企业的配套服务，为大企业创新提供有力支撑。

由此开始，促进大中小企业协同发展成为国家关注的重点，与此相关的理念不断得到丰富和完善。2016 年国务院《政府工作报告》提出：“构建大中小企业、高校、科研机构、创客多方协同的新型创业创新机制。”同年，国务院办公厅发布《关于加快众创空间发展服务实体经济转型升级的指导意见》，鼓励将龙头骨干企业的优质资源引入大众创新创业。2017 年，国务院常务会议上，李克强总理在部署深入实施《中国制造 2025》的工作中明确指出，要加快建设工业互联网云平台和基于互联网的开放式“双创”平台，积极支持大中小企业融通发展、服务业与制造业有机结合，鼓励制造、电信、软件等企业跨界合作，发展网络化协同研发制造、大规模个性化定制、服务型制造等新模式。“制定相关方案和支持措施时千万不要只瞄准大企业，对中小企业要予以充分支持，促进大中小企业融通发展。许多中小企业通过大众创业、万众创新发展智能制造，已经成为推动制造业转型升级不可忽视的力量。我们要推动大中小企业融通创新，重塑创新合作的‘生态圈’。”《国务院关于强化实施创新驱动发展战略进一步推进大众创业万众创新深入发展的意见》，进一步提出“加快建设工业互联网平台，引导大型企业开展内部‘双创’，开放供应链资源和市场渠道，促进产业链上下游、大中小微企业融通发展”。此后，李克强总理又在不同场合多次阐述了大中小企业融通发展的内涵和重要意义，在全社会掀起了大中小企业融通发展的热潮，也使得这一实践从自发变为自觉，从现象变为机制。正如李克强总理所说：“中国大中小企业正在走一条融通发展之路，中小企业为大企业注入活力，大企业带动中小企业发展。”

2018 年 11 月，习近平总书记在民营企业座谈会中指出，中国民营经济已经成为推动中国发展不可或缺的力量，成为创业就业的主要领域、技术创新的重要主体、国家税收的重要来源，为中国社会主义市场经济发展、政府职能转变、农村富余劳动力转移、国际市场开拓等发挥了重要作用（习近平，2018）。强调了民营经济作为推进供给侧结构性改革、推动高质量发展、建设现代化经济体系的重要主体地位，明确提出要不断为民营经济营造更好发展环境，重点抓好六项政策举措，持续推动民营企业增强创新能力和核心竞争力，形成更多具有全球竞争力的世界一流企业。同年，工业和信息化部、国家发改委、财政部和国务院国资委联合印发《促进大中小企业融通发展三年行动计划》的通知，以大中小企业融通发展为突破口，坚持不懈地在提升中小企业专业化能力和水平、打造大中小企业融通发展生态上下功夫，不断推动民营经济和中小企业高质量发展。这是国家有关部委印发的首个专门针对大中小企业融通发展的文件，标志着促进大中小企业融通发展已经从理念倡导阶段进入实际推进阶段。

新修订的《中华人民共和国中小企业促进法》于2018年1月1日起正式施行，其中第三十九条规定，国家支持大型企业与中小企业建立以市场配置资源为基础的、稳定的原材料供应、生产、销售、服务外包、技术开发和技术改造等方面的协作关系，带动和促进中小企业发展。这为新时期开展中小企业工作提供了法律保障，对促进中小企业持续健康发展具有十分重要的意义。

（二）必要性分析

1. 大中小企业协调发展是建设“两个强国”的重要推动力

李克强总理在国务院常务会上强调：“大中小企业融通发展是中国的优势所在，促进制造业转型升级必须牢牢抓住这一优势。”近年来，许多中小企业在大众创业、万众创新政策的推动下，积极发展智能制造、网络化制造、互联网创新应用，通过走专业化发展道路，在细分领域积累了显著优势，已经成为推动制造业转型升级和互联网创新发展不可忽视的力量。大中小企业协调发展将中小企业的独特优势与大企业的深厚积累结合起来，构建了一种以创新转型为本的全新商业模式，不再单纯依靠廉价劳动力展开竞争，为“制造强国”和“网络强国”的建设提供了持续的推动力。

大中小企业协调发展既是打造双创升级版、促进双创上水平的重要措施，也是促进制造业转型升级、推动服务业与制造业有机结合、建设制造强国的重要手段，还是深入实施“互联网+”行动计划、加快建设工业互联网云平台和基于互联网的开放式双创平台、打造网络强国的重要途径。在当前的国际经济贸易格局下，建设“制造强国”“网络强国”离不开大中小企业的协调发展。可以说，大中小企业协调发展是深入贯彻实施多个国家战略的重要突破口，在多个方面对中国经济社会发展具有巨大改革和推动作用。

区域间的竞争本质上是产业链和产业组织体系的竞争，提高对全产业链的整合和融合能力成为企业和区域参与全球竞争的核心竞争力。在数字经济和第四次工业革命的共同推动下，具有较强专业化能力的中小企业在制造业转型升级和数字经济发展中的重要性不断提升，中小企业自身的专业化水平以及与大企业的协调发展程度已成为推动“制造强国”和“网络强国”建设的关键。

2. 大中小企业协调发展为中国经济高质量发展提供深层次动力

中小企业是中国经济发展的重要组成部分，推动大中小企业协调发展，有利于构建大企业和中小企业协同发展的产业供给体系，有助于提升中小企业专业化发展能力和水平，是践行供给侧结构性改革、推动经济高质量发展的重要举措。通过搭建平台、对接合作，整合要素资源促进大中小企业协调发展，既有利于发挥市场主体比较优势，推动生产资源、创新资源、人力资源的高效利用和跨界融合，深化产业链与创新链协同，也有利于推动发展要素、服务要素的优化配置，深化资源链与政策链的协调融合，合力为广大中小企业创造良好环境，催生新技术、新产品、新模式、新业态和新经济。大中小企业协调发展的核心是改变以往中小企业为大企业简单配套的供给关系，加速形成大中小企业共创共享、良性共生、多元发展的深度协同发展模式，是产业组织模式和产业创新模式的创新性变革，为构建高质量的供给体系、推动产业结构优化升级、实现经济高质量发展提供了重要的产业基础。

通过构建深度协同发展模式，一方面，大中小企业围绕产业链可以快速形成专业分工明确、生产过程紧密协作的深度协同发展关系，有利于培育和提升中小企业专业化发展能力和水平，激励和引导中小企业走专业化发展道路，加快锻造其核心竞争优势，增强其抗风险能力，构筑中国经济高质量发展的坚实微观基础；另一方面，大企业和中小企业基于自身优势构建的紧密合作、良性共生关系，有利于形成大企业顶天立地、多元发展，中小企业深耕细分行业、专精特新发展的产业格局，能够准确把握市场脉搏，深刻理解人们需求，加速构建以满足人们美好生活需求为核心的高质量供给体系，推动产品和服务供给有效满足人们更多元更高水平的新需求，将经济高质量发展落到实处。

3. 大中小企业协调发展是释放企业创新活力的重要方式

推动大中小企业融通发展，有利于释放企业创新活力、提升创新效率和效益，是加快形成大企业创新旗舰先锋、中小企业千帆竞发的协同创新态势、推动中国经济创新驱动转型发展的重要途径。大中小企业融通发展的典型模式之一即通过构建开放式、协同化、网络化的创新平台，实现大企业和中小企业围绕创新链的协同、协调发展。以开放式创新平台为纽带，将中小企业对市场潜在需求的灵敏嗅觉和快速响应能力与大企业在资金、技术、品牌、应用市场、前端供应商等方面核心资源优势结合起来，实现创新资源在大企业与中小企业间高效合理流动、创新能力在大企业与中小企业间叠加共享，从而提升企业创新效率和效益，释放整个产业创新活力。

通过大中小企业协同创新网络的搭建，一是激发中小企业创新潜力。中小企业充分利用大企业创新资源和技术积累，降低创新门槛和研发成本，有效分散创新风险，提高创新能力，加速创新成果转化，为中小企业创新发展插上腾飞的翅膀。二是释放大企业创新活力。大企业借力中小企业深入市场末端的敏感触角，快速识别创新需求和创新方向，并以较低成本获得在核心产品方面持续改进创新的能力，完成在新兴产业、前沿领域的提前布局，大大提升大企业创新效率，为大企业领航发展奠定坚实基础。此外，传统大型企业特别是国有大型企业的内部管理流程较为复杂，对开放共享创新资源、与中小企业开展合作造成了一定障碍。促进大中小企业协调发展将会推动传统大型企业创新组织方式、内部管理方式等进一步优化，有利于传统企业找到转型升级的方向，也有利于促进国有企业的体制机制改革。三是畅通创新转化和产业化渠道，提高产业创新效率。大企业和中小企业围绕产业核心、关键技术领域开展联合研发，既提高了核心技术研发的效率，又将大企业产业化能力与中小企业创新迭代能力结合起来，畅通并加速了从创新孵化到产品化、产业化全链条渠道，提高了创新成果利用率和收益率，全面激发和释放了产业创新活力，有力推动产业转型创新发展。

二 产业链中大中小企业协调发展形式及探索实践

（一）产业链中大中小企业协调发展形式

1. 基于产业链的协调发展

产业链涉及企业价值创造、供需关系、信息交流等多个维度，对整条产业链而言，表现在通过一系列有效措施实现产业链各环节企业之间的有效互动，使要素资源得到更优的配置，企业间得到更高效的合作，实现一体化运行。对某个产业链节点而言，节点上的企业能够有效获取发展所需要素、信息，与关联环节上的企业能够无障碍地进行对接。

《促进大中小企业融通发展三年行动计划》中指出，在推动大中小企业融通发展的过程中，需要深化基于供应链协同的融通模式，强调应构建大中小企业深度协同、融通发展的新型产业组织模式，提高供应链运行效率。推动建立联合培训、标准共享的协同管理体系；打造多方共赢、可持续发展的供应体系，带动上下游中小企业协同发展。

中国商飞 C919 大型客机的研发和生产过程就深刻地体现了这一点。在这架“中国的大飞机”诞生过程中，有 200 多家国内企业参与大飞机研制配套工作，9 家供应商打造机体结构，来自全球 6 个国家的 17 家海外供应商提供 14 个系统、38 个工作包。中国商飞 C919 通过对供应链的开放和管控实现数百万零部件协调生产和机载系统协调研制，极大地提升了研发和生产效率。

2. 基于技术链的协调发展

一项技术从研究到产业化需要经过技术原理构思、实验室研究、中试放大、商品化以及产业化发展五个环节，这五个环节需要不同机构、企业的共同参与才能完成。基于技术链的协调主要表现为，技术链上的不同机构、企业通过交流技术需求、共同研发、共享设备等形式进行技术成果的转化。在技术创新方面，打造产研对接的新型产业创新模式，提高产业创新效率，提升产业自主创新能力。鼓励大企业建立开放式产业创新平台，畅通创新能力对接转化渠道，实现大中小企业之间多维度、多触点的创新能力共享、创新成果转化和品牌协同，引领以平台赋能产业创新的协调发展模式。鼓励大企业联合科研机构建设协同创新公共服务平台，向中小企业提供科研基础设施及大型科研仪器，降低中小企业创新成本。鼓励大企业带动中小企业共同建设制造业创新中心，建立风险共担、利益共享的协同创新机制，提高创新转化效率。

随着数字化转型的推进与发展，基于技术链的协调还强调数据驱动。加速构建数据协同共享的产业数字化发展生态，提高中小企业获取数据、应用数据的能力，推动中小企业数字化转型。鼓励企业进一步完善数据平台建设，体现在云计算、大数据、人工智能、网络安全等领域。集成具有较好数据服务基础的中小企业，支持中小企业依托平台对外提供服务，通过共享平台计算能力和数据资源，扩大数据规模，强化中小企业品牌影响力。鼓励平台为中小企业提供数字化系统解决方案，支撑中小企业智能制造，引领行业数字化转型。

3. 基于资金链的协调发展

无论企业的生产经营对象是什么，实质上都是运用各种经营资本并使其不断增值，但企业在运营过程中难免遇到资金周转困难的问题，需要企业间通过借贷、担保、抵押等形式进行融资。鼓励大企业发展供应链金融，开展订单和应收账款融资、仓储金融等服务，帮助上下游中小供应商提高融资效率、降低融资成本。推动大企业以股权投资、股权质押融资等形式向中小企业提供专业金融服务。信誉良好的大企业可以在资金周转困难时期延期向中小企业付款，中小企业可以在贷款期间通过大企业担保等形式获得银行授信。

同时要充分发挥财政资金的引导带动作用。通过中小企业发展专项资金、国家新兴产业创业投资引导基金、中小企业发展基金等，拉动各类产业基金、社会资本，引导融资担保和再担保机构支持大中小企业协调发展。各地相关部门建立融通发展重点企业和重点项目的融资信息对接清单，金融机构增加融资供给。鼓励设立各类创业投资引导基金、风险投资基金，引导股权投资机构加大支持。开展小微企业应收账款融资专项行动，充分发挥应收账款融资服务平台等金融基础设施作用，推动供应链核心企业支持小微企业供应商开展应收账款融资。开展中小企业知识产权质押融资和专利质押融资。

例如，民生银行与伊利集团合作采取"核心企业1+N"的方式，伊利集团承担筛选合格经销商的职责，民生银行小微贷款为二级、三级经销商贷款授信，为上游的奶牛养殖和下游的经销商提供批量贷款服务，有效解决了乳业两端企业资金周转快、抵押物不足的问题。

4. 基于人才的协调

人才是企业创新和发展的根本保障，人才协调具体表现为企业间、校企间围绕技术、项目、市场等开展的人才交流、培养等活动，企业间可以互派员工到对方企业学习技术和管理经验，校企间可以通过委托培养、职业教育进企业等形式进行人才培养和交流。推动大企业与中小企业通过建立人才工作站、合作开发项目等方式开展人才培养使用的全方位合作。对小企业而言，可以使人才得到更为专业的培养，吸收更加先进的技术。对大企业而言，在与产业链相关的中小企业合作中，大企业往往可以接触到专业对口、经验丰富、可以直接上手工作的合适人才，这些人才往往是在一般劳动力市场难以寻求的。

例如，南京信息技术学院与西门子（中国）公司合作开创了人才培养模式，南京信息技术学院选派教师到西门子（中国）公司进行企业实践（加入公司工程师团队），西门子（中国）公司则按照“基础训练、仿真训练和实战训练”的“三段式”实践教学体系，帮助南京信息技术学院建立了西门子机电一体化技术实训室，培养出的学生可输送到西门子（中国）公司。

（二）探索实践

1. 北京市——开展“十百千万”双创能力培育工程构建企业协调发展新格局

未来企业的发展不是大鱼吃小鱼，而是大鱼小鱼共生共荣，国家高度重视这一发展趋势，并做出战略性部署，提出大力实施企业创新创业协同行动，发挥大企业的领军作用，支持大型企业开放供应链资源和市场渠道，推动开展内部创新创业，带动产业链上下游发展，鼓励大型企业全面推进双创工作，建设双创服务平台和网络，开展各类双创活动，推广双创的典型经验，促进大中小型企业协调发展。北京市国资委借助“全国‘大众创业·万众创新’活动周”平台，发布了十家大企业带动小微企业创新创业工作计划，围绕电子信息、航空工业、人工智能等领域，通过园区载体建设、平台产业链和市场资源开放、金融支持、全链条创业服务等多种方式，支持大企业开放供应链资源和市场渠道，共同发布带动小微企业创新创业工作计划，完善“以大带小”的创新创业环境，助力小微企业成果转化、市场开拓和商业模式创新。该模式将激发企业创新创业活力，有效促进各类企业互通有无、协调发展，让小企业“铺天盖地”、大企业“顶天立地”，加快形成首都“大企业带动小企业，小企业服务大企业”互动共赢的组合式发展格局。

2. 青岛市——依托大企业促大中小企业协调发展

青岛市依托大企业产业链龙头地位，通过资源共享和协同创新，促进大中小企业协调发展，政府注重引导海尔、海信、中车青岛四方、澳柯玛、红领等大型企业开展创业创新活动。其中，海尔集团的“海创汇”开启“人人创客”模式，被认定为国家小微企业创业创新示范基地，该基地以产业链为纽带，向中小企业共享产业资源和服务，通过建立统一的协同创新平台，以资源开放、需求对接、线下孵化等方式，共孕育了2000多家创客小微，打破了过去以企业为中心的大规模制造模式，让用户全流程参与到产品研发、制造等环节，成为智能制造企业可学习、可复制的范本。双向孵化，加快企业转型发展。大企业内部蕴含着无限的创新要素，外部有良好的创业氛围。相对于小微创业者的单打独斗，大企业以产业链、生态链的形式开展双创，可以最大限度发挥大企业在技术、人才、资金等方面的优势，大大激发大企业的创新活力，帮助企业打造生态链条，同时能大大提高中小微企业双创成功率。

3. 广东省——大型骨干企业与中小企业合作对接促进企业协调发展

2017 年以来，广东省经济和信息化委员会组织了多场大型骨干企业与中小企业合作对接峰会，涉及产业链、创新链等方面的多场专门对接活动。对接峰会不仅向社会和企业传递了推进企业融通发展的决心，更有助于解决大型骨干企业与中小企业供给、需求不匹配的问题，有利于发挥大型骨干企业通过整合各类要素资源在产业链中的主导作用，加强对产业链各环节的集成创新，带领中小企业建立优势互补、成果共享、风险共担的发展机制。峰会承办方广东省制造业协会作为政府与企业互动交流的省一级服务平台，今后将继续围绕大型骨干企业和中小微企业组织更多、更广泛的对接活动，扎实推进大中小企业间的深化合作，优化企业资源配置，为企业开展对接合作提供更优质服务。

4. 河北省——依托互联网平台公司促进企业协调发展

在政府部门的推动下，河北省的制造业企业与阿里巴巴有效连接，方便了企业间的供需对接。阿里巴巴 1688 平台上有近 10 万家河北企业，这些企业都是 1688 平台的核心会员，其中大型企业采购额每年近百亿元，河北本地的中小企业覆盖率 30% 以上。2018 年 3 月，由河北省工业和信息化厅与阿里巴巴联合主办的“首届大中小企业融通发展大会”在邯郸举行，大会以“促融通 · 冀未来”为主题，旨在汇聚千亿级大型企业采购商及上游产业链上的中小企业供应商，搭建大中小企业对话和链接平台。推动大中小企业融通发展，展现大型企业采购转型、服务需求升级的新要求。通过大数据能力的应用、采购供应链的打通，探索大中小企业融通发展的新路径，肩负着推动中国新时代、新经济、河北工业产业集群转型升级和创新发展。阿里巴巴在推动“互联网+”中小企业方面提供了很好的基础。以阿里巴巴1688大企业采购平台构建的供应链数字化工具、大数据、生态服务来推动融合，形成以大型骨干企业为依托，带动中小企业在技术、产品、业态等模式的创新，不断提高中小企业与大企业互动创新和协同制造的能力，通过供应链上下游使大企业和中小企业发生更多的化学反应（熊伟，2018）。

三 产业链中大中小企业协调发展与创新存在的问题

由于大中小企业的资源和能力在多层次、多维度上存在互补性，理论上能够通过一定的协作模式实现大中小企业的协调发展，达到企业创新效率和生产能力倍增的效果，但是在实践过程中，当下的合作方式往往是松散的、低耦合的，存在大中小企业之间资源不匹配、协作意愿不强、对接环境较差等方面的问题，本章将从上述方面对当前大中小企业协调发展中面临的问题进行阐述。

（一）供应链协同过程中存在失衡

供应链协同是大中小企业合作的常见模式，在这种模式中，大企业与中小企业主要是买方和卖方的关系，大企业将内部化的业务（产品或服务）以合同、企业等形式交给具备专业化优势、在某种产品上有特色的中小企业来完成。在这个过程中，通常会以供应链上的大企业所处的生产环节为核心，其他中小企业跟进配合，以实现产业供应链整体的竞争优势。

在这一过程中，由于大企业位于供应链上的核心环节，具有技术、资金、管理等多方面资源的优势，在与中小企业协作中往往拥有比较高的主动权和决策权，这可能会导致双方地位上的失衡，中小企业在与大企业合作时将会面临一些障碍，最终难以达到供应链协同“双赢”的初衷。

1. 议价权失衡

梅强和席国萍等（2011）在对江苏省中小企业专业化协作的调查过程中发现，有一半以上的中小企业在为大企业提供配套产品时会面临价格被压得比较低从而利润率很低的状况。这个状况的出现根本上来讲是由于协作双方地位的不平等，大企业在选择中小企业作为供应链协作对象时拥有更多的优先选择权，通常会开出低价或者高质量标准等条件来对中小企业进行筛选，因此在价格制定上大企业会具有明显优势。例如沃尔玛凭借强大的渠道优势与品牌优势与超过2万家供应商建立了长期合作关系，尽管沃尔玛能够带动合作的中小企业实现销售额的快速增长，但是同时它会对合作者提出比较严苛的质量要求和较低的进货价格，这会导致中小企业的利润空间被大幅压榨。尽管沃尔玛的低价策略为其打造了显著的成本优势，但是由于它过于挤压供应商的利润空间，使得供应商的利润降低、面临风险较大，最终将影响供应链协作的稳定程度。大企业在协作过程中具有较高的议价权，处于从属地位的中小企业往往只能选择接受大企业开出的不利条件，这是中小企业与大企业协作过程中难以避免的问题。

2. 生产任务有不确定性

对中小企业配套订单来源的调查数据显示：52%的企业订单都是来自其合作的固定企业，还有35%来自专业市场订单，这说明中小企业的大部分营收依赖于与大企业的合作。而大企业由于技术、资金、信息、管理等方面资源的优势，往往占据供应链中的核心生产环节，这意味着与之合作的中小企业需要配合其生产计划来安排自己的生产任务。在这种情况下，如果大企业的需求不稳定，那么将会导致与之协作的中小企业订单工期不规律。除此以外，大企业在挑选供应链协作伙伴时具有更大的选择权和更广的选择面，因此大企业可能会随时寻求更有竞争优势的中小企业，一旦优于目前协作的中小企业就会立即更换，这也会导致中小企业的订单出现较大波动，大大增加了它们生产任务安排的难度。

3. 业务上对大企业过度依赖

由于中小企业自身资金、技术、管理、市场等方面存在不足，在供应链协作关系中也处于弱势地位，因此其在协作过程中往往形成过度依赖大企业业务订单的现象。在这种情况下，一旦大企业经营不善，业务量的锐减会直接影响与其协作的中小企业，尤其是对于那些来自大企业订单占总订单比例较高的小企业，营收将会受到较大影响，甚至会因为这种冲击而倒闭。另外，除了营收上中小企业对大企业存在依赖，在具体业务上中小企业往往是依附于大企业的。中小企业由于一般不直接面对最终市场消费者开展经营活动，长期较为单一地与大企业合作会导致自身的经营能力逐渐下降，对于市场风向和需求定位会更加困难，没有办法很好地开拓市场，产品产销不对路，在失去了大企业的支撑后，中小企业将难以迅速展开新的市场战略。例如，福昌电子作为深圳的明星企业，与当地数百家供应商保持合作关系，2015 年由于公司资金链断裂而停止生产。破产声明发布后对当地的中小电子零件供应商造成了很大冲击，上百家供应商聚集在公司门口追讨货款，不少小企业也因资金链周转不过来而随着福昌电子的倒闭而倒闭。中小企业对大企业的高度依赖将大大降低风险分散能力，当大企业遇到困难时很有可能被波及。

（二）产业链融通创新不通畅

党的十九届四中全会审议通过的《中共中央关于坚持和完善中国

特色社会主义制度、推进国家治理体系和治理能力现代化若干重大问题的决定》指出要建立以企业为主体、市场为导向、产学研深度融合的技术创新体系，支持大中小企业和各类主体融通创新。但是上海市科学学研究所对科技型中小微企业开展的调查结果表明，目前大中小企业融通创新格局仍然没有形成，且面临一定的差距和困难。要想实现大中小企业融通创新的畅通，主要需要实现创新要素流动、知识动态共享以及创新成果转化。

1. 在创新要素流动方面

当前上下游企业的创新缺乏联动，中小企业与大企业合作的机会比较少，而且尚未建立较为有效的信息服务平台，双方的创新需求与创新供给难以有效匹配。另外，部分科技平台企业依靠数据、技术和规模优势，形成了市场垄断地位，一方面这将会吞占中小企业创新发展的资源、技术、资金等各类资源；另一方面会打压其他企业进行创新的动力，从而影响整个市场创新活动的发展。创新要素流动作为实现融通创新的重要基础，在这一过程中，往往会受到创新主体“利己主义”趋向的影响而导致难以建立大中小企业间各类创新要素的畅通流动。创新链要完成由研究投入最终实现市场价值的过程，所有创新主体必须在发挥自身功能价值的同时朝着相同的目标实施经济行为，如果创新主体仅仅希望自身利益得到实现，创新主体间缺乏有效的利益分享机制和风险分担机制，那么它们就会缺乏协同创新的动力，这将导致创新要素难以在不同主体与不同区域间自由流动，抑制创新资源的有效利用，降低协同效应。

2. 在知识动态共享方面

跨主体知识库的建立仍未成型。根据知识创新观，任何创新本质上都是对知识的创新，企业创新绩效的高低很大程度上受其知识水平影响。企业从外部获取所需技术知识后，可以通过借鉴外部先进经验与技术对自身产品进行改进或流程变革，从而促进产品不断创新，尤其是干系人间的知识共享将会解决企业遇到的关键知识问题，促进创新思想的产生。但是当前在实现大中小企业知识动态共享上，还存在一些障碍。首先是缺乏增强大中小企业间互信的有效机制，中小企业由于自身资源积累有限，难以获得企业快速扩展所需要的创新资本和创新人才，其创新知识的获取和积累难度较大，因此它们可能会担心知识共享后自身核心技术的外泄，而大企业创新资源充沛，知识储备丰富，因此它可能会缺乏知识共享的动机，这需要国家层面的政策支持和环境搭建。另外创新链的裂缝问题也会造成知识动态共享的不畅。创新链条各环节之间的联系和融合程度在很大程度上决定着链条的运转效率，并最终影响到整个创新系统绩效。当创新链裂缝问题出现时，跨主体的创新活动就会中断，知识就会在某一阶段中止流动，甚至导致创新活动的结束，最终影响到该项创新活动的产出。如果不及时填补“裂缝”，那么知识将无法动态地在大中小企业间传递和流动，创新链的发展协同性也会不理想。

3. 在创新成果转化方面

如果创新成果转化不够顺畅，就会阻碍创新引领战略的实现。一方面，当前大型龙头企业或者具有大规模的集团企业尚未建立成熟的创新创业平台以及技术转移中心，这样将会难以与中小企业、初创企业实现信息共享、成果转化对接、投融资服务，两者之间资本、人才、技术不能实现无缝对接；另一方面，目前还欠缺以价值共创、创新利益共享为核心的成果转化激励机制，显然大企业作为创新活动中的主力军在这方面具有更多的话语权，出于利己角度这套机制可能会有所偏颇，从而打压其他创新主体的创新活力。促进大中小企业创新成果转化畅通的另一保障是知识产权保护制度，然而当前这一方面仍然存在许多问题和真空地带，比如目前中国《专利法》涉及协同创新法律关系的规范较少，已有条款规定较为笼统，当在大中小企业进行协同创新时，其成果不仅难以按照相应贡献来进行利益划分，而且难以激发创新主体的创新活力。并且当前只对侵权行为规定违约责任和禁令的做法可能会导致效率违约，不能有效调动主体参与协同的积极性。再如目前发明创造新颖性的宽限期并未将协同创新的情况考虑在内，而事实上不同主体共同研究开发至出现科研成果相较于普通情形可能是一个较为漫长的过程。以上种种不足都可能会加重合作者的顾虑，阻碍创新成果的顺利转化，甚至催生“机会主义”。

（三）协作主体意愿不强

国务院总理李克强在多个场合指出，“双创”即小微企业生存之路，又是大企业繁荣兴盛之道，通过大中小企业协同发展，中小企业为大企业注入活力，大企业带动中小企业发展。但是目前这一格局尚未完全成型的原因之一就在于协作双方的意愿不强，要想解释这一情况需要从大中小企业协作的动机进行了解。

对于大企业来讲，它们愿意面向中小企业开放资源的原因主要有以下几点。首先大企业寻求同中小企业的合作是为了以较低成本获得问题解决方案。当大企业在自身发展过程中遇到需要攻克某项技术或者寻找某些解决方案的问题时，他们会以最经济的手段进行衡量是内部研发更优还是外部市场直接购买更优。当其内部研发条件或力量不足以攻克这些技术难题或者提供最优的解决方案，或者是内部攻克的成本过高、周期太长时，大企业往往会寻求有能力的中小企业开展合作，以联合研发或者直接购买的方式，请中小企业为他们提供能够满足需要的解决方案，以便通过最为经济的手段实现其目的。而通常大企业的科研力量往往会显著强于中小企业，并且内部的知识迁移也有助于大企业快速进行技术迭代。尤其是当大企业凭借资源积累逐渐拥有垄断优势的苗头时，内部解决方案的成本可能更会低于外购决策，因此大企业面向中小企业主动开放资源的动机就会进一步削弱。如何能在鼓励大企业发展并起到良好示范作用的同时保护中小企业拥有充足的发展空间将是解决这一问题的一大抓手。

其次，大企业面向中小企业寻求合作是为了获得已被市场培养和验证的人力资源。在与产业链相关的中小企业的合作中，大企业往往可以接触到专业对口、经验丰富、可以直接上手工作的合适人才。这些人才通常是在一般劳动力市场难以寻求的。因此在大企业与中小企业达成合作时，能够获取经过良好培训的有经验的对口人才是其合作动机之一。除了人才以外，大企业还能够通过吸纳中小企业整个研发团队的方式来壮大自身的研发力量，同时这种方式还能够解决知识产权归属问题。但是这种问题可能会产生虹吸现象，更为优质的资源逐渐向大企业靠拢，而失去核心人才或是核心研发团队的中小企业可能会失去自身的竞争优势而后继发展无力，同时可能会导致大中小企业之间的协作是短期的、暂时的，不利于打造稳定的协同发展格局，中小企业也难以实现可持续发展。

大企业与中小企业开展合作的另一重要动机就是在降低试错成本的基础上探索战略发展的新方向。当大企业的核心业务已经实现平稳发展或是增长乏力时，他们就会寻找新增长点来带动整个组织持续发展壮大。但是由于大企业内部层级结构较多，工作流程较为烦琐，审批存在滞后，对于市场的反应可能不够迅速，其自发产生新战略发展方向的可能性较小，进行新业务拓展的试错成本也比较高。在这种情况下，与产业链相关的中小企业进行合作来实现对于新战略、新市场发展方向的布局对于大企业来说最为经济有效。根据埃森哲一项针对中国、印度和美国共200家大企业的问卷调研显示，约有64%的受访大企业难以识别出共赢的合作机会，并且大企业缺乏合作动力的最大原因是顾忌到新技术与旧业务之间的利益之争，同时它们认为小企业的新战略思路可能与大企业的真正需求有所偏差，因而无法对小企业建立充分的信任。

相较于大企业的协作动机，中小企业的协作动机更强且更为充足，这是由于通常来讲大企业是资源的拥有方，而中小企业是资源的渴求方，因此它们在寻求合作上具有更强的积极性和主动性。为了进一步提高其协作意愿，应该进一步对其动机进行探讨，并打消其动机背后的顾虑，这样才能够将尽可能多的中小企业纳入协同发展的大网络中，从而提高产业环境整体的发展活力。

首先，中小企业与大企业达成合作是为了寻求产业资本。中小企业在融资方面往往会面对很大的困难，除了创投、银行外，通过大企业获得的产业资本是中小企业融资的另一主要来源。一方面，许多大企业会设立产业基金来投资与自身产业链相关的中小企业来作为自身发展的战略补充；另一方面，大企业与小企业在业务上的稳定往来客观上能够极大缓解中小企业的资金链压力，近年来供应链金融的推广及应用能够较好地帮助中小企业依靠流动资产融资将单个企业的不可控风险转变成供应链企业整体的可控风险，但是这背后需要解决两点隐患：一是依靠单一大企业的资本和业务可能会导致中小企业对大企业的过度依赖，一旦大企业出现经营不善的问题可能会使依附于它的中小企业受到较大冲击，如何实现大中小企业间关系网络的形成和建立是降低合作风险的关键问题之一；二是当前供应链金融的发展仍然在初级阶段，开展供应链金融业务的主体缺乏专项激励及容错机制，这会导致供应链核心企业配合推动供应链金融的主观积极性不足，并且当核心企业信用出现问题，风险易扩散至整个链条，引起大中小合作企业出现整体兑付危机。

其次，中小企业寻求与大企业协作是为了借助其研发能力。由于大企业拥有资金、设备、技术等多方面的资源，其在研发能力上相比中小企业具有明显优势，一般将会有更多研发成果和知识产权的产出和积累。理想状态下，大企业的丰富资源和中小企业的灵活机制相结合能够推动创新成果的迅速产出。中小企业作为资源渴求方，与大企业的顾虑相似，同样会担心技术溢出带来的问题。技术作为一种资源，具有溢出性，当中小企业与大企业进行创新合作时，它们会担心对技术的完全开放会损害自身的竞争地位。在现行专利政策不够完善的情况下，如果不能为技术共享和关键技术交换安排方面提供足够保障措施的话，中小企业在与大企业达成协作创新之前会陷入“囚徒困境”，倾向于选择保守商业秘密，降低合作创新倾向，最终选择独立创新。

（四）对接环境缺乏保障

大中小企业的协同发展过程中存在诸多需要沟通、梳理的环节，要想保证双方协作平稳顺滑地进行，当前双方的对接环境还不是很理想。

1. 欠缺专业服务机构

大中小企业在进行合作时，需要专业服务机构在中间充当桥梁使得整个过程更为顺畅。目前社会上专门服务大中小企业对接活动的专业机构较少，服务内容和手段比较贫乏，服务水平和质量也有所欠缺。由于大中小企业的协作通常都是由大企业进行主导的，目前市场上确实存在一些由大企业打造的卓有成效的协作平台。比如海尔、三一重工等，依托自身在技术、资本、品牌、供应商和销售渠道等方面的优势资源和能力，构建了资源开放共享的平台，为产业链上的中小企业提供孵化、投资、资源开放、品牌推广等服务，既实现了自身的创新发展，又培育了一批优秀的中小企业，实现了大中小企业融通发展。但是这些由大企业主导打造的协作平台通常都是围绕着大企业的需求和战略发展方向来构建的，这种情况下实际上是大企业对中小企业的单方面遴选，后者的诉求缺乏足够的表达和关注。尽管大企业与大企业之间的平台在功能上有较多重叠，但是彼此之间也是存在一定壁垒的，这种重复构建无疑会导致资源利用率的下降。因此衔接大中小企业协同发展的专业对接平台的建设是非常必要的，一方面，行业级的对接平台能够更好地考虑到中小企业的发展需要，缓解大中小企业在协作时的地位失衡问题，尽可能将更多的中小企业纳入协同发展的过程中；另一方面，这种平台将有助于行业整体的提升发展，避免大企业重复造轮子，通过对行业资源进行调度实现协作效率的进一步提升。

2. 配套政策尚未跟进

大中小企业的配套和协同发展并不能仅仅依靠市场竞争的优胜劣汰来形成，同时需要政策的引导和支持才能快速推动大中小企业的协同发展。目前相应的配套政策仍然有所不足，未能细化对应到大中小企业协作的具体环节和操作上。一是鼓励龙头企业发挥带头作用的力度不足。当前的政策主要还是偏向于扶优扶强，根据大企业自身的经营效益决定政策资源倾斜程度，而并没有将大企业的带动作用量化计入考核指标中，难以激发大企业引领中小企业创新发展与转型升级的动力。二是对中小企业的优惠扶持力度不够。尽管从中央到各地各省区市都出台了面向中小企业的优惠政策，但是目前这些政策并没有获得比较好的效果。一方面是政策理解难、兑现门槛高让中小企业难以及时获得政策帮扶；另一方面是政策协同不够好，政策兑现性价比不足使得这些优惠政策对于中小企业吸引力不足。三是缺乏从生态系统视角进行考虑的政策。当大中小企业能够协同发展时，政府检测其运行状态就不能从单个企业个体出发，而是要从行业生态系统的角度进行考核。因此政策制定需要从产业链网络完善度、研发协作能力、细分市场创造能力等角度进行考虑，而不能过度解读利润率或技术的先进性。

3. 相关法律规范有待完善

大中小企业的融通发展作为近几年的新型行动，将会是一个在不断试错中螺旋上升的过程，要想促进双方对这一活动的积极性和主动性，应当为其打造合适的制度环境，既能够激励双方不断探索新的合作模式，又能够及时为这种活动提供有效的救济手段。但是目前的法律制度环境仍然不够理想，这将会打消双方的协作积极性，目前的不足主要源于两大问题。一是监管的冗余度不够，这将难以促进大中小企业在协同发展上做出新的尝试。由于政府公共服务职能一般会优先保证公共资源的使用效率，在这种情况下企业的创新可能主要会以渐进式创新为主，而难以支持突破性创新的进行。这样不仅难以实现专精特新"小巨人"的培养，并且难以探索出更有效率的新协作模式。二是缺乏关于合作研发的法律规范，这种缺位主要集中体现在两个难点问题的模糊性上，其一是对合作研发中的"垄断"行为界定不清，并且未对紧密型研发联盟进行区分和特殊对待；其二是对合作研发成果的知识产权归属规定不细，难以覆盖当前多样的协作情况，这可能会导致机会主义的产生而降低双方合作的积极性。

四　产业链中大中小企业协调发展与创新不足原因分析

产业链中大中小企业协调发展与协同创新是一个多方参与的多阶段过程。作为一个系统性问题，除了需要根据行业特点和发展现状进行顶层设计，更重要的是对协调发展过程中的个体协作情况的把握。只有各方企业积极参与到协调发展进程中，并进行深度合作，从而使资源的利用效率最大化，拓展行业边界，形成跨界融合、协同创新的新格局，才能使得整个系统发挥协调效应，创造更大价值。然而，根据前文所述，产业链中大中小企业协调发展与创新仍然面临着供应链协同、融通创新、协作个体意愿、商业生态建设等一系列的问题，如何更进一步地认识这些问题，分析其原因、寻找解决问题的途径，是进一步促进大中小企业协调发展与创新的关键。基于上述分析，本节将应用管理学相关理论，从协作主体发展意愿和企业间深度合作的障碍这两个视角对产业链中大中小企业协调发展过程中遇到的问题进行原因分析。

（一）协作主体发展意愿——基于定位理论、博弈理论、社会网络理论分析

在大中小企业协调发展与协同创新过程中，存在着利益、目标、策略不同的多主体之间的相互关联。这种关联反映在利益共享、风险共担和企业发展定位等多个领域，体现出不同需求之间的博弈，当传统的理论方法和管理经验不能平衡或者协调不同主体、不同价值之间的利益需求时，就必然产生大中小企业协调发展过程中的个体意愿冲突和矛盾。根据前文分析，大企业与中小企业在协调发展进程中的参与动机存在差异，在现有的协调机制下，难以形成有效的资源与收益分配框架和制度保障体系，协同风险高，协作主体表现出意愿不高或者敷衍态度。为了更好地探究提升协作主体意愿的方法，本章将从企业定位、利益共享、风险共担三个视角切入，逐一分析顶层设计与个

体主观发展意愿之间以及各个主体发展意愿之间的矛盾，探索当前产业链中大中小企业协调发展与创新面临问题的原因，进而更好地构建协调机制，从而提升协作主体意愿，进一步促进大中小企业协调发展与协同创新。

1. 企业定位分析

顶层设计需要从国家战略和社会发展的高度对行业发展进行布局，进而推动和促进大中小企业间的协调发展和协同创新。为了形成系统协调效应，完成协调发展战略目标，大中小企业需要根据行业顶层设计调整自身战略定位，形成融通共享、协调发展与创新的新格局。但在实践过程中，协作主体拥有主观发展意愿，其个体的战略定位并不总是适应于行业整体发展需求的。如果不能准确认识行业顶层设计与企业自身战略定位之间存在的矛盾，就难以分析企业在产业链协调过程中所展现出的失衡问题。

波特在《哈佛商业评论》上发表“什么是战略”一文，强调“战略就是去创建一个定位”。基于波特的企业战略定位观，战略定位（Strategic Positioning）意味着竞争空间的选择，以及如何在一个竞争空间中通过优化价值链产生竞争优势（Michael，2004）。定位理论强调竞争位置的重要性，关注由外而内的竞争思路，其核心在于寻找并构建差异化的战略格局。不少企业在进行自身战略规划的时候，受到定位理论的影响，更多地思考外部竞争环境的结构，决策自身的战略定位。而当前产业链协调发展与协同创新的新格局要求不同企业通过优势互补、资源共享等方式加强协同合作，共同塑造一个更为健康的行业生态。从竞争到有合作的竞争，再到融通共享的新格局，企业需要不断调整自己的战略定位以及对行业整体环境的认识方式。在产业链协调发展初期，这种认识不足带来的阵痛与失衡的影响是巨大的。

在产业链协调发展实践中，国企改革实行“抓大放小”战略，积极响应国家产业链协同发展的号召，主动让出中小企业的生存空间，同时减轻自身发展负担，更好地实现了产业生态布局。然而值得注意的是，多数企业将协调发展顶层设计错认为是静止片面的定位分配。“大企业承担大企业的职能，中小企业填补大企业无暇顾及的市场”，这种错误的认知加剧了企业间的互动意愿降低，出现议价权失衡以及中小企业过度依赖大企业等一系列问题。与此同时，还有很多企业将协调发展顶层设计错认为牺牲或者让出自己原本的竞争位置从而成全大局，这更进一步加剧了协作主体意愿降低与协作失衡的问题。应当通过政策引导和激励机制的建立，帮助企业正确认识产业链协调发展是一种打破原有竞争格局的新型行业发展模式，企业应当跳出原有的竞争结构认知，进一步探索融通合作、跨界融合与协同创新，在构建行业生态的同时，提升自身的核心竞争力，打造更为协调平衡的合作机制。

2. 利益共享机制分析

大中小企业协调发展促进了跨界融合与协同创新，虽然各方比较容易达成协调发展带来的经济、社会和文化价值应该由生态内所有利益关联主体共享这一共识，但是当前尚没有明确的利益分配框架和相应的制度保障。根据博弈理论（Game Theory），博弈双方会根据自身利益最大化做出决策，并基于此猜测另一方行为，这往往会导致不合作决策，放弃系统最优决策，即陷入“囚徒困境”。一般来说，“龙头企业”需要发挥引领作用，带动中小企业发展，而在协调发展进程中，大企业担忧通过资源共享促进行业内其他企业发展，会反过来威胁自身的竞争优势位置，降低自身的议价权，而中小企业担忧大企业会侵吞自己的创新成果，或在合作过程中逐渐丧失自主权。如表 9.1 所示，在价值共享场景下，双方共享利益，则各自收益增加，系统收益最大；双方不合作，则各自收益为 0，系统收益为 0；一方共享，一方不共享，则共享方收益受损，不共享方收益最大，系统收益增加。根据纳什均衡博弈理论，最终双方会放弃合作。也就是说，在没有更高一层协调机制保障的前提下，仅依靠企业在实践中自行衍化出的利益分配机制，很容易使大中小企业陷入“囚徒困境”，放弃合作。

表 9.1　　价值共享场景下的博弈问题示例

		企业 B	
		共享	不共享
企业 A	共享	（+1，+1）	（-1，+2）
	不共享	（+2，-1）	（0，0）

在协调发展实践进程中，大中小企业的融通合作格局由于企业合

作意愿低而难以形成，或者企业间仅达成了表面合作状态，实则貌合神离，并没有深层的协同共享行为，这背后的逻辑正是博弈理论所描述的“囚徒困境”，在没有外界影响或者透明有效的信息沟通渠道的情况下，博弈双方必然无法从全局最优的视角出发进行决策。因此，不能依赖企业自发融入协调发展进程，而是通过顶层设计建立起包含标准、责任、评价、共享和可持续性等要素的利益共享协调机制，保障大中小企业在协调发展过程中的利益能够得到公平分配，从而摆脱“囚徒困境”，提升企业协作意愿。

3. 风险共担机制分析

在供应链协同程度加深、产业链融通创新过程中，随着产业链中企业合作广度和企业间合作深度的不断增加，企业间的关系会变得比以往更为紧密。社会网络理论（Social Network Theory）研究既定的社会行动者所形成的一系列关系和纽带，将社会网络系统作为一个整体来解释行为，可从宏观层面探究包括企业间关系、组织联盟、网络治理等内在的问题。社会网络理论的研究表明，与正常的网络关系相比，富有嵌入性的社会网络关系，因行动者的高度信任、频繁的信息交互和较强的问题解决能力而更强劲有力。而这种高嵌入性的协作伙伴关系，需要在一个战略框架协议下，实现信息透明、收益共享和风险共担。在这三个目标中，最为关键的目标是信息透明，信息是一切决策合理性的基础，而收益共享和风险共担则是信息透明的前提。前文进行了收益共享机制的相关分析，值得注意的是，在产业链协调发展与协同创新的进程中，收益的产生往往伴随着风险。而非对称风险的存在，则会在很大程度上打击企业协作的积极性，降低高风险承担方的合作意愿。只有秉持着风险共担的基本原则，处理产业链协调发展于协同创新进程中面临的各种风险，才能维护高嵌入性的社会网络关系，形成有效的产业链协调发展合作格局。为了实现产业链有效合作必须充分协调好合作参与者之间的关系，在协调合作伙伴关系时最有效的工具是契约。以供应链契约为例，在风险共同分担的基本管理原则下，利用整个供应链体系中的每一位企业成员或者整个企业自身所具有的各种优势人力资源和其他的核心综合竞争力资源来实现整个供应链经济效益的最大化，同时供应链上的企业也能获得相应的利益。

（二）大中小企业深度合作障碍——基于战略管理、知识基础理论、吸收能力理论的分析

根据前文分析，基于企业自身定位、利益分配与风险承担等方面的原因，部分企业对于产业链协调发展与协同创新的主动性和积极性较差，合作意愿较低。然而，企业的动机问题并不是目前产业链中大中小企业协调发展面临的全部问题。即使在企业拥有较高协作意愿的前提下，由于实际运作层面的诸多原因，企业间仍然难以达成深度合作，形成产业链中大中小企业优势互补、资源共享、跨界融合、价值共创、协同创新的协调发展新格局，这将阻碍产业链协调发展战略目标的实现。为了更好地指导产业链大中小企业协调发展与协同创新机

制的建立，本书将从顶层设计合理性分析、合作通道建立分析以及共同知识形成分析这三个方面来分析当前大中小企业难以形成深度合作的原因。

1. 顶层设计合理性分析

顶层设计的合理性直接影响到行业未来发展方向的正确性。为了能更为有效地长期指导行业发展，为产业链中大中小企业协调发展与协调创新指明方向。根据战略管理思想，顶层设计应当长远和全面地看待问题，要站在前瞻性和系统性的角度考虑未来几年甚至更长一段时间内如何更好地规划行业发展与资源分配的问题。只有在合理的顶层设计框架下构建协调发展与创新机制，才能促进企业间的深度合作，形成更为健康的产业生态。目前，关于产业链中大中小企业协调发展的顶层设计缺乏长期的统一规划，没有形成合理的协调机制，这是导致当前企业协作失衡、商业环境恶劣的主要原因。

在统一规划方面，以湖北省为例，随着省、市各级政府的重视和支持力度的不断加大，以及各项优惠措施的陆续出台和落实，湖北省超过百家重点成长型产业集群快速发展，在短时期内形成了“百花齐放”的局面，但同时出现了“百舸争流”的态势。产业集群发展缺乏总体统一规划，定位不清晰，特色不突出，部分产业集群之间在招商引资上的趋同性和重复性问题突出，造成全省产业集群同质现象较为严重。这必然导致同质化竞争，难以形成优势互补、深度合作的格局。与此同时，关于产业链边界认知的不清晰，也导致了“集而不群”的情况，没有明显的龙头企业带领，也没有明确的产业发展方向，产业链中的企业处于各自摸索的状态，在这种情况下，企业间难以做到深度合作，难以形成产业链协调发展的合力。

在协调机制方面，在顶层设计环节，没有从系统性的角度出发针对行业特点和企业特质设计协调发展机制，没有很好地认识到大中小企业各自的能力和优势所在，没有形成合理的资源分配格局。在这种情况下，企业之间缺乏以产业链为支撑、以价值链为纽带也就难以建立起健康的产业生态。各地在实践中把招商引资作为发展产业的一条最直接、最有效的途径。然而没有协调机制引领的盲目引进使得招商引资并没有与产业规划联系起来，引进的龙头企业与其他产业联结不紧密，与其他企业配套效果不好，没有很好促进产业链协调发展。地方政府往往以工业园区为平台，引导相关企业聚集扎堆、联结成群，把增加投入、新上项目作为快速成长壮大的一条重要途径。这种无序引进造成产业集群内上下游产业链难以建立、辅助配套企业竞争力不强、第三方服务企业数量少，难以促进产业集群转型升级。产业链协调机制是通过市场、经济、行政等各种手段和途径，合力打造出来的，从而促进产业链中大中小企业形成系列化、配套化、协同化的协调发展格局。

2. 合作通道建立分析

产业链中大中小企业协调发展的战略目标在于形成优势互补、资源共享、跨界融合、价值共创的产业链协调发展与协同创新格局。在顶层设计战略框架下，产业链中的企业达成深度合作，需要构建畅通的合作通道，并基于此形成产业生态平台，更好地促进大中小企业协调发展。当前，企业间的融通合作存在供应链协作失灵、创新要素流动不畅、知识难以动态共享等问题，很大程度上是由于企业间没有形成有效的信息沟通渠道与合作通道。企业间合作的深度，取决于其在战略与文化、组织与人员、制度与流程、系统与技术以及数据与安全等几个方面的匹配与协调程度。

第一，在战略与文化方面，企业需要建立起关于协调发展与协同创新的正确认知，并设立相关的战略规划与目标，在价值共创、协同创新、跨界融合等领域进行战略布局，然而目前多数企业虽然具备了一定的意识，但并未制定相关的战略目标与落地规划，导致企业没有做好迎接新的产业链生态格局的准备，大多数时候合作仅处于表面，难以进一步推进。与此同时，需要注意的是，协作主体间的战略文化与利益追求一致在很大程度上影响着其能合作的深度。

第二，在组织与人员方面，不少企业当前的组织架构与人员安排难以支撑对人力资源和知识结构的灵活性要求极高的协调发展与协同创新，组织结构的僵化与人员安排的低流通性在很大程度上限制了协作主体间的深度合作。与此同时，多数企业员工甚至企业的领导层，都没有建立起对于产业链大中小企业协调发展与协同创新的正确认知，也并未安排专门的部门和人员负责相关合作企业对接工作。

第三，在制度与流程方面，企业间的制度与流程缺乏统一的运作标准，不利于构建多方参与的跨界融合、价值共创、协同创新的协调发展体系。与此同时，大企业，尤其是大型国企，在创新要素流通以及商业合作方面仍遵循老旧僵化的制度安排，使得各企业间的有效沟通与资源共享存在阻力，难以形成深度合作机制。

第四，在系统与技术方面，不同企业的系统存在差异，难以实现跨界知识共享，与此同时，没有形成统一的系统入口与资源共享渠道，不利于多方共同参与的价值共创运作体系，系统建设不完善、技术不足以及部分功能缺失的问题，不利于进一步推动协同创新。在跨企业建设平台方面，存在信息共享边界与产权保护问题，在没有成熟的制度与法规保障的前提下，难以形成有效的平台建设方案。

第五，在数据与安全方面，企业间数据的流通受到多方阻碍。企业间数据没有统一的标准，流通存在较大阻力，阻碍数据共享。与此同时，不同企业对跨界领域数据的协同收集、分析的能力存在差异，没有充分发挥数据的作用，难以形成跨界融合相关知识体系，且未形成有效的数据利用和安全监管机制，难以有效支持多方共同参与的融通合作运作体系。

3. 共同知识形成分析

当产业链中大中小企业间形成信息沟通渠道与合作通道后，仍要注意，企业间能够形成深度合作，进行协调发展与协同创新的关键在于能否通过资源与信息的共享形成共同知识。在当前数字化转型的背景下，信息由数据分析而来，知识又是对信息的进一步抽象，知识更接近于智慧。根据知识基础理论（Knowledge - Based Theory），组织作为一个社会实体，其如何创造、储存和运用知识关系到整个组织的生存、发展与成功。Grant（1996）进一步丰富发展了“知识基础理论”的前提条件，即认为知识具有可转移性、可聚合性、专属性。其中，知识转移不仅可以在企业的内部进行转移，也可以在企业之间转移；可聚合性是知识内容具有累加的性质；专属性强调知识可以为企业带来收益回报，这些性质是企业进行研发、创新以及企业间合作的重要原因与动力。知识不仅是企业创新的重要结果，也是其基本投入。知识的创造不仅需要企业自身的努力，也需要充分地重视企业外部知识的重要性。知识创造和创新本质上是一种社会过程，当开展创新活动的时候，需要综合企业内部与外部的知识资源来使创新达到更好的效果，充分利用社会网络（Social Network）来实现企业知识转化与创造。知识对企业的技术创新具有很深远的影响，企业在利用知识时，要充分利用合作创新网络，对企业内外部的知识进行合理有效的开发与利用，帮助企业获得更多有益于技术创新的知识。

根据前文分析可以看出，共同知识的形成是产业链中大中小企业发挥协调发展效应与协同创新的关键，然而目前产业链协调发展实践中，即使产业链中大中小企业间构建了资源与信息通道，由于大企业和中小企业在资源和能力上的差距，双方仍然存在非对称的知识能力，从而导致协调发展与协同创新的失衡。根据吸收能力理论（Absorptive Capacity Theory），企业需要构建一个可以吸收和应用新知识的知识库（Knowledge Base），对于没有构建知识库的企业，不管它们通过何种方式或者耗费多少代价获得新知识，仍然可能无法消化和吸收。知识库是企业在实际生产经营过程中提炼出的先验知识，而前一阶段塑造的知识吸收能力有助于后一阶段对新知识的吸收。为了识别、吸收和应用新知识，企业必须拥有与新知识相匹配的知识库，但是新知识应当与企业已有知识储备存在显著性差异，以便企业能以新的、有用的方式应用这些新知识。对于产业链中的大中小企业来说，其互动合作的过程，就是不断交换知识，填充自身知识库，从而形成共同知识的过程，然而大企业与中小企业的吸收能力存在差异，多数情况下，其创造和更易吸收应用的知识并不相通，这就造成即使企业间构建起了合作通道，但仍然无法顺畅地进行跨界融合、价值共创、协同创新等需要多方共同参与的互动合作。根据吸收能力理论，企业的知识能力依赖于其人才的知识能力，但不仅是员工能力的叠加，也包括企业能够提供的资源与学习环境。因此，为了更好地提升企业吸收能力，提升知识的创新与共享水平，需要构建跨企业的知识库平台，通过人才的交流与学习，进一步促进产业链中大中小企业的共同知识的形成。

五　产业链中大中小企业协调发展与创新对策建议

根据前文分析可知，促进大中小企业协调发展是一项长期任务，要从理念、机制、服务和政策等方面着力，出实招，见实效，为大中小企业协调发展营造良好环境和条件。综合以上总结分析，本书提出以下几点建议。

（一）完善相应的配套政策

在对大中小企业协调发展主体和政策支持体系的调研中，企业普遍认为大中小企业配套和协调发展的主体是企业，大中小企业配套体系主要是在市场竞争的优胜劣汰中形成的，企业之间协调发展的最根本推进力量是市场需求、市场竞争和合作共赢的机制。但是，政府的政策支持有利于加快推动大中小企业的协调发展，为此，提出以下对策建议。

1. 加快制定大中小企业协调发展的战略规划

把推进大中小企业协调发展作为新时期经济转型升级的重要战略，积极发挥行业大型龙头骨干企业在转型升级中的领导作用和中小企业的配套作用。大中小企业协调发展明确重点产业和重点领域中的扶优扶强政策，实施大中小企业协调技术创新、品牌创新、质量创新、标准创新和产业链建设的试点工程。制定大中小企业协调发展的战略规划，在重点产业领域确立行业大型龙头骨干企业在技术创新、管理创新、品牌建设、产业组织创新和产业链建设中的领导地位，政策鼓励和支持大企业引领中小企业创新发展与转型升级。

2. 制定大中小企业协调制造的优惠政策

鼓励企业发展协调制造体系，实现产品设计、采购、制造、销售、管理等生产经营各环节的企业间协调发展，鼓励龙头企业通过大中小企业重组优化资金、技术、人才等生产要素配置，提高节能、环保、质量、安全等标准，规范行业准入标准，引导大中小企业围绕产业链进行兼并重组。对大中小企业协调发展供应链与价值链，对以制造业为基础、协调省内配套企业开展协调制造的龙头企业，并在著名品牌建设方面取得突出成效的给予优惠税收政策支持。对协调制造的成效显著企业优先给予人才金融和土地等要素保障支持。

3. 制定大中小企业协调创新的优惠政策

鼓励创新型龙头企业带动行业内的中小企业协调创新。鼓励省级技术研究院和国家级技术研究院为中小企业开展技术创新的有偿服务，建设一批开放型省级技术研究院和开放型国家级技术研究院。研究制定龙头大企业技术研究院为中小企业服务的优惠政策和考核评价体系，对发展开放型省级技术研究院的龙头大企业给予重大技术专项的支持政策。加强自主知识产权保护，在创新型龙头企业集聚区和高新技术园区建立知识产权的巡回法庭体系。

4. 支持大中小企业协调管理创新政策

鼓励行业龙头企业为与其配套的中小企业制定管理创新协调发展

规划。深入开展产业集群示范区区域国际品牌创新、产品质量创新和标准创新试点，推进区域名牌和专业品牌基地建设，着力培育一批优势产业区域品牌。鼓励龙头企业实施业务流程再造和技术升级改造，加强管理创新，鼓励龙头大企业与配套中小企业进行管理人才挂职锻炼和管理创新交流政策。鼓励各地政府加大对大中小企业协调创新管理的培训投入，企业培训经费投入可以视同研究开发经费支出；鼓励社会培训机构开展协调管理创新的培训。

（二）加大资金扶持力度

1. 根据不同行业特点设立中小企业发展专项资金

按照《中华人民共和国中小企业促进法》的规定，安排中小企业发展专项资金。专项资金主要用于支持中小企业专业化发展、与大企业协作配套、技术进步和改善中小企业发展环境等方面，制定《管理办法》规范专项资金管理，提高资金使用效益，并能做到根据财政财力和中小企业发展现状，逐年调整增加专项资金额度。积极争取上级财政部门的中小企业发展专项资金，充分发挥中小企业、相关部门和财政、金融以及担保机构的作用，积极形成资金合力。

2. 科学制定各类扶持政策

根据上级出台的一系列优惠支持政策，制定适合不同行业中小企业特点的配套实施细则，降低优惠支持政策门槛，优化申报审批流程，使各行业的中小企业能实实在在享受政策红利、获得政策实惠。在相关政策制定过程中，可充分听取工商联、各类商协会组织、企业代表的意见和建议，对那些较为模糊或企业可能理解有误的条款进行修改，以使政策措施更接地气、更具针对性。

3. 强化惠企政策实施效果的评估

相关部门要建立优化事前审批、注重事后跟踪服务的操作模式，对已经出台的一系列产业、金融、财税等扶持政策进行评估，动态跟踪企业需求，针对企业集中反映的政策执行问题，对原有政策调整优化。强化监督机制，加强对政策落实情况检查，优化政策落实环境。加大政策的宣传和解读。相关部门要进一步提升政策宣传力度，建议在惠企政策出台后组织企业召开沟通交流会，详细解读政策重点、难点和热点，也可通过组织、参与各类政企交流会、民企座谈会等进行政策宣传和现场解答。

（三）引导企业树立大中小企业协调发展的理念

1. 宣传推广大中小企业协调发展的理念

要加强对大企业特别是国有大型企业的引导，让这个理念在大企业中厚植，并促使大企业在内部形成与中小企业深度合作的机制，使大中小企业协调发展从自发走向自觉，从现象变成机制，从个别发展成潮流。

2. 发挥大企业的引领和支撑作用

在大中小企业协调的过程中，大企业起着引领和支撑的作用，这是由大企业的诸多特点所决定的。首先，大企业有能力进行高强度的技术创新投资。不同的技术创新领域和创新阶段对应着相应的研发投入强度，一般来说，在基础性、原创性领域如生物医药、芯片、软件等领域往往投资巨大，需要极高的资金规模和全球化的市场运营能力，唯有大企业才能胜任。其次，大企业可以通过对中小微企业技术赋能提升其所在产业链的竞争力。大企业的竞争力不仅在于技术水平和管理能力，还在于与其他企业合作的范围和深度。在大中小企业协调发展的环境中，大企业主动帮助作为供应商的中小微企业提升技术水平、管理能力、产品质量，也可以降低大企业自身的成本从而提高竞争力。大企业与大量具有核心技术的中小微企业深度合作，有助于提高大企业自身的技术水平，从而巩固竞争优势。正因如此，现实中可以看到，一些传统制造业大企业会对供应链中的中小微企业提供技术指导和帮助，一些互联网企业会无偿开放源代码以帮助中小微企业进行产品开发。最后，大企业能够为中小微企业的发展提供稳定的市场环境。自动化、智能化技术大幅提高了企业的生产能力，那些在技术、品牌、质量、售后服务方面具有竞争优势的企业得以大幅扩张产能，并因产能扩张摊薄了研发、广告甚至原材料等的成本，这使得全球的产能都在加速向具有优势的大企业集中。大企业通常是创新型中小微企业产品的购买者。对于以大企业为销售对象的中小微企业而言，加入大企业所主导的产业链，就有机会获得巨大、稳定的市场订单，这有助于中小微企业在专业领域进行持续投资，从而发展成为专精特新企业。

因此，要鼓励大企业利用“互联网+”“5G通信”等手段，搭建线上线下相结合的大中小企业创新协调、产能共享、供应链互通的新型产业创新生态，促进生产制造领域共享经济新模式新业态发展，重构产业组织模式，推动中小企业高质量发展，降低自身创新转型成本，形成协调发展的格局。推动生产要素共享，鼓励企业完成“上云”工作。支持制造业龙头企业构建基于互联网的分享制造平台，有效对接大企业闲置资源和中小企业闲置产能，推动制造能力的集成整合、在线共享和优化配置。鼓励大企业为中小企业提供一揽子的信息支持，包括上游产品供给、下游产品需求、产品质量及流程标准，提高全链条生产效率。推进工业强基、智能制造、绿色制造、服务型制造等专项行动，推动制造业龙头企业深化工业云、工业大数据等技术的集成应用，实现制造业数字化、智能化转型。

3. 弘扬企业家精神，坚定发展信心

一是加快提升企业家能力素质。组织中小企业主参加有关企业经营管理、财务、外贸、法律等知识讲座或培训，通过定向培训，提高企业主综合素质，帮助企业树立现代化的管理理念，提升经营管理水平。二是加强对企业家的理想信念教育。通过各种活动引导中小企业主积极履行社会责任，引导他们诚实守信、守法经营、依法纳税、投身公益，积极弘扬正能量。三是更好发挥企业家参政议政作用。组织开展政府部门和企业家的座谈会、恳谈会等，可聘任优秀企业家为政府经济发展顾问，更好发挥企业家的“智库”作用。四是塑造良好社会文化生态。引导民众理解企业家在市场经济中的作用，营造尊重企业家、保护企业家、支持企业家的浓厚氛围，选树优秀典型，大力宣扬优秀企业家的事迹，让企业家在社会上有地位、政治上有荣誉、工作上没有后顾之忧。

（四）挖掘和推广协调发展模式

结合不同行业和领域特点，围绕供应链整合、创新能力共享、数据应用等当前产业发展关键环节，推广资源开放、能力共享等协调机制，为建设协调发展生态提供有益指引和参考。深化基于供应链协调的协调模式，构建大中小企业深度协同、融通发展的新型产业组织模式，提高供应链运行效率。发挥龙头骨干对供应链的引领带动作用，在汽车零部件及高端化工等领域形成带动能力突出、资源整合水平高、特色鲜明的大企业。推动建立联合培训、标准共享的协调管理体系；打造多方共赢、可持续发展的供应体系，带动上下游中小企业协调发展。

（五）优化协调发展环境

进一步深化对外合作，打造有利于大中小企业协调发展的环境和机制，释放协调发展活力。在大型展会的带动下充分利用跨境网络交易平台进行跨境产品交易、技术交流、人才流动，融入大型跨国公司的产业供应和产业创新体系。依托工业设计研究院和国际设计小镇，围绕绿色制造、高端化工、新材料等重点领域开展国际合作，经济技术交流和跨境撮合，吸引高端制造业、境外原创技术孵化落地，推动龙头企业延伸产业链，带动专精特新“小巨人”企业融入全球价值链，促进单项冠军企业迈向全球价值链中高端，积极参与国际产业竞争。

（六）提升中小企业的各项能力

大中小企业的协调发展不仅需要发挥大企业的引领作用，还需要中小企业具备相应的服务能力来与大企业相匹配，故需要提升中小企业的各项能力，具体建议如下。

1. 继续促进中小企业“专精特新”发展

引导中小企业专注核心业务，提高专业化生产、服务和协作配套的能力，为大企业、大项目和产业链提供零部件、元器件、配套产品和配套服务；引导中小企业精细化生产、精细化管理、精细化服务，以美誉度高、性价比好、品质精良的产品和服务在细分市场中占据优势；引导中小企业利用特色资源，弘扬传统技艺和地域文化，采用独特工艺、技术、配方或原料，研制生产具有地方或企业特色的产品；

引导中小企业开展技术创新、管理创新和商业模式创新，培育新的增长点，形成新的竞争优势。通过培育和扶持，不断提高“专精特新”中小企业的数量和比重，提高中小企业的整体素质。继续做好制造业单项冠军企业和单项冠军产品遴选工作。深入实施《制造业单项冠军企业培育提升专项行动实施方案》，继续依托省级工业和信息化主管部门和工业经济联合会培育挖掘提升一批制造业单项冠军企业，继续围绕机械、船舶及海洋工程装备、钢铁、石化、建材、有色、轻工、纺织、电子、信息化和软件服务十大领域，培育一批达到或超过国际水平的单项冠军产品。

2. 推动中小企业的升级换代，提升智能化水平和全产业链价值

大力推动中小企业“上云”工作，推动大型信息化服务商提供基于互联网的信息技术应用。推广适合中小企业需求的信息化产品和服务，提高中小企业信息化应用水平。鼓励各地通过购买服务等方式，支持中小企业业务系统向云端迁移，依托云平台构建多层次中小企业服务体系。推动实施中小企业智能化改造专项行动，加强中小企业在产品研发、生产组织、经营管理、安全保障等环节对云计算、物联网、人工智能、网络安全等新一代的信息技术集成应用。

（七）加强共性技术平台建设促进协调创新

企业发展过程中面临大量共性问题，从企业内部看包括技术、工艺、管理等；从外部看包括市场规模、原材料价格、融资环境、环保政策等。每个共性问题都能对众多相关企业发展的质和量产生决定性影响。因此，从宏观管理角度看，解决共性问题是促进各类企业发展的重要举措之一。具体到创新领域，解决共性技术是实现大中小企业协调创新的关键。

共性技术是指那些跨行业、跨地区，能够为不同行业和企业所使用的技术，一个国家共性技术的范围因产业结构、规模和产业发展的阶段而有所差异。中国具有经济规模巨大、企业数量众多和产业链齐全的优势，发展共性技术有着广泛的需求，更可以产生巨大的促进协调创新的作用。共性技术平台是提供共性技术开发、转移等服务的专业化平台，是链接上游基础技术研发部门与下游企业用户的重要关节点，是推动产学研一体化的重要一环。建立共性技术平台，能够帮助那些尚未在某个领域具备完整研发能力的企业解决技术难题，从而使共性技术能够被不同行业的企业利用，并以个性化的产品展示出来。

加强共性技术平台建设，需要完善共性技术平台的供给体系。中国的共性技术平台一般源自政府部门的投资、科研院所的转制以及大型企业将自己有市场潜力的技术研发部门独立出来做市场化运营等几个方面，政府根据共性技术平台的业务水平和服务效率给予其相应的补贴。提升国家创新体系整体效能、加快确立企业在创新中的主体地位、促进大中小企业协调创新，需要对核心大企业成立的共性技术服务平台给予更多政策扶持。

共性技术平台建设过程中，需要更多关注中小微企业的共性技术需求。企业的技术创新活动具有相应的资金门槛、技术门槛、人才门槛。目前看，中国大量中小微企业在技术应用方面有了一定的积累，但受制于自身规模难以建立完整的研发部门及形成相应的研发能力，而且不少中小微企业管理者对现代科学的认知、对科学的研发流程和研发体系缺乏深度理解，这是中小微企业转型升级难的一个重要原因。建立共性技术平台，帮助中小微企业解决转型升级中的技术难题，不仅有利于经济高质量发展，而且能够提升中小微企业管理者对高技术产品的开发流程、体系建设、节点控制等的认识水平，进而制定出正确的发展战略，提升中小微企业的可持续发展能力。

（八）加强人才培养

首先，加强从业人员教育培训，全面推行人才素质工程和重要技术岗位的职业资格认证制度；加强大中小企业协调人员队伍建设和岗位培训，全面提高协调人员整体素质。其次，与高等院校、科研院所及各类社会机构开展合作，建立多渠道的人才培养机制，加快培养发展所需人才。最后，建立统一开放的人才培训基地，加大重点企业和重点项目的人才培养，造就一支熟悉协调业务的专业人才队伍。此外，还要注重人才的党建廉政培养。培育践行核心价值体系，加强行业精神文明建设，提升大中小企业协调发展的文明程度和职工文明素质。开展道德模范引领行动，以发挥典型示范作用、形成良好道德风尚为目标，把职业道德建设作为培育践行核心价值体系的实践载体，努力建设与行业发展相适应的良好道德生态和道德环境。

第十章

“专精特新”中小企业服务平台发展情况报告

党的十八大以来，以习近平同志为核心的党中央高度重视专精特新企业培育工作。习近平总书记在中央政治局第三十四次集体学习时强调，“要加快培育一批‘专精特新’中小企业”。《中华人民共和国国民经济和社会发展第十四个五年规划和2035年远景目标纲要》提出，“推动中小企业提升专业化优势，培育专精特新‘小巨人’企业和制造业单项冠军企业”。走“专业化、精细化、特色化、创新型”发展道路，是提升中小企业创新能力和专业化水平、实现中小企业高质量发展的必然选择。各地各部门认真贯彻中共中央、国务院关于促进中小企业健康发展的决策部署，着力引导广大中小企业走“专精持新”发展之路，初步形成上下联动推进专精特新企业培育的工作格局。政府公共服务平台（机构）、市场化服务平台（机构）、社会化公益服务平台（机构）等服务平台通过聚集专业化服务资源，开展各种类型服务活动，在助推中小企业“专精特新”发展过程中发挥了重要作用。

本书通过系统梳理有关政策文件及统计数据、各地各部门经验做法，开展问卷调查[①]，并实地调研有代表性的服务平台（机构）、专精特新企业，较为全面地了解了当前“专精特新”中小企业服务平台（机构）的基本情况、服务供需情况、服务成效、服务方式及经验做法、发展趋势及面临的问题，提出了进一步优化服务平台建设及提升服务成效的建议。具体报告内容如下。

一 “专精特新”中小企业服务平台（机构）基本情况

（一）服务平台（机构）基本情况

工业和信息化部、国家发展和改革委员会等十七部门《关于健全支持中小企业发展制度的若干意见》（工信部联企业〔2020〕108 号）明确提出，要“健全政府公共服务、市场化服务、社会化公益服务相结合的中小企业服务体系”。政府公共服务、市场化服务和社会化公益服务三方面基本囊括了“专精特新”中小企业服务平台的各种服务性质。各级中小企业综合服务机构及平台网络是政府公共服务的主要承担者；由工业和信息化部或省区市中小企业主管部门牵头评选、管

① 笔者于 2021 年围绕中部某省中小企业服务体系建设情况开展了问卷抽样调查，共有 367 家中小企业填写了有效问卷，覆盖所有市州，其中，专精特新企业（含省专精特新企业、国家专精特新“小巨人”企业、省隐形冠军企业、国家制造业单项冠军企业等）118 家，其他企业（非专精特新企业）249 家。

理的国家（省区市级）中小企业公共服务示范平台、国家（省区市级）小型微型企业创业创新示范基地等则覆盖了各种类型的优秀服务平台（机构），是服务专精特新企业的先锋；其他社会服务机构数量较多、分布较广，如律师事务所、会计师事务所、检验检测机构、管理咨询公司、培训机构、部分行业协会（商会）等平台（机构）等，都是为专精特新企业提供服务的基础力量。主要服务平台情况如下。

1. 各级中小企业综合服务机构及平台网络

各级政府主导的中小企业综合服务机构（中小企业发展促进中心、中小企业服务中心等）是全国中小企业公共服务体系建设的骨干队伍，是向广大中小企业，特别是“专精特新”中小企业提供惠企公益服务的主体力量，是撬动各类市场化专业服务机构提升“专精特新”中小企业服务质量的有效杠杆。截至 2022 年 1 月，全国已建成省、市、县区级中小企业发展促进中心（服务中心）1077 家，包含 32 家省级中心、297 家地市级中心、748 家县区级中心，覆盖范围不断扩大，服务能力持续提升。

中小企业公共服务平台网络是经工业和信息化部、财政部联合支持和批复，由一个统筹全省服务资源的枢纽服务平台与若干个贴近需求、提供直接服务的“窗口”服务平台，通过互联互通、资源共享，共同构成的中小企业公共服务体系的骨干架构和基础环境，目的是推动“互联网 +”中小企业服务深度融合，广泛集聚各类社会服务资源，提升中小企业公共服务能力。平台网络自 2011 年开始在各省区市陆续搭建，由财政统一提供支持，截至目前，已搭建完成以省级公共服务平台为枢纽、地市和行业窗口平台为依托的中小企业公共服务平台网络，聚集上千家平台，覆盖全国 30 个省（自治区、直辖市）和 5 个计划单列市。实践中，各级平台网络大多由同级中小企业服务中心负责管理运营。

2. 国家中小企业公共服务示范平台

国家中小企业公共服务示范平台（以下简称示范平台）是为中小企业提供公共服务，业绩突出、公信度高、服务面广，具有示范带动作用的服务平台，是服务各级专精特新企业的重要力量。2011 年 3 月至今，工业和信息化部先后认定了九批共 1576 家示范平台，截至 2021 年年底，有效期内示范平台 703 家。

平台类型方面。示范平台主体涵盖各级政府主导的中小企业综合服务机构（中小企业发展促进中心、中小企业服务中心等）、企业、科研机构、行业组织、院校等多种类型。其中企业和各类服务中心占比最大。根据《国家中小企业公共服务示范平台认定管理办法》（工信部企业〔2017〕156 号），国家中小企业公共服务示范平台分为五个类别：信息、技术、创业、培训、融资等。

平台区域分布方面。示范平台的分布情况与各地产业集聚程度、生产性服务业发展水平等因素相关。按各省、自治区、直辖市、计划单列市分别计算，东部地区 14 个省区市拥有示范平台总数最多，占比超过一半，其中，北京、山东、江苏数量最多，分别为 69 家、53

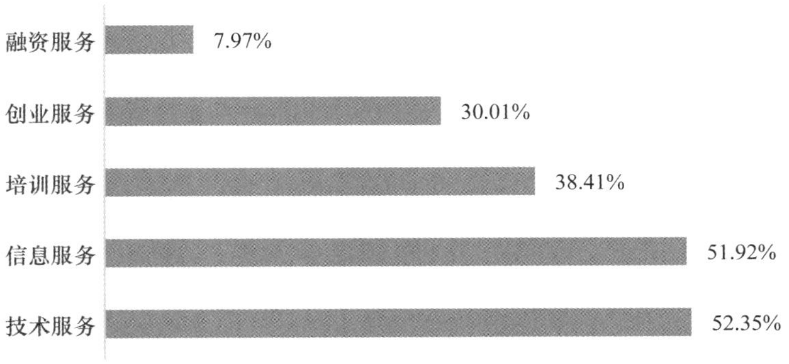

图 10.1　有效期内 703 家示范平台服务类别分布情况

家、35 家。

此外，据统计，现有省级中小企业公共服务示范平台超过 3800 家。

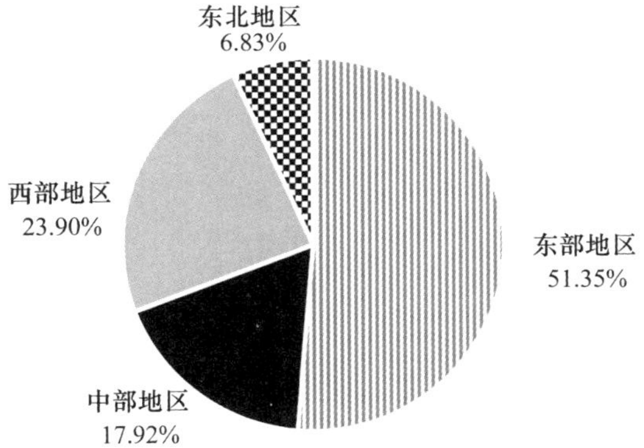

图 10.2　有效期内 703 家示范平台区域分布情况

3. 专精特新企业高质量发展专项资金支持的公共服务示范平台

2021年1月，财政部、工业和信息化部联合印发《关于支持“专精特新”中小企业高质量发展的通知》（财建〔2021〕2号）要求，2021—2025年，中央财政累计安排100亿元以上奖补资金，引导地方完善扶持政策和公共服务体系，分三批（每批不超过三年）重点支持1000余家国家级专精特新“小巨人”企业（简称重点“小巨人”企业）高质量发展，促进这些企业发挥示范作用；通过支持部分国家（或省级）中小企业公共服务示范平台强化服务水平，聚集资金、人才和技术等资源，为国家级专精特新“小巨人”企业提供技术创新、上市辅导、创新成果转化与应用、数字化智能化改造、知识产权应用、上云用云及工业设计等服务，其中，对于重点“小巨人”企业，应提供“点对点”服务，同时带动1万家左右中小企业成长为国家级专精特新“小巨人”企业。

截至目前，专精特新企业高质量发展专项资金前后两批共支持重点“小巨人”企业727家，示范平台161家，其中，国家级示范平台126家［包括25家省（自治区、直辖市）级中小企业服务中心］，省级示范平台35家。从区域分布看，安徽、河南、湖北、江苏等14个省（自治区、直辖市）各有6家示范平台，其余省（自治区、直辖市）数量为1—5家。

4. 国家小型微型企业创业创新示范基地

国家小型微型企业创业创新示范基地（以下简称示范基地）是聚集各类创业创新服务资源，为企业提供有效服务支撑的载体和场所，具有基础设施完备、创新链完整、产业链协同、服务功能齐全、社会公信度高等特点。示范基地和示范平台一样，是服务专精特新企业的重要平台。2015 年至今，工业和信息化部先后认定了七批共 808 家示范基地，截至 2021 年年底，三年有效期内示范基地 392 家。

基地类型方面。根据《国家小型微型企业创业创新示范基地建设管理办法》（工信部企业〔2016〕194 号），示范基地服务功能共 8 项，包括信息服务、创业辅导、创新支持、人员培训、市场营销、投融资服务、管理咨询、专业服务等。具体分布情况如图 10. 3 所示：

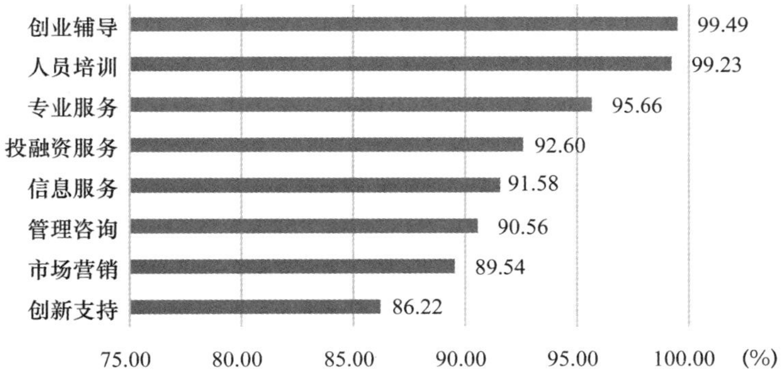

图 10. 3 有效期内 392 家示范基地服务类别分布情况

基地区域分布方面。示范基地在各省、自治区、直辖市、计划单列市分布较为均衡。其中，北京、江苏、广东、安徽、湖南、广西等地数量相对较多，各有 14 家有效期内的示范基地。

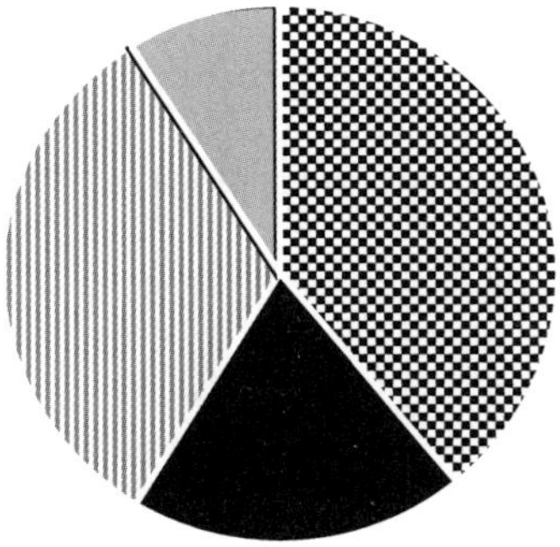

图 10.4 有效期内 392 家示范基地区域分布情况

（二）“专精特新”中小企业服务培育成果

《“十四五”促进中小企业发展规划》将优质中小企业培育工程作为九大重点工程之首来部署，明确“百十万千”的培育目标，即“十四五”时期培育一百万家创新型中小企业、十万家“专精特新”中小企业、一万家专精特新“小巨人”企业、一千家制造业单项冠军企业。近年来，在各级政府部门大力支持下，依托中小企业服务体系的全方位服务，梯度培育已取得显著成效，截至 2021 年年底，已培育制造业单项冠军企业 848 家，国家级专精特新“小巨人”企业 4762 家，带动省级“专精特新”中小企业 4 万多家，入库企业 11.7 万家。

1. 专精特新“小巨人”企业培育情况

专精特新“小巨人”企业既是“专精特新”中小企业的排头兵，又是制造业单项冠军的后备力量，具备较高的专业化生产能力、创新研发能力、协作配套能力和抗风险能力，是优质企业梯度培育体系中的关键环节。截至 2021 年 7 月，工业和信息化部培育了三批共计 4762 家专精特新“小巨人”企业，对激发市场主体活力、防范化解风险隐患、增强产业链供应链自主可控能力等发挥了重要作用。“小巨人”企业主要具有以下特点[①]。

一是具有“5678”的特征。超五成研发投入在 1000 万元以上，超六成属于工业基础领域，超七成深耕行业 10 年以上，超八成居本省细分市场首位，涌现出一批“补短板”“填空白”的企业，成为制造强国建设的重要支撑力量。

二是呈现齐头迸发之势。“小巨人”企业 2021 年首次实现了全国覆盖。其中，东部地区企业数量超过半数，达到 2626 家，占比为 55.14%；中部地区 1084 家，占比 22.76%；西部地区 771 家，占比为 16.19%；东北地区 281 家，占比为 5.90%，与全国制造业企业区域分布规律基本保持一致。

三是备受资本市场青睐。已上市“小巨人”企业 300 余家，近两年平均营业收入增速和净利润平均增速超过 25%，是全部上市公司均

① 数据主要参考自 2021 年 11 月 23 日国务院政策例行吹风会。

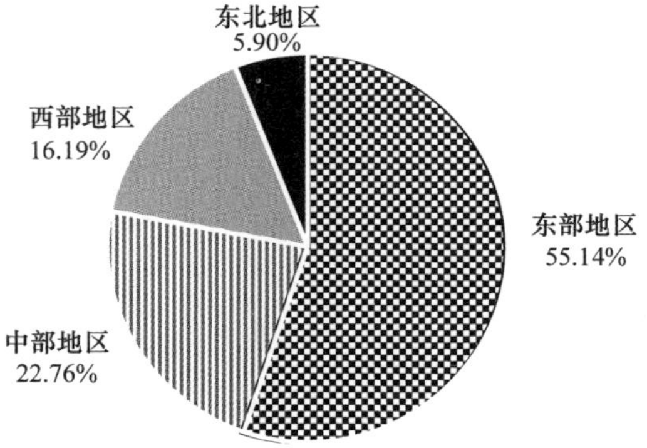

图 10.5 专精特新"小巨人"企业区域分布情况

值的两倍左右。2021 年 11 月北京证券交易所开市，81 家首批上市企业中，有 16 家为"小巨人"企业，50% 以上是"专精特新"中小企业。

表 10.1 专精特新"小巨人"上市及挂牌情况① 单位：家

A 股上市	主板上市	89
	创业板上市	137
	科创板上市	98
新三板挂牌	其中：精选层挂牌	12
	创新层挂牌	135
	基础层挂牌	223
合计		694

① 数据来源自万得资讯。统计时间为 2021 年 10 月。

四是创新能力强劲。研发人员占比基本达到25%，平均研发强度超过了7%。据国家统计局数据，2020年规上工业企业研发强度为1.41%。“小巨人”企业平均专利数超过50项，共设立国家级研发中心312家，院士工作站500余个，省级技术中心、工程中心、研究院近5000个，已经成为中小企业创新发展的“排头兵”“领头雁”。2021年11月，14家“小巨人”企业参与申报的13个项目获得了2020年度国家科学技术奖，“小巨人”企业支撑了创新的大格局。

五是发展韧性足。据工业和信息化部对1000余家“小巨人”企业跟踪调查显示，2021年1—9月，“小巨人”企业营业收入、利润总额同比分别增长31.6%、67.9%，比规模以上工业中小企业营业收入增速、利润总额增速分别提高8.8个、35.4个百分点；“小巨人”企业营业收入利润率为14.2%，比规模以上工业中小企业高8.2个百分点。

2. 省级“专精特新”中小企业培育情况

各省（自治区、直辖市）“专精特新”中小企业发展势头强劲，截至2021年年底，总数已超过4万家，其中，山东、上海、安徽等地数量相对较多。具体分布大致如下①。

① 参考知本咨询有关报告。

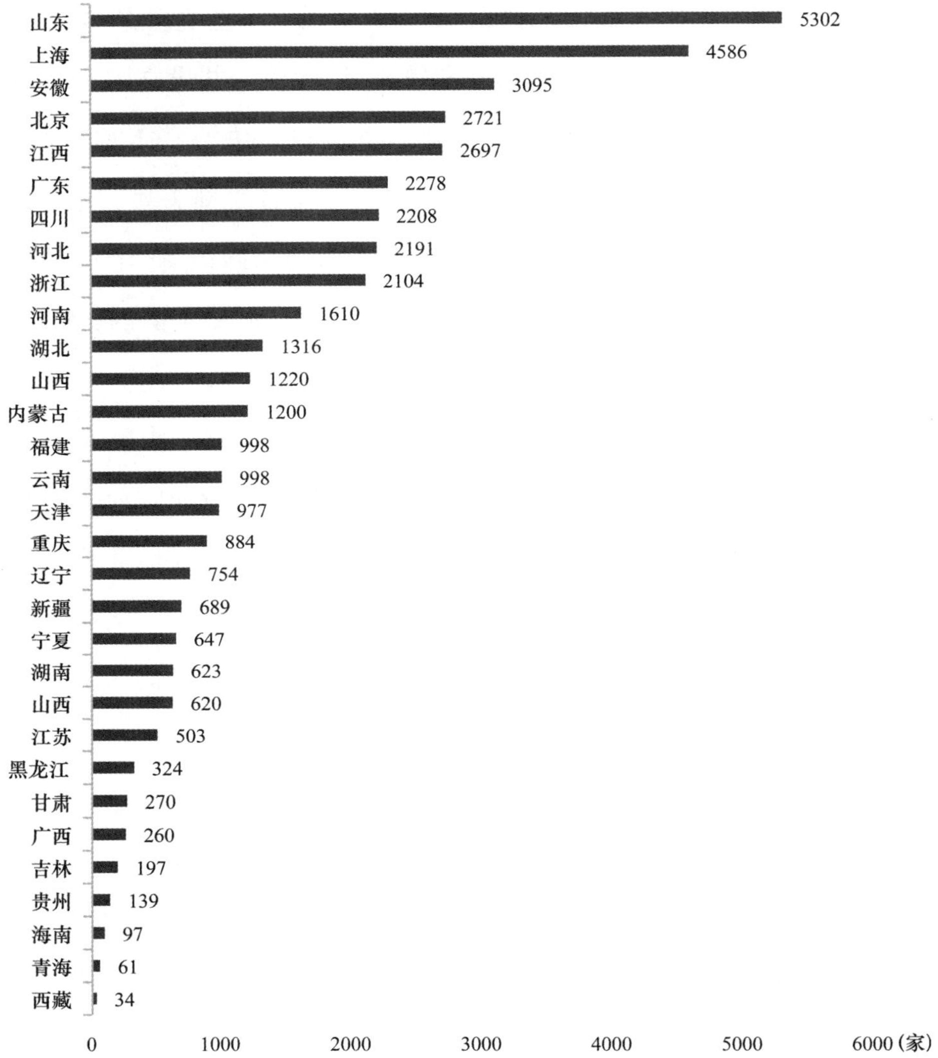

图 10.6　省（区、市）级“专精特新”中小企业培育数量

二 “专精特新”中小企业服务供需情况分析

（一）“专精特新”中小企业服务供给情况

政府主导的公共服务方面。国务院促进中小企业发展工作领导小组办公室2021年11月印发《为“专精特新”中小企业办实事清单》（工信部企业〔2021〕170号），从加大财税支持力度、完善信贷支持政策、畅通市场化融资渠道、推动产业链协同创新、提升企业创新能力、推动数字化转型、加强人才智力支持、助力企业开拓市场、提供精准对接服务、开展万人助万企活动等10个方面提出31项具体举措，覆盖融资、创新、人力、市场等各方面服务。

清单要求线上线下加强“精准对接服务”，一是建设全国中小企业服务一体化平台移动端，线上集聚政策、融资、创业空间等各类服务资源，实现政策的主动匹配、创新人才的供需对接、服务的“一站式”获取；二是推动省级以上中小企业公共服务示范平台和小微企业创业创新示范基地，为“专精特新”中小企业定制专属服务包，提供个性化服务产品；三是为每家“专精特新”中小企业配备一名服务专员，一企一策，精准培育。开展“专精特新万企行”活动，2022年年底前，推动地方对全部“专精特新”中小企业实地走访，为每家企业至少解决1项困难。

市场化服务方面。笔者实地调研了若干家市场化“专精特新”中小企业服务平台，重点了解平台的服务内容及创新举措。大部分平台长期从事中小企业服务工作，有着丰富的服务经验，近年来，随着专精特新企业受重视程度不断提高，平台开始将“专精特新”服务作为重点业务方向进行拓展，通过点对点走访国家级专精特新（重点）“小巨人”企业、省级“专精特新”中小企业等，整合企业需求及平台服务资源，梳理服务内容，更新服务产品。综合有关服务平台服务内容如表 10. 2 所示。

表 10. 2　　专精特新企业服务平台主要服务内容梳理

序号	服务类型	服务内容
1	政府服务	企业家培训 平台建设与运营 专精特新企业培育、培训、评估、诊断、辅导 产业规划、产业分析、项目调研 项目评审 创新创业大赛组织
2	政策服务	专精特新、高新企业申报服务 人才政策 技改政策服务 创新平台认定
3	财税服务	财务梳理 研发费加计扣除 财务外包 优惠政策咨询 财税咨询

续表

序号	服务类型	服务内容
4	培训与管理咨询服务	企业战略规划 组织架构设计 流程优化 薪酬与绩效设计 财务体系建设 研发体系建设 精益管理 精益生产培训与咨询
5	知识产权服务	战略制定 专利布局/专利挖掘 预警分析 检索分析 运用转化
6	其他服务	上市辅导 企业并购重组咨询 股权设计 投融资咨询 产业链对接 商业计划书编写

（二）“专精特新”中小企业服务需求情况

与一般中小微企业相比，“专精特新”中小企业在“专”“精”“特”“新”四个方面都有更高水准，相应地会对服务平台（机构）

的服务提出更高要求，如下。

“专业化”：专注核心业务补短板。企业专注核心业务，提高专业化生产、服务和协作配套的能力，重点在核心基础零部件及元器件、关键基础材料、先进基础工艺和产业技术基础等领域（“四基”）有所突破。

“精细化”：聚焦细分市场做精品。企业树立质量第一、品质至上的理念，强化精细化生产、精细化管理和精细化服务，以美誉度高、性价比高、品质精良的产品和服务在细分市场中占据优势。

“特色化”：发挥独门绝技显特色。企业实施差异化竞争策略，利用特色资源，采用独特工艺、技术、配方或原料，研制具有地方或企业特色的产品，形成“人无我有、人有我特”的核心竞争力。

“创新型”：提升创新能力谋突破。企业开展技术创新、管理创新和商业模式创新，培育新的增长点，形成新的可持续竞争优势，以不断创新引领新发展。

为具体了解专精特新企业的服务需求，笔者将中部某省份调查问卷样本企业分为两个对照组，分别为专精特新企业组（含省专精特新企业、国家专精特新“小巨人”企业、省隐形冠军企业、国家制造业单项冠军企业等高成长性、创新型企业）共118家，以及其他企业组（非“专精特新”类企业）共249家。（下同）

问卷调查显示，专精特新企业组的企业每年支出服务费用虽然比其他企业明显要多，但总体来看，花费在有偿服务上的费用水平并不高。有91.53%的“专精特新”组的企业年均支出费用在10万元以内，有9.32%的企业近3年来只接受过免费服务。分析原因，一方面可能是企业获取第三方专业服务的意识不强；另一方面可能是未能找到符合需要的服务机构。

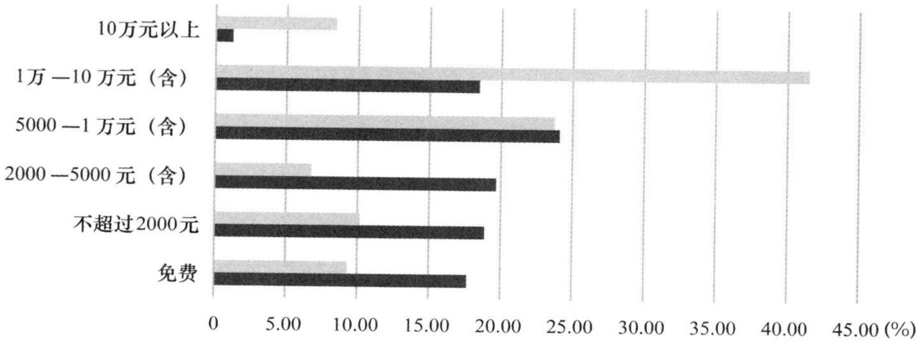

	免费	不超过2000元	2000—5000元(含)	5000—1万元（含）	1万—10万元(含)	10万元以上
专精特新企业组占比	9.32%	10.17%	6.78%	23.73%	41.53%	8.47%
其他企业组占比	17.67%	18.88%	19.68%	24.10%	18.47%	1.20%

图10.7 企业近3年来接受社会化服务平均每年支出费用情况

问卷调查显示，专精特新企业组中，“认为当前迫切需要但是未能较好得到满足的服务内容”占比最高的是技术（产学研）服务，达到44.92%，其次是投融资服务、市场开拓服务、人才培训（人力资源）服务、信息化（两化融合）服务等，占比均超过30%。专精特新企业组与其他企业组相比，选择技术（产学研）服务一项的企业占比相差最大，且差值明显超过其他服务内容，达到22.83个百分点，其次是知识产权服务（10.52个百分点）、政策服务（9.9个百分点）、信息化（两化融合）服务（7.62个百分点）。

表 10.3 企业认为当前迫切需要但是未能较好得到满足的服务内容占比情况

序号	服务内容	专精特新企业组占比	其他企业组占比	比例差值（百分点）
1	技术（产学研）服务	44.92%	22.09%	22.83
2	投融资服务	39.83%	35.74%	4.09
3	市场开拓服务	38.14%	33.73%	4.41
4	人才培训（人力资源）服务	33.05%	33.33%	-0.28
5	信息化（两化融合）服务	30.51%	22.89%	7.62
6	政策服务	27.97%	18.07%	9.9
7	管理咨询服务	25.42%	22.49%	2.93
8	知识产权服务	24.58%	14.06%	10.52
9	法律服务	13.56%	13.65%	-0.09
10	创业服务	10.17%	11.65%	-1.48
11	商务服务	10.17%	7.63%	2.54
12	对外合作服务	7.63%	7.63%	0.00
13	无	7.63%	8.84%	-1.21
14	工业设计服务	5.93%	4.42%	1.51
15	改制上市服务	3.39%	2.01%	1.38
16	其他	1.69%	0.40%	1.29

可见专精特新企业对个性化、高端化服务的需求比一般企业要多，对现有市场化服务平台（机构）提出了更高要求。以专精特新企业数字化服务需求特点为例。华为云通过持续为专精特新企业提供技术赋能与商业赋能，将这些企业的数字化需求总结为三点。一是创新

驱动。在国家政策的支持下，“小而美”的专精特新企业业务规模迅速扩展，需要更高弹性、高敏捷性和创新的云基础设施作为支撑。二是效率驱动。专精特新企业由于其行业垂直性，对数字化投入成本、运营成效更为敏感，需要在合理的成本结构下，尽可能地降本增效、加速创新。三是服务驱动。专精特新企业在数字化建设过程中，要为企业成长预留好延展的空间。同时，由于业务的规模、形态、场景在不断拓展、变化，因此对于数字化服务商的技术底蕴、行业经验和场景化实践都有很高要求。

三 “专精特新”中小企业服务平台服务成效评价

（一）政府部门对中小企业公共服务平台的绩效评价

为加快中小企业服务体系建设，推动中小企业公共服务平台规范化运行，引导各类平台提档升级，切实发挥公共平台服务功能，各地制定了中小企业公共服务平台管理办法及绩效奖补评价指标体系。北京市、宁波市等城市还出台了有关中小企业公共服务平台开展“专精特新”中小企业服务活动或获取服务券的绩效考核工作文件，确保更好发挥各级中小企业发展专项资金支持中小企业公共服务平台开展“专精特新”中小企业服务活动的效果。评价体系包含客观指标和主观指标（企业满意度），较全面反映了服务平台服务“专精特新”等中小企业的服务成效。结合地方政府部门文件精神，梳理具体评价方式如表 10.4 所示。

表 10.4　　　　中小企业公共服务平台绩效评价方式示例

中小企业公共服务（示范）平台绩效评价指标
1. 总体运营。主要包含资产总额、财务收支状况、对中小企业服务优惠情况、发展前景和可持续发展能力等方面。 2. 服务能力。主要包含服务队伍质量、社会化服务资源集聚带动情况、活动开展数量、服务企业数量和企服集市内服务产品质量等方面。 3. 服务效果。主要指服务对应的用户满意度。 4. 服务协同。主要包含与各级中小企业主管部门工作配合支持情况、志愿服务工作开展情况、企业服务窗口平台持续运营提升情况和典型服务案例报送等方面。
中小企业公共服务平台开展“专精特新”中小企业服务活动绩效考核指标
1. 服务预期目标完成情况。 2. 服务对象满意度。 3. 服务取得效果情况。

（二）专精特新企业对服务平台服务成效的评价

问卷调查显示，专精特新企业组的企业相比其他企业组的企业，获取服务资源的渠道更加丰富，其中，省区市中小企业服务中心及平台网络、中小企业公共服务平台、行业协会商会等在广泛汇聚服务资源、帮助企业有效对接资源等方面发挥了重要作用。

同时，“专精特新”样本企业对已享受服务的质量评价整体不错，超过 80% 的企业认为比较好或非常好。从四个维度来看，认为比较好的企业占比均在 50% 左右，服务质量尚有进一步提升的空间。其中，服务响应方面评价相对最好，有 36.44% 的企业认为非常好，服务效果方面评价略低，33.90% 的企业认为非常好（见图 10.9）。

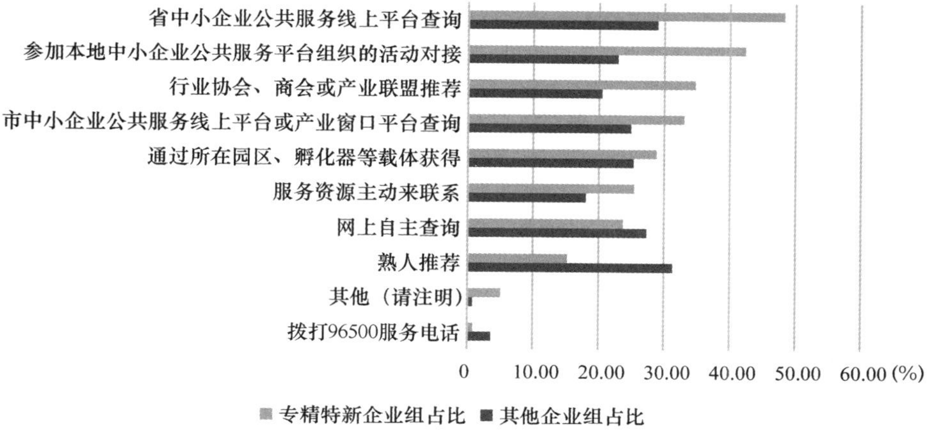

图 10.8 企业获得服务资源的渠道分布情况

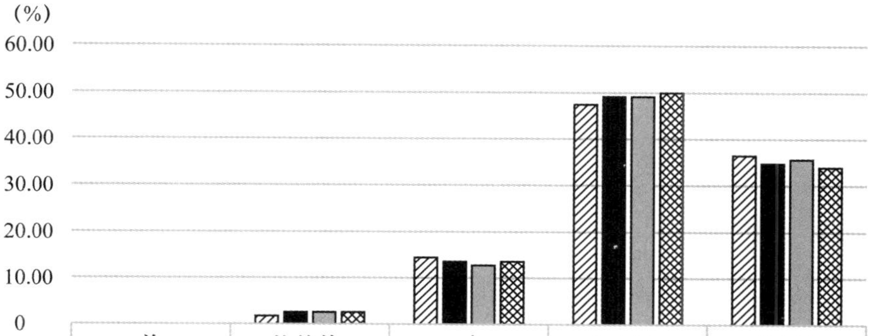

	差	比较差	一般	比较好	非常好
服务响应	0	1.69%	14.41%	47.46%	36.44%
服务内容	0	2.54%	13.56%	49.15%	34.75%
服务执行	0	2.54%	12.71%	49.15%	35.59%
服务效果	0	2.54%	13.56%	50.00%	33.90%

图 10.9 专精特新企业对中小企业服务平台（机构）服务质量的评价情况

四 “专精特新”中小企业服务平台服务方式及经验做法

财政部、工业和信息化部《关于支持“专精特新”中小企业高质量发展的通知》（财建〔2021〕2 号）明确支持公共服务示范平台为国家级专精特新“小巨人”企业提供技术创新、上市辅导、创新成果转化与应用、数字化智能化改造、知识产权应用、上云用云及工业设计等服务。本书全面梳理了国家及各地方中小企业服务中心、公共服务平台、市场化服务平台（机构）面向各级“专精特新”中小企业提供服务的内容及具体方式，特别是有关创新举措、典型经验等，归纳为以下几大方面。

（一）融资服务

服务平台主要面向专精特新企业提供融资对接、上市辅导等服务。融资对接为企业提供银行等金融机构对接服务。上市辅导根据发行上市相关法律、法规和规则，结合企业实际情况和具体需求，帮助企业规范运作方式、治理结构，提供资产评估对接等服务。

中国中小企业发展促进中心联合中科院控股、中诚信投资集团发起成立中小企业融资服务大数据平台（“数字万融”），主要针对中小企业融资难题，搭建“场景 + 数据”的融资生态模式，通过科技化服务能力和市场化运营机制，在普惠金融、产业数字金融、直接融资方面支持中小企业，与银行合作开展面向“专精特新”中小企业的纯信用低息贷款、面向核心企业上下游供销商的信用类融资产品、依托供应链贸易数据的创新型ABS（资产证券化）产品等。同时依托3000多家上市企业动态数据和监管问询信息的加工处理，开发了为企业测评上市成熟度的线上产品，并与券商、银行、政府机构合作举办面向专精特新企业的线下沙龙培训活动。

目前，北京、上海、重庆、厦门、杭州等地政府部门已牵头建设运行综合融资服务平台，为银企提供智能融资撮合服务，通过人脸识别、评价模型智能算法、大数据分析等新一代信息技术，实现为企业的精准“画像”。

据不完全统计，截至2021年7月，全国有9个省（自治区、直辖市）区域股权交易中心专门设立“专精特新”板，挂牌企业近2000家。各地对拟上市企业开展分类指导、精准培育、投融资对接，提高企业在资本市场融资的能力。结合北、沪、深交易所和新三板市场定位，通过名单式管理、精准化服务，支持更多符合条件的“专精特新”中小企业上市、挂牌融资，探索“专精特新”中小企业申请在新三板挂牌开辟绿色通道。

深圳市推进“星耀鹏城行动”，通过落实建立全市企业上市数据库、搭建“星耀鹏城”企业上市一站式服务平台、组建上市专家公益服务团、强化上市培训辅导、实施企业上市梯度培育、加强企业上市分类指导、整合资源为拟上市企业赋能、完善企业上市协调机制、加大税务支持服务力度、促进募投项目落地、解决上市公司总部用房、提升社会化服务水平等12项任务，争取到2025年深圳市境内外上市企业突破600家。

（二）创新服务

服务平台主要面向专精特新企业开展技术创新服务、创新成果转化与应用服务、知识产权服务等。技术创新服务为企业提供创造新技术（或核心技术攻关）为目的的创新服务，或以关键技术为基础开展的研发新产品、新服务的创新服务。创新成果转化与应用服务为企业自身或联合高校、科研院所进行技术开发并形成创新成果，开展后续试验、开发、应用、推广直至形成新标准、新工艺、新材料、新产品、新应用过程的服务活动。知识产权相关服务主要为专利、商标、版权、著作权、软件、集成电路布图设计等提供知识产权诊断、战略咨询、鉴定、评估、交易、质押融资、检索、保护、维权、培训等服务。

2021年年底，国务院促进中小企业发展工作领导小组办公室印发《为“专精特新”中小企业办实事清单》以来，各地公共服务平台对创新支持的强度不断升级，创新举措不断丰富，为“专精特新”中小企业持续赋能。比如上海服务专精特新企业对接创新成果转化240项，对接高校、科研院所合作项目167项；湖南组织产业链对接活动，推动大型企业与中小企业产需合作达800亿元。

制造业创新中心是专精特新企业获取创新服务的重要渠道。2016

年8月，工业和信息化部印发指导文件，提出围绕重点行业转型升级和部分领域创新发展的重大共性需求，建设一批国家级及省级制造业创新中心。截至2021年年底，已批复21家国家制造业创新中心，包括高端智能化家电、机器人、智能网联汽车、集成电路等领域。制造业创新中心以企业为主体、市场为导向，产学研相结合，充分利用现有创新资源和载体，打通技术开发到转移扩散再到首次商业化应用的创新链条，打造跨界协同的创新生态系统，推动大中小企业融通发展。

工程师协同创新中心是浙江省2020年以来在全省探索建设的一种创新服务平台，通过“一个特色产业+一个共性技术平台+一批共享工程师”的模式，共享技术、成果、人才等资源要素，推动人才链与创新链、产业链深度融合，解决“专精特新”等高成长性企业“单兵作战”引才难、核心技术攻克难等困难，助力产业转型升级。除了省级工程师协同创新中心外，各市、县结合产业发展实际进行科学谋划，目前已建成市、县两级工程师协同创新中心50个。

（三）市场拓展服务

服务平台主要面向专精特新企业提供市场对接、宣传推广等服务。市场对接服务搭建市场推介平台、举办供需双方对接活动，为企业产品开拓市场提供支持。宣传推广通过提供主流媒体报道渠道，提升企业品牌知名度及公信度。

广东省工业和信息化厅每年按照夏、秋、冬三季滚动发布的模式，发掘广东省中小企业“专精特新”产品（技术）召开新品发布会，邀请国内权威主流媒体、行业专业媒体参会，以一流媒体的传播力、引导力和影响力，为企业新品开拓市场、提升销量、提高广东品牌知名度提供强有力支持，新品发布会已成为一个常态化、规范化、长期性的运转平台。

中国中小企业发展促进中心与《人民日报》、新华社等建立紧密协作关系，打造全方位、多功能的中小企业新媒体传播矩阵，构建了国家中心和各省（自治区、直辖市）中心一体化、网格化的宣传格局，引导和鼓励广大媒体提升“专精特新”中小企业发展宣传报道的广度、深度、质量和水平。

（四）管理咨询服务

服务平台主要面向专精特新企业提供管理诊断、培训、机构认证、工业设计等服务。机构认证服务为专精特新企业提供UL、CSA、ETL[①]等发达国家或地区权威机构认证的服务，帮助专精特新企业打

---

① UL认证品牌由全球检测认证机构、标准开发机构美国UL有限责任公司创立，迄今发布了将近1800部安全、质量和可持续性标准。CSA加拿大标准协会，成立于1919年，是加拿大首家专门制定工业标准的非营利性机构，对机械、建材、电器、电脑设备、办公设备、环保、医疗、防火安全、运动及娱乐等方面的所有类型的产品提供安全认证。ETL标志是世界领先的质量与安全机构Intertek天祥集团的专属标志，获得ETL标志的产品代表满足北美的强制标准，可顺利进入北美市场销售。

开国门走向世界。工业设计服务运用现代化手段，以工学、美学、经济学为基础对企业所需工业产品进行设计服务，推进设计服务与制造业融合发展，推动企业产品品质提升和品牌创建。

南京市企业服务中心（国家中小企业公共服务示范平台）紧密结合中小企业志愿服务“暖阳行动”，依托一批深耕政策、人力资源、知识产权、财税、投融资、综合管理等领域的志愿服务专家，以小升规、“专精特新”培育企业为服务对象，在全市范围内开展“百企提升”志愿巡诊互动，通过面对面向企业宣传政策、收集需求、提供咨询、提出建议，取得了良好成效。回访显示，99%企业对巡诊活动表示了认可和感谢，100%的区、街道参与人员表示满意。

2021年以来，湖北、贵州、黑龙江、吉林、湖南、安徽等省级中小企业服务中心在全省范围内开展“专精特新”中小企业公益培训活动，内容主要有政策解读、资本市场培训、数字化转型培训等，推动企业高质量发展。

（五）数字化转型服务

服务平台主要面向专精特新企业开展数字化、网络化、智能化服务和上云用云服务等。数字化、网络化、智能化服务为企业提供咨询服务，通过数字化赋能，优化企业产品研发、生产制造、产品运营流程，实现企业价值提升。上云用云服务通过网络以按需求、易扩展的方式推动企业的基础设施、管理及业务部署到云端，并通过云服务为企业提供的计算、存储、软件、数据等服务。

2022 年年初，中国工业互联网研究院与阿里巴巴集团旗下综合类内贸 B2B 平台 1688 签署了专精特新企业服务框架合作协议，双方在数字化转型、市场拓展、品牌培育、电商运营、线上营销等方面为“专精特新”中小企业设置专属服务包，助力企业提升创新能力和竞争力水平。截至 3 月底，已有近 500 家专精特新“小巨人”企业入驻 1688 平台，这些“小巨人”企业在 1688 平台主页上都有一个共同的标签——“国家级专精特新企业”。

华为云依托 30 年的 ICT 经验、制造经验以及行业领先的云、AI、大数据、工业互联网等技术，向专精特新企业输出成熟的数字化转型路径、优质业界资源以及多元解决方案，帮助企业高效锻造“数字化韧性”。截至 2021 年 9 月，华为云已上线“220 +”云服务、“210 +”解决方案，聚合了超过 230 万名开发者、“1.4 万 +”咨询伙伴、“6000 +”技术伙伴。

五　“专精特新”中小企业服务平台发展趋势

为适应“专精特新”中小企业对高端化、个性化服务的需求，各类型服务平台（机构）不断更新迭代，总体呈现出以下几方面发展趋势。

（一）进一步强化精准服务

针对专精特新企业特点和实际需求，服务平台（机构）开发服务新产品，扩大“点对点”“一对一”上门服务范围，服务对接程度不断深化。各地陆续建立面向“专精特新”中小企业的服务专员队伍，不断创新服务方式，如重庆创新实施“产业研究院＋项目＋基金＋园区”模式，实施专精特新企业生成、哺育、成长、扶持四大行动。

中国中小企业发展促进中心与浙江省丽水市政府联合，在杭州市丽水数字大厦发起成立全国专精特新企业培育基地，基地整合优质服务资源，打造专精特新企业优质服务机构集聚平台、专精特新企业培育提升平台、国际合作交流平台、企业管理人才实训平台、招商引资服务平台等五大平台，形成集培训、会议、展示等功能于一体的服务体系，打造立足浙江、辐射长三角、面向全国的一流专精特新企业培育载体。

（二）平台数字化智能化水平持续提升

充分运用互联网、大数据、人工智能、区块链等新一代信息技术，搭建数字化智能化服务平台，更大规模汇聚“专精特新”服务资源，增强供需匹配度。如北京市加强“京通”App“专精特新”服务专区建设，发挥中小企业公共服务示范平台和小微企业双创示范基地的作用，定制“专精特新”专属工具箱，汇聚一批券商、会计师事务所、律师事务所等专业服务机构，为企业提供全面诊断、技术创新、上市辅导、工业设计等多门类专业服务。北京自2020年始，在全国率先发放“专精特新”中小企业服务券，补贴力度进一步加大，支持专精特新企业购买优质服务产品。该服务券发放依托“京通”App，申领简便快捷。

上海市依托服务企业联席会议机制，35个委办局共同建设上海市企业服务云平台，打造全国首创的电子政商综合平台，推动11个市级政府部门及16个区上云开设“旗舰店”提供中小企业公共服务产品，并邀请优质专业服务机构入驻开店，推出上万项专业服务产品，中小企业可对服务店铺进行点评和打分，对排名靠后的店铺实行动态调整。

（三）产业纵深服务生态平台崭露头角

一些服务平台通过长年累月深植细分领域，建立起对产业的深刻认知，得到深厚的资源积累，拓展平台项目资源体系向纵深发展，满足“专精特新”中小企业等高成长性企业专业化、高端化的服务需求。如于2000年创建的中国水网的E20环境平台，是一家国家中小企业公共服务示范平台，是智库引领的、具有广泛行业影响力的环境产业纵深生态平台。E20环境产业圈层成为环境产业内最具影响力的高端主流生态圈层，目前汇集了来自全国各地的360余家环境领域优秀企业，包含31家北京市“专精特新”中小企业，占其中环境产业企业总数的40%以上，通过深度伴随式服务助力专精特新企业快速成长。

南京市政府投资、南京江北新区生物医药公共服务平台有限公司运营的公共服务平台，布局亚洲最大规模的基因测序中心、国内行业领先的“一站式”新药检测中心等六个子平台，面向全国生命健康领域企业提供从基础研究到项目孵化成长再到转型发展的全链条服务，实现国有公共技术服务平台为“专精特新”等创新型中小企业提供市场化服务的可持续发展模式。

六 “专精特新”中小企业服务平台（机构）发展面临的问题

实地调研和数据分析显示，伴随“专精特新”中小企业培育工作力度不断加大，“专精特新”中小企业服务体系建设进入重要机遇期，各地服务平台（机构）发展取得了较明显的成效，但总体尚处在发展初期，还面临不少问题，存在一定不足。主要表现在以下方面。

（一）行业标准及规范缺位

当前中小企业服务领域尚未出台具体行业标准及服务规范文件，

导致不少不良市场行为难以得到遏制。如一些服务机构打价格战，扰乱市场秩序。实地调研中还发现，一些机构的营收主要靠政府补贴，几乎没有市场化收入。有机构反映，社会上很多服务机构成立就是为了拿政府的钱，他们开展的所谓公益性培训，价值很低，经常出现一个培训班上听课的企业只有两三家的尴尬场面。

（二）政策支持力度有待加强

服务平台（机构）普遍反映政策感受满意度不高。一是政策体系不够完善。如生产性服务业有关政策实施细则一直未能实际落地。二是财政补贴覆盖面不大。如一些地方高新区通过国家创新创业特色载体认定，获得国家财政发放的5000万元奖补资金，最后几乎用于园区和房地产开发，企业服务机构很少能享受到资金支持。三是企业服务领域全国统一大市场有待形成。如有位于北京的国家级中小企业服务示范平台反映，服务机构到其他城市开拓业务，基本上都要求其在当地注册公司，否则不能领取服务券，此举限制了企业接受外地更优质服务的可能性。

（三）服务平台育人留人成本高

服务平台反映，企业服务对员工综合素质要求很高，特别是服务专精特新企业等高成长性企业，但高校没有相应的专业，也没有成型的培养模式可借鉴，全靠机构自主培养，周期较长，同时经常面临被同行特别是国有平台（机构）挖人的风险，育人留人的压力都很大。目前，人力成本普遍占机构经营成本的50%以上。

（四）关键领域服务平台缺口较大

由于服务体系建设还不完善，服务机构的服务内容同质化严重，高端服务缺乏，服务供需存在较明显不匹配的情况。调研发现，“专精特新”中小企业在当前转型升级过程中，存在若干项迫切需要但是未能得到较好满足的服务内容。一是技术创新（产学研）服务缺位最明显。中国尚未形成成熟的产学研用融合的协同创新体系，尤其是基础性和行业共性领域企业服务机构不足。专精特新企业以制造业、创新型企业为主，自主研发的门槛较高，对技术服务的需求则更加迫切。二是人力资源服务供应不足。调研中的多家专精特新企业反映，人才匮乏是当前发展最大的短板，特别是高端研发人才及技工人才匮乏。三是数字化转型服务有待加强。数字赋能是推动专精特新企业高质量发展的关键，但与大企业相比，中小企业数字化转型普遍存在数字化认知不足、技术基础较弱、资金有限、专业人员缺乏等障碍，对外部专业服务有大量需求。

（五）龙头企业带动作用尚需进一步发挥

龙头企业、大企业在引领创新发展、带动产业升级方面有突出优势，但目前大中小企业融通发展、融通创新缺乏有效的协调机制和激励手段，大企业从自身利益出发，更倾向于与同样具有资源优势的其他大企业进行合作，牵头搭建服务平台、与中小企业共享资源的意愿不强，产业链协同关系未能有效建立，对专精特新企业创新发展的带动、支持作用发挥不足。

七 对各地优化“专精特新”中小企业服务的建议

（一）优化服务方式，提高专精特新企业服务实效

一是引导服务机构开发高端和个性化服务项目。针对专精特新企业特点，引导服务机构以市场为导向、以企业需求为目标，在普惠型和共性服务的基础上，积极发展高端和个性化服务项目。二是为专精特新企业量身定做专属服务包。实施“一企一策”有针对性的精准服务，遴选有实力的服务机构“服务包”。为每个企业配备专属的政策联络员和专家顾问，提供“一对一”“面对面”指导和咨询，定向推送政策要点，合理配置政策资源。三是推动线上线下服务共同发力。运用新一代信息技术推动服务方式变革升级，形成一批可复制、可推广的“数字＋”服务模式，为专精特新企业提供线上线下相结合的智能化、便捷化服务。

（二）提升专业化服务水平，满足专精特新企业迫切需求

一是破解“专精特新”人才难题。推动校企协同和产教融合，支持帮助专精特新企业与研究型高校和科研机构建立联合实验室，在应用型本科和职业院校建设实训基地和产业学院，推动企业研发和员工培训环节前移。多渠道搭建专精特新企业人才供需对接平台，推动相关部门为专精特新企业引进高级人才提供便利，支持专精特新企业与大企业和相关机构探索人才共享等新模式。二是多措并举服务专精特新企业数字化转型。针对专精特新企业典型应用场景，鼓励工业互联网、人工智能和工业 App 融合应用模式与技术，引导企业加快生产线智能化升级，提高企业研发设计、生产制造、协同办公、供应链管理、市场营销等环节的数字化应用水平。引导数字化服务商打造符合专精特新企业特点的云制造平台和云服务平台，鼓励企业开展数字化改造和“登云用云”，推动云服务商和企业供需对接。三是加大专精特新企业市场拓展服务力度。引导服务机构加强前沿技术、行业趋势、要素资源等方面信息服务，推动“专精特新”企业及时捕捉商机，抢抓先机。在展览展示活动中设立专精特新企业专区，搭建新产品发布、供需对接、经验交流平台，提升交流对接实效。

（三）推动企业服务产业发展，营造专精特新企业服务良好氛围

一是制定中小企业服务规范及等级评价制度。建立专精特新企业服务标准及规范，依据服务机构的服务能力、服务质量、企业评价等划分等级，形成对服务机构正向激励机制，引导政府资源向高等级服务机构倾斜。支持服务机构建立完善的内部管理制度。二是建立专业化、高端化服务人员培训机制。通过组织培训提升各类型服务机构人员专业化能力及水平。鼓励服务机构联合高校和职业院校建立专业服务人员培养基地，育才和引才相结合，建立高素质的服务人员队伍。发挥国家和省级中小企业公共服务示范平台带动作用。三是助推社会化服务机构专业化、规模化、品牌化发展。鼓励专精特新企业服务平台走专业化、规模化、品牌化发展道路，推动综合实力强、服务业绩优、市场认可度高的服务机构做大做强，跨区域发展。依托各级中小企业服务中心，培育发展专精特新企业专业化服务市场，推动机构与企业对接，引导更多企业购买专业化的企业服务产品，扩大政府部门采购专业化涉企服务的范围和规模。

（四）促进大中小企业融通创新，助力专精特新企业高起点发展

深入落实促进大中小企业融通创新“携手行动”计划[①]，以大中小企业创新链、产业链、供应链、数据链、资金链、服务链、人才链“七条链”为着力点推动大中小企业融通创新。一是鼓励大型企业提供多种类型技术服务。推动大型企业、科研机构、高等院校等面向“专精特新”中小企业开展技术研发、检验检测、资源共享、技术成果转化推广等技术服务。二是支持龙头企业牵头组建创新平台。建立专业孵化器、产业创新联盟、协同创新平台等各类载体平台，以产业链、创新链、资金链为纽带，推动龙头企业与“专精特新”中小企业合作。发挥国家及省级制造业创新中心作用。建设行业级工业互联网平台，实现以数据为纽带的大中小企业创新协同、制造协同和资源共享。三是推动“专精特新”中小企业与行业龙头企业对接。总结推广大中小企业融通型特色载体“龙头＋孵化”模式的经验，开展“专精特新”中小企业与行业龙头企业配套合作对接活动，强化创新协同、产能共享、供应链互通。引导大企业与中小企业建立清晰明确的创新收益、风险共担机制，形成“大河有水小河满，小河无水大河干”的共赢、共担生态环境。

---

① 工业和信息化部等十一部门《关于开展“携手行动”促进大中小企业融通创新（2022—2025年）的通知》。

第十一章

“专精特新”政策对产业链强链补链的促进作用

——以新能源汽车产业为例

为促进中小企业高质量发展，中国制定了一系列“专精特新”政策，将发展“专精特新”中小企业视为开展强链补链专项行动、加快解决“卡脖子”难题的重要举措之一。其中，新能源汽车产业作为国家战略性新兴产业之一，产业链长、产业布局广、中小企业多，受“专精特新”政策影响明显，极具代表性。因此，我们以新能源汽车产业为例，研究“专精特新”政策对产业链强链补链的促进作用。

一　中国新能源汽车领域企业入选国家级专精特新“小巨人”数量众多

新能源汽车产业链分为三部分：上游为关键原材料及核心零部件；中游为整车制造；下游是充电服务及后市场服务。

上游主要是为中游的整车制造提供原材料及核心零部件，主要原材料包括正极材料、负极材料、电解液、隔膜材料等配合组成电芯及PACK，以中小企业为主要群体的核心零部件主要包括动力电池、电机、电控三大系统，以及车身/底盘/其他，轮胎/内饰/其他，电力/电子元器件，等等。中游是新能源汽车的整车制造，依照新能源汽车的功能细分为乘用车、商务车以及专用车。下游为充电服务和后市场服务两大部分，充电服务包括充电设备、换电设备及电池回收，后市场服务包括汽车金融、汽车保险、汽车租赁、二手车买卖、汽车维修养护及汽车拆解回收（见图11.1）。

工业和信息化部分别于2019年5月、2020年11月和2021年7月公布了三批专精特新“小巨人”企业名单，总计入围4922家，工业和信息化部认定的企业共计4762家。4762家专精特新“小巨人”企业，新能源汽车相关领域有130家，其中，第一批4家，主要集中在新能源汽车三电系统等领域。第二批55家，从三电系统到自动驾驶，基本覆盖新能源汽车全产业链。第三批71家，进一步增强了新能源汽车全产业链的竞争力。入选企业中，涉及动力电池的企业最多，企业数量达到39家，占入选总数的30%，排在第二位的是电驱电控系统企业，有19家企业入选，另外还有13家企业涉及电动车充/换电系统。

在这130家专精特新“小巨人”中，上市公司共有44家。从产业链环节分布看，其中，三电领域18家企业，包括动力电池6家、电控7家、电机5家，三者合计占比40.9%；车身/底盘/其他领域17家，占比38.6%；轮胎/内饰/其他4家，占比9.1%；氢燃料电池2

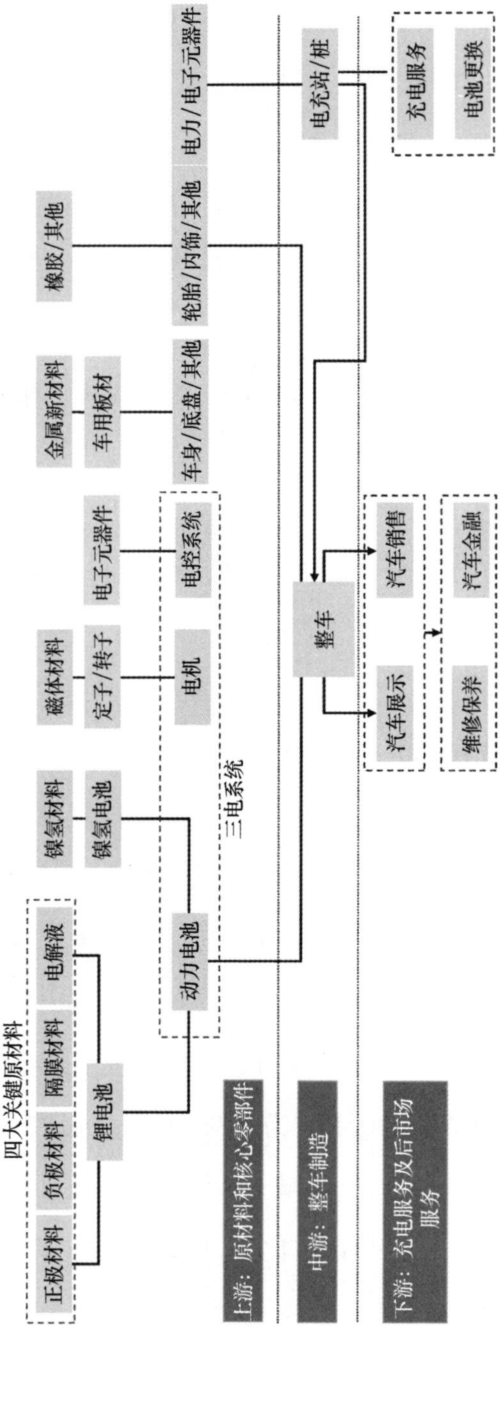

图 11.1 新能源汽车产业链

家；锂电池隔膜材料、充/换电、锂电池正极材料企业各 1 家。这 44 家上市公司中，同样是新能源汽车的核心零部件领域，三电领域企业数最多，增强了我国新能源汽车产业核心环节的竞争力。

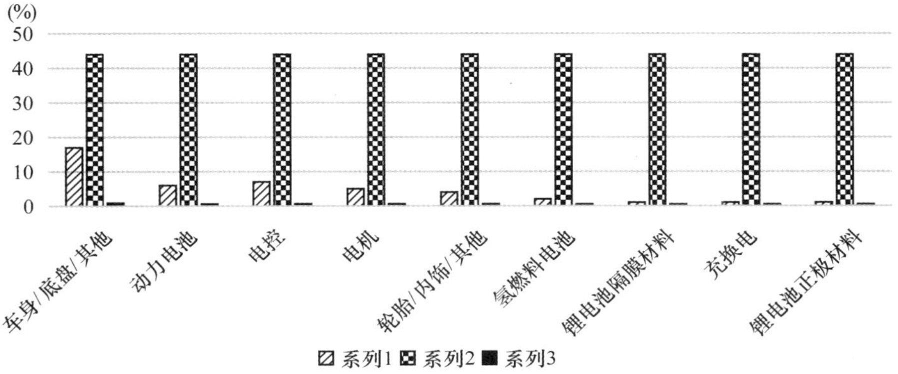

图 11.2 新能源汽车领域专精特新“小巨人”上市公司产业链环节分布

资料来源：天眼查©研究院。

从营业收入看，44 家企业营业总收入由 2019 年的 574.6 亿元增加到 2021 年的 858 亿元；从净利润看，44 家的总净利润由 2019 年的 54 亿元增加到 2021 年的 84.6 亿元；从营业净利率看，由 2019 年的 9.4% 上升到 2021 年的 9.8%。国家级专精特新“小巨人”规模和利润整体均保持了一个良好增长态势。

从产业链各环节营收规模看，44 家中，车身/底盘/其他领域占比最高，2019 年为 57%，2021 年为 49%；三电领域其次，2019 年为 25%，2021 年为 26%。另外，锂电池隔膜材料占比由 2019 年的 5% 增加到 2021 年的 9%，锂电池正极材料的占比由 2019 年 2% 增加到 2021 年的 6%，增长迅速（见图 11.3）。

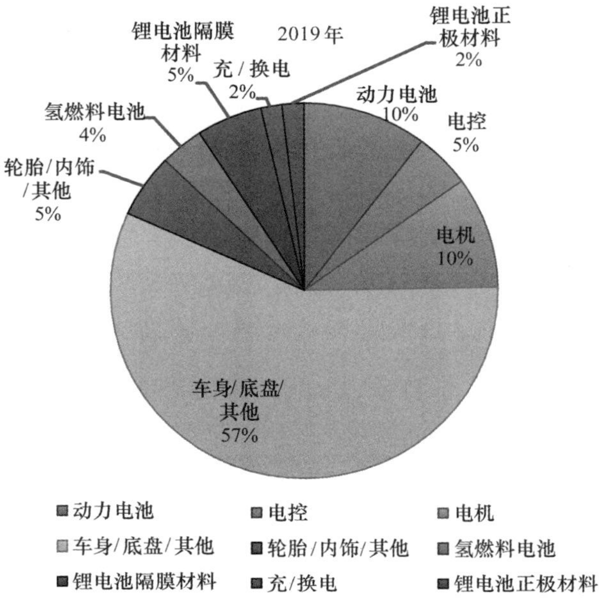

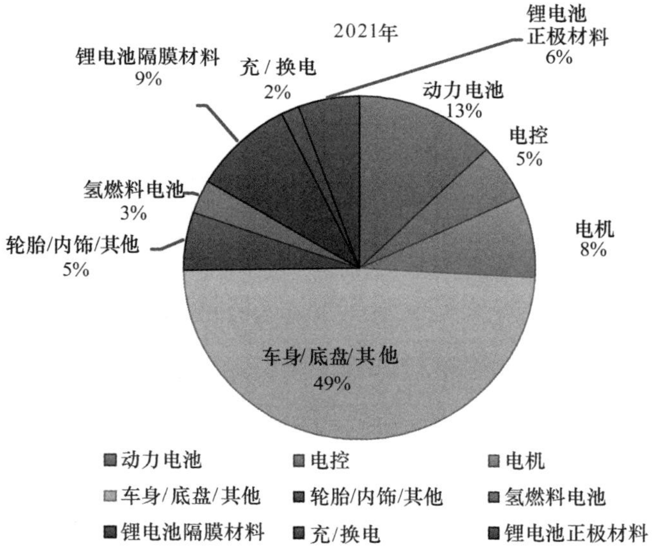

图 11.3　新能源汽车产业链各环节规模 2019 年和 2021 年对比

资料来源：天眼查©研究院。

从各环节的营业净利率看，2021 年，锂电池隔膜材料最高，为 36.17%；三电领域，动力电池、电控、电机的营业净利率分别为 8.39%、19.29%、13.88%；车身/底盘/其他领域为 4.19%；轮胎/内饰/其他领域为 -5.62%。

其中，在新能源汽车核心的三电领域，动力电池的营业总收入由 2019 年的 59.78 亿元上升到 2021 年的 110.29 亿元，增长 84.49%；净利润由 2019 年的 4.54 亿元上升到 2021 年的 9.25 亿元，增长 103.74%。电控领域的营业总收入由 2019 年的 27.18 亿元上升到 2021 年的 45.82 亿元，增长 68.58%；净利润由 2019 年的 5.11 亿上升到 2021 年的 8.84 亿元，增长 72.99%。电机领域由 2019 年的 55.42 亿元上升到 2021 年的 65.75 亿元，增长 18.64%；净利润由 2019 年的 8.05 亿元上升到 2021 年的 9.13 亿元，增长 13.42%。

动力电池领域营业净利润增速显著大于营业总收入增速，电控领域净利润增速略大于营业总收入增速，电机领域净利润增速较营收增速相对缓慢。这从一定程度上反映出，就全市场范围内而言，在新兴的动力电池领域，具备一定的核心竞争力，电控领域竞争力有一定提升，而相对较传统的电机领域，增速的差异在一定程度上反映出其竞争力不足的特点（见表 11.1）。

表 11.1　　新能源汽车产业链各环节营收、利润、营业净利率

	2019 年营业收入规模（万元）	2021 年营业收入规模（万元）	2019 年净利润（万元）	2021 年净利润（万元）	2019 年营业净利率（%）	2021 年营业净利率（%）
动力电池	597800	1102900	45418	92480	7.60	8.39
电控	271800	458200	51054	88367	18.78	19.29
电机	554200	657500	80512	91259	14.53	13.88
车身/底盘/其他	3274400	4201600	279203	176084	8.53	4.19
轮胎/内饰/其他	314400	465300	－28220	－26130	－8.98	－5.62
氢燃料电池	211200	270600	－1874	36600	－0.89	13.53
锂电池隔膜材料	316000	798200	93600	288700	29.62	36.17
充/换电	100900	141600	10600	18200	10.51	12.85
锂电池正极材料	105400	484200	10100	80400	9.58	16.60

资料来源：天眼查©研究院。

从营业收入复合增长率看，位居前三的分别是锂电池正极材料、锂电池隔膜材料和动力电池，核心三电领域的动力电池和电控领域也保持30%左右的增长率，所有领域均保持正增长，与新能源汽车产业整体规模增长趋势保持一致，但低于新能源汽车整体增长规模。从净利润复合增长率看，氢燃料电池已经进入盈利期，前景可期；在锂电池原材料环节，锂电池正极材料和锂电池隔膜材料净利润保持了一个超高增长率，远高于其他环节，但是这现象同样说明了从动力电池厂一直到整车厂，新能源汽车产业链中下游的每个环节都备受原材料上涨的冲击，对行业整体产生了不良影响。另外，车身/底盘/其他领域、轮胎/内饰/其他领域的净利润呈现负增长，说明了在低利润环

节，企业面临较大的竞争压力，出现增收不增利现象。

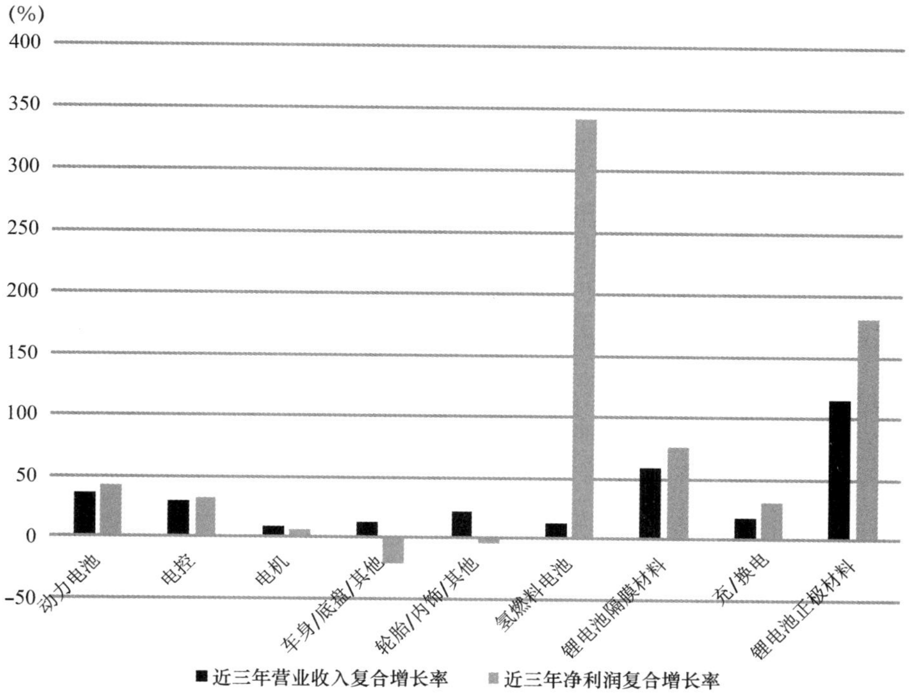

图 11.4 新能源汽车产业专精特新“小巨人”上市企业营业收入、净利润复合增长率

资料来源：天眼查©研究院。

从研发费用看，44 家企业研发费用总计从 2019 年的 27.45 亿元上升到 2021 年的 43.12 亿元，平均每家每年研发费用由 6238 万元上升到 9801 万元，增加 57%。研发费用在 2020 年与 2019 年相比保持相对平稳后，2021 年开始大幅上升（见图 11.5）。

从 44 家专精特新“小巨人”上市企业在整车厂供应商入选情况看，比亚迪、广汽、北汽、吉利等老牌国产汽车厂选择了 3 家企业作

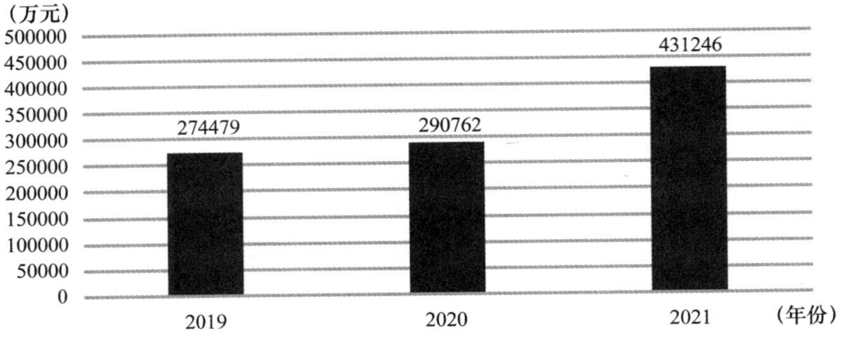

图 11.5　新能源汽车产业研发费用情况

资料来源：天眼查©研究院。

为自己供应商，蔚来、小鹏、理想等新能源新势力汽车厂选择了 2 家，特斯拉选择 1 家，丰田、宝马各 1 家。其中，比较典型的企业有位于电控领域的快克智能装备股份有限公司，成为比亚迪、小鹏、理想、吉利、长城等车企的供应商；电控领域的西安中熔电气股份有限公司，成为特斯拉、大众的供应商；车身/底盘/其他领域的瑞鹄汽车模具股份有限公司，成为蔚来、广汽、北汽等车企的供应商；同样在车身/底盘/其他领域的浙江美力科技股份有限公司，成为蔚来、小鹏、理想等车企的供应商（见图 11.6）。

从区域分布看，近年来，中国逐步形成了六大汽车产业集群，包括：以上海市、江苏省、浙江省、安徽省为核心的长三角产业集群，以重庆市、四川省为核心的西南产业集群，以广东为核心的珠三角产业集群，以吉林省、辽宁省和黑龙江省为核心的东北产业集群，以湖

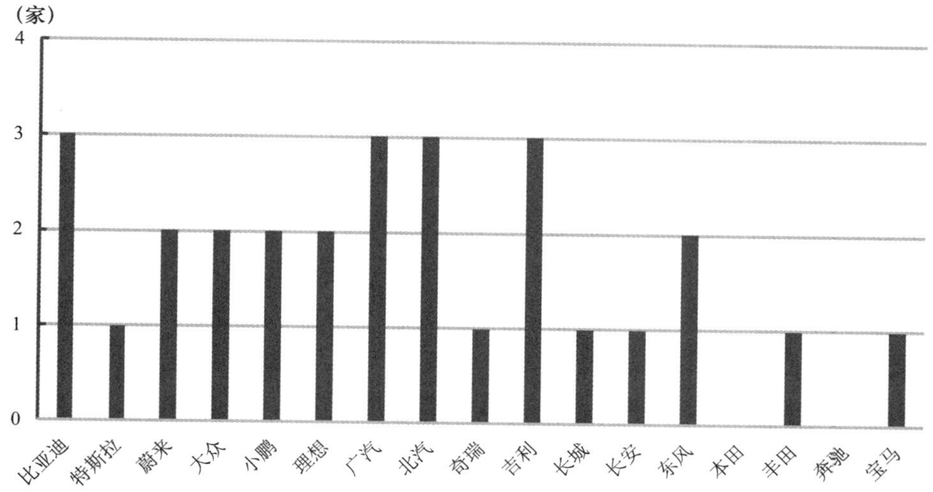

图 11.6 新能源汽车产业专精特新“小巨人”上市企业入选整车厂供应商情况

资料来源：天眼查©研究院。

北省、湖南省为核心的中部产业集群，以北京市、天津市和河北省为核心的京津冀产业集群。新能源汽车领域的专精特新“小巨人”企业分布与汽车产业集群分布基本一致，第一是广东省和上海市，都为 7 家，其次是江苏省 6 家、浙江省 5 家、安徽省 4 家，长三角城市群合计 22 家，占据了半壁江山，可以看出长三角城市群的新能源汽车产业集群在国内极具竞争力（见图 11.7）。

从资本市场分布看，44 家企业中，59% 的企业在深圳上市，39% 的企业在上海上市，2% 的企业在北京上市，国家级专精特新“小巨人”企业当前还是在深、沪上市为主（见图 11.8）。

总体来看，新能源汽车领域的专精特新“小巨人”企业一是发展

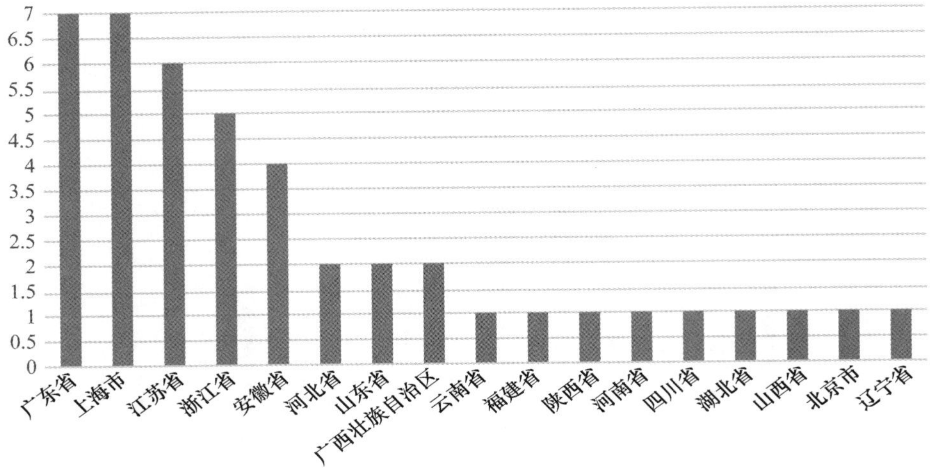

图 11.7　新能源汽车产业专精特新“小巨人”上市企业区域分布情况

资料来源：天眼查©研究院。

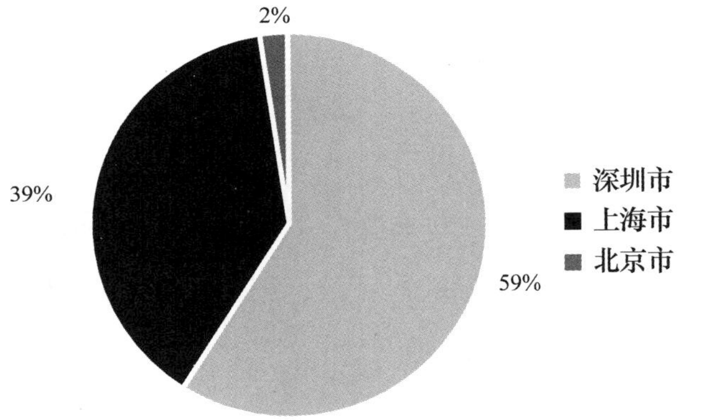

图 11.8　新能源汽车产业专精特新“小巨人”上市企业资本市场分布情况

资料来源：天眼查©研究院。

聚焦新能源汽车产业链细分环节，二是营业收入和净利润均保持了增长趋势，三是部分企业以自身特色产品已进入整车厂的供应链环节，四是坚持创新，研发费用保持了大幅增长。

二 新能源汽车产业链中专精特新“小巨人”强链补链中的发展成效和问题

近年来，中国新能源汽车产业增长迅速，销量由2019年的120.6万辆上升到2021年的352.1万辆，在新能源汽车核心的三电领域，尤其是动力电池领域，诞生了一批优质企业，既有宁德时代、亿纬锂能等龙头企业，也有深圳创益通、上海华峰锂业等一批专精特新“小巨人”企业；在车身领域，诞生了瑞鹄汽车模具这一类打破国际垄断的专精特新“小巨人”企业，有效实现了锻长板、补短板。但是，同样要认识到，在新能源汽车领域，还存在着一些短板，这些短板领域优质龙头尚未出现，专精特新“小巨人”企业匮乏，比较典型的领域有汽车半导体领域（见图11.9）。

（一）强链主要集中在动力电池等有龙头企业的优势环节，其他未有龙头企业的环节迹象不明显

动力电池领域在宁德时代、比亚迪等龙头带动下，先后出现了上海先惠自动化技术股份有限公司（先惠技术）、深圳市创益通技术股份有限公司（创益通）、广州高澜节能技术股份有限公司（高澜股份）等六家专精特新“小巨人”企业。其中，先惠技术位于上海市，2021年7月19日入选第三批专精特新“小巨人”企业公示名单，是

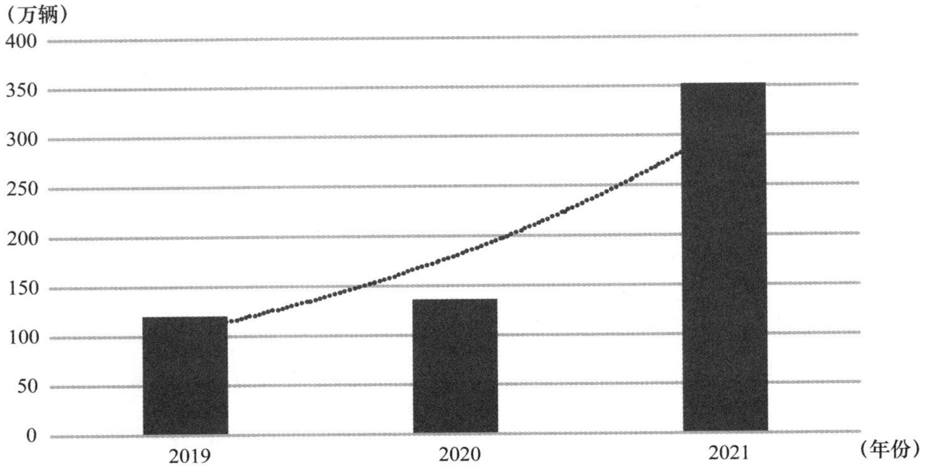

图 11.9　新能源汽车产业销量增长趋势

资料来源：天眼查©研究院。

国内较早进入新能源汽车智能制造装备领域的企业，在动力电池模组/电池包（PACK）、电动汽车动力总成（EDS）、动力电池测试和检测系统等新能源汽车关键部件制造及测试领域具有丰富的经验，打破了主要由外资企业占据中国高端智能制造装备市场的垄断优势，先后成为大众汽车（包括上汽大众、一汽大众）、华晨宝马的动力电池包（PACK）生产线主要供应商，宁德时代、孚能科技的动力电池模组生产线供应商。

从上海市“专精特新”政策看，2011 年上海经信部门发布的《关于加快促进“专精特新”中小企业创新驱动、转型发展的意见》，提出实施“专精特新”中小企业培育工程，大力培育“战略专一化、研发精深化、产品特色化、业态新型化”的中小企业，“专精特新”中小企业认定及复核工作连续开展十数年，2021 年《关于做好支持“专精特新”中小企业高质量发展工作的通知》又明确提出：支持与行业龙头企业协同创新、产业链上下游协作配套，支撑产业链补链延链固链、提升产业链供应链稳定性和竞争力。

在这里，可以注意到动力电池领域的龙头企业宁德时代在 10 年前也和当前专精特新“小巨人”企业体量一致，其成长体现了市场引导、龙头带动这一特征。宁德时代脱胎于日资控股企业 ATL（东莞新能源科技有限公司），在成立之初，承接华晨宝马“之诺 1E”（宝马 X1 油改电）的新能源动力电池项目。为支持该项目，宝马派驻高级工程师入驻宁德时代，并提供多达 800 页的动力电池标准，助力宁德时代完成动力电池研发、设计、开发、认证、测试的全流程，为宁德时代奠定了技术基础。

在政策上，宁德时代最得益于 2015 年发布的《汽车动力蓄电池行业规范条件》（动力电池白名单）的支持，新能源车要想获得补贴，必须使用进入白名单的企业所生产的动力电池，在这份白名单上，清一色都是中国的动力电池企业。

2017 年，宁德时代以 12.0GWh 的动力电池销量跃升全球第一，超越松下、LG 化学和三星 SDI。从开始创业到成为全球销量第一的动力电池企业，宁德时代只用了 7 年时间。

总体来看，动力电池领域诞生了数家国家级专精特新“小巨人”企业，既得益于市场的引导、龙头企业带动，也得益于地方“专精特新”政策支持，但同时要注意到，新能源汽车其他环节如果龙头企业匮乏，此类现象就不够明显，说明专精特新企业强链不仅需要政策支持，还需要龙头企业示范引导。

（二）补链企业多在汽车产业链中的车身制造等低利润环节，高利润环节整体实力偏弱

有近一半专精特新“小巨人”上市企业位于车身/底盘/其他环节，该环节2021年营收净利率4.19%。其中比较典型的有瑞鹄汽车模具股份有限公司（以下简称“瑞鹄模具”）。瑞鹄模具位于安徽省国家级芜湖经济技术开发区，主要从事汽车冲压模具、检具及焊装自动化生产线的开发、设计、制造和销售，可以提供完整的汽车白车身高端制造装备、智能制造技术及整体解决方案，是蔚来、广汽、北汽、奇瑞等整车厂的供应商之一，2020年11月13日入选第二批专精特新“小巨人”企业公示名单。2021年实现营业收入104500万元，净利润12400万元。瑞鹄模具的研发投入强度在2019—2021年持续上升，分别为5.06%、5.59%、5.82%，入选国家级专精特新“小巨人”后研发投入强度2021年比2020年进一步提升。

根据中国汽车工程学会发布的《节能与新能源汽车技术路线图2.0》，到2025年，中国燃油车的轻量化水平要比2020年提升10%，新能源汽车的轻量化水平要比2020年提升15%。

2020年，瑞鹄模具的铝合金车身覆盖件精密成形关键技术及装备，公司结合CAE闭环验证、精细模面设计以及虚拟合模技术，攻

克了铝合金在冲压成形过程中容易产生破裂、起皱、回弹等难题，掌握了铝合金覆盖件成形技术，开发出全铝车身成形装备。瑞鹄模具在国内处于领先地位，同时促使国内高端装备技术水平打破国外对铝合金车身覆盖件生产装备的技术垄断。

从安徽省“专精特新”政策看，安徽省在2014年就出台《关于促进中小企业“专精特新”发展的实施意见》开始推动专精特新企业发展，培育发展速度快、创新能力强、产品质量优、经济效益好的“专精特新”中小企业。2018年发布《安徽省人民政府关于进一步推进中小企业“专精特新”发展的意见》，该意见提出，到2020年，“安徽省‘专精特新’中小企业”有3000户以上，引导并推动这批企业“以质取胜”，做国内细分市场的领导者，成为“安徽智造、安徽创造”的代表。

同样要注意到，瑞鹄模具虽然是蔚来等新能源汽车的一级供应商之一，但蔚来的主力供应商依然是诺贝丽斯（Novelis）（全球领先的铝压延产品制造商）等。2012年起，诺贝丽斯开始在中国成立独资公司，并且深入开拓中国市场，在常州建成了位于中国的首条汽车铝板热处理线，2021年1月，诺贝丽斯完成常州汽车铝板热处理线扩建，为汽车行业增加了10万吨的铝板产能。瑞鹄模具技术领先程度、生产规模及市场份额三方面都和该企业存在相当大的差距，导致利润率一直处于低位。

总体来看，“专精特新”政策确实推动了专精特新“小巨人”企业在缺失环节实现补链，占据了一定份额的细分市场，但是在技术领先度、生产规模上，与国外巨头存在相当大的差距，补链企业目前还是集中在产业链低利润环节，需要在技术、产量上进一步突破，占据高利润环节。

（三）在汽车半导体等关键“卡脖子”环节缺乏突破，短板严重

中国电动汽车百人会最新发布的《中国新能源汽车供应链白皮书2020》显示，国内汽车半导体产值在全球市场占比不到5%，部分关键零部件进口率为80%—90%。汽车半导体市场在2019年市场规模才465亿美元，远不及5G手机芯片近1160亿美元的市场规模。其中，2019年中国自主研发汽车芯片产业规模不到20亿美元，仅占全球营收的4.5%。与其形成鲜明对比的是，这一年，中国汽车产业规模占全球市场30%以上。

汽车运行环境的复杂性以及对行驶安全的刚需，使得汽车芯片具备高车规级要求、长进入周期、市场规模和利润受限等特性，造就了较高的行业壁垒。一是车规级芯片相对于消费级芯片，在工作环境、使用寿命、规格标准方面均具备更严格的要求，加大了开发和验证难度；二是车规级芯片的研发和验证周期较长，新品研发加上车规验证周期通常需要3—4年，在验证通过后通常会具备长达5—10年的供货周期，通常还有10年的备件要求；三是汽车芯片市场规模及利润有限：与上亿量级的手机芯片相比，汽车芯片市场规模非常有限；汽车芯片对制程的要求也往往低于消费级芯片，导致利润空间较小，受

市场规模和利润空间的限制新进入者难以与规模化生产的老牌芯片厂商抗衡。

以中国汽车IGBT（绝缘栅双极型晶体管）为例，英飞凌的份额为58.2%，其次是比亚迪（18%）和三菱（5.2%），IGBT基本是由境外企业垄断（见图11.10）。

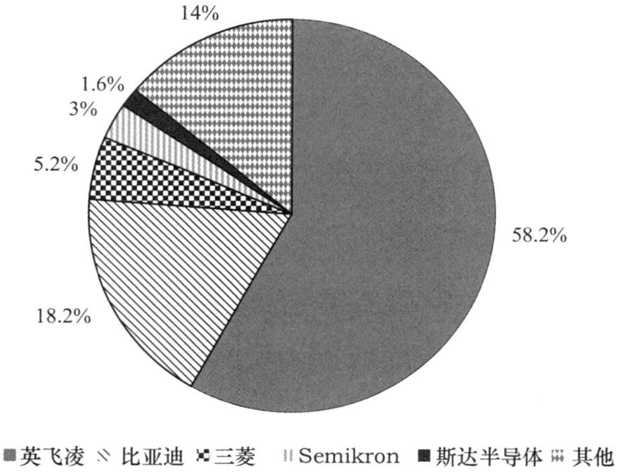

图11.10 新能源汽车产业2019年IGBT市场格局分布

资料来源：天眼查©研究院。

比亚迪半导体有限公司功率半导体产品中心芯片研发总监吴海平，在2020全球新能源汽车供应链创新大会期间接受《中国汽车报》采访时说：“在IGBT（绝缘栅双极型晶体管）和功率半导体器件应用方面，中国市场占全球市场份额50%，但本土化供应只有约10%。”

在44家专精特新“小巨人”企业里，仅有江苏快克智能装备股份有限公司（快克股份）1家公司涉及ECU（电子控制单位）自动化生产线和毫米波雷达自动化生产线业务，且不在汽车半导体核心领域。快克股份位于江苏省常州市，主要从事精密电子组装及半导体封装检测领先的智能装备提供，在精密焊接、焊点AOI、点胶贴合等工艺技术方面形成了独有的工艺专家系统，是比亚迪、理想、小鹏、一汽、吉利、北汽、长城等整车厂的供应商之一，2021年7月19日入选第三批专精特新“小巨人”企业公示名单。

再从江苏省“专精特新”政策看，江苏省在2017年发布了《江苏省专精特新产品和科技小巨人企业培育实施意见（2017—2020年)》，计划通过示范引领、政策扶持和精准服务，突破一批关键核心技术，培育一批制造业“隐形冠军”。2020年发布的《江苏省“千企升级”三年行动计划（2020—2022年)》，明确继续加强培育专精特新“小巨人”企业，引领江苏制造业高质量发展。整合部门资金，支持民营中小企业技术创新，引导中小企业“专精特新”发展。

但是，要注意到，中国IGBT市场虽然高速扩大，导致供需失衡，即便拥有IGBT自供能力的比亚迪，也不得不寻求外供，以满足其持续激增的新能源汽车生产需求，但国内汽车半导体企业依然持谨慎态度，主要原因有：一是国内企业产能中，中低端占比较大，而高端产能主要掌握在英飞凌、安森美等国际供应商手中，供给端受海外市场影响较大，新增市场本土企业无法保持长期稳定占领，短期扩规模、增产量风险高；二是本土企业技术水平跟国际大厂相比仍存在一定差距，对部分稳定性要求极高的场景，新能源整车厂在产品以中高档车型为主时，不会轻易将国际大厂产品替换为国产产品，导致国产化率提升较慢，无法带动上游强力投入。

总体来看，“专精特新”政策的普惠性支持效果较为明显，但是对于关键“卡脖子”环节，缺乏长周期、打破市场限制的有力支持，尤其是细分领域市场规模有限的情况下，无法有效支持中小企业打破国外垄断，实现后发优势。

三 下一步建议

在专精特新政策支持下，汽车零部件产业领域的中小企业主动弥补新能源汽车产业链的关键环节，实现自身高质量发展，进一步促进整车企业做大做强，非常有效地壮大了新能源汽车产业集群，大幅提升了中国制造业竞争力。但是，也可以看到，专精特新企业发展中依旧面临着一系列问题，针对上述问题，我们提出以下建议。

（一）加大对国产汽车零配件补贴力度，推动龙头企业与配套企业协同发展

细分产业领域的中小企业发展受龙头企业影响明显，不仅是动力电池领域的企业受益于宁德时代等下游龙头企业，宁德时代早期也受益于宝马等下游龙头企业，包括在市场和技术两方面的支持。龙头企

业为上游配套企业提供了技术创新引导和市场订单支持，促进了专精特新企业发展。可借鉴这一经验，利用好细分领域的专项补贴政策，对下游龙头企业采纳专精特新企业产品给予支持，充分调动新能源汽车其他环节的龙头企业的积极性，为产业链上下游企业带来从资金到技术、订单等多维度的要素支持，利用产业协同优势助力企业快速成长，成为专精特新企业。

（二）加大企业在技术创新、数字化转型的补贴减税力度，推动企业高质量发展

新能源汽车领域专精特新“小巨人”上市企业在车身/底盘/其他（净利润率4.19%）、轮胎/内饰/其他（净利润率－5.62%）等环节低利润环节数量较多，三电核心领域之一的动力电池净利润也只有8%左右。专精特新企业在低利润环节，一是企业技术与国外技术依旧存在差距；二是生产规模小，缺乏规模经济效应。面对这一局面，一是要加大对企业技术创新的补贴减税力度，推动更多企业加大技术研发投入，缩小与国外技术的差距；二是要加大企业数字化转型的补贴减税力度，促进企业降本增效。

（三）积极调动龙头企业和产业资本积极性，对关键“卡脖子”环节领域进行重点突破

汽车半导体等关键“卡脖子”环节，投入技术周期长、市场规模和利润有限、创新风险高，愿意进军关键“卡脖子”环节的企业有

限。一是可以借鉴比亚迪的经验，积极鼓励下游企业向上游延伸，投身关键“卡脖子”领域，稳定该领域的市场需求，推动该领域的专精特新企业发展。二是加大产业基金等长期资金对短板领域的专精特新企业投资力度，利用风险资本激发企业的创新积极性，进一步加大研发投入强度，整合多方资源对关键共性技术进行攻关，突破产业链瓶颈，实现核心技术补短板。

第十二章

隐形冠军企业的发展经验与启示

“隐形冠军”这一概念是由德国著名管理学家赫尔曼·西蒙教授提出的。“隐形”就是低调朴实，甘为人梯，执着配套，常常不为外界所知；“冠军”意为在自己所在细分市场占有极高份额，做到全球前三或本大陆[①]第一。西蒙教授认为，隐形冠军企业的主要特征是实行经营专业化与竞争全球化战略，产品经营是专业化的，市场开拓是全球化的。以工匠精神著称的德国制造，在全球市场有口皆碑。数不胜数的隐形冠军企业成绩斐然。中国和德国有许多相似之处，比如都有深厚的制造基础和大量的中小企业，隐形冠军企业在中国大有可为。未来5—10年是中国企业转型升级的一个重要窗口期。借鉴世界隐形冠军企业经验，在工业4.0阶段乘势而上抓机遇、调结构、重创新、育品牌、强服务、补短板、降成本、创优势、理思路、校定位，有利于帮助中国企业跃升到一个较高的发展阶段。

---

① 即本国所在大陆板块，如北美第一，亚洲第一，等等。

一 隐形冠军企业的特点及相关问题探析

（一）隐形冠军的内涵

隐形冠军的概念源自德国西蒙教授写的《隐形冠军：未来全球化的先锋》一书。在西蒙教授的定义中，隐形冠军企业需满足以下三个条件：一是在细分领域的市场占有率为世界前三强或某一大陆上排名第一；二是年营业额低于50亿欧元；三是不为多数外界公众所知。[①]

（二）隐形冠军的分布

1. 行业分布

很多人常常把隐形冠军企业归结到单纯的制造领域，实则不然。西蒙认为，有超过2/3的隐形冠军企业活跃在工业领域，1/5涉及消费类产品，另有1/9属于服务业。此外，不一定只有高科技产品生产商才能成为隐形冠军，传统行业产品也可以通过提升产品质量和服务占领市场，从而成长为隐形冠军企业。

① 很大一部分原因是其处于价值链的中上游或生产不针对消费者的终端商品，不为普通消费者所见。

2. 空间分布

德国的隐形冠军企业数量最多，中国隐形冠军数量位居发展中国家前列（见表12.1），但与主要发达国家相比还有较大差距，特别是考虑到人均拥有数量后差距更大。尽管如此，我们也应看到，中国现正处于经济发展初期阶段，企业要成长为隐形冠军往往需要几十年时间。可以预见，未来10—20年，中国隐形冠军数量会有大幅增加，这是中国中小企业转型升级的关键机遇期。

表12.1　隐形冠军绝对数量①（全球总数：2660家）　（单位：家）

序号	国家	数量	序号	国家	数量
1	德国	1307	12	波兰	27
2	美国	366	13	韩国	23
3	日本	220	14	丹麦	19
4	奥地利	116	15	比利时	19
5	瑞士	110	16	加拿大	16
6	意大利	76	17	俄罗斯	14
7	法国	75	18	芬兰	14
8	中国	68	19	挪威	13
9	英国	67	20	西班牙	11
10	瑞典	49	21	巴西	11
11	荷兰	29	22	澳大利亚	10

资料来源：［德］赫尔曼·西蒙：《隐形冠军：未来全球化的先锋》。

---

① 此表格为2018年依据西蒙教授给出的隐形冠军企业定义得到的数据，最新的精确数据还没有更新。各国的隐形冠军企业数量必然有所变动，但总体变化有限，依然可以作为当前总体情况的参照。隐形冠军企业并没有严格的学术定义，各国的隐形冠军企业数量仅仅作为一个大致参考，并不能成为衡量各国中小企业强弱的绝对指标。

（三）隐形冠军的特点

隐形冠军企业作为行业的绝对领导者，具有贴近客户、研发投入与绩效高、掌握价值创造链、人员构成稳定、经营专业化、开放性和全球化的特点。

企业的发展来自市场的认可，因此贴近客户、倾听客户需求是隐形冠军企业自始至终都需要坚守的基本遵循。研发投入是保持产品竞争力和高附加值的基础。掌握价值创造链，把产业链高价值环节掌控在自己手中，是隐形冠军企业把握行业走势、保持领导地位的重要保障。人员构成稳定是保持企业运行稳定、企业文化延续和企业创新连续稳定的有利因素。经营专业化可以让企业更好地贴近客户、把握市场需求，同时将有限的资源投入特定方向的创新中去，减少创新的盲目性。开放性和全球化是隐形冠军企业的本质特征，是保证隐形冠军企业在狭小市场中保持持续增长的最大动力。

1. 贴近客户

隐形冠军企业把与客户的紧密关系视作自己最大的优势，这甚至比技术更重要。这些隐形冠军企业与客户之间的“组织间距离”比平均水平短很多，贴近客户的程度比大企业高 5 倍左右。这直接塑造了它们在客户群体中极高的知名度和声誉，成就了它们在细分市场内强大的世界性品牌。

为了保持贴近客户，企业通常会通过采用简单的组织架构或在市场复杂时进行组织的分散化和去中心化，让管理层积极参与一线业务、聆听客户声音，增加服务部门员工数量和提高服务部门员工素质等方式，实现与客户的最高效、快速的沟通，减少中间信息传递环节的效率损失。

2. 研发投入与绩效高

隐形冠军企业的市场竞争优势明显，其产品质量永远放在首位。唯有创新和不断精进才能保持产品质量和竞争优势，长久立足于巅峰。因此隐形冠军企业是卓越的创新者，不遗余力地投入创新并高效地取得创新成果。其研发投入[①]是一般企业的两倍多。更重要的是其研发绩效极高，平均每个员工的专利数比大企业多 5 倍，平均每项专利花费的费用只有大企业的 1/5。

隐形冠军企业的创新，不仅体现在专利的“硬创新”，还表现在管理、组织方面的“软创新”，例如在咨询和系统集成方面建立新的、难以模仿的竞争优势，提高竞争市场的进入门槛。

3. 掌握价值创造链

企业的竞争是产品、渠道、价格、性价比、服务、技术、品牌的综合竞争，说到底是价值链的竞争。隐形冠军企业会通过尽可能减少

---

① 研发费用占营收的比重。

业务外包、设定行业标准和设定企业标杆等方式实现对客户、对手、市场趋势的领导，进而将价值创造链最大限度掌握在自己手中。这样同时能最大限度地保证主营产品的质量，维护品牌形象。

通过对价值创造链的掌握，隐形冠军企业可以获得远超平均的高额利润率，利润回报率是一般企业的两倍以上。高利润率可以显著降低企业外部融资需求，而较低的资产负债率又可以提高企业创新的意愿[①]，提高企业掌握价值创造链的能力。

4. 人员构成稳定

人员稳定对于企业文化的传承和创新的连续性具有重要意义。管理层层面，隐形冠军企业领导人任期长，平均任期 20 年，是大公司的 3 倍，对企业使命具有高度认同感。员工层面，隐形冠军企业在员工培训和能力提升方面投入大，离职率、缺勤率低。

5. 经营专业化

隐形冠军企业获得成功的重要秘诀就是经营专业化，不盲目扩张业务范围。企业的资源有限，并且市场方向是有限的，当一个隐形冠军企业[②]选择多元化经营，必然会面临资源分配的问题，影响企业创新的深度。因此隐形冠军企业会通过业务聚焦和深耕，关注一个狭窄

① 企业创新有失败的风险，且越是前沿，投入越大，风险越高，隐形冠军企业的自有资金充足，降低了企业的资金压力，提高了企业创新时的抗风险能力。

② 绝大多数是中小企业。

的细分市场，深入研发，来获得产品的独特优势和不可替代性。

同时，经营专业化并不代表固守市场一成不变，反而是通过聚焦和深耕利基市场[①]，更加敏锐地察觉市场趋势，利用已有的创新积累，向相关市场转型，甚至发现新的超级利基市场[②]。

6. 开放性与全球化

开放性和全球化是隐形冠军企业的本质特征。近几十年来全球化加速发展，全球人均贸易额呈几何倍增长。在全球化日益加深的今天，作为行业领导者的隐形冠军企业必然是全球性的。满足于单一国家或小范围地区的企业，在全球竞争中难以成功，因此开放与全球化成为隐形冠军的重要条件。此外，多数隐形冠军企业的产品是单一的，而一国之内市场具有“天花板”，因此必须拓展国际市场空间才能实现持续的业务增长和对行业的领导。

（四）德国隐形冠军众多的原因

德国隐形冠军数量众多的原因多元而复杂。虽然涉及一些很深历史根源的因素而难以被复制和效仿，但仍有许多因素可以为中国企业带来启发。总结起来，德国隐形冠军众多的主要原因如下。

---

① 指企业赖以生存、营利的高度专门化的需求市场。

② 通常这类市场和隐形冠军企业所在的市场具有较大的技术相通性，企业可以通过在已有专利基础上迭代创新，实现向新的市场的转型。

1. 国家政治历史

19 世纪初的德国是联邦体制，一国的市场极其有限，企业要实现成长必须国际化，使其在更小规模的时候就开始出口产品，这造就了德国外向型企业的传统和文化。

2. 传统技能传承

德国具有悠久的家族企业传承历史，老企业中有传统的技能工艺，随着企业生存发展转型，技能传统融入社会文化并传承。

3. 制造业基础强大

德国的投资远高于其他发达国家，中小企业投资是英法同类公司的两倍多。主要工业国家中，仅中国和韩国制造业占 GDP 比重稍高于德国。这使得德国的制造业企业同时具有了发达国家的科技基础和发展中国家的制造能力，极大地提高了德国企业的竞争力。

4. 内部竞争激烈

竞争是企业发展创新的最大动力，而德国由于制造业企业众多，国家对于公平市场环境的保护促成了德国激烈（良性）的内部竞争。激烈的内部竞争和可持续的国际竞争力之间关系密切。反过来竞争又加强了整体的企业实力，催生了众多隐形冠军企业集群。很大一部分隐形冠军和其主要竞争者都在德国，甚至常常就在家门口附近。

5. 品牌效应

德国企业以其悠久的历史、过硬的质量和顶级的服务，使“德国制造”成为一流产品的标签，为德国企业占领国际市场打下了口碑基础。

6. 产业集群

众多研究均表明，产业集中有利于信息的流通、成本的降低，产生规模经济和溢出效应。德国由于国土面积小、企业众多，天然有利于强大产业集群的形成。如索林根的刀具、纽伦堡的铅笔、施韦因富特等传统集群，和东威斯特法伦的端口技术产业群，类似的产业集群德国有几十个。

7. 企业家集群

隐形冠军企业的成功，很大一部分原因是受益于企业家的正确领导。一个企业家的成功可以为周围的创业者形成示范效应，鼓励身边的后进者效仿，这促进了同一地区新企业家的诞生，最终促进企业家集群①的形成。企业家成长与社会环境之间形成了良性循环互动②。

---

① 即小范围内聚集着不同行业的很多隐形冠军企业，这些企业互相之间信息无法共享，无法用规模经济和产业集群来解释，只能通过企业家创业的示范效应来说明。例如，德国有一个小村庄，只有7户人家，却走出了5个企业家。

② 企业家成长促进社会创业氛围，鼓励创业的社会氛围又促进企业家的产生。

8. 人才分布分散

得益于双轨制的职业培训，不具备上大学资格的中学毕业生可以在企业中进行实践培训、在职业学校进行理论培训。德国的职业技术人才和大学毕业生都能均衡发展，国民对技术人才和大学生、白领和蓝领工作的认识较为客观，因此德国的人才结构和分布非常分散，为德国各地的企业输送了匹配的人才，而不像大多数国家，人才和企业聚集在少数几个大城市。

9. 地理位置优越

地理位置对于国际贸易至关重要，边缘地带和远离港口的国家的对外开放程度通常较低，而德国在地理位置上具有极高的优越性。德国处于欧洲的中心地位，与欧洲各国经贸往来都极为便利。德国所处的东一时区，使得德国企业可以在正常办公时间直接与其他大洲的主要国家远程沟通业务，而无须担忧时差问题。同时，德国距世界上重要的商业地带都较近。

二　中国的隐形冠军企业发展相关问题探析

中国拥有隐形冠军成长的肥沃土壤，凭借企业自身的努力和中国政府对于隐形冠军企业的政策扶持，将会有越来越多的隐形冠军出现。

（一）制造业单项冠军企业——中国的隐形冠军

2016年3月，工业和信息化部印发的《制造业单项冠军企业培育提升专项行动实施方案》提出，制造业单项冠军企业是指长期专注于制造业某些特定细分产品市场、生产技术或工艺国际领先、单项产品市场占有率位居全球前列的企业。这一定义与西蒙教授提出的隐形冠军的概念具有极高的相似性。

（二）中国隐形冠军企业的特点

1. 领导人特质鲜明

隐形冠军企业领导人的特征是对领导者和企业使命具有高度认同感，也具有实现目标的决心、勇气、毅力、能力，及激励和鼓励他人的魅力。领导人的平均任期达20年，是大公司的3倍。隐形冠军企业的领导人通常在年轻的时候就达到了公司权力的顶端。企业的成功和企业家的格局、专业和职业背景有极大关系。中国隐形冠军企业的领导人很大一部分有以下背景。一是部分隐形冠军企业的创始人曾在改制前的国有企业和集体企业中担任领导，并带领企业从衰败走向成功。这类领导人具有坚强、韧性、敢闯敢拼的企业家精神。二是部分隐形冠军企业领导人具有和本企业主营业务相关的专业背景，属于技术型领导。这类企业更注重基础研究及创新掌握更多的核心技术，与国家制造强国战略有极高的重合度。工匠精神在此类企业中有较好体现。三是在福建的很多隐形冠军企业由台商建立，并扎根大陆发展。这类企业家具有良好的商业眼光、优质的商业资源和国际视野，具有一定家国情怀，对企业发展有很大影响。

2. 自主创新能力极强

一是研发投入高，很多隐形冠军企业研发投入占营收比例为8%以上，持续产生大量专利。二是研发团队强，隐形冠军企业大多拥有高素质、大规模的研发团队。三是平台建设好，隐形冠军企业普遍建有自己的技术中心、检测实验室等规格较高的研发平台。

3. 注重人才队伍建设

隐形冠军企业在人才队伍建设上基本采用人才引进和人才培养相结合方式，多数更注重后者。不同于一般的中小企业，隐形冠军企业非常注重员工知识技能的积累与更新，鼓励员工参与培训，提升视野及技能。同时，企业给人才的福利待遇较高。

4. 产学研政用结合

隐形冠军企业往往在产学研政用结合上做得出色。一是有高水平的政企[①]合作。企业的发展与国家命运休戚相关，冠军企业的成长往

① 隐形冠军企业基本上都拥有省级或国家级的重点实验室，部分隐形冠军企业甚至会直接承接或主导国家的一些重要科研项目。

往伴随着国家的支持，企业通常与政府有高水平合作，企业发展与国家发展战略高度契合。二是参与制定行业标准。“冠军”体现在行业的领导力，制定行业标准是国家和市场对企业认可的表现，也是行业地位和领导力的直接体现。隐形冠军企业通常都会手握多项国家或行业标准，甚至一些企业会参与国际标准的制定。三是与高校、科研院所合作。借助外脑是对企业自身研发能力和知识积累的重要补充。隐形冠军企业普遍通过项目合作、博士后工作站和院士工作站与高校和科研院所建立紧密合作关系。四是优秀的产业链协同能力。隐形冠军企业占有产业链上关键、不可或缺的地位，拥有强大的整合产业链的能力，或者深度融入大企业的供应链中。

5. 市场适应能力极强

隐形冠军企业调整转型，产品技术迁移迅速。中国的隐形冠军企业往往会在短时期内经历不断的转型过程。这样的转型过程需要强大的创新能力作为支撑。隐形冠军企业要抢占市场、赢得客户，就要超前布局，想客户之所想，进而预判客户需求，改进自身产品性能。为了更好适应市场，很多隐形冠军企业向客户提供定制化的产品和服务。同时，隐形冠军企业注重全球化发展，对产品品质极端重视。

6. 信息化和智能化

数字化趋势影响着社会的各个方面，而且正在重新书写商业规则。隐形冠军，特别是制造业的隐形冠军，在数字化转型过程中的表现毫不逊色于大公司。基于他们与客户的紧密关系，往往能够更好把握数字化给客户带来的价值，数字化将给隐形冠军带来新一轮的发展机遇。相对而言，消费领域的隐形冠军在数字化转型中可能面对更多挑战。

（三）中国隐形冠军企业与德国的区别

中国的隐形冠军企业都在探索适合自己发展的组织形式，而德国的隐形冠军企业主要是家族企业，甚至很多具有百年以上历史。中国的隐形冠军企业绝大多数产生在改革开放之后，企业历史没有德国隐形冠军企业那么悠久。要想追赶上制造强国德国，中国的隐形冠军企业不应拘泥于家族企业模式，要选择更适合自己发展的企业组织形式。如宁波、嘉兴的很多隐形冠军企业就是从家族企业转变成为上市公司的，一些没上市的隐形冠军企业也在筹划上市；在通用机械行业，有很多隐形冠军企业是国有企业；在厦门，由于受惠于经济特区的特殊政策，厦门的隐形冠军企业不少是与台湾企业合资的企业；上海的隐形冠军企业除了民营企业、国有企业，还有很大一部分是海归人员创建的企业。可见，家族企业并不是隐形冠军企业可选择的唯一组织形式。根据实际情况确定适合自己的企业组织形式，才是中国隐形冠军企业发展的正确选择。

德国的隐形冠军企业多数是从已有利基市场和成熟产品逐渐迭代创新出来的，但中国的隐形冠军企业很多都是从创业公司做起，经历过极端困难和重大技术突破。在缺乏历史积淀和市场已经较为成熟的条件下，中国企业要想发展成为隐形冠军企业难度更高。同时，相比于德国隐形冠军企业的“守业”，中国“创业”的隐形冠军企业更少受到企业历史业绩的束缚，可塑性更强，具有更大的创新加速度。

（四）中国对隐形冠军企业的认识变化

中国人对于隐形冠军企业的认识是逐渐变化的。改革开放前期的30年，人们常把市场占有率作为“冠军”的标准，企业求大、求市场，但科技创新水平和意识较低。“隐形冠军企业”[①] 也以建筑、服装、厨卫等产业链下游的日用品行业为多，企业在做大以后倾向于多元化和资本化。其原因在于：中国改革开放早期，企业发展以引进国外成套设备为主、自主研发为辅。企业投资主要用于引进设备进行技术改进，基础性的研发创新投入较少，在这一阶段，中国对于隐形冠军企业的理解与德国提出的隐形冠军企业的概念有较大不同。

近10年来，随着改革开放不断深化，中国逐渐从制造业大国向制造业强国迈进。特别是近几年来，中国逐渐向产业链上游的高附加值产业延伸，经过多年消化吸收，借鉴国外先进制造业技术和设备后，中国制造业模仿和吸收国外技术的潜力越来越小，成本越来越高，缺乏核心技术越来越成为阻碍中国企业发展的因素。随着中国制

---

① 此处的隐形冠军企业是当时一些著作中认可的隐形冠军企业，和现在意义上的隐形冠军企业有较大差异，因此用引号扩出，以示区分。

造业向产业链上游延伸，欧美发达国家越来越多地利用所谓“卡脖子”关键技术制约中国经济和企业的发展。因此，企业越来越注重基础研究和自主创新，更追求核心科技，创新与市场并重，求精、求深，逐渐形成一批在细分领域具有核心知识产权和占有机构市场份额的冠军企业。中国人对于隐形冠军企业的认识逐渐与世界先进理论接轨。

三　促进中国隐形冠军企业发展的政策思考

（一）借鉴国际经验

对于产业政策的有效性，学界一直存在争议。反对者认为定向的产业政策会扰乱市场公平竞争环境、导致资源配置效率降低；支持者认为，面向未来的新兴产业在发展初期面临资源投入不足、风险高的困境，政府的帮扶政策可以促进这些产业加速发展，帮助产业升级。在实际操作中，各国通常会两者并行，以对所有中小企业都适用的一般性金融、财政、税收扶持和公共服务项目为主，以促进大中小型企业的公平竞争环境和市场地位平等。本部分分别以美国和日本[①]的政策为例进行列举分析。同时也会对符合特殊门槛的中小企业进行针对性支持，以促进新兴行业发展。这种政策与中国针对高新技术、专精

① 美国作为欧美地区代表，日本作为东亚和东南亚地区代表。

特新和隐形冠军企业的支持政策类似。

一般性政策方面，在金融方面，美国有针对中小企业的直接贷款、担保贷款、特别贷款三类贷款政策，主要针对中小企业的NASDAQ（纳斯达克）市场等；日本注重调动民间资本，鼓励面向中小企业的风险基金、中小企业信用保险公库等民间金融机构，并建立微型企业经营改善资金融资制度。在财政方面，美国由政府成立研究开发基金、小企业创新研究计划（SBIR）、小企业技术转移计划（STTR）、中央与地方联合计划（FAST）等；日本也有小企业创新研究计划等项目，但是与欧美国家相比，日本会更多地通过利息补助制度、专利申请补贴等直接转移支付手段来帮助企业。在税收方面，美国对中小企业科技投资税长期减免、研发投入可抵扣企业应付税款等；日本的免税政策更多、涉及面更广，有法人税减免、投资税减免、雇用促进税制、企业交际费减免等。在公共服务项目方面，美国有退休高管服务企业项目（SCORE）、微型企业投资技术援助项目、弱势人群企业管理与技术援助项目等；日本有一站式服务区域创新平台、中小企业振兴事业团体、以企业为主体的产学研合作模式、中小企业知识产权保护咨询服务等。

在针对性政策方面，发达国家也会对前沿中小企业进行适当支持。比如德国的中小企业创新计划（KMU－innovativ）于2007年提出，由联邦教育与研究部负责实施，资助对象是对德国未来发展至关重要的前沿技术领域进行研究的中小企业，实现中小企业创新计划与联邦政府高科技战略的对接。

通过上述对比分析发现，各国普遍使用一般性政策对中小企业进行支持，在采取指向性非常强的政策时较为谨慎。针对性政策制定得当，可以对产业发展和经济社会进步起到很好的推动作用，“亚洲四小龙”就是成功的案例。但是附带特定门槛的针对性政策在门槛指标选取不当时，会给企业造成较为严重的激励扭曲，而且，企业对于市场的感知力和趋势判断要强于政府，针对性政策的引导方向往往缺乏灵活性，因此，一旦政策引导方向与市场趋势有偏差，可能会导致企业被迫偏离市场需求或政策目标失效。因此从稳定、低风险的角度考虑，在大力推行一般性扶持政策的同时，在市场发展方向非常明确的重点行业慎重地推行针对性政策，可能是更优的选择。

在一般性政策方面，美国等欧洲国家的政策相对更少，政策主要集中在对创新的补贴上，日本等亚洲国家的政策更多、涉及面更广。这种差别很大程度上来自亚欧之间的文化、政治历史的不同，日本等“儒家文化圈”国家的政府权力和责任更大，社会对政府的依赖性和要求也更高，市场自觉性差；欧美等西方国家政府权责更小，社会的自治需求更高，市场自觉性也更高。

（二）政策思考

中国政府在培育和促进隐形冠军企业发展方面的作用，要体现在产学研融合、优惠的产业政策和改善营商环境三个大方面。

一是在产学研融合方面，要坚持吸收企业参与国家重大科研项目攻关，共建高标准实验室，共同起草国家和行业标准，鼓励大中型企业和产业链协同创新等。

二是在优惠的产业政策方面，主要措施包括财政补贴、税收优惠、“制造业单项冠军”企业评选与培育措施等，未来应进一步优化政策细节，减少政策的激励扭曲效应。在工业和信息化部发布的《制造业单项冠军企业培育提升专项行动实施方案》中，对加强政策支持、经验总结交流、加强公共服务等方面进行了原则性规定，各省同步出台政策执行细则。同时，多省对单项冠军给予一次性的财政补贴和所得税抵免优惠。这些措施，变相地为单项冠军企业的发展提供了政府信用，为企业争取了更为有利的成长空间。但是，由于政策过于原则，地方在制定细则时通常使用简单的评价指标，给了参评企业很大的操作空间，对企业创新和成长路径造成一定扭曲。如在单项冠军企业①认定和培育标准中，评选指标是将研发费用、研发人员等研发投入同专利获取、软件著作权获取等创新产出割裂开的，这就有可能激励企业通过财务手段和申请无用专利等方式“凑指标”以达到评选标准的情况，反而使企业将本应投入正常创新的资金人力用在了无效率的方向。因此在制定创新激励政策时，不仅要考虑企业的创新投入和产出，更应该探索在评价指标体系中，加入复合型的、综合创新投入与产出的“创新绩效”指标。

三是在改善营商环境方面，主要措施包括：提高政府政务服务水

---

① 高新技术企业认定和专精特新企业认定时存在同样问题。

平、构建服务型政府；缩减行政审批流程，降低企业运营成本；搭建信息平台，减小市场盲目性；改善社会法制环境，全方位保护企业产权；优化金融环境，降低企业融资成本；帮助企业引才，改善企业人才困境。目前，中国对创新型中小企业建立了梯度培育体系，对越高层级的中小企业支持力度越强，计划通过“百十万千”梯度培育的体系引导中小企业做大、做优、做强。在中国由跟跑向并跑奋进的背景下，支持优质中小企业助其更快发展具有战略意义。但选择优质企业进行支持时，应考虑政府信息有限性、支持的增量效果难核实性、对潜在竞争对手挤出效应、优惠政策诱导的扭曲效应等问题。在支持选拔优秀企业的同时，在政策执行上应坚持以公平竞争为主的市场决定机制。

第十三章

专精特新企业典型案例

专精特新企业是创新型中小企业中的佼佼者，也是未来隐形冠军企业的储备，更是增强国家整体科技力量、补齐供应链维持产业安全、提升价值链位置的重要一环。每个专精特新企业成功发展都有经验可查，本书将其归类为以下六类。这六个分类彼此之间有一定交叉，即某个企业可能同时属于多类，我们根据主要特征将其归入某一类。

一　抓住国家战略方向

紧跟国家战略方向是获得国家支持从而促进自身发展的重要战略。专精特新"小巨人"企业顺势而为，乘势而上，抓住国家战略方向，获得了更加广阔的发展前景。亿昇（天津）科技有限公司将企业发展方向与国家新发展理念相结合，为用户提供整套绿色制造系统解决方案服务，助力中国节能环保事业发展的同时促进了企业自身发展。杭州中科微电子有限公司深耕北斗导航领域，为北斗导航系统这一国家战略性时空基础设施推广应用和走向全球提供关键产品。

（一）亿昇（天津）科技有限公司：坚持科技创新践行绿色发展

1. 案例简介

亿昇（天津）科技有限公司（以下简称“亿昇科技”）是通用机械行业创新型技术和产品制造服务企业，系国家高新技术企业、工业和信息化部绿色系统集成供应商、国家发改委先进制造业与现代服务业融合发展试点单位、国家级绿色供应链管理企业、天津市绿色工厂。

亿昇科技专门从事高效节能磁悬浮透平机械系统的研发、生产销售及技术服务工作，旨在围绕污水处理、造纸、发酵、化工制药、水泥、纺织印染等行业，为用户提供整套绿色制造系统解决方案服务。公司近三年累计销售收入超 7 亿元，平均增长率近 50%，现有落地运行产品年节电量近 10 亿 kWh，且该数据每年都在稳定增长，有效助力中国节能环保事业发展。

亿昇科技凭借完全自主知识产权的磁悬浮轴承及其产业化产品技术，形成了中国自主知识产权磁悬浮鼓风机（经工业和信息化部科技成果鉴定“单机功率及系统效率国际领先”）、磁悬浮透平真空泵（经中国轻工业联合会科技成果鉴定“国际领先”）等产品，打破国际垄断，填补国内乃至国际技术空白。通过采用磁悬浮轴承技术，彻底消除机械损耗，避免润滑油的污染，同时实现高效节能，与传统设备相比节能30%以上，逐渐取代进口产品，助力中国工业绿色发展。

2. 经验做法

亿昇科技持续产业化拓新，坚持“搞最好的技术”，赶超国际领军企业。形成了以磁悬浮轴承技术为核心，多领域跨学科技术完全自主知识产权，推崇标准化、模块化设计，实现更快速、更精准的产品研发体系，具备跨行业、跨领域的产业化产品研发能力。

亿昇科技基于技术优势，为用户提供产品研发、节能诊断、方案设计、实施指导、技术培训、远程监控、售后服务等全套技术服务，并将公司节能环保、绿色发展的价值理念推而广之，先后荣获绿英奖、中国最具价值环保装备品牌、年度污水处理行业十大影响力品牌等荣誉称号。

亿昇科技形成了以磁悬浮轴承、磁悬浮高速电机、高频矢量变频器、三元流四大技术为核心的平台技术基础，横向拓展，研发一个产品，使该产品的发展产业化，并深入践行，取得良好成效。

3. 借鉴意义

坚持战略方向，注重底层技术研发，将核心技术吃透，形成快速研发响应能力，及时解决市场反馈问题，为技术产品的推广提供技术保障。探索技术应用场景，在现有目标市场的基础上，持续行业间学习交流，不断挖掘新的市场空间。加强公司内部管理，不断提高公司运转效率，降低运营成本，提升效益。

（二）杭州中科微电子有限公司：北斗导航芯片，为北斗产业链提供核“芯”动力

1. 案例简介

杭州中科微电子有限公司成立于2004年11月，主要从事集成电路芯片研发，是国家高新技术企业和集成电路设计企业。开发的北斗导航芯片及模块属于产业链中的基础类产品，主要用在车辆、人员、物品的监控、跟踪及时间同步，是北斗导航系统这一国家战略性时空基础设施推广应用和走向全球的关键产品。在国内民用导航芯片和模块市场中，市场占有率名列前茅。

近三年公司主营业务收入连续正增长，平均增速40%以上，2020年公司营业收入达到1.5亿元。2020年公司获得工业和信息化部第二批专精特新“小巨人”称号。

2. 经验做法

一是高研发投入。在北斗导航领域深耕15年，每年投入大量资金用于新技术和新产品的研发，建有“浙江省中科微北斗导航技术研究院”和“杭州中科微北斗导航技术省级高新技术企业研究开发中心”，研发经费占营业收入比重长期保持在20%以上。

二是人才联合培养。公司通过与中国科学院微电子研究所合作，联合培养了近百名导航和集成电路方面设计人才，该研究所部分毕业

的学生成为公司业务骨干，为公司产品开发培养了一支稳定的骨干核心队伍。

三是良好的激励机制。通过合理的薪酬制度和股权激励方案，为公司形成一支稳定的专业化人才队伍提供了机制保障。

四是产业中下游的协同合作与创新。与下游厂商合作攻关，创新模式也从单一自主创新向协同创新转变。通过解决客户提出的技术问题，提高了产品在复杂环境下的定位可靠性；通过与授时终端客户的合作，大幅提升了授时精度；通过与通信基站公司的合作，开发了天线测姿定向产品，延伸了公司的产品线和提高了差异化竞争能力。

3. 借鉴意义

坚持产学研合作，突破了单一创新体研发资源和市场能力的局限，提高了企业创新能力及应用转化能力。树立客户至上的服务理念。树立供给侧、需求侧协同引领研发方向、产品路线选择。产品“硬实力”和服务“软实力”共推企业高质量发展。

二 实现进口替代

专精特新“小巨人”企业打造民族品牌，推动实现进口替代，是中国民族工业发展的重要动力。河北华密新材料科技股份有限公司解决了复合材料从美国 GE 公司进口的现状，打破了高端特种橡塑产品受国外垄断的局面，保障了国防建设需求。上海昱章电气股份有限公司攻克核电成套设备“卡脖子”难题。溧阳市江南烘缸制造有限公司填补了钢制扬克缸国产化的空白。

（一）河北华密新材科技股份有限公司：打破高端材料瓶颈，实现进口产品国产化

1. 案例简介

河北华密新材科技股份有限公司成立于1998年，位于河北省邢台市任泽经济开发区，拥有员工约500人，2016年3月完成新三板挂牌。公司是一家专注于特种橡胶混炼胶和橡塑制品的集研发、生产、销售于一体的高新技术企业，主导产品特种橡胶混炼胶的市场占有率在河北省排名第一，是河北省橡胶产业集群龙头企业，在特种橡胶混炼胶领域走在了行业前沿。

公司产品广泛应用于汽车、高铁、工程机械、石油石化、航空航天等多个领域，已与中航工业、中航发、中国中车、中国一汽、三一重工、长城汽车等知名企业建立了良好的合作关系。2020年，公司实现营业收入30261万元，同比增长16.3%；营业利润5495万元，同比增长72.7%；净利润4854万元，同比增长75.5%。

2. 经验做法

一是坚持技术创新。每年投入大量资金用于项目研发和技术人才

队伍建设，聚集先进的试验设备、优秀的科研人员、良好的科研项目，提升企业专业化能力和水平。在特种橡胶和特种复合材料方面，已自主研发十多个牌号和标准，应用于中国航发（中国航空发动机集团有限公司）的上百种产品，性能均优于或等同于国外同类牌号，部分材料已完全实现国产化替代。公司研发的高分子复合材料可替代进口的40%玻璃纤维增强聚醚酰亚胺材料，摆脱了中介机匣用复合材料盖板对进口材料的依赖。该企业目前是国内所有航空发动机中介机匣用复合材料盖板的唯一供应商，解决了复合材料从美国GE公司进口的现状，打破了高端特种橡塑产品受国外垄断的局面，保障了国防建设需求。

二是产学研合作。与中国科学院、河北省科学院、青岛科技大学、重庆理工大学、河北科技大学等科研院所和高校建立了长期研发合作机制，创建省级企业技术中心、河北省特种橡塑产业技术研究院、河北省往复橡塑密封制品技术创新中心等研发平台，促进产学研深度融合，加快研发步伐并实现成果转化。

三是重视质量管理。借鉴汽车、航空航天行业质量管理的经验做法，在项目管理方面建设数字化产品研发技术平台，支撑企业产品全生命周期管理，不断提升企业研发管理水平。

3. 借鉴意义

注重研发投入，特别是基础材料方面的研究，构建多层次、多元化、开放式、共赢式的研发平台，在关键领域进行突破，形成企业的核心技术产品，实现企业由产品型向技术型转变。

（二）上海昱章电气股份有限公司：攻克核电成套设备“卡脖子”难题

1. 案例简介

上海昱章电气股份有限公司（以下简称“昱章电气”）成立于2008年，是一家以技术为主导的高科技企业，致力于电气控制领域成套设备的科研、开发、生产、制造、调试和服务。产品覆盖核能发电、风力发电、火力发电、燃气发电、抽水蓄能以及风力光伏储能等电站设备领域，为客户提供系统级的解决方案。

昱章电气拥有一支精干、高学历、具有多年研发经验的81人研发团队，先后获得50项知识产权，多项技术填补国内空白，打破国外企业技术垄断，两个项目分别获得上海市高端智能装备首台突破和上海市工业强基立项。公司成功研制“1E级可控相复励无刷励磁系统”，填补了国内空白，总体性能指标达到国际同类产品先进水平，部分指标优于国外同类产品，同时产品价格仅为进口产品的27%，具有显著的经济和社会效益。另外，该项目还在国内完成了应急柴油发电机组加载计算和发电机—励磁机和励磁系统联合优化设计，打破了国外技术在此领域的垄断。该产品的成功研制，使昱章电气成为继西门子、阿尔斯通之后全球第三家能够提供1E级励磁系统产品及其服务的生产商，推动了中国电站设备产业的发展。公司先后为国内外超过120个项目提供了高质量产品和服务。2020年公司营业收入2.43亿元，净利润4300万元，纳税1600万元。

2. 经验做法

（1）与国际知名企业合作

昱章电气与德国西门子公司合作，将跨国公司高质量组件，与昱章电气在系统选型设计、调试技术、整套培训管理机制以及技术服务优势有机结合起来，做到研发、生产、服务一条龙，保证整个发电项目的高效与质量。在发展过程中，昱章电气探索出由合作方提供主要部件、公司提供本地化设计布局、组装、调试和服务的合作模式。通过合作，昱章电气不仅占领了市场，还学到了国际巨头的先进技术和管理理念。

（2）坚持自主研发、技术创新

昱章电气一直坚持自主研发和技术创新，公司成立初期，将盈利全部投入核电相关项目研发中。公司先后成功研制“新型数字化的核电站棒控棒位控制系统及棒位探测器”“核电站核级应急柴油机组控制系统”等设备，打破国外企业垄断，为中国发电设备国产化和电站设备成本的降低做出了巨大贡献。

3. 借鉴意义

一是坚持专业化、高端化发展思路，以市场为导向，瞄准国际先进水平，加大产品研发和技术攻关力度，提高产品系列化、通用化、标准化水平，使产品在具备性能先进、可靠性高的前提下，满足各种地质条件和工况下用户的需求。二是在加强与华北电力大学、上海电力学院等院校研发合作的同时，根据研发项目的重要性、紧迫性和国内外技术发展趋势，主动吸纳上海电气、上海核工程研究设计院等国内重点客户企业、国外有关技术领先企业，进行纵横交叉的产学研联合，大大提升产学研项目的针对性和有效性。

（三）溧阳市江南烘缸制造有限公司：铸造民族品牌，助力行业发展

1. 案例简介

溧阳市江南烘缸制造有限公司创建于1993年，是全球知名的钢板烘缸和各种高速纸辊的专业化制造商，国家高新技术企业，拥有江苏省企业技术中心。公司注册资金1600万元人民币，总资产2亿元，具有自营进出口权和国家质量监督检验检疫总局颁发的特种设备生产许可证D级资质（Ⅰ、Ⅱ类压力容器），并通过美国ASME“U”钢印认证和ISO9001：2015质量管理体系证。2014年5月成功研发制造出具有自主知识产权的钢制扬克缸，填补了钢制扬克缸国产化空白，并在国内外赢得较好的销售市场。其各项性能指标达到欧洲领先水平。公司2020年销售收入1.5亿元，利润3700万元，上缴税收1500万元。

2. 经验做法

（1）技术攻关，推动大型节能扬克烘缸的国产化进程

近年来成功研发制造出具有自主专利技术的钢制扬克烘缸，填补

了钢制扬克烘缸国产化空白，各项性能指标达到欧洲领先水平，2016年获中国轻工业联合会科学技术进步奖三等奖，2015年获得江苏省关键部件首台（套）。

（2）完善了造纸行业高速卫生纸机产业链国产化

通过技术引进和自主创新打破国外垄断，实现钢制扬克烘缸产品国产化，实现替代进口，解决目前纸机产业的装备瓶颈问题。同时大大提高钢制扬克烘缸的技术发展与产业化水平，推动中国烘缸行业的技术升级、产品结构调整和产业优化。

（3）促进行业节能减排

通过对热量利用进行充分的优化设计，大大提高产品的热能利用效率，比普通铸铁扬克烘缸的蒸汽使用量减少20%—30%，达到了国际先进的钢制扬克烘缸热能利用效率，为全社会的节能减排做出了贡献。

3. 借鉴意义

（1）坚持创新、协调、绿色、开放、共享的新发展理念，构建行业龙头企业协同创新、共享资源、融合发展的产业生态

推动产业链补链强链，打造特色重点产业集群，夯实融通发展平台载体，优化融通发展环境，依靠龙头企业引领支撑作用，提高公司专业化水平，激发产业创新活力，加快新旧动能转换，推动公司向全球价值链中高端迈进，实现经济高质量发展。

(2) 提升龙头企业与中小企业协同创新力，促进产业链补链强链，打造特色重点产业集群

发展行业龙头企业主导的特色载体，支持引导载体发挥行业龙头企业的资本、品牌和产供销体系等优势，开放共享资源，促使大中小企业在设计研发、生产制造、物资采购、市场营销、资金融通、品牌嫁接等方面深度融合。

(3) 促进上下游企业协同合作，建立产业生态的融合发展

积极与上下游合作单位建立协同机制，以协同技术为支撑，以信息共享为基础，从系统的全局观出发，促进供应链企业内部和外部协调发展，在提高供应链整体竞争力的同时，实现供应链节点企业效益的最大化目标，开创“多赢”的局面。同时发展创新能力共享、制造共享，促进产品制造向服务延伸，提升产业链水平，降低上下游企业生产与交易成本，促进上下游企业专业化、标准化和品质化发展，提升企业竞争力。

三　抓住产业发展方向

专精特新“小巨人”企业深耕所在行业，把握产业发展方向，开拓“新蓝海”，领跑“新赛道”。哈尔滨艾瑞排放控制技术股份有限公司抓住新能源汽车产业发展方向。烟台兴业机械股份有限公司将产品与5G、人工智能、物联网、大数据等新一代信息技术相融合，建

设无人化智慧矿山。

（一）哈尔滨艾瑞排放控制技术股份有限公司：创建汽车产业链研制协同平台

1. 案例简介

哈尔滨艾瑞排放控制技术股份有限公司成立于1989年，是由集体企业改制而成的民营企业，于2017年新三板挂牌。公司深耕增程式电驱动新能源汽车产品、混合动力节能汽车产品及汽车尾气净化和噪声控制20余年，通过不断加大产品研发力度和新技术攻关，开发出满足增程式电驱动和混合动力新能源汽车要求的产品，汽车尾气净化和噪声控制产品方面成效显著，得到了国际和优秀自主品牌车厂的认可使用，是本行业内唯一同时进入大众、福特和丰田体系的自主品牌企业。2020年公司销售额近3亿元，利税3100多万元，现就业人数达500人，被哈尔滨市政府授予民营企业50强称号。

公司立足于引领本行业向数字智能化迈进，以精益数字化协同智造平台项目实施为契机，在上海市建立了研发和市场中心，聚集了国际国内顶尖技术研发人才和国际管理体系运作标准的高端管理人才。

2. 经验做法

一是精益管理与数字化协同研发。通过数字化研发项目协同平台，将行业顶尖专家吸纳进来，系统按项目需求自动分配任务、拆解内容、实时协作、打造虚拟研发项目团队，消除地点和时间限制。系统内融合各大汽车行业体系标准，项目立项后，在线随时跟踪研发进度和项目指标，将上游供应商和终端客户资源同步纳入，形成一个庞大的虚拟研发平台；项目结项后，数据沉淀成知识库，自动导入批量信息系统，此创新解决了传统研发因“体系繁杂、沟通靠人、没有标准、无法协同”导致项目拖延等弊端。

二是精益数字化管理模式。结合中国企业特点，将互联网云计算 IOT（物联网）等技术运用到工厂运营管理的实践中，将精益理念工具化，实现“一部手机”管理整个工厂的模式，打通了从客户端到生产端再到供应商全价值链数据，将组织成员从一线操作人员到总经理实时协同起来，做到操作即数据、数据即决策的快速决策循环，真正告别了“管理靠人盯、指标靠手敲、数据靠纸张、绩效拍脑袋”的落后管理模式。

3. 借鉴意义

基于云端部署特色，跨区域整合研发和生产资源，研发团队形成强矩阵式管理，确保企业多点部署不受地域和人员技能限制，系统内化了成熟的管理体系流程，可快速复制，突破了企业培训熟练操作人员和管理人员的不可控成本限制。

（二）烟台兴业机械股份有限公司：智能化地下矿山装备制造实现无人采掘新模式

1. 案例简介

烟台兴业机械股份有限公司是国家火炬计划、泰山产业领军人才项目承担单位、全家矿山机械标准化技术委员会成员、高新技术企业、山东省瞪羚企业和国家“小巨人”企业，通过质量管理、环境管理、职业健康安全管理和知识产权管理等体系认证。

烟台兴业机械股份有限公司作为国内地下采矿运输设备研发、制造领军企业，地下采矿设备完全替代欧美进口，30 吨、40 吨地下运矿车获得国家“首台（套）”认证，完成了自动称重、故障诊断、远程遥控和蓄电池电机新型动力等智能地下设备关键技术的开发与应用，研制了18 吨半自主遥控铲运机和地下蓄电铲运机，提升了产品核心竞争力。在主要部件如桥、变速箱、变矩器、自动化控制系统和液压控制系统等方面也能够替代进口。

公司立足矿山智能化作业机器制造领域，形成了“掘进、铲装、运输和服务”全系列、全链条的地下矿山设备生产基地。公司与移动、华为等软硬件公司保持长期合作，基于工业互联网打造数字化生产经营管理平台，配合智能化机器人和设备，全面提升研发设计、生产制造、供应链管理、远程运维、客户服务等环节的数字化、智能化水平，实现搭建全国或全球的5G 地下设备车辆管理平台。

2. 经验做法

烟台兴业机械股份有限公司立足“智慧矿山”建设，将产品与5G、人工智能、物联网、大数据等新一代信息技术相融合，以科技创新推动产品创新和效率提升，开发基于智能化和互联网平台的采矿设备智能控制、故障诊断监测和设备联网分析的智能化矿山设备管理平台，结合矿山实际需求打造包括装、挖、钻、运等成套的智能化矿山机械，实现人人、人机、机机之间的高效、安全交互，采集设备的各类数据信息，联网监测、分析预测设备故障，实现井下设备的完全自主化运营，建造绿色、安全、高效的无人化智慧矿山。

公司以地下无轨采矿设备维修管理总承包形式，在南非PMC矿山实现了100多台运转设备的统一管控，通过平台对设备工作日志、历史故障、运行轨迹、实时位置等大数据进行分析，将远程的故障预警率提高到58%，提前更换可能损坏的零部件，使设备故障率降低一半，保证矿山生产的安全、高效，促进公司产品销售，提高公司知名度和产品国际竞争力。

3. 借鉴意义

通过科学规划经营，重视物联网平台和智能化设备，以提升工作效率、增强安全性、降低成本和资本投入为技术研发核心战略目标，从智能、安全、低碳、高效等方面加强产品建设，为客户提供更全面的服务，为智慧矿山建设提供强有力的装备支撑。

四 深化数字化转型应用

专精特新“小巨人”企业加快数字化转型，有利于实现跨越式发展。长春合心机械制造有限公司将数字化信息化技术广泛应用于规划、设计、制造、安装、调试、服务全过程。上海辰竹仪表有限公司有目标、有重点，分阶段推进数字化建设。

（一）长春合心机械制造有限公司：着力数字化信息化，助力制造业智能升级

1. 案例简介

长春合心机械制造有限公司成立于2002年，是智能装备综合服务商。公司主要为汽车零部件行业和医疗、五金、电气等行业提供智能装备，是汽车天窗、轮胎装备细分领域世界隐形冠军企业。与德国伟巴斯特共同设计制定了伟巴斯特天窗产线全球标准，为法国轮胎企业米其林提供乘用车等全线产品装备；自主研发中国第一条全自动家用刀具磨削生产线、国内第一条防火门自动化生产线；联合菲尼克斯、利驰软件、海普瑞研发电气柜成套智能化整体解决方案；是宝马、大众、奥迪的设备供应商。公司共获得各种知识产权90项，是国家级高新技术企业、国家工信部“服务型制造示范企业”。

公司注重打造核心竞争力，数字化信息化技术广泛应用于规划、设计、制造、安装、调试、服务全过程，数字孪生技术、远程运维技术应用大大降低了企业的运营成本，增加了项目的智能化水平。公司的整体竞争力在智能制造领域处于领先地位，在2020年全国智能装备系统集成商百强企业中位列第24。长春合心机械制造有限公司经过十余年的探索，用数字化信息化技术成功开辟了一条破解之路。

2. 经验做法

从2015年开始，公司开始向数字化转型，紧跟世界先进技术，由点及线，由线及面，全面推进。目前数字化信息化技术的应用不仅应用于规划、设计、制造、安装全生产流程和公司的全面运营管理，而且贯穿整个供应链上下游。

公司自主创新研发合心智造管理系统HIMS（HeXin Intelligent Management System）平台。实现了企业内部数字化信息化的体系协同，实现了供应链上下游企业的外部协同，有效实现供应链风险识别与防范。实现了将数字化信息化技术广泛适用于各种应用场景质的突破。

HIMS平台实现了企业内部协同，集团内各公司、企业内各部门信息互通，企业员工全面线上办公。企业全项目流程实现数字化管理，与立体库房、AGV（自动导引运输车）等硬件控制系统无缝集成，只需登录一次，便可完成所有线上作业。

HIMS平台实现了上下游供应链企业协同生产，全项目流程的数字化管理，上游供应商的MES（制造执行系统）与HIMS平台有接口，可以实时掌握供应商的生产状态，下游客户可随时登录平台，实时掌握他们的项目执行情况。

平台兼容性强，对于上下游企业，可根据实际的需要，对部分模块根据使用者要求柔性配置。供应商的生产数据、生产线的装配数据、生产线设备的运行数据统一管理，保证信息安全，数据积累后可进行大数据分析。

打造重庆刀具共享工厂。合心机械凭借引进再创新的精密磨床技术，进驻全国刀具加工中心重庆市大足区，引进当地优势资源建设共享工厂，为共享工厂提供智能刀具生产线及运维服务，协助共享工厂为当地刀具厂提供代加工服务。大幅度降低了刀具生产成本，提高了刀具品质，带来了经济效益和社会效益的显著提升。该项目的成功落地，验证了合心智能制造共享工厂模式推动区域特色产业升级具有显著成效。

完成富奥辽源泵业远程运维服务平台搭建。针对目前车辆动力系统中的水泵、油泵、气泵以及电泵的总成装配生产线，产能不足、节拍过慢、信息化和数字化水平低的现状。该公司为车辆动力系统的泵类总成装配线制定了智能制造整体解决方案。项目通过远程运维平台对设备、产线、工厂进行可视化管理，对生产过程进行预测和监管，结合算法模型，进一步满足设备、产线、工厂的预测、调优、故障诊断、在线维护等客户需求。

3. 借鉴意义

采用共享工厂的模式，实现了当地中小刀具企业物理空间共享，智能装备共享代工，当地特色产业链可在保留原有的特色锻打工艺前提下，低成本获取高端制造、数字化信息化管理资源，实现区域集聚的特色制造业智能化转型升级；借助数字化信息化手段，供应链上下游协同合作，形成优势互补，充分发挥协同各方设计、仿真、集采、人力资源协同水平，大大缩短了研发生产新产品的周期。

（二）上海辰竹仪表有限公司：以数字化思想加速提升中小制造企业核心竞争力

1. 案例简介

上海辰竹仪表有限公司原为上海工业自动化仪表研究院（SIPAI）九·五科技攻关“本安自控系统关联设备（安全栅）技术研究及产业化”项目组，得益于科技成果转化政策，于 2002 年成立，是一家集研发、制造和销售服务于一体的企业。

辰竹主攻智能制造和仪器仪表行业关键技术，主导产品有隔离式安全栅、信号隔离器、电涌保护器、安全继电器、智能控制器等，100%属于自主研发生产。产品主要应用于工业自动化控制系统，系国家重点装备的关键部件/配件。

公司成立以来，已为化工、石油、环保、新能源、工业物联网、工程机械等行业输出数百万台安全接口产品和服务，从小型配套设备到超过万台产品的化工核心装置的应用，逐步成为自动化安全领域有影响力的本土品牌，部分产品出口海外，其中安全栅/隔离器类产品国内企业市场占有率连续 5 年位列第一。

2. 经验做法

辰竹每 3 年确定“精益管理 + 两化融合”提升竞争力目标和重点工作，每年实施 1—2 个重点项目。其中 2008 年为项目启动年，

2009—2011 年的重点任务是打基础、搭结构。2012 年正式迈入制造数字化 1.0 阶段，以实现流程信息化为主要目标。2015—2017 年，公司着力推进两化融合管理体系和研发的数字化。2018 年进入制造数字化 2.0 阶段，建立了经营绩效管控平台。2020 年年底公司全新智能制造中心投入使用，SMT 车间环境达到 10 万级洁净标准，精益化智能化仓储覆盖率达到 80% 以上。2021 年，辰竹数字化建设迈入 3.0 阶段，将研究和建设“工业自动化仪表”智能生产线，实现产品质量达到国际一流水平、生产效率达到超一流水平。

3. 借鉴意义

坚持创新驱动和研发投入，盯牢产品交付，以“质量、效率、成本”量化指标的提高为目标，分解细化各部门目标，持续 PDCA（Plan，Do，Check，Act 首字母组合）。实现信息化全覆盖，原材料、制造过程、发货、订单等环节可追溯。ERP（企业资源计划）、MES2.0、PLM（产品生产周期管理）、CRM（客户关系管理）等的信息一体化，是生产设备信息化监控占 80%，制造过程数据 80% 自动采集，以自动排程为主（PMC2.0）的生产计划信息化。

五　有效嵌入产业链

专精特新“小巨人”企业有效嵌入产业链，有利于实现产业链创新链双向融合。纳琳威纳米科技（上海）有限公司抓住客户需求，提供一站式解决方案，为行业节省大量管理成本和中间成本。广东自由能科技股份有限公司持续引导上游客户和满足客户需求，“为客户创造价值”；整合下游客户等优势资源，积极构建长期稳定的战略合作关系，实现“互利共赢”新局面。

（一）纳琳威纳米科技（上海）有限公司：无机纳米塑料改性平台链接行业赋能终端

1. 案例简介

纳琳威纳米科技（上海）有限公司成立于2015年，主要从事新材料领域无机纳米塑料改性产品研发、生产和销售业务，是一家全产业链科技创新型企业。该公司为工业和信息化部工业企业知识产权运用试点单位、上海市科技“小巨人”培育企业、首批上海市服务型制造示范单位，荣获上海市重点产品质量攻关成果项目三等奖、第六届“纳米之星”创新创业大赛全国总决赛三等奖等荣誉。成立以来，公司销售收入呈倍速增长。纳琳威与同济大学、上海交通大学联合成立博士后研发工作站，成功申报发明专利47项。

纳琳威主营业务产品为PET功能性光学薄膜和TPU漆面保护膜。公司PET功能性光学薄膜打破日本三菱、韩国SKC、美国3M长期垄断地位，其内添加的制造工艺属全球首创，技术达到国际先进水平。目前纳琳威与全球60%的下游企业达成合作，该产品出口额超过销售收入的30%。另一主营产品——TPU漆面保护膜打破美国多年技术垄断，是全球第2家拥有TPU漆面保护膜全产业链的生产企业，该产品目前出货量全国第一。新冠疫情防控期间，该产品飞速替代美国Argoect同类产品。

2. 经验做法

第一，准确定位，解决客户痛点。建立了行业独有的塑料改性材料研发服务和产业化平台。定位于无机纳米塑料改性新材料领域，为下游传统塑料企业提供定向研发、功能塑料材料、工艺配套等解决方案，帮助客户快速完成从研发设计、小试实验到中试再到产业化的进程，可一站式解决客户研发投入大、缺少合适中试平台、不了解工艺和设备等难以产业化的问题，使客户在人员不变、设备不变、工艺不变的前提下，实现产品升级目标。

第二，先进工艺，赋予材料多种性能。根据下游企业需求，个性化定向研发或筛选无机纳米功能性稀有金属化合物粉体，赋予有机材料新颖的光学、电学、磁学等物理性能。

第三，完善产品服务体系，形成新的收入增长点。一站式解决方案可为行业节省大量管理成本和中间成本，并推动传统塑料加工行业向复合材料领域转型，形成行业新的发展方向和利润增长点。

3. 借鉴意义

紧紧抓住客户需求关键点，凭借强大的研发团队，自主研发特色产品、开展特色产品性能定制服务，采用独特工艺和技术进行研制生产，公司产品和服务拥有区别于其他同类产品的独立属性。服务平台不断积累有机无机复合材料在光学、力学、磁学、电学等诸多方面的改性数据，为后续研发创新提供了支撑。

（二）广东自由能科技股份有限公司：内生外延双驱动，打造全产业链创新链条，创新引领高质量发展

1. 案例简介

广东自由能科技股份有限公司（简称：自由能）成立于2010年6月3日，是一家以气雾剂产品研发、生产、销售及增值服务为核心业务的高新技术企业，注册资本2400万元，占地面积150亩。公司先后历经轻资产运作、建厂实体经营、资产并购、股份制改革、新三板挂牌、产业升级改造等重大历史变革，整体步入新的发展阶段。

公司拥有全资或控股子公司3家，在岗职工200多人，其中专业技术人员20多人；拥有10条现代化气雾剂自动罐装生产线，3条日化液体生产线，具备年产20000万罐气雾剂产品的生产能力；服务的客户覆盖600多个国内主营市场以及海外市场的40多个国家和地区，掌握并了解同业客户数量2万余家；年复合增长率保持在40%以上，纳税复合增长率在55%以上。

在“气雾剂+”的全球气雾剂业态背景下，在“新制造、新理念、新热点、新模式、新亮点”的行业变革新趋势下，自由能秉承着“创新引领”的可持续发展理念，积极构筑“产业+资本+平台”的发展新格局，实现了自由能气雾剂产业的业态转型与创新发展。

2. 典型经验

（1）平台赋能

立足150亩气雾剂产业制造基地，构建以客户为中心，以销售为龙头，以技术为引领的一体化创新产业协同模式，将基地平台、人才队伍、自主创新能力的建设与产学研相结合，不断提升核心竞争力，助推企业的高质量发展。

（2）数字化信息化升级改造

聚焦搭建信息化平台，充分利用技术手段对企业内部进行优化提升，畅通外部渠道，高效开展对接服务，为产供销的高效运行提供精准信息保障。

（3）产业链延伸

持续引导上游客户和满足客户需求，“为客户创造价值”；整合下游客户等优势资源，积极构建长期稳定的战略合作关系，实现“互利共赢”新局面。

（4）价值链提升

借力资本市场，加快产业转型升级，通过上市辅导进一步完善企业内部运行机制，规范企业运作模式，建立健全法人治理结构，完善企业管理制度，实现公司发展质量提升，切实维护投资者权益。

3. 借鉴意义

发挥技术引领，坚持“以技术创新引领发展”的企业管理思维，在注重社会效益和经济效益的前提下组织开展技术创新活动。依托自主成立的专业研发机构以及先进的研发设备，技术研发团队结合较为成熟的研发设计体系和工艺技术积极开展“产学研合作”，创新能力得到不断提升。

六　大力引进人才、技术

人才匮乏、技术落后是中小企业普遍存在的问题，专精特新“小巨人”企业不断优化企业环境，创新引人用人机制，实现企业长足发展。河北瑞兆激光再制造技术股份有限公司构建“双工人才”外引内育机制，创新借智工程。烟台艾睿光电科技有限公司在引人、育人、留人等方面，持续加大投入和机制创新。

（一）河北瑞兆激光再制造技术股份有限公司：绿色智能化机电设备后服务产业

1. 案例简介

河北瑞兆激光再制造技术股份有限公司聚焦绿色智能化机电设备后服务产业，致力于做精机电设备后服务产品，是目前国内机电再制造领军企业。公司核心优势为激光再制造技术、新工艺和新材料，长期聚焦于打造专业化、集成化、资源共享的机电设备再制造产品。

公司为冶金、石油、化工、热电、水泥、船舶、制药等行业提供机电设备安装、现场保运及检/维修、在役再制造，机电再制造、改造升级、机电设备资源共享、机电设备专业化物流等一系列优质服务。拥有 TRT（高炉煤气余压透平发电装置）、轴流压缩机、离心压缩机、汽轮机等动力设备零部件检测、可再制造性评估及整机设计、改造、安装的全套解决方案；拥有电机再制造、节能改造、整机试验能力，并可对动力机电设备主、辅机及电控成套设备进行绿色改造升级，是河北省绿色工厂、国家级绿色工厂。

公司创建以来，已累计为服务企业节约成本 18 亿元，为国家节约金属资源 36 万吨，节约能源 46 万吨标准煤，减少二氧化碳排放 58 万吨。

2. 经验做法

创新素质提升工程，通过“双工人才”（工匠、工程师人才）打造，构建“双工人才”外引内育机制，实施实训平台基础建设，利用现阶段资源回收物资加强技能练兵工作，丰富培训资料和题库，挑选 1—2 个工种进行工匠人才培训、测试、评议，并推广复制，为公司远景打造“万名机电医生”奠定基础。

创新借智工程，一方面从锦西化工机械集团有限公司、陕鼓集团、首钢集团、哈电集团、沈电集团、邯钢钢铁集团有限责任公司等大型企业聘请一批优秀人才，担任公司技术管理职务，成为公司技术创新的中坚力量和带头人；另一方面，构建高端智库，以中国工程院徐滨士院士和陈予恕院士为主导的河北省激光再制造院士工作站落户公司，与中国科学院力学研究所建立了长期技术合作关系。聘请中国社会科学院数量经济与技术顾问，聘请国内振动专家为公司技术顾问。建立了中国科学院力学研究所技术研发基地、装甲兵工程学院再制造技术培训基地、天津大学学生就业实践基地。通过几年来的努力，公司已初步建成为一个有院士、博士、教授、专家、在校研究生等参加的高端智库，为企业发展和技术创新提供了强有力的智力支撑。

技术工艺提升，公司建立了技术研发中心和创新工作室两个自主技术创新平台。针对激光再制造专用合金材料及再制造工艺进行研发、实验。张凯奕创新工作室是公司全员技术创新平台，主要任务是开展技术改造和工艺革新，普及和推广技术成果和创新理念。

筹建产业技术研究院，针对再制造产品材料性能、产品质量方面进行初步检验，检测能力提升，通过工业通信及控制软件，智能设备执行层的连线集成技术，以及使用过程大数据参数采集、分析与监控技术，对重大装备关键零部件实现全生命周期管理，并创建绿色再制造及在役再制造“产学研用”为一体的产业模式，在汽轮机、压缩机轴类等重要部位需进行材料牌号检测，激光熔覆材料实验，小型、异型件熔覆工艺研究、开发，针对汽轮机、压缩机、电机端盖、轴承室等非传统性材料进行熔覆验证、加工，现购买 3. 15 米卧车、移动机加工系统等 17 台（套）设备，总计 1970. 5 万元。打造循环经济联合体，引领中国重大装备绿色设计与制造技术水平，提升绿色工业产品国内外竞争力。

3. 借鉴意义

通过完善和提升企业技术研发与创新体系，以技术研发与检验检测中心建设为依托，以自身素质提升工程和借智工程为推动，深入开展再制造技术研发，不断扩大再制造服务产品种类和领域，不断开发新材料、新工艺和新技术，持续提高企业自主创新和研发能力。

（二）烟台艾睿光电科技有限公司：打破国内红外产业缺“芯”困局

1. 案例简介

烟台艾睿光电科技有限公司是2010年成立的民营高科技企业，国内非制冷红外探测器领军者，2020年国家新冠疫情防控物资重点生产企业。产品广泛应用于红外制导、单兵枪瞄、光电吊舱、红外驾驶仪等新一代国防高端装备和智慧安防、自动驾驶夜视、电力测温、智能公共安全等民用领域。

非制冷红外焦平面探测器芯片是红外热像仪核心元器件，其国产化、系列化及量产成功，打破了国内红外产业缺“芯”的困局，解决了中国夜战装备核心芯片缺失的难题，为国内红外产业的自主健康发展、提高行业国际竞争力和影响力，奠定了基础。

公司现有员工1000余人，研发人员占比48%，建有三个省级科研平台和国民经济动员中心。累计申请知识产权565件，其中发明专利295件。荣获全国电子信息行业优秀企业、工业强基“传感器一条龙”应用示范企业、科技支撑抗击新冠疫情中表现突出的人工智能企业和工信部专精特新“小巨人”企业等荣誉。

2016年以来，公司销售收入和利润连续四年翻番增长。2020年度，公司探测器出货量约36万只，步入全球前列（法国ULIS出货量约30万只）。2020年，实现销售收入14.92亿元。2019年8月，作为国内首家（全球第二家）公司，推出了10微米像元间距非制冷红外探测器。目前，公司为30个军品型号项目配套核心器件，市场占有率超过60%。

2. 经验做法

一是坚持核心技术自主可控。怀揣着“中国芯”的美丽梦想，十几个热血青年组成的创业团队，对标国际前沿，以打破国际垄断为使命，以十年磨一剑的工匠精神，历经无数个日夜，即使是在资金紧张难以为继的困难时刻，仍未放弃“中国芯”的创业初衷，尤其是一代产品的研制，公司领导与员工同吃同住，以厂为家，最终迎来胜利的曙光。

二是坚持人才是科技创新的原动力。公司以打造专业、高水平、国际一流的红外科研团队作为立足之本。为此，公司在引人、育人、留人等方面，持续加大投入和机制创新。在无锡、苏州、合肥、武汉等地设立研发中心，有效满足了人才灵活就业的需求；与哈尔滨工程大学、哈尔滨工业大学、西北工业大学等建立产学研合作机制；充分发挥股权激励作用，与人才共成长；等等。通过一系列努力和尝试，公司在人才的选、育、用、留方面，已形成系统的人才管理机制，可以为公司的可持续发展提供源源不断的人力支撑。

三是坚持技术创新与资本创新的有机结合。高度关注资本政策变化。在科创板上市前，公司先后经历新三板、创业板、中小板等，在2018 年 11 月科创板公布之际，公司决策层整合各方资源，在开发区、烟台市、山东省各级政府的大力支持和帮助下，历经 9 个月时间，完成了科创板上市的准备工作并一锤定音。科创板的成功上市，完成了技术和资本的有机融合。

3. 借鉴意义

战略定位创新，着眼于国际发展前沿，且具有前瞻性，以市场应用为导向，敢于向国际先进对标；人才创新，建立系统化、战略化的人才管理机制。一是根据行业人才区域集聚优势，以开设研发中心或分公司的形式，建立人才本地就业的灵活引人机制；二是与高校建立长期合作机制，以建立联合培养实践基地的方式，做好育人机制；三是制定多元化激励机制，实现公司与人才共成长，做好留人机制。

第十四章

总结：如何提高“专精特新”中小企业创新能力

“专精特新”政策的核心是创新，中小企业创新成绩突出，但面临的问题众多，要想解决相应问题，培育“专精特新”中小企业创新能力是今后重大任务。

一　中小企业在创新中作用重要但受制于内外部条件

按照2021年《世界知识产权指标》报告的数据，2020年我国以45.7%的世界专利申请量、54.3%的全球商标申请量以及55.5%的工业品外观设计量名列世界第一。其中，华为技术有限公司以5464件PCT专利申请位列“PCT前10申请人”榜单第一。然而，从国际比较来看，中国与一些主要发达经济体间仍存在差距：2020年，中国每百万人口专利申请数为959件，仅为韩国的27.5%；每百万人工业品外观设计申请数仅为韩国的43.4%。部分领域如光刻机、芯片、操作系统等关键技术仍严重依赖进口。同时，中国专利数量增长迅速，但质量提高并不明显。因此，中国在转变发展方式、优化经济结构、转换增长动力的背景下，改变传统支持专利申请等政策，转而引导和培育“专精特新”中小企业的发展，有助于提升企业产品和服务的质量，提高企业在资源约束下的效率，实现经济增长新旧引擎的更替，将“中国制造”逐步转变为“中国智造和中国创造”，推动经济高质量发展。

中小企业是中国经济的重要组成部分，长期以来有“56789”的贡献占比说法。社会各界对中小微企业在经济增长、吸纳就业、调整结构和创新等方面发挥更大作用寄予厚望。世界银行研究认为，中小企业可以促进竞争，对经济效率、创新和全要素生产率的提高有显著促进作用。中小企业发展方向主要由企业所有人控制，为了在较小的生产规模下获得较高的收益，在细分市场中获得竞争优势，中小企业更愿意落实有效的和根本的创新措施，因此中小企业是国家创新的重要驱动力。熊彼特认为小企业的创新优势来源于四个方面：（1）大企业的官僚体制和保守决策不利于创新的风险投入，小企业更善于根据市场变化较快做出创新决策；（2）大企业的行政等级制度会抑制研究人员的创新激情，中小企业的管理环境相对宽松，有利于创新活动的开展；（3）小企业常将创新作为竞争战略的核心；（4）大企业对于小的、不太重要的创新没有太多兴趣，但中小企业往往表现出更大的热情。

信息技术革命推动中小企业大量涌现并促进了技术创新。美国从20世纪初到20世纪70年代，一半以上的科技发展项目是小企业完成的，小企业的人均发明是大企业的两倍。而 80 年代以来，约 70% 的创新来自小企业，在所有高科技企业中，从业人员少于 20 人的企业占 70%，雇员在 500 人以上的仅占 7%。90 年代以来，美国中小企业人均发明是跨国公司的 2.5 倍。

科技创新对于一国经济增长至关重要。虽然中国整体竞争力在过去几年间取得了较大的提升，但经济发展驱动力尚不是以创新为主，这体现在中国高技术产业和现代服务业发展相对滞后，企业创新能力依然较弱、核心竞争力不强。党的十九届五中全会通过的《中共中央关于制定国民经济和社会发展第十四个五年规划和二〇三五年远景目标的建议》中明确表示，要切实提升企业技术创新能力，并提到“支持创新型中小微企业成长为创新重要发源地”。这一论断具有重要政策意义和现实基础，因为统计显示中小企业贡献了全国 70% 的创新成果。同时，中小企业在创新中仍然面临很多问题亟待解决，这主要体现在两个大的方面：一是需要解决外部创新环境制约；二是解决内部创新能力建设问题。

二　中小企业创新必须解决外部环境问题

当前影响中国中小企业创新的外部环境因素包括人力资本、金融约束、国家投入、企业所有制特征、财税政策、对外开放和市场势力等，它们共同构成了中小企业创新生态体系。

（一）人力资本

人力资本是技术创新的不竭动力，人力资本投入与质量是影响创新产出的重要因素。人力资本的投入是促进知识积累的重要方式，而知识积累可以促进创新产出进而促进经济增长。人力资本在创新中占据支配地位，高层次的人才和劳动力是扩大创新产出的重要影响因素。在人力资本供给方面，中小企业对人才吸引力一直不足。根据我们的调查，平均而言，中小企业职工受教育水平与国有企业相比差了一个层次。当国有企业职工普遍是大专及以上学历时，中小企业则主要是初高中及以上学历。所在地区有大学等科研机构的中小企业可以在创新人力资源供给上获得一定好处，一方面高等教育可以通过提高劳动者人力资本、提高劳动效率直接为企业所用从而促进企业创新；另一方面高校可以通过人员、项目交流将高校研发和生产的知识溢出给企业。但是，限于当前产学研效果有限，依赖高校等科研机构并不能解决中小企业人力资本短缺的根本问题，而必须依靠中小企业自身吸引力提高。根据我们的统计，即使是“专精特新”中小企业，其薪酬待遇并未比同类其他中小企业更有竞争力。因此，中小企业人力资本发展仍是较大难题。

（二）金融约束

金融约束是制约中小企业创新的重要因素。创新投资不同于有形投资的特点使其更容易受到融资方面的限制。创新投资规模大，不确定性高，投资回报周期长，导致中小企业往往难以依靠自身获得稳定充足的内部融资。在外部融资方面，企业和金融中介之间存在信息不对称带来的道德风险和逆向选择问题，导致信贷配给或融资成本的提高，对中小企业融资造成困难。金融系统发展可以为创新型企业提供长期的资本支持，缓解企业的融资约束问题，从而利于创新产出。金融支持水平的提高能够加速促进创新成果的转化，为创新成果创造利于生产转化的市场，进而促进创新产出的提高。金融支持水平的发展还可以使金融中介对创新起到监督作用，从而实现对创新产出的激励。中小企业技术创新在生命周期不同阶段的风险与收益不同。据我们的调查，目前在信贷担保、风险投资等方面，一线城市和东部经济发达城市中小企业在各阶段获得外部融资的机会比其他城市明显更多。这意味着金融支持中小企业创新还有待进一步增量扩面。

（三）国家投入

国家研发投入是引导企业参与研发的工具，可以提高企业参与研发的积极性和主动性，促进企业不断加大自身的研发投入力度，引进更多的高技术人才，但是当国家研发投入过多时，企业的积极性受到打击，对国家研发投入形成依赖，创新绩效会随之降低。我们根据统计分析发现，国家研发投入使企业额度与企业创新绩效之间存在着非线性关系。随着国家投入的增加，企业的专利申请数量显著增加，但达到一定额度后影响转负，即随着国家对于企业研发的扶持力度增大，当达到临界值时，企业的研发会由自主变成依赖，降低企业的创新动力。这背后的原因是国家研发投入对企业投入的挤出效应。因此，国家支持企业研发的方式和额度应当慎重考虑。

（四）企业所有制特征

所有制特征是我国独特的影响中小企业发展和创新的因素。在中国不同所有制企业会面临不同的生存环境及内在激励，其研发创新的成本和风险程度也不同。总体而言，当前中国的国有经济面临的研发创新成本和风险更低，融资和政策环境更好，而中小企业以民营企业居多，这种现状不利于中小企业创新活动。根据我们的调查，虽然国企规模明显高于民企，且资金约束程度低，但国企创新比例明显比民企低，尤其是在服务、产品以及技术创新方面。民企更注重自主研发；国企更注重委托研发。资源在不同所有制企业间的配置有待进一步改善。

（五）财税政策

财税政策优惠是目前政府激励企业增加创新活动的主要措施。税收优惠政策可以作为企业创新活动风险的弥补机制，为企业创新提供资金支持，降低企业创新成本从而促进创新。有两项主要的鼓励创新的税收优惠政策，一是研发费用加计扣除，二是高新技术企业所得税优惠。此外还有一些类似的但额度相对较小的税收优惠鼓励创新。针对这两项主要税收优惠，我们根据统计分析发现税收优惠政策能够有效降低企业的创新成本，促进了企业的研发创新活动的开展。同时，一些策略性创新行为也被企业采用，这是政府信息劣势情况下应该注意的。

（六）对外开放

中小企业创新往往是从干中学受益最大的，其中对外开放是一个重要的学习来源。对外开放一方面可以使中小企业更快地接触国外的一些领先生产技术和管理理念；另一方面可以扩大中小企业市场促进其资金积累和技术进步。我们根据统计分析发现，随着鼓励外资进入的行业数量不断增多、限制外资进入的行业数量不断减少，允许外资进入行业的中小企业创新明显增长更多。中小企业创新对外部依赖仍然较大。

（七）市场势力

行业内大企业市场势力可能对中小企业创新造成影响。垄断企业可以利用自身资金实力支持创新的风险活动，进而对行业内的中小企业形成技术外溢，但同时垄断企业占有大部分市场，使中小企业市场被挤压，不利于中小企业资金积累从而限制了中小企业的创新。我们根据统计分析发现，中国行业内垄断程度增加越严重，大企业和中小企业研发投入就越会下降，说明行业垄断会挤压小企业的创新投入空间，同时大企业可能产生创新的偷懒行为，市场竞争程度的提高会促进企业创新投入。

（八）其他外部因素

其他一些制度性因素对创新的影响都得到了研究的证实，包括知识产权保护、金融市场制度、社会文化和政治制度。在法律和政策层面，很多经济学论文探讨了知识产权保护法如何影响创新激励。对中国企业进行研究发现，知识产权保护有利于企业创新激励，且这种积极作用主要存在于私有企业，而非国有企业。在金融制度方面，研究表明以市场化机构为中心的金融市场制度对几乎所有工业部门的创新都有积极的影响，而以银行为中心的国家仅对部分部门具有创新贡献。

此外，还有一些综合性创新政策，比如中国自2006年开始筹备实施国家创新型城市建设战略，并选取深圳市进行试点。2008年4月经国家发展和改革委员会与科技部批复并由深圳市市委市政府正式宣布实施国家创新型城市建设。而后逐渐将国家创新型城市建设的范围逐步扩大，2010年由国家发展和改革委员会和科技部批复的第二批国家创新型试点建设城市数量达到40个，被选中进行试点建设的城市分布在中国的东、中、西部与东北地区。而后，国家发展和改革委员会与科技部在2011年又批复了第三批包括镇江、洛阳、秦皇岛、呼和浩特、长春、连云港等6个地级市进行国家创新型城市建设。并在2012年接着了第四批包括郑州、南通、乌鲁木齐3个地级市试点。在2013年批复了杭州等第五批14个地级市的创新型城市试点。而后，在2014—2017年，国家创新型城市的建设批复速度有所放缓，在三年内未批复任何地级市的国家创新型城市的试点建设。直到2018年，国家发展和改革委员会与科技部重新启动了国家创新型城市的试点建设批复，并在当年批复了第六批徐州等17个地级市为国家创新型城市。到2018年12月，全国共有超80个国家创新型城市。我们的统计分析表明，这些创新型城市实行了综合创新政策，实证表明对其内部企业创新起到了积极作用。

三 充分利用“专精特新”支持政策的同时要防止政策扭曲

如前面章节所描述，中国为了鼓励中小企业创新发展，设立“百十万千”梯度培育体系，对“专精特新”中小企业，在财政税收、融资、产业链及创新、数字化、人才、市场、服务、绿色发展、知识产权、质量和管理水平各个方面给予较大力度支持。这些支持政策可以一定程度上解决中小企业面临的人力资本、金融约束等各种问题。

同时，国家坚持开放策略，坚持反垄断，坚持民企、国企一视同仁，坚持改善营商环境，这些措施的充分利用将有助于解决中小企业创新面临的外部环境问题。

同时，支持性政策往往可能带来负面影响。以研发补助为例，其潜在负面影响主要有如下两个。

一是研发补助政策可能挤出企业自身投入。一些研究认为政府补助能引导企业的研发投入，即公共补贴能补足私人研发投入。但还有部分研究认为政府补助挤出了企业的研发投入：当公共补贴超过某一临界点后，增加的政府补贴会部分或者全部挤出企业的自主研发投入，导致企业的总研发投入并不会随着政府补贴的进一步增加而提高，不会继续促进企业的总研发投入提高，在很多国家都有类似发现。相关数据得出了类似的结论。

二是政府补助可能带来策略性创新，不提高创新质量，从而降低创新效率。一些研究认为政府补助能促进企业的专利产出，表现为专利数量激增，但政府补助对专利质量的影响往往并不理想。研究显示，从专利质量角度看，在中国的专利激励政策下，专利的总体创新含量没能得到和专利数量同样的提高，这说明在政府补贴下，专利的绝对数量而非质量更受追捧。类似的产业政策激励了企业非发明专利申请的显著增加，对企业发明专利的申请没有显著影响，说明产业政策更多地引发了企业的策略性创新行为。对于企业而言其创新数量和创新质量之间存在一定的替代关系，政府研发补贴会使企业采取追求数量而不是质量的创新策略。

四　中小企业创新要加强内部修养

除了外部环境约束，中小企业创新发展同时受制于内部因素。这些因素主要可以分为以下四类。

（一）领导人特征

企业领导人特征对企业创新投入和产出有极大影响。已有研究表明，女性 CEO 往往会避免投资风险高的创新项目，较年轻的 CEO 在研发方面的投入较少。CEO 在不同职能部门的职业经验对企业研发决策也有显著作用，其对新技术的认知会受到职业背景的影响，一个在产出导向职能（如研发/销售）方面有丰富职业经验的 CEO 会更喜欢创新策略；一个具有行政职能（即会计/财务、生产、行政和法律）职业经验的 CEO 则较为保守。研究表明发明家高管自身的专业学识更丰富、对研发创新有更深入的了解，对研发投资的风险接受度也更高。企业内部培养领导人更能促进创新。倾向于冒险且过度自信的 CEO 与企业进行研发投资的概率呈正相关，因为这些 CEO 往往会低估失败的可能性。一项美国研究利用驾驶小型飞机这一爱好来反映 CEO 对风险的偏好，发现有飞行员证书的 CEO 所领导的公司具有更高的创新效率和更多样化的原创专利。

具有人格魅力和社会影响力的领导者也已经被证明能够促进企业创新。特别是具有强大的社会关系网络的领导者，能从多方面提高企业创新的效率。一项国内研究发现，高管校友关系网络越深越广，越有利于促进企业研发创新活动的开展，一方面由于关系网络可以带来更多的外部融资渠道；另一方面由于关系网络形成的“小圈子”可以带来隐性信息流、提高企业专利授权的概率。

另一个高管背景变量是受教育水平和学术经历。由于研发和创新活动通常与新技术或新产品相关，学历较高的 CEO 往往具有更高的认知水平来吸收新想法，从而提高了接受创新的可能性。一项美国研究发现拥有 MBA 学位的 CEO 更倾向于多元化经营，在财务政策上更激进，但研发投入较少。当 CEO 具有学术研究经历时，创新精神往往更强，能够提高企业的研发投资效率。但是如果高管具有金融背景，可能通过金融投资的增加显著降低研发投入和创新产出。

（二）企业内部激励机制

充分的激励是鼓励研发投入和产出的重要因素。在激励机制方面，研究发现合理的 CEO 薪酬激励结构对企业创新活动具有正向影响，激励性薪酬越多创新激励会越强。对于员工而言，研究表明员工持有股票期权对创新成果数量和质量有正向影响。此外，长期激励制度（期权、长期薪酬）对于创新等具有长期影响的策略有正向影响。

一项关于美国员工创新激励的心理学研究采用心理学方法研究了

创新与研发部门员工各种类型的激励计划之间的关系，发现薪酬激励与研发成果呈正相关，而工作责任感和安全感方面的激励与研发成果呈负相关。

（三）组织架构

企业内部股权结构和组织结构会通过影响管理效率影响创新。研究表明如果股权分散，则代理成本较高，不利于创新决策。如果董事会是友好型的（董事长和 CEO 关系更好）则企业易于创新。也有研究表明更独立的董事会，结合基于股权的薪酬，尤其是股票期权，可以促进管理层承担风险和创新。如果董事会结构更多样化，则有利于企业创新。此外，企业腐败文化显著抑制企业技术创新；企业的组织效率影响企业的研发投入；动态环境下前瞻型战略柔性与反应型战略柔性对企业创新行为有促进作用。

（四）企业战略

企业采取不同战略会影响创新。研究表明多元化经营战略对创新投入强度有显著促进作用，但是非相关多元化经营战略抑制企业在创新方面的投入强度。对于薪酬制度，研究表明员工薪酬黏性能够发挥容错激励效应，从而显著提高企业创新效率；同时，高管—员工薪酬黏性差距作为分配规则非公平性的体现，显著抑制了员工薪酬黏性对企业创新效率的积极作用。在金融方面，企业的供应链金融能够显著提升核心企业的技术创新水平。企业的资产配置策略如现金流持有度对研发投入有显著正面影响。对美国的研究发现，现金流和发行公共股本对于美国的年轻企业非常重要，而对于成熟公司的研发投资影响甚微。不管是内部融资还是外部融资，由于其能对企业的现金流造成影响，便都会对企业的自主创新行为造成影响。

对跨国数据进行研究发现，对技术密集型且比较依赖外部融资的行业来说，股权融资有利于这些行业的创新，而信贷市场反而会造成一定的阻碍。在促进创新上，外源性融资的效果往往更好，有利于缓解企业融资约束，能够提高企业的创新水平，特别是股权融资效果最佳。

实践上，中小企业加大人才战略重视度，利用人才（国际人才、国内人才）下沉的机遇挖掘人才和技术，布局全球研究基地（合作或自建），加大研发投入，仍然是最重要的措施。中国专精特新“小巨人”企业平均研发强度超过10%，远高于上市中小企业平均研发强度，更远高于全部企业，这也是其创新性较强的根本原因。

五　从专精特新到隐形冠军

当前国内对中小企业创新的重要性已经有充分认识，未来能够起到强链补链——进口替代、推动高质量发展、引领前沿科技、推动供需对接的平台或技术的企业都将成为热点，也是创新的主要方向。进一步的，专精特新企业应通过内外部创新因素打通，以隐形冠军企业为最终发展目标。

按照隐形冠军企业的成功经验，其主要是在正确的战略和不断积累下实现成功，实行战略包括以下内容。(1) 全球化：不断开拓国际市场，扩大业务范围（配套服务与售后）。(2) 不断创新：通过技术创新增加产品竞争力，通过服务流程创新激发新的业务增长点，通过营销创新提高份额，固化客户。(3) 始终以提高市场份额、加强市场领导为导向，精耕细作：不同规模的隐形冠军企业的增长率是相似的，即使相对较大的中型企业也没有“增长天花板”。虽然隐形冠军的专业化程度非常高，但是多数企业并没有刻意追求专业化，企业认为相比于其他主要原因，专业化对于确定企业市场领导地位作用较小。专业化更像是隐形冠军的自然属性，而不是企业追求的目标。(4) 在很小的市场运作单一产品，聚焦于价值创造链中的某个特定环节：隐形冠军企业往往自我约束，不盲目扩展更多业务。中国企业基本上在取得一定成就后就会选择扩展与主业关联性不强的业务，扎根不深。因此在单一市场可以成为有力的竞争者，但是很难成为长期的领导者，这很值得反思。(5) 聚焦困难技术，压缩对手生存空间。(6) 长期聚焦主业，隐形冠军平均领导市场时长达 22 年，对自己的市场有深入的了解，是本行业的专家。72% 隐形冠军企业可以给出全球市场规模的具体数字（46% 来自主观估计，54% 来自第三方统计，61% 来自公司组织的深入调研）。(7) “柔性”多样化战略：动态聚焦，当市场份额增长乏力或技术突破碰到天花板会重新聚焦进入新市场，即依托原有技术或客户群进入相近的新业务领域。这些战略都是中国“专精特新”中小企业应该学习、借鉴的。

在利用政策并正确制定创新发展战略的同时，当前的数字技术给中小企业创新发展提供了较好的外部环境。根据《数字中国发展报告（2021 年）》，2017—2021 年，中国数字经济规模从 27.2 万亿元增至 45.5 万亿元，总量稳居世界第二，年均复合增长率达 13.6%，占国内生产总值比重从 32.9% 提升至 39.8%。数字经济改变了经济发展模式。在整个 20 世纪，技术和经济学驱动了一个主导性逻辑——“更大的”几乎总是“更好的”。在全球范围内，我们的目标是建立更大的企业、更大的医院、更大的政府以及更大的电力网络和传媒集团，以充分利用规模经济的优势。福特汽车的流水线是工业经济时代开启规模化生产的标志。相比于几个匠人用几个月时间制造出一辆汽车，福特的流水线几分钟就能造出一台，而且质量不再参差不齐。生产效率的大幅提升意味着福特可以把福特研究 T 型车的价格一降再降，确保工厂的工人也能买得起。规模化生产使大量有购买力的产业工人走上工作岗位，大众商品物美价廉，大众消费因此得以日益繁荣。但在 21 世纪，数字技术驱动了相反的逻辑——商业和社会的去规模化。去规模化是数字经济时代带来的最大改变，即消费、产品和经营者的小型化。正如《去规模化——小经济的大机会》一书所描述，数字经济使物美价廉的大众商品与小众定制的匠人制造商品可以兼得。后工业时代，去规模化就是为了满足全新的（其实也是长期存在的）个性定制化的需求，开启一个廉价私人定制的时代。

数字经济时代的一大特征是平台经济。高科技巨头所构建的电商、社交媒体、搜索引擎等超级平台都让更大规模的外包成为可能。云计算就是一个非常好的例子。云技术出现后，企业发展最需要的计算与存储可以即插即用按需收费了。小企业不再需要担心在高速成长的过程中遇到技术瓶颈。平台发展到了极致，会把企业的所有户台和后台都外包出去，缩小企业的边界，让创业者只关注两件事：了解客户的需求、专注于产品和服务的研发。平台成为好创意和好产品的孵化器和发射器，平台会成就“去规模化”，让初创企业也能够与规模化制造商一较高下。“去规模化”是从工业经济向数字经济转型的必由之路。包括教育在内的重要产品都可以定制化，有利于培养创造性思维和独特人才。

数字化经济本质上是用大数据分析和人工智能不断替代标准化的流程和工作。如果想要在数字时代胜出，必须多元化、差异化。不少产业将因此变化，消费者需求更加个性化，企业也因此更加向“专精特新”发展。可以说，数字经济将开启更多细分领域，催生更多“专精特新”中小企业，并产生更多隐形冠军企业。充分利用数字技术带来的信息挖掘优势、技术扩散优势、成本降低优势，将有助于推动中国的专精特新企业发展。

参考文献

一　中文文献

习近平，2018，《在民营企业座谈会上的讲话》，人民出版社。

习近平，2020，《在深圳经济特区建立40周年庆祝大会上的讲话》，人民出版社。

［美］约瑟夫·熊彼特，1999，《资本主义、社会主义与民主》，吴良健译，商务印书馆。

安同良、千慧雄，2021，《中国企业R&D补贴策略：补贴阈限、最优规模与模式选择》，《经济研究》第1期。

安同良、周绍东、皮建才，2009，《R&D补贴对中国企业自主创新的激励效应》，《经济研究》第10期。

白俊红，2011，《中国的政府R&D资助有效吗？来自大中型工业企业的经验证据》，《经济学（季刊）》第10卷第4期。

白俊红、李婧，2011，《政府R&D资助与企业技术创新——基于效率视角的实证分析》，《金融研究》第6期。

陈晨、孟越、苏牧，2021，《国家创新型企业政策对企业绩效的影响——“信号”抑或“扶持”作用?》，《南方经济》第9期。

陈红、张玉、刘东霞，2019，《政府补助、税收优惠与企业创新绩效——不同生命周期阶段的实证研究》，《南开管理评论》第3期。

陈骏、徐捍军、林婧华，2021，《企业寻租如何影响审计意见购买?》，《会计研究》第7期。

陈立、蒋艳秋，2021，《财税政策、融资约束与创新绩效——基于科技型中小企业的实证研究》，《重庆理工大学学报》（社会科学）第4期。

陈玲、杨文辉，2016，《政府研发补贴会促进企业创新吗？——来自中国上市公司的实证研究》，《科学学研究》第3期。

陈羽、李小平、白澎，2007，《市场结构如何影响R&D投入？——基于中国制造业行业面板数据的实证分析》，《南开经济研究》第1期。

程远等，2021，《融资约束对企业创新的影响——基于中国工业企业数据的经验证据》，《产业经济评论》第3期。

戴小勇、成力为，2014，《财政补贴政策对企业研发投入的门槛效应》，《科研管理》第6期。

杜兴强、陈韫慧、杜颖洁，2010，《寻租、政治联系与“真实”业绩——基于民营上市公司的经验证据》，《金融研究》第10期。

范志刚、吴晓波，2014，《动态环境下企业战略柔性与创新绩效关系研究》，《科研管理》第1期。

付文林，赵永辉，2014，《税收激励、现金流与企业投资结构偏向》，《经济研究》第5期。

高静、王闪闪、龚燕玲，2021，《财政补贴总是能够促进企业创新吗？——一项准自然实验》，《北京邮电大学学报》（社会科学版）第1期。

高凯丽、朱忆惠，2020，《税收优惠政策对中小企业发展的影响探析》，《财务管理研究》第9期。

顾国蓉，2021，《研发费用加计扣除对制造业企业R&D投入的影响分析——以北京市制造业上市公司为样本》，硕士学位论文，中国财政科学研究院。

顾元媛，2011，《寻租行为与R&D补贴效率损失》，《经济科学》第5期。

郭家堂、骆品亮，2016，《互联网对中国全要素生产率有促进作用吗?》，《管理世界》第10期。

郭剑花、杜兴强，2011，《政治联系、预算软约束与政府补助的配置效率——基于中国民营上市公司的经验研究》，《金融研究》第2期。

郭玥，2018，《政府创新补助的信号传递机制与企业创新》，《中国工业经济》第9期。

何利辉、钟玮，2016，《支持中小企业融资的财政政策研究》，《经济研究参考》第47期。

何维达、温家隆、张满银，2022，《数字经济发展对中国绿色生态效率的影响研究——基于双向固定效应模型》，《经济问题》第1期。
何涌，2019，《R&D投入能促进企业创新质量的提升吗？——基于风险投资的调节作用》，《经济经纬》第4期。
黄宏斌、翟淑萍、陈静楠，2016，《企业生命周期、融资方式与融资约束——基于投资者情绪调节效应的研究》，《金融研究》第7期。
黄先海、陈勇，2003，《论功能性产业政策——从WTO"绿箱"政策看我国的产业政策取向》，《浙江社会科学》第2期。
霍江林、刘素荣，2018，《政府补助对创业板上市公司研发效率的影响》，《工业技术经济》第1期。
江飞涛、李晓萍，2010，《直接干预市场与限制竞争：中国产业政策的取向与根本缺陷》，《中国工业经济》第9期。
鞠晓生，2013，《中国上市企业创新投资的融资来源与平滑机制》，《世界经济》第4期。
康志勇，2013，《融资约束、政府支持与中国本土企业研发投入》，《南开管理评论》第5期。
康志勇，2018，《政府补贴促进了企业专利质量提升吗?》，《科学学研究》第1期。
雷鹏等，2015，《融资约束视角下政府补助对企业研发效率的影响研究》，《软科学》第3期。
黎文靖、郑曼妮，2016，《实质性创新还是策略性创新？——宏观产业政策对微观企业创新的影响》，《经济研究》第4期。
李汇东、唐跃军、左晶晶，2013，《用自己的钱还是用别人的钱创新？——基于中国上市公司融资结构与公司创新的研究》，《金融研究》第2期。

李苗苗、肖洪钧、赵爽，2015，《金融发展、技术创新与经济增长的关系研究——基于中国的省市面板数据》，《中国管理科学》第1期。

李明月，2017，《供给侧结构性改革背景下支持中小企业的政策绩效分析——来自上海专精特新企业的实证研究》，硕士学位论文，上海社会科学院。

李万福、杜静、张怀，2017，《创新补助究竟有没有激励企业创新自主投资——来自中国上市公司的新证据》，《金融研究》第10期。

李晓钟、徐怡，2019，《政府补贴对企业创新绩效作用效应与门槛效应研究——基于电子信息产业沪深两市上市公司数据》，《中国软科学》第5期。

梁俊娇，2006，《纳税遵从意识的影响因素》，《税务研究》第1期。

林学梅，2019，《政府补贴方式、融资约束与企业创新——基于节能环保行业上市公司的实证分析》，《特区经济》第1期。

林洲钰、林汉川、邓兴华，2015，《政府补贴对企业专利产出的影响研究》，《科学学研究》第6期。

刘圻、何钰、杨德伟，2012，《研发支出加计扣除的实施效果——基于深市中小板上市公司的实证研究》，《宏观经济研究》第9期。

刘诗源、林志帆、冷志鹏，2020，《税收激励提高企业创新水平了吗？——基于企业生命周期理论的检验》，《经济研究》第6期。

刘行健、刘昭，2014，《内部控制对公允价值与盈余管理的影响研究》，《审计研究》第 2 期。

龙小宁、王俊，2015，《中国专利激增的动因及其质量效应》，《世界经济》第 6 期。

卢馨、郑阳飞、李建明，2013，《融资约束对企业 R&D 投资的影响研究——来自中国高新技术上市公司的经验证据》，《会计研究》第 5 期。

芦中坤、敬志勇，2020，《家族涉入、公司治理与研发投入——基于上市家族企业的经验数据》，《金融管理研究》第 2 期。

陆国庆、王舟、张春宇，2014，《中国战略性新兴产业政府创新补贴的绩效研究》，《经济研究》第 7 期。

吕晓军，2016，《政府补贴与企业技术创新投入——来自 2009 ~ 2013 年战略性新兴产业上市公司的证据》，《软科学》第 12 期。

伦晓波、刘颜、沈坤荣，2017，《政府角色与中小微企业发展——基于江苏省 13 个地级市 4574 家企业调研数据》，《经济理论与经济管理》第 4 期。

罗志华、黄亚光，2017，《西方中小企业融资担保体系运行机制研究：一个文献综述》，《经济体制改革》第 2 期。

马述忠、房超，2021，《跨境电商与中国出口新增长——基于信息成本和规模经济的双重视角》，《经济研究》第 6 期。

马玉琪、扈瑞鹏、赵彦云，2017，《税收优惠、财政补贴与中关村企业创新投入——基于倾向得分匹配法的实证研究》，《科技管理研究》第19期。

梅强、席国萍，2011，《江苏省大中小企业专业化协作现状及发展对策研究》，《科技管理研究》第20期。

潘越等，2020，《连锁股东与企业投资效率：治理协同还是竞争合谋》，《中国工业经济》第2期。

彭华涛、吴瑶，2021，《研发费用加计扣除、融资约束与创业企业研发投入强度：基于中国新能源行业的研究》，《科技进步与对策》第15期。

宋鹏，2019，《我国政府研发补贴与企业创新绩效及研发能力关联性研究》，《软科学》第5期。

粟立钟、张润达、王靖宇，2022，《研发激励型产业政策具有两面性吗——来自研发费用加计扣除政策的经验证据》，《科技进步与对策》第3期。

孙文凯、王乙杰，2016，《父母外出务工对留守儿童健康的影响——基于微观面板数据的再考察》，《经济学（季刊）》第3期。

孙早、肖利平，2016，《融资结构与企业自主创新——来自中国战略性新兴产业A股上市公司的经验证据》，《经济理论与经济管理》第3期。

谭光荣、黄慧，2010，《新企业所得税法的税收激励效应——基于我国上市高新技术企业的实证分析》，《财政研究》第4期。

王宝顺、刘冰熙、严侦文，2022，《研发费用加计扣除、政治关联与企业研发投入》，《湖北经济学院学报》第1期。

王俊，2010，《R&D 补贴对企业 R&D 投入及创新产出影响的实证研究》，《科学学研究》第 9 期。

王娴、刘亚萍，2018，《化解中小企业融资难题》，《中国金融》第 12 期。

王晓燕、师亚楠、史秀敏，2021，《政府补助、融资结构与中小企业研发投入——基于动态面板系统 GMM 与门槛效应分析》，《金融理论与实践》第 3 期。

王一舒、杨晶、王卫星，2013，《高新技术企业税收优惠政策实施效应及影响因素研究》，《兰州大学学报》（社会科学版）第 6 期。

位秋霞，2021，《税收优惠政策对中小企业盈利水平的实证研究》，硕士学位论文，安徽财经大学。

吴超鹏、唐菂，2016，《知识产权保护执法力度、技术创新与企业绩效——来自中国上市公司的证据》，《经济研究》第 11 期。

吴强、刘志安，2022，《税收负担对企业创新研发投入的影响机制——基于上市公司的中介效应分析》，《现代管理科学》第 8 期。

吴伟伟、张天一，2021，《非研发补贴与研发补贴对新创企业创新产出的非对称影响研究》，《管理世界》第 3 期。

吴岩，2013，《基于主成分分析法的科技型中小企业技术创新能力的影响因素研究》，《科技管理研究》第 14 期。

肖兴志、王伊攀，2014，《政府补贴与企业社会资本投资决策——来自战略性新兴产业的经验证据》，《中国工业经济》第 9 期。

解维敏、唐清泉、陆姗姗，2009，《政府 R&D 资助，企业 R&D 支出与自主创新——来自中国上市公司的经验证据》，《金融研究》第6期。

熊伟，2018，《各地推进大中小企业融通发展的探索》，《中国中小企业》第10期。

徐慧，2020，《减税背景下税收负担对企业创新的影响研究》，《重庆科技学院学报》（社会科学版）第1期。

闫华红、廉英麒、田德录，2019，《政府补助与税收优惠哪个更能促进企业创新绩效》，《中国科技论坛》第9期。

杨国超等，2017，《减税激励、研发操纵与研发绩效》，《经济研究》第8期。

杨筠、宁向东，2018，《政治关联、政府补贴与企业创新绩效》，《技术经济》第5期。

杨林、沈春蕾，2021，《减税降费赋能中小企业高质量发展了吗？——基于中小板和创业板上市公司的实证研究》，《经济体制改革》第2期。

杨兴全、尹兴强、孟庆玺，2018，《谁更趋多元化经营：产业政策扶持企业抑或非扶持企业？》，《经济研究》第9期。

杨晔、王鹏、李怡虹，2015，《财政补贴对企业研发投入和绩效的影响研究——来自中国创业板上市公司的经验证据》，《财经论丛》第1期。

杨战胜、俞峰，2014，《政治关联对企业创新影响的机理研究》，《南开经济研究》第6期。

姚伟民、李燕、狄振鹏，2021，《政府资助对中小企业创新研发的影响》，《技术经济》第 4 期。

应千伟、何思怡，2022，《政府研发补贴下的企业创新策略："滥竽充数"还是"精益求精"》，《南开管理评论》第 2 期。

应夏水，2021，《企业所得税减免对科技型中小企业研发投入影响研究》，硕士学位论文，中国财政科学研究院。

余明桂、回雅甫、潘红波，2010，《政治联系、寻租与地方政府财政补贴有效性》，《经济研究》第 3 期。

袁建国、后青松、程晨，2015，《企业政治资源的诅咒效应——基于政治关联与企业技术创新的考察》，《管理世界》第 1 期。

张杰，2020，《政府创新补贴对中国企业创新的激励效应——基于 U 型关系的一个解释》，《经济学动态》第 6 期。

张杰、陈志远、杨连星，2015，《中国创新补贴政策的绩效评估：理论与证据》，《经济研究》第 10 期。

张劲帆、李汉涯、何晖，2017，《企业上市与企业创新——基于中国企业专利申请的研究》，《金融研究》第 5 期。

张同斌、高铁梅，2012，《财税政策激励、高新技术产业发展与产业结构调整》，《经济研究》第 5 期。

赵灵丹，2021，《政府补贴、融资约束对中小企业研发投入的影响》，硕士学位论文，兰州大学。

郑烨、刘遥，2021，《政策引导对中小企业创新绩效的影响机理研究》，《科研管理》第 4 期。

朱彬彬、杨剑，2020，《政府补贴、税收优惠与企业研发投入》，《科技创业月刊》第4期。

二　英文文献

Aghion, P., Griffith, R., 2005, *Competition and Growth: Reconciling Theory and Evidence*. MIT Press, Cambridge, M. A.

Aristei, D., Sterlacchini, A., & Venturini, F., 2015, "The Effects of Public Supports on Business R&D: Firm - Level Evidence Across EU Countries." In *MPRA Paper*. Germany: University Library of Munich.

Arqué - Castells, P., & Mohnen, P., 2015, "Sunk Costs, Extensive R&D Subsidies and Permanent Inducement Effects." *The Journal of Industrial Economics*, 63 (3): 458 -494.

Arrow, K., 1962, "Economic Welfare and the Allocation of Resources for Invention". *The Rate and Direction of Inventive Activity: Economic and Social Factors*. Princeton, N. J.: Princeton University Press.

Brown, J. R., & Petersen, B. C., 2009, "Why has the Investment - Cash Flow Sensitivity Declined so Sharply? Rising R&D and Equity Market Developments." *Journal of Banking and Finance*, 33 (5): 971 -984.

Carboni, O. A., 2011, "R&D Subsidies and Private R&D Expenditures: Evidence from Italian Manufacturing Data." *International Review of Ap-*

plied Economics, 25 (4): 419 – 439.

Clausen, T. H. , 2009, "Do subsidies have positive impacts on R&D and innovation activities at the firm level?" *Structural Change and Economic Dynamics*, 20: 239 – 253.

Coelli, T. , D. S. P. Rao, C. J. O. Donnel, and G. E. Battese, 2005, *An Introduction to Efficiency and Productivity Analysis*, 2*nd ed.* 233 Spring Street, New York, NY10013, USA: Springer.

Czarnitzki, D. , & Delanote, J. , 2016, "Incorporating Innovation Subsidies in the CDM Framework: Empirical Evidence from Belgium." In *ZEW Discussion Papers.* ZEW – Leibniz Centre for European Economic Research.

Dai, X. , & Cheng, L. , 2015, "The Effect of Public Subsidies on Corporate R&D Investment: An Application of the Generalized Propensity Score." *Technological Forecasting and Social Change*, 90 (PB): 410 – 419.

Fang, J. , He, H. , & Li, N. , 2020, "China' s Rising IQ (Innovation Quotient) and Growth: Firm – level Evidence." *Journal of Development Economics*, 147 (June).

Gonzfilez, X. , Jaumandreu, J. , Paz, C. , 2005, " Barriers to innovation and subsidy effectiveness." *RAND Journal of Economics*, 36 (4): 930 – 950.

Gorg H. , Strobl, E. , 2007, "The effect of R&D subsidies on private

R&D." *Economica*, 74 (294): 215 -234.

Grant, R., 1996, "Toward a Knowledge - Based Theory of the Firm." *Strategic Management Journal*, 17: 109 -122.

Hall, B. H., & Lerner, J., 2010. "The Financing of R&D and Innovation." In B. H. Hall, & N. Rosenberg (Eds.), *Handbook of the Economics of Innovation*, 1: 609 -639.

Hao, K. Y., &Jaffe, A. B., 1993, "Effect of Liquidity on Firms' R&D Spending." *Economics of Innovation & New Technology*, 2 (4): 275 - 282.

Hewitt - Dundas, N., Roper, S., 2010, "Output Additionality of Public Support for Innovation: Evidence for Lrish Manufacturing Plants." *European Planning Studies*, 18 (1): 107 -122.

Hewitt - Dundas, N., 2006, "Resource and Capability Constraints to Innovation in Small and Large Plants." *Small Business Economics*, 26 (3): 257 -277.

Himmelberg, C. P., & Petersen, B. C., 1994, "R&D and Internal Finance: A Panel Study of Small Firms in High - Tech Industries." *The Review of Economics and Statistics*, 76 (1): 38 -51.

Hsu, P. - H., Tian, X., & Xu, Y., 2014, "Financial Development and Innovation: Cross - country Evidence." *Journal of Financial Economics*, 112 (1): 116 -135.

Jia, J., Ma, G., 2017, "Do R&D Tax Incentives Work? Firm - level

Evidence from China." *China Economic Review*, 46: 50 – 66.

Kleer, R., 2010, "Government R&D Subsidies as a Signal for Private Investors." *Research Policy*, 39 (10): 1361 – 1374.

Klepper, S., & Simons, K. L., 2005, "Industry Shakeouts and Technological Change." *International Journal of Industrial Organization*, 23 (1): 23 – 43.

Klepper, S., 1996, "Entry, Exit, Growth, and Innovation over the Product Life Cycle." *The American Economic Review*, 86 (3): 562 – 583.

Lach, S., 2002, "Do R&D Subsidies Stimulate or Displace Private R&D? Evidence from Israel." *The Journal of Industrial Economics*, 2002, 50 (4): 369 – 390.

Lee, C. Y., 2011, "The Differential Effects of Public R&D Support on Firm R&D: Theory and Evidence from Multi – Country Data." *Technovation*, 31 (5 – 6): 256 – 269.

Lerner, J., 1999, "The Government as Venture Capitalist: The Long – Run Impact of the SBIR Program *." *The Journal of Business*, 72 (3): 285 – 318.

Li, X., 2012, "Behind the Recent Surge of Chinese Patenting: An Institutional View." *Research Policy*, 41 (1): 236 – 249.

Lyandres, E., Palazzo, B., 2012, Strategic Cash Holdings and R&D Competition: Theory and Evidence, SSRN Electronic Journal, DOI: 10.2139/ssrn.2017222.

Marino, M. , Lhuillery, S. , Parrotta, P. , & Sala, D. , 2016, "Additionality or Crowding - Out? An Overall Evaluation of Public R&D Subsidy on Private R&D Expenditure." *Research Policy*, 45 (9): 1715 - 1730.

Meuleman, M. , De Maeseneire W. , 2012, "Do R&D Subsidies Affect SMEs' Access to External Financing?" *Research Policy*, 41 (3): 580 - 591.

Michael, E. P. , 2004, "What is Strategy." *Harvard Business Review*, 1: 11 - 12.

Research, N. B. E. , & Nelson, R. R. , 2015, "Economic Welfare and the Allocation of Resources for Invention." In *The Rate and Direction of Inventive Activity: Economic and Social Factors*, New Jersey: Princeton University Press.

Schmookler, J. , & Brownlee, O. , 1962, "Determinants of Inventive Activity." *American Economic Review*, 52 (2): 165.

Spence, M. , 1984, "Cost Reduction, Competition, and Industry Performance." *Econometrica: Journal of the Econometric Society*, 52 (1): 101 - 121.

Sveikauskas, L. , 2011, "R&D and Productivity Growth: A Review of the Literature." *SSRN Electronic Journal*, September.

Takalo, T. , & Tanayama, T. , 2010, "Adverse Selection and Financing of Innovation: Is There a Need for R&D Subsidies?" *Journal of Technol-*

ogy Transfer, 35 (1): 16 – 41.

Wallsten, S., 2002, "The Effects of Government – industry R&D Programs on Private R&D: The Case of the Small Business Innovation Research Program." *Rand Journal of Economic*, 31 (1): 82 – 100.

Wang, C. H., Lu, Y. H., Huang, C. W., & Lee, J. Y., 2013, "R&D, Productivity, and Market Value: An Empirical Study from High – Technology Firms." *Omega* (*United Kingdom*), 41 (1): 143 – 155.

Zeng, S. X., Xie, X. M., & Tam, C. M., 2010, "Relationship Between Cooperation Networks and Innovation Performance of SMEs." *Technovation*, 30 (3): 181 – 194.

附　　录

附录Ⅰ

附表Ⅰ-1　　全部A股和B股企业2015—2020年获得的“小巨人”相关政府补助

序号	股票代码	会计期间	具体项目	金额（万元）
1	000009	2015. 12. 31	“小巨人”重点培育企业资助款	30. 00
2	000030	2019. 12. 31	科技型“小巨人”企业后补助	10. 00
3	000030	2020. 12. 31	科技型“小巨人”企业后补助	55. 00
4	000034	2020. 12. 31	上海市闵行区科学技术委员会“小巨人”培训企业	90. 00
5	000062	2018. 12. 31	科技“小巨人”产业发展资金支持	100. 00
6	000070	2018. 12. 31	深圳市福田区科创局科技“小巨人”资助	100. 00
7	000078	2016. 12. 31	2016年科技“小巨人”研发费用加计扣除奖励金	89. 00
8	000078	2017. 12. 31	“小巨人”加计扣除奖金	43. 50
9	000078	2018. 12. 31	“小巨人”加计扣除奖金	85. 70
10	000150	2018. 12. 31	科技“小巨人”支持	60. 00
11	000410	2020. 12. 31	“小巨人”项目补助	30. 00
12	000411	2019. 12. 31	2018年大树“小巨人”政策奖励	4. 10
13	000523	2017. 12. 31	科技“小巨人”项目补助	20. 00

续表

序号	股票代码	会计期间	具体项目	金额（万元）
14	000597	2018. 12. 31	科技“小巨人”补贴	60. 00
15	000623	2017. 12. 31	吉林省科技“小巨人”企业扶持资金	50. 00
16	000623	2018. 12. 31	2018 年吉林省科技“小巨人”企业投入补贴资金	50. 00
17	000623	2020. 12. 31	敦财教〔2020〕41 号：吉林省科技“小巨人”专项补贴	20. 00
18	000661	2015. 12. 31	长春市“小巨人”企业补助款	10. 00
19	000661	2017. 12. 31	西安科技企业“小巨人”研发经费	9. 10
20	000661	2017. 12. 31	百克生物吉林省“小巨人”企业研发支出补助	70. 00
21	000713	2015. 12. 31	2014 年“小巨人”配套奖励	0. 60
22	000727	2017. 12. 31	科技“小巨人”	10. 00
23	000793	2016. 12. 31	“小巨人”项目（广州市科技创新委员会）	60. 00
24	000831	2018. 12. 31	2017 年高新技术企业培育与市科技“小巨人”企业奖补项目市级经费	20. 00
25	000831	2019. 12. 31	广州市科学技术局“小巨人”第二年（2016 年度）市资金	16. 00
26	000831	2020. 12. 31	广州市科学技术局“小巨人”第二年（2016 年度）市资金	10. 00
27	000852	2017. 12. 31	荆州市“小巨人”项目奖励	18. 00
28	000859	2018. 12. 31	“小巨人”企业补贴	230. 94
29	000861	2016. 12. 31	广州市天河区财政局 2015 年科技“小巨人”补助款	42. 00
30	000861	2017. 12. 31	广州市天河区财政局 2015 年科技“小巨人”补助款	18. 00
31	000901	2019. 12. 31	济南高新区管委会科技经济运行局“小巨人”项目	60. 00
32	000908	2016. 12. 31	2014 年上海市科技“小巨人”验收款	150. 00
33	000908	2017. 12. 31	科技企业培育项目合同（科技“小巨人”工程）	75. 00
34	000917	2015. 12. 31	广州市科技“小巨人”企业	60. 00

续表

序号	股票代码	会计期间	具体项目	金额（万元）
35	000948	2015. 12. 31	“小巨人”政府补助	3. 09
36	000948	2016. 12. 31	“小巨人”政府补助	0. 84
37	000969	2017. 12. 31	科学“小巨人”奖励资金	14. 00
38	000969	2018. 12. 31	科技“小巨人”研发补助资金	15. 00
39	002004	2017. 12. 31	2017 年科技“小巨人”奖励	30. 00
40	002022	2015. 12. 31	财政拨款 1 其中：收到上海市徐汇区财政局拨付的上海市科技“小巨人”培育企业的研制项目（项目编号 12HX1188900）科研经费	20. 00
41	002025	2015. 12. 31	“小巨人”企业补助经费	50. 00
42	002026	2018. 12. 31	收到“小巨人”扶持资金	150. 00
43	002026	2019. 12. 31	“小巨人”扶持资金	25. 00
44	002028	2015. 12. 31	上海科学技术委员会科技“小巨人”企业支持资金	35. 00
45	002028	2016. 12. 31	上海科学技术委员会科技“小巨人”企业支持资金	30. 00
46	002028	2018. 12. 31	上海市科技“小巨人”项目补助资金	270. 00
47	002028	2020. 12. 31	“小巨人”项目补贴	230. 00
48	002076	2017. 12. 31	科技“小巨人”奖金	106. 10
49	002076	2018. 12. 31	政府补助其中：科技“小巨人”奖金	301. 60
50	002084	2015. 12. 31	创新型企业与科技“小巨人”专项项目经费	200. 00
51	002092	2019. 12. 31	乌鲁木齐市财政国库科技“小巨人”奖励资金	20. 00
52	002126	2017. 12. 31	奉贤区科技“小巨人”工程项目补助	30. 00
53	002126	2018. 12. 31	奉贤区科技“小巨人”工程项目补助	10. 00
54	002127	2017. 12. 31	青浦区科技“小巨人”工程项目	22. 50
55	002129	2016. 12. 31	科技“小巨人”科研资金	50. 00
56	002129	2018. 12. 31	科技“小巨人”科研资金	73. 00
57	002129	2019. 12. 31	科技“小巨人”科研资金	3. 00
58	002129	2020. 12. 31	科技“小巨人”科研资金	3. 00
59	002130	2019. 12. 31	“小巨人”计划奖励资金	45. 00

续表

序号	股票代码	会计期间	具体项目	金额（万元）
60	002138	2016.12.31	贵州省科技型种子企业“小巨人”补助	80.00
61	002140	2015.12.31	科技“小巨人”企业补助	50.00
62	002147	2020.12.31	“小巨人”项目	103.13
63	002151	2016.12.31	2015年“小巨人”市级补助	30.60
64	002160	2015.12.31	闵行科委“小巨人”项目财政补贴	15.97
65	002160	2016.12.31	闵行科委“小巨人”项目财政补贴	19.03
66	002160	2017.12.31	上海市科技“小巨人”培育企业	150.00
67	002160	2017.12.31	闵行科委“小巨人”项目财政补贴	115.00
68	002169	2015.12.31	2015年创新型企业与科技“小巨人”专项项目经费	60.00
69	002169	2015.12.31	2015年科技“小巨人”专项项目一次性配套资助	30.00
70	002169	2016.12.31	广州市科技创新“小巨人”及高新技术企业培育补贴1	50.00
71	002169	2016.12.31	2015年广州市科技创新“小巨人”及高新技术企业认定补助款	50.00
72	002169	2016.12.31	广州市科技创新“小巨人”及高新技术企业培育补贴	30.00
73	002169	2016.12.31	2015年“小巨人”补贴	18.00
74	002177	2016.12.31	创新知识产权局2015年度“小巨人”首年奖励	30.00
75	002178	2017.12.31	“小巨人”市财政拨款	150.00
76	002178	2017.12.31	“小巨人”区配套拨款	50.00
77	002178	2020.12.31	科技“小巨人”补贴	51.00
78	002179	2018.12.31	“小巨人”补贴	30.00
79	002184	2015.12.31	“小巨人”项目	37.14
80	002184	2016.12.31	“小巨人”项目	19.77
81	002190	2017.12.31	科技“小巨人”企业补助1	110.51
82	002190	2017.12.31	科技“小巨人”企业补助2	3.56
83	002190	2018.12.31	科技“小巨人”企业补助1	9.34
84	002190	2019.12.31	科技“小巨人”企业补助	9.34

续表

序号	股票代码	会计期间	具体项目	金额（万元）
85	002190	2020.12.31	科技“小巨人”企业补助	9.34
86	002195	2017.12.31	上海市科技“小巨人”工程补贴	300.00
87	002196	2016.12.31	上海市科学技术委员会“小巨人”工程专项资金	45.00
88	002212	2020.12.31	政府补助其中：关于印发广州市科技创新“小巨人”企业及高新技术企业培育行动方案的通知	15.00
89	002222	2017.12.31	2017年度科技“小巨人”领军企业研发费用加计扣除奖励专项资金	89.80
90	002222	2017.12.31	2016年度科技“小巨人”领军企业研发费用加计扣除奖励专项资金	143.60
91	002222	2018.12.31	2017年度科技“小巨人”领军企业研发费用加计扣除奖励专项资金2	83.10
92	002222	2018.12.31	2018年度科技“小巨人”领军企业研发费用加计扣除奖励	232.50
93	002223	2017.12.31	“小巨人”扶持资金	15.00
94	002223	2018.12.31	“小巨人”扶持资金	15.00
95	002223	2020.12.31	“小巨人”扶持资金	30.00
96	002229	2016.12.31	2016年度福州市仓山区财政局科技“小巨人”奖励费	17.50
97	002229	2017.12.31	福州市财政局奖励款（“小巨人”加计扣除）	14.90
98	002229	2018.12.31	福州市仓山区财政局2018科技“小巨人”奖励	76.90
99	002229	2018.12.31	福州市仓山区财政局2017科技“小巨人”奖励	13.80
100	002229	2019.12.31	政府补助其中：科技“小巨人”奖励	3.40
101	002243	2015.12.31	创新型企业与科技“小巨人”奖励资金	200.00
102	002243	2016.12.31	创新型企业与科技“小巨人”奖励资金2	80.00
103	002247	2017.12.31	科技“小巨人”奖励资金	10.00
104	002249	2018.12.31	科技“小巨人”利息返还	62.04

续表

序号	股票代码	会计期间	具体项目	金额（万元）
105	002250	2015.12.31	湖北省“小巨人”补助	36.00
106	002250	2016.12.31	2015年“科技‘小巨人’”企业培育计划奖补资金	48.00
107	002271	2015.12.31	“小巨人”奖励	30.00
108	002271	2017.12.31	2015年度科技创新“小巨人”款	18.00
109	002271	2018.12.31	虹口财政局2014“小巨人”奖励款	20.00
110	002272	2020.12.31	成长型梯度培育企业入库奖励（“小巨人”）	10.00
111	002278	2015.12.31	“小巨人”项目补贴款	15.00
112	002288	2017.12.31	广州市科技创新“小巨人”项目	60.00
113	002292	2016.12.31	2015年度广州市科技创新“小巨人”企业补贴奖励项目经费	30.00
114	002292	2016.12.31	2015年科技创新“小巨人”	30.00
115	002298	2018.12.31	“小巨人”委托贷款转补助	115.34
116	002317	2015.12.31	科技“小巨人”专项	60.00
117	002324	2015.12.31	上海市科技“小巨人”拨款	5.70
118	002324	2015.12.31	上海市科技“小巨人”拨款（匹配资助）	8.63
119	002324	2017.12.31	上海市科技“小巨人”拨款（匹配资助）	8.63
120	002324	2018.12.31	上海市科技“小巨人”拨款（匹配资助）	8.63
121	002324	2018.12.31	上海市科技“小巨人”拨款	11.40
122	002329	2017.12.31	长沙市科技“小巨人”企业奖金	9.00
123	002335	2016.12.31	2016年科技“小巨人”领军企业补贴款	20.00
124	002335	2017.12.31	2016年科技“小巨人”研发费用加计扣除奖励经费	84.80
125	002337	2015.12.31	广州市科技“小巨人”企业（广州井源）	60.00
126	002337	2016.12.31	天津滨海高新区管委会财务管理中心科技“小巨人”补助（赛象科技）	100.00
127	002338	2015.12.31	长春市科技“小巨人”	10.00
128	002338	2016.12.31	科技型“小巨人”企业认定后补助	20.00
129	002338	2017.12.31	吉林省科技型“小巨人”扶持资金	70.00

续表

序号	股票代码	会计期间	具体项目	金额（万元）
130	002338	2018.12.31	吉林省科技型“小巨人”扶持资金	25.00
131	002338	2018.12.31	科技“小巨人”企业补助	50.00
132	002339	2017.12.31	2016年科技“小巨人”领军企业研发费用加计扣除奖励专项资金奖励	50.00
133	002339	2017.12.31	福州市财政局“小巨人”奖励金	16.40
134	002339	2018.12.31	福州市鼓楼区财政局2018年度科技“小巨人”领军企业研发费用加计扣除奖励专项资金	46.10
135	002339	2018.12.31	鼓楼区财务局2017年度科技“小巨人”领军企业研发费用加计扣除奖励专项资金	15.20
136	002346	2015.12.31	“小巨人”（培育）项目资助资金	105.00
137	002373	2017.12.31	广州市科技创新“小巨人”和高新技术企业补贴奖励	40.00
138	002392	2015.12.31	关于组织申报2013年度上海市科技“小巨人”工程项目的通知	32.00
139	002392	2015.12.31	科技“小巨人”培育企业科研计划项目课题	40.00
140	002392	2015.12.31	“小巨人”企业培育工程2	80.00
141	002392	2016.12.31	科技“小巨人”资金补助	171.00
142	002396	2017.12.31	“小巨人”加计扣除奖励	54.80
143	002396	2019.12.31	2019年度上海市科技“小巨人”工程验收	300.00
144	002396	2019.12.31	福建省科技“小巨人”领军企业——思明区质量技术专项奖励资金管理办法（厦思政办〔2016〕97号文件）	30.00
145	002397	2018.12.31	2017年度科技“小巨人”领军企业研发费用加计扣除奖	64.80
146	002397	2018.12.31	2017年度工业强市奖励（省级科技“小巨人”领军企业）	10.00
147	002397	2019.12.31	科技“小巨人”领军企业研发费用加计扣除奖	63.80
148	002397	2020.12.31	科技“小巨人”领军企业研发费用加计扣除奖	42.50

续表

序号	股票代码	会计期间	具体项目	金额（万元）
149	002398	2015.12.31	贵阳市“科技‘小巨人’”企业补贴	20.00
150	002398	2015.12.31	蓝田县科技局“小巨人”项目	10.00
151	002405	2016.12.31	“小巨人”财政拨款	30.00
152	002410	2015.12.31	上海市科技“小巨人”工程项目	80.00
153	002420	2020.12.31	沈阳市科技“小巨人”企业补助	20.00
154	002431	2017.12.31	广州市天河区财政局科技创新“小巨人”企业资质认定补贴	12.00
155	002433	2016.12.31	上海市区级“小巨人”专项资金	10.00
156	002437	2015.12.31	上海市“小巨人”企业科技发展基金	75.00
157	002438	2016.12.31	过路费补贴、改造投产奖励、南通市两化融合示范企业奖励、江苏省科技“小巨人”企业奖励	97.20
158	002446	2019.12.31	专精特新“小巨人”智能化升级奖励	60.00
159	002453	2019.12.31	计入其他收益的政府补助其中：科技“小巨人”认定资助项目	25.00
160	002454	2019.12.31	厦门市科学技术局“小巨人”奖励	20.00
161	002461	2018.12.31	科技创新“小巨人”企业奖补	20.00
162	002474	2017.12.31	2017 年度科技“小巨人”领军企业研发费用加计扣除奖励	6.00
163	002474	2018.12.31	2018 年度科技“小巨人”领军企业研发费用加计扣除奖励	27.30
164	002474	2018.12.31	2017 年度科技“小巨人”领军企业研发费用加计扣除奖励	5.60
165	002474	2019.12.31	2019 年度科技“小巨人”领军企业研发加计扣除奖励经费	17.90
166	002480	2015.12.31	“小巨人”项目	3.19
167	002480	2016.12.31	“小巨人”项目	3.48
168	002509	2019.12.31	2018 科技“小巨人”领军企业研发费用加计	104.80

续表

序号	股票代码	会计期间	具体项目	金额（万元）
169	002510	2015. 12. 31	天津市滨海新区科技“小巨人”成长计划专项资金	10. 00
170	002510	2016. 12. 31	天津市滨海新区科技“小巨人”成长计划专项资金	10. 00
171	002514	2016. 12. 31	科技“小巨人”认定政府补助	20. 00
172	002519	2017. 12. 31	2016 科技“小巨人”研发	62. 50
173	002519	2017. 12. 31	收福州市财政局“小巨人”加计扣除奖励	39. 00
174	002519	2017. 12. 31	“小巨人”培育奖励	30. 00
175	002519	2018. 12. 31	河南省“科技‘小巨人’”企业奖励奖金	24. 48
176	002519	2018. 12. 31	福州市台江区财政局 2017 年度科技“小巨人”奖金	36. 00
177	002519	2018. 12. 31	2018 年科技“小巨人”领军企业研发费用专项基金	74. 40
178	002529	2016. 12. 31	科技“小巨人”领军企业研发投入奖励	130. 70
179	002529	2018. 12. 31	科技“小巨人”	74. 00
180	002529	2019. 12. 31	科技“小巨人”	60. 00
181	002533	2017. 12. 31	“小巨人”政府奖励款	10. 00
182	002542	2016. 12. 31	“小巨人”奖励	15. 22
183	002544	2016. 12. 31	科技创新“小巨人”企业补贴	30. 00
184	002544	2017. 12. 31	2016 年科技“小巨人”	10. 00
185	002544	2017. 12. 31	2015 年科技“小巨人”	20. 00
186	002544	2018. 12. 31	2016 年科技“小巨人”	60. 00
187	002549	2020. 12. 31	国家专精特新“小巨人”企业、市级“小巨人”奖励	70. 00
188	002566	2018. 12. 31	“小巨人”企业补助资金	50. 00
189	002572	2017. 12. 31	2017 年高新技术企业培育与科技创新“小巨人”企业补贴	32. 00
190	002576	2017. 12. 31	“小巨人”资助金	4. 55

续表

序号	股票代码	会计期间	具体项目	金额（万元）
191	002576	2018.12.31	“小巨人”资助金	4.55
192	002581	2016.12.31	科技“小巨人”领军企业奖励	20.00
193	002602	2017.12.31	培养科学“小巨人”企业计划	20.00
194	002622	2018.12.31	2017年科技“小巨人”R&D财政拨款	30.00
195	002622	2019.12.31	2018年科技“小巨人”R&D财政拨款	15.00
196	002626	2018.12.31	厦门市科学技术局：2018年科技“小巨人”奖励款	20.00
197	002631	2016.12.31	福建省（厦门市）科技“小巨人”领军企业补助	20.00
198	002636	2018.12.31	“小巨人”财政专项项目资金	100.00
199	002636	2019.12.31	“小巨人”专项资金	100.00
200	002641	2015.12.31	2015年创新型企业与科技“小巨人”专项款（广州市花都区财政局）	60.00
201	002641	2016.12.31	2015年创新型企业与科技“小巨人”专项款（广州市花都区财政局）	60.00
202	002649	2016.12.31	“小巨人”企业入库补贴	30.00
203	002652	2017.12.31	“小巨人”企业一次性奖励	1.00
204	002654	2018.12.31	科技型“小巨人”企业后补助款1	10.00
205	002654	2018.12.31	科技型“小巨人”企业后补助款2	10.00
206	002662	2015.12.31	“小巨人”企业扶持基金	45.00
207	002662	2015.12.31	“小巨人”企业补助款	40.00
208	002662	2016.12.31	“小巨人”企业扶持基金	30.00
209	002662	2016.12.31	“小巨人”企业补助款	15.00
210	002663	2015.12.31	2015年创新型企业（科技“小巨人”）研发后补助专项资金	200.00
211	002666	2016.12.31	“小巨人”计划奖励	10.00
212	002680	2015.12.31	长春市“小巨人”企业补助	10.00
213	002686	2019.12.31	2018年度拱墅区“小巨人”政策奖励	92.00
214	002689	2017.12.31	“小巨人”高新培育补贴	10.00

续表

序号	股票代码	会计期间	具体项目	金额（万元）
215	002694	2020.12.31	经信委19年中小微企业发展专项资金（“小巨人”项目）	50.00
216	002708	2019.12.31	科技“小巨人”领军企业培育重大项目	30.00
217	002708	2020.12.31	科技“小巨人”领军企业培育重大项目	30.00
218	002709	2016.12.31	科技“小巨人”	60.00
219	002717	2016.12.31	上海市科委“小巨人”项目款	150.00
220	002717	2016.12.31	上海奉贤区科学技术委员会“小巨人”项目验收款	45.00
221	002717	2018.12.31	2018年度上海市科技“小巨人”工程	200.00
222	002737	2018.12.31	科技“小巨人”	50.00
223	002741	2016.12.31	“小巨人”	5.00
224	002760	2019.12.31	2017年度南昌市科技“小巨人”培育计划资金	50.00
225	002766	2020.12.31	武汉东湖新技术开发区管理委员会财政局“2019年度科技‘小巨人’”奖励资金	1.00
226	002798	2016.12.31	“小巨人”资金	10.00
227	002798	2017.12.31	“小巨人”资金	10.00
228	002798	2018.12.31	成都市、简阳市财政局及经济和信息化局“小巨人”资金	10.00
229	002803	2020.12.31	2019年度科技“小巨人”企业奖金	5.00
230	002821	2017.12.31	政府补助——“小巨人”专项资金	70.00
231	002832	2018.12.31	财政局科技“小巨人”奖励	30.00
232	002841	2016.12.31	2015年科技创新“小巨人”补贴奖励	60.00
233	002841	2017.12.31	广州市科技创新“小巨人”企业入库奖励	14.00
234	002841	2019.12.31	科技“小巨人”领军企业奖励	20.00
235	002972	2019.12.31	深圳市福田区国库支付中心——科技“小巨人”支持款	60.00
236	002983	2020.12.31	计入其他收益的政府补助：科技“小巨人”奖励	100.00

续表

序号	股票代码	会计期间	具体项目	金额（万元）
237	300001	2019.12.31	关于下达2014年中小企业发展专项资金（规模以上“‘小巨人’0成长型”中小企业）的通知	3.00
238	300001	2020.12.31	2019年国家专精特新“小巨人”企业奖励资金	50.00
239	300003	2019.12.31	科技“小巨人”项目政府补贴款	300.00
240	300007	2018.12.31	闽侯财政局2017年科技“小巨人”研发费用加计扣除补助	81.40
241	300009	2016.12.31	“小巨人”补助款	60.00
242	300009	2017.12.31	“小巨人”补助款	20.00
243	300010	2015.12.31	静安区科技“小巨人”项目	46.00
244	300010	2016.12.31	上海市科技“小巨人”项目	70.00
245	300010	2017.12.31	科技“小巨人”企业项目	150.00
246	300010	2017.12.31	上海市科技“小巨人”项目	35.00
247	300010	2018.12.31	科技“小巨人”企业项目	150.00
248	300012	2020.12.31	上海闵行区科技“小巨人”工程	50.00
249	300013	2015.12.31	贵州科技型“小巨人”企业奖励	20.00
250	300013	2017.12.31	广州市高企、“小巨人”区级奖励	60.00
251	300017	2020.12.31	“小巨人”领军企业集美区配套奖励	30.00
252	300021	2015.12.31	2014年天津市科技“小巨人”领军企业重大科技创新项目	200.00
253	300021	2016.12.31	2014年天津市科技“小巨人”领军企业重大科技创新项目	216.67
254	300021	2017.12.31	2014年天津市科技“小巨人”领军企业重大科技创新项目	83.33
255	300031	2016.12.31	“小巨人”补贴	12.00
256	300031	2017.12.31	“小巨人”补贴	18.00
257	300036	2020.12.31	上海市科技“小巨人”	180.00

续表

序号	股票代码	会计期间	具体项目	金额（万元）
258	300037	2017. 12. 31	科技“小巨人”研发费用	42. 50
259	300037	2018. 12. 31	科技“小巨人”研发费用	101. 50
260	300037	2019. 12. 31	科技“小巨人”研发费用	179. 70
261	300037	2020. 12. 31	科技“小巨人”研发补贴	165. 00
262	300038	2019. 12. 31	收市科技局拨付 2018 年第二批市“小巨人”补助	10. 00
263	300041	2017. 12. 31	科技“小巨人”专项	300. 00
264	300043	2015. 12. 31	“小巨人”项目奖励	60. 00
265	300044	2018. 12. 31	合肥市高新区科技局科技“小巨人”首次过亿奖励	50. 00
266	300047	2017. 12. 31	广州市科技“小巨人”项目	30. 00
267	300047	2018. 12. 31	高新区科技局科技“小巨人”首次过亿奖励	50. 00
268	300050	2016. 12. 31	广州市科技“小巨人”项目	60. 00
269	300056	2020. 12. 31	2020 年厦门市科技“小巨人”领军企业补贴资金	20. 00
270	300062	2017. 12. 31	科技“小巨人”研发费用加计扣除奖励	104. 60
271	300064	2016. 12. 31	经开区科技“小巨人”企业奖励	50. 00
272	300080	2016. 12. 31	收市财政局科技型企业科技“小巨人”专项经费	66. 00
273	300087	2018. 12. 31	科技“小巨人”培训企业首次过亿政府补助	50. 00
274	300096	2018. 12. 31	科技“小巨人”领军企业奖励	76. 50
275	300102	2016. 12. 31	科技“小巨人”领军企业奖励	20. 00
276	300109	2020. 12. 31	“小巨人”企业贷款贴息补贴资金	50. 00
277	300113	2015. 12. 31	普陀区科技委 2012 年“小巨人”补助	15. 00
278	300114	2016. 12. 31	“工业‘小巨人’”奖励	20. 00
279	300119	2015. 12. 31	广州市科技“小巨人”奖励	60. 00
280	300119	2016. 12. 31	广州市科技“小巨人”奖励	15. 00
281	300124	2015. 12. 31	2015 年长春市科技型“小巨人”企业培育计划	10. 00
282	300137	2016. 12. 31	2015 年度科技创新“小巨人”企业及高新技术企业补贴奖励项目 2	120. 00

续表

序号	股票代码	会计期间	具体项目	金额（万元）
283	300137	2016. 12. 31	2015 年度科技创新“小巨人”企业及高新技术企业补贴奖励项目	60. 00
284	300147	2016. 12. 31	广州市科技创新“小巨人”和高新技术企业补贴奖励项目经费	120. 00
285	300147	2016. 12. 31	2015 年创新型企业与科技“小巨人”专项项目经费（创新型企业奖励）	200. 00
286	300151	2017. 12. 31	“小巨人”项目财政补贴/市科委	120. 00
287	300157	2017. 12. 31	科技“小巨人”企业奖励金	10. 00
288	300166	2016. 12. 31	“小巨人”奖励	25. 00
289	300166	2019. 12. 31	“小巨人”补贴	45. 00
290	300166	2020. 12. 31	“小巨人”补贴	90. 00
291	300168	2015. 12. 31	上海市科学技术委员会“小巨人”培育企业验收款	40. 00
292	300168	2017. 12. 31	科技“小巨人”研发项目补贴	10. 00
293	300177	2017. 12. 31	“小巨人”企业奖励	72. 00
294	300177	2018. 12. 31	科技企业“小巨人”项目验收款	30. 00
295	300178	2017. 12. 31	高新技术企业培育与广州市科技创新“小巨人”企业奖（3）	115. 00
296	300178	2018. 12. 31	科技“小巨人”支持补助	60. 00
297	300188	2020. 12. 31	科技“小巨人”领军企业	10. 00
298	300190	2019. 12. 31	“小巨人”补贴	70. 00
299	300192	2017. 12. 31	科技“小巨人”补贴	0. 50
300	300192	2018. 12. 31	科技“小巨人”补贴	0. 50
301	300195	2015. 12. 31	科技“小巨人”补助资金	166. 67
302	300195	2016. 12. 31	科技“小巨人”（智能型高效数控印刷设备研发补贴）	266. 67
303	300195	2017. 12. 31	科技“小巨人”（智能型高效数控印刷设备研发补贴）	83. 33

续表

序号	股票代码	会计期间	具体项目	金额（万元）
304	300197	2016. 12. 31	广州市越秀区财政国库科技创新“小巨人”培育基金	30. 00
305	300198	2016. 12. 31	2016 年度科技“小巨人”重大专项计划与经费	25. 00
306	300198	2016. 12. 31	2014 年度科技“小巨人”重大专项经费补助摊销	7. 69
307	300201	2018. 12. 31	上海市科技“小巨人”工程资金	300. 00
308	300203	2016. 12. 31	松江财政科技“小巨人”补贴	50. 00
309	300209	2016. 12. 31	“小巨人”	30. 00
310	300212	2018. 12. 31	天津市津南区八里台工业园管理中心“小巨人”扶持资金	57. 59
311	300212	2019. 12. 31	省科技“小巨人”补贴	60. 00
312	300219	2015. 12. 31	科技“小巨人”专项经费	60. 00
313	300219	2017. 12. 31	专精特新“小巨人”技改项目补贴	40. 00
314	300219	2018. 12. 31	专精特新“小巨人”技改项目补贴	45. 00
315	300222	2015. 12. 31	上海“小巨人”补贴	30. 00
316	300222	2016. 12. 31	上海市科技“小巨人”补贴	172. 50
317	300222	2017. 12. 31	上海市科技“小巨人”补贴	335. 00
318	300225	2015. 12. 31	科技“小巨人”工程项目	22. 50
319	300225	2016. 12. 31	科技“小巨人”工程项目	22. 50
320	300225	2017. 12. 31	科技“小巨人”工程项目	22. 50
321	300225	2018. 12. 31	科技“小巨人”工程项目	22. 50
322	300225	2019. 12. 31	科技“小巨人”工程项目	22. 50
323	300225	2020. 12. 31	科技“小巨人”工程项目	22. 50
324	300227	2018. 12. 31	上海“小巨人”补贴	100. 00
325	300228	2020. 12. 31	张家港市“小巨人”企业培育行动计划扶持资金	80. 00
326	300229	2016. 12. 31	收 2015 年度“小巨人”财政补助资金 CZ021001	30. 00
327	300230	2016. 12. 31	科技“小巨人”工程	170. 00
328	300238	2017. 12. 31	广州开发区科技创新局 2016 年度广州市科技创新“小巨人”企业	30. 00
329	300239	2017. 12. 31	拨付科技“小巨人”培育企业资助资金	25. 00

续表

序号	股票代码	会计期间	具体项目	金额（万元）
330	300239	2018.12.31	科技“小巨人”培育企业资助资金	25.00
331	300239	2020.12.31	细分领域专业化“小巨人”企业补助资金	100.00
332	300244	2017.12.31	2012年度杨浦区科技“小巨人”	25.00
333	300244	2017.12.31	长沙市企业“小巨人”奖励	7.00
334	300244	2019.12.31	2016年上海市科技“小巨人”企业项目	100.00
335	300245	2015.12.31	“小巨人”项目补贴	140.00
336	300245	2016.12.31	“小巨人”项目补贴	30.00
337	300248	2017.12.31	科技“小巨人”项目补贴	100.00
338	300248	2017.12.31	福州市科技局，科技“小巨人”奖励	5.00
339	300248	2018.12.31	“小巨人”补贴	100.00
340	300248	2018.12.31	2017年科技“小巨人”领军企业加计扣除奖励经费	4.50
341	300248	2018.12.31	2018年科技“小巨人”奖励金	7.60
342	300248	2018.12.31	2017年科技“小巨人”奖励金	10.00
343	300248	2019.12.31	“小巨人”补贴	300.00
344	300248	2019.12.31	收到2019年度科技“小巨人”奖励	13.10
345	300252	2020.12.31	2019年西安市科技“小巨人”培育项目	10.00
346	300263	2017.12.31	科技“小巨人”奖励	29.00
347	300263	2018.12.31	科技“小巨人”奖励	10.00
348	300278	2016.12.31	“小巨人”奖励	15.00
349	300278	2017.12.31	“小巨人”奖励	65.00
350	300278	2019.12.31	“小巨人”计划奖励	5.00
351	300286	2015.12.31	财政扶持及科技奖励其中：科技“小巨人”培育企业项目	128.10
352	300286	2015.12.31	财政扶持及科技奖励其中：“小巨人”奖	66.10
353	300286	2016.12.31	财政扶持及科技奖励其中：“小巨人”奖	62.80
354	300286	2016.12.31	财政扶持及科技奖励其中：“小巨人”奖	30.00
355	300287	2016.12.31	“小巨人”领军企业补贴款	20.00
356	300287	2017.12.31	经信局“小巨人”领军企业奖励	20.00

续表

序号	股票代码	会计期间	具体项目	金额（万元）
357	300288	2016.12.31	创新“小巨人”及高新技术企业补贴奖励项目经费	120.00
358	300290	2018.12.31	“小巨人”项目	200.00
359	300292	2015.12.31	上海市科技“小巨人”工程项目补助资金	83.20
360	300292	2018.12.31	高技能人才“小巨人”企业奖励	1.50
361	300293	2017.12.31	“双培育计划”“小巨人”培育库补助	50.00
362	300293	2020.12.31	2017年科技“小巨人”企业认定奖励款	20.00
363	300296	2017.12.31	科技创新“小巨人”款	30.00
364	300296	2018.12.31	金山财政科技“小巨人”补贴	24.00
365	300296	2020.12.31	金山区财政局补贴（科技“小巨人”）	6.00
366	300296	2020.12.31	科技“小巨人”奖金	30.00
367	300297	2015.12.31	收广州市越秀区财政国库支付中心（广州市科技“小巨人”企业）	60.00
368	300297	2016.12.31	广州市科技创新“小巨人”及高新技术企业补贴奖励	50.00
369	300297	2019.12.31	政府补助其中：广州市科技创新委员会2017年度第二批拟科技“小巨人”企业及高新技术企业培育行动	8.00
370	300297	2019.12.31	政府补助其中：2016年度广州市科技创新“小巨人”企业入库	20.00
371	300297	2019.12.31	政府补助其中：“小巨人”奖励	20.00
372	300299	2017.12.31	2016年科技“小巨人”领军企业研发费用加计扣除奖励专项资金	40.70
373	300324	2017.12.31	上海市国库收付中心零余额专户款政府补贴（2015年“小巨人”）	300.00
374	300325	2015.12.31	技术改造提升类项目——科技“小巨人”企业培育项目	10.67

续表

序号	股票代码	会计期间	具体项目	金额（万元）
375	300325	2016. 12. 31	技术改造提升类项目——科技“小巨人”企业培育项目	8. 00
376	300325	2017. 12. 31	技术改造提升类项目——科技“小巨人”企业培育项目	8. 00
377	300325	2018. 12. 31	技术改造提升类项目——科技“小巨人”企业培育项目	8. 00
378	300325	2019. 12. 31	技术改造提升类项目——科技“小巨人”企业培育项目	8. 00
379	300325	2020. 12. 31	技术改造提升类项目——科技“小巨人”企业培育项目	8. 00
380	300328	2018. 12. 31	沈阳市科学技术局的“小巨人”项目奖励	15. 44
381	300328	2020. 12. 31	与收益相关的政府补助确认的其他收益其中：财政“小巨人”服务费	20. 00
382	300331	2020. 12. 31	2019 年度省级工业和信息产业转型升级专项资金——专精特新“小巨人”企业培育项目	50. 00
383	300334	2015. 12. 31	天津市科技“小巨人”领军企业培育项目资助	240. 00
384	300334	2016. 12. 31	天津市科技“小巨人”领军企业培育项目资助	169. 00
385	300335	2016. 12. 31	“小巨人”企项目专项资金（创新型企业专项资金）	25. 20
386	300354	2015. 12. 31	科技“小巨人”服务铭牌	40. 00
387	300358	2015. 12. 31	科技型“小巨人”企业补贴	20. 00
388	300366	2018. 12. 31	上海市科技“小巨人”企业项目补助款	310. 00
389	300368	2015. 12. 31	“小巨人”培育	121. 00
390	300368	2016. 12. 31	科技“小巨人”培育项目	64. 00
391	300375	2018. 12. 31	天津市科技“小巨人”领军企业创新项目资金	22. 50
392	300377	2016. 12. 31	深圳市福田区国库支付科技“小巨人”奖励	50. 00
393	300380	2015. 12. 31	科技“小巨人”资助资金	50. 00
394	300383	2019. 12. 31	廊坊市科技局对“小巨人”企业的资金奖励	10. 00

续表

序号	股票代码	会计期间	具体项目	金额（万元）
395	300388	2016. 12. 31	上海市科技“小巨人”工程项目补助	70. 00
396	300388	2018. 12. 31	科创“小巨人”企业研发补贴经费	10. 00
397	300398	2015. 12. 31	“小巨人”项目	300. 00
398	300404	2015. 12. 31	科技“小巨人”研发后补助	60. 00
399	300407	2016. 12. 31	“小巨人”企业贷款贴息	60. 00
400	300424	2015. 12. 31	2015 创新型企业与“小巨人”	300. 00
401	300425	2019. 12. 31	张家港市“小巨人”企业培育行动计划扶持资金	90. 00
402	300425	2020. 12. 31	张家港市“小巨人”企业培育行动计划扶持资金	30. 00
403	300427	2016. 12. 31	厦门市科学技术局 2016 年厦门市科技“小巨人”领军企业专项资金	20. 00
404	300436	2017. 12. 31	收柘荣县科技局——“小巨人”领军企业研发费用加计扣除奖励专项资金	66. 00
405	300436	2018. 12. 31	收柘荣县科技局——“小巨人”领军企业研发费用加计扣除奖励专项资金	213. 80
406	300448	2016. 12. 31	2015 年度广州市科技创新“小巨人”及高新技术企业补贴奖励	12. 00
407	300448	2017. 12. 31	广州市科技创新“小巨人”企业及高新技术企业培育补助	30. 00
408	300462	2016. 12. 31	依据《上海市科技“小巨人”工程实施办法》取得的补助资金	312. 00
409	300469	2019. 12. 31	科技“小巨人”企业	35. 00
410	300470	2020. 12. 31	“小巨人”企业奖励	70. 00
411	300473	2018. 12. 31	科技型“小巨人”企业认定奖励	20. 00
412	300473	2018. 12. 31	科技型“小巨人”企业认定后奖励	10. 00
413	300473	2019. 12. 31	科技型“小巨人”企业认定奖励	20. 00
414	300473	2019. 12. 31	科技型“小巨人”企业认定后奖励	10. 00
415	300483	2016. 12. 31	科技“小巨人”培育工程补贴	140. 00

续表

序号	股票代码	会计期间	具体项目	金额（万元）
416	300491	2019.12.31	西安市雁塔区科技和工业信息化“小巨人”项目款	28.67
417	300491	2020.12.31	西安市雁塔区科技和工业信息化“小巨人”项目款	1.33
418	300493	2015.12.31	科技发展规划配套专项补贴［上海市“小巨人”（培育）项目］	50.00
419	300499	2017.12.31	2015年度“小巨人”奖励	20.00
420	300499	2017.12.31	2015年度“小巨人”奖励	30.00
421	300508	2016.12.31	上海市科技“小巨人”项目1	150.00
422	300508	2016.12.31	上海市科技“小巨人”项目	50.00
423	300521	2018.12.31	2017年高新科技企业培育与市科技创新“小巨人”项目经费	12.00
424	300525	2018.12.31	2018年度科技“小巨人”领军企业研发费用加计扣除奖	50.10
425	300535	2017.12.31	上海金山区财政局科技“小巨人”企业补贴款	6.00
426	300551	2016.12.31	上海市科技“小巨人”工程项目专项资金	46.72
427	300551	2017.12.31	上海市科技“小巨人”工程项目专项资金	113.21
428	300551	2018.12.31	上海市科技“小巨人”工程项目专项资金	24.02
429	300554	2019.12.31	2018年度科技“小巨人”	5.00
430	300560	2017.12.31	2016年科技“小巨人”领军企业研发费用加计扣除奖励专项资金	72.50
431	300560	2017.12.31	2017年科技“小巨人”领军企业研发费用加计扣除奖励专项资金	45.30
432	300578	2016.12.31	科技“小巨人”奖励	210.00
433	300590	2016.12.31	闵行区科技“小巨人”培育企业资助	40.00
434	300590	2017.12.31	闵行区科技“小巨人”培育企业资助	150.00
435	300590	2018.12.31	闵行区科技“小巨人”培育企业资助	50.00
436	300592	2016.12.31	科技“小巨人”政府补助款—市级配套	150.00

续表

序号	股票代码	会计期间	具体项目	金额（万元）
437	300596	2020. 12. 31	“小巨人”培育项目	20. 00
438	300596	2020. 12. 31	2014年天津市科技“小巨人”领军企业重大科技创新项目2014－115－44塑料抗老化助剂关键技术研发	24. 00
439	300597	2018. 12. 31	省科技“小巨人”奖励	50. 00
440	300609	2016. 12. 31	上海市“小巨人”（培育）1	120. 00
441	300609	2016. 12. 31	上海市“小巨人”（培育）2	120. 00
442	300613	2017. 12. 31	上海市科技“小巨人”工程——“小巨人”（培育）企业	200. 00
443	300613	2018. 12. 31	科技企业培育项目合同（“小巨人”）	150. 00
444	300613	2019. 12. 31	上海市科技“小巨人”工程	150. 00
445	300631	2020. 12. 31	国家专精特新“小巨人”企业补助	50. 00
446	300632	2017. 12. 31	科技“小巨人”领军企业认定奖励	40. 00
447	300634	2018. 12. 31	2017年高新技术企业培育与市科技创新“小巨人”企业奖补项目	40. 00
448	300640	2017. 12. 31	2016年科技“小巨人”领军企业研发费用加计扣除奖励补贴	94. 50
449	300640	2017. 12. 31	“小巨人”加计扣除奖励	52. 00
450	300640	2018. 12. 31	2017年度科技“小巨人”领军企业研发费用加计扣除奖励专项资金	48. 00
451	300640	2018. 12. 31	2018年度科技“小巨人”领军企业研发费用加计扣除奖励专项资金	115. 60
452	300640	2020. 12. 31	2019年度科技“小巨人”领军企业研发费用加计扣除奖励专项资金	152. 80
453	300648	2017. 12. 31	科技“小巨人”领军企业研发费用加计扣除奖励专项奖励	80. 90

续表

序号	股票代码	会计期间	具体项目	金额（万元）
454	300648	2018. 12. 31	科技“小巨人”领军企业研发费用加计扣除奖励专项奖励	335. 70
455	300650	2019. 12. 31	省科技“小巨人”领军企业研发费用加计扣除奖励专项资金	134. 70
456	300651	2019. 12. 31	张家港市“小巨人”企业培育行动计划扶持资金	50. 00
457	300653	2020. 12. 31	2019 年市级制造业强市奖补专项资金（国家第一批专精特新“小巨人”）	200. 00
458	300706	2017. 12. 31	2016 科技“小巨人”领军企业研发费用加计扣除奖励专项经费	45. 90
459	300706	2017. 12. 31	2017 年“小巨人”领军企业研发费用加计扣除奖励资金	24. 80
460	300706	2018. 12. 31	科技“小巨人”领军企业研发费用加计扣除奖励专项经费	103. 30
461	300706	2019. 12. 31	科技“小巨人”领军企业研发费用加计扣除奖励专项经费	88. 50
462	300709	2017. 12. 31	2017 年度江苏省科技“小巨人”和专精特新产品资金	70. 00
463	300738	2017. 12. 31	2015 年广州市科技创新“小巨人”及高新技术企业补贴奖励项目经费	70. 00
464	300746	2019. 12. 31	2018 年度大树、“小巨人”政策奖励	233. 90
465	300746	2020. 12. 31	大树、“小巨人”政策奖励	410. 20
466	300747	2020. 12. 31	科技“小巨人”	60. 00
467	300762	2019. 12. 31	政府补助其中：上海市科技“小巨人”	150. 00
468	300777	2020. 12. 31	专精特新“小巨人”企业培育奖励金	150. 00
469	300805	2020. 12. 31	广州市科技创新“小巨人”企业及高新技术企业培育行动方案	25. 00
470	300816	2019. 12. 31	国家专精特新“小巨人”企业奖	100. 00

续表

序号	股票代码	会计期间	具体项目	金额（万元）
471	300828	2020. 12. 31	科技“小巨人”专项资金	10. 00
472	300915	2020. 12. 31	科技“小巨人”企业补贴	110. 00
473	300922	2020. 12. 31	河北省科技型“小巨人”企业项目	2. 71
474	600073	2016. 12. 31	技术改造——科技“小巨人”	3. 00
475	600073	2018. 12. 31	技术改造——科技“小巨人”	3. 00
476	600079	2016. 12. 31	2015 年度广州市科技创新“小巨人”和高新技术企业补贴奖励项目经费	120. 00
477	600098	2017. 12. 31	2016 年广州市“小巨人”入库补助款	30. 00
478	600110	2019. 12. 31	2019 年专精特新“小巨人”专项资金补助	40. 00
479	600118	2016. 12. 31	“小巨人”拨款	100. 00
480	600148	2017. 12. 31	“小巨人”企业补助资金	20. 00
481	600148	2019. 12. 31	科技型“小巨人”企业奖励款	10. 00
482	600148	2020. 12. 31	科技型“小巨人”企业奖励款	113. 00
483	600172	2016. 12. 31	“小巨人”奖励财政扶持资金	10. 00
484	600172	2018. 12. 31	“小巨人”扶持资金	150. 00
485	600175	2017. 12. 31	收“小巨人”补贴款	150. 00
486	600175	2017. 12. 31	奉贤区科学技术委员会（本部）2015 市级“小巨人”/IPD	75. 00
487	600192	2019. 12. 31	科技“小巨人”培育计划——充电桩直流接触器研发及产业化	189. 80
488	600192	2020. 12. 31	科技“小巨人”培育计划——充电桩直流接触器研发及产业化	9. 37
489	600198	2018. 12. 31	2010 年上海市“小巨人”	1. 93
490	600206	2018. 12. 31	廊坊市科学技术局 2017 年新认定科技“小巨人”企业奖励资金	10. 00
491	600210	2015. 12. 31	“小巨人”拨款	80. 00
492	600260	2017. 12. 31	“小巨人”补贴	225. 00
493	600260	2018. 12. 31	上海市“小巨人”补贴	30. 00
494	600260	2018. 12. 31	吉林省科技“小巨人”补助资金	30. 00

续表

序号	股票代码	会计期间	具体项目	金额（万元）
495	600260	2019.12.31	开福区高新技术企业和科技创新“小巨人”企业奖励资金	5.00
496	600260	2019.12.31	科技“小巨人”投入补贴	27.00
497	600260	2020.12.31	“小巨人”培育资金	10.00
498	600312	2020.12.31	“小巨人”计划奖励资金	30.00
499	600313	2019.12.31	政府补助其中：洪山区2019年度科技企业梯次培育专项资金—科技“小巨人”	2.00
500	600329	2019.12.31	“小巨人”项目补贴	21.53
501	600333	2016.12.31	科技型“小巨人”补助款	8.11
502	600333	2017.12.31	科技型“小巨人”补助款	1.89
503	600333	2018.12.31	科技“小巨人”	40.00
504	600351	2017.12.31	上海市国库收付中心零余额专户“小巨人”拨款	98.00
505	600353	2016.12.31	收新都区科技信息局拨付“小巨人”企业奖励款	10.00
506	600363	2016.12.31	科技“小巨人”奖	20.00
507	600438	2016.12.31	科技“小巨人”企业研发项目	100.00
508	600478	2017.12.31	科技“小巨人”补贴	20.00
509	600496	2017.12.31	上海市科技“小巨人”企业补贴	121.00
510	600576	2017.12.31	厦门市科技“小巨人”领军	40.00
511	600587	2015.12.31	“小巨人”企业补助	10.00
512	600588	2015.12.31	“小巨人”奖励资金	30.00
513	600588	2016.12.31	“小巨人”奖励资金	120.00
514	600602	2016.12.31	“小巨人”项目补助	51.00
515	600602	2017.12.31	“小巨人”项目	185.00
516	600602	2018.12.31	“小巨人”项目	740.00
517	600602	2019.12.31	“小巨人”项目	139.00
518	600602	2020.12.31	“小巨人”项目	30.00
519	600623	2015.12.31	由递延收益转入营业外收入的政府补助：“小巨人”项目	36.14

续表

序号	股票代码	会计期间	具体项目	金额（万元）
520	600623	2016. 12. 31	收到的与收益相关的政府补助其中：科委“小巨人”	60. 00
521	600623	2017. 12. 31	科委“小巨人”	28. 00
522	600624	2019. 12. 31	政府补助其中：“小巨人”奖	602. 10
523	600626	2017. 12. 31	“小巨人”奖	0. 40
524	600626	2018. 12. 31	“小巨人”奖	2. 07
525	600637	2015. 12. 31	“小巨人”项目资助	50. 00
526	600637	2018. 12. 31	上海市科技“小巨人”企业拨款	300. 00
527	600640	2017. 12. 31	2016 年度虹口区科技“小巨人”企业认定奖励	25. 00
528	600645	2015. 12. 31	上海市科学技术委员会财政拨款（“小巨人”工程）	40. 00
529	600645	2017. 12. 31	2017 年度上海市科技“小巨人”	300. 00
530	600645	2019. 12. 31	关于下达 2018 年第一批长春市科技型“小巨人”企业认定后补助的通知	10. 00
531	600680	2016. 12. 31	科技“小巨人”	195. 00
532	600681	2017. 12. 31	廊坊市新认定科技型中小企业（“小巨人”）奖励	10. 00
533	600681	2020. 12. 31	2019 年科技“小巨人”培育计划	10. 00
534	600703	2015. 12. 31	收到天津市财政局科技“小巨人”项目资金	24. 00
535	600703	2016. 12. 31	收到天津市财政局科技“小巨人”项目资金	24. 50
536	600703	2017. 12. 31	收到天津市财政局科技“小巨人”项目资金	30. 00
537	600739	2017. 12. 31	科技“小巨人”补贴	30. 00
538	600739	2020. 12. 31	科技“小巨人”补贴	20. 00
539	600745	2016. 12. 31	“小巨人”项目	300. 00

续表

序号	股票代码	会计期间	具体项目	金额（万元）
540	600767	2015. 12. 31	科技“小巨人”	50. 00
541	600819	2015. 12. 31	科技“小巨人”奖励	121. 84
542	600844	2019. 12. 31	市科技发展专项资金“小巨人”认定拨款	45. 00
543	600846	2018. 12. 31	市级“小巨人”配套补助	120. 00
544	600869	2017. 12. 31	与日常活动有关的政府补助其中：科技“小巨人”工程项目	300. 00
545	600876	2015. 12. 31	2014 年度洛阳市“小巨人”达标企业奖励款	80. 00
546	600885	2017. 12. 31	厦门市科技局“厦门市科技‘小巨人’领军企业”补贴款	20. 00
547	600885	2019. 12. 31	政府补助其中：2019 年科技“小巨人”领军研发资金	454. 70
548	600885	2020. 12. 31	科技“小巨人”领军研发资金	219. 00
549	600894	2015. 12. 31	广州市科技和信息化局技术“小巨人”款项收入	60. 00
550	600965	2018. 12. 31	2017 年第二批科技创新科技“小巨人”专项补助资金	20. 00
551	600965	2018. 12. 31	2018 年廊坊市科技技术局农业科技“小巨人”企业奖励资金	10. 00
552	600965	2019. 12. 31	2018 年廊坊市科技技术局农业科技“小巨人”企业奖励资金	10. 00
553	600965	2020. 12. 31	2020 年第二批科技创新科技“小巨人”专项补助资金	20. 00
554	600970	2016. 12. 31	合肥高新区科技局区级科技“小巨人”首次过亿奖励资金	50. 00
555	600970	2016. 12. 31	“小巨人”奖励款	20. 00
556	600970	2017. 12. 31	“小巨人”奖励款	10. 00
557	600970	2018. 12. 31	“小巨人”达标科技企业奖励	5. 00
558	600970	2018. 12. 31	“小巨人”奖励款 1	333. 59
559	600973	2020. 12. 31	“小巨人”专项评审费用	240. 00

续表

序号	股票代码	会计期间	具体项目	金额（万元）
560	600981	2020. 12. 31	科技“小巨人”企业补贴	171. 73
561	601011	2018. 12. 31	科技“小巨人”企业补助	50. 00
562	601519	2018. 12. 31	科技“小巨人”	300. 00
563	601718	2018. 12. 31	高新技术企业及“小巨人”补助	60. 00
564	601718	2019. 12. 31	石家庄市鹿泉区科学技术和工业信息化局创新创业发展专项资金（河北省科技“小巨人”）（鹿科工〔2019〕38 号）	5. 00
565	601999	2019. 12. 31	“小巨人”企业补助	30. 00
566	603009	2018. 12. 31	“小巨人”扶持资金	30. 00
567	603009	2019. 12. 31	“小巨人”扶持资金	20. 00
568	603012	2015. 12. 31	“小巨人”工程项目专项扶持	15. 00
569	603022	2016. 12. 31	“小巨人”科技项目扶持资金	120. 00
570	603028	2018. 12. 31	科技创新“小巨人”企业及高新技术企业培育奖励	70. 00
571	603060	2016. 12. 31	科技“小巨人”工程项目	70. 00
572	603066	2016. 12. 31	2013 天宝科技“小巨人”培育计划项目资金	28. 00
573	603108	2019. 12. 31	嘉定区国库“小巨人”奖励	25. 00
574	603121	2018. 12. 31	2015 年青浦区科技“小巨人”工程项目	300. 00
575	603131	2018. 12. 31	青浦区“小巨人”培育企业资金	15. 00
576	603131	2019. 12. 31	青浦区“小巨人”培育企业资金	15. 00
577	603169	2020. 12. 31	政府补助其中：2016 年度洛阳市“小巨人”培育达标企业奖励	80. 00
578	603169	2020. 12. 31	政府补助其中：2018 年科技“小巨人”企业认定奖励资金	50. 00
579	603189	2016. 12. 31	上海市浦东新区科学技术委员会关于公布 2013 年度上海市科技“小巨人”企业资助 1	50. 00
580	603222	2016. 12. 31	区财政科委“小巨人”补贴	30. 00
581	603222	2017. 12. 31	区财政科委“小巨人”补贴	20. 00

续表

序号	股票代码	会计期间	具体项目	金额（万元）
582	603232	2017. 12. 31	“小巨人”后补助	150. 00
583	603232	2018. 12. 31	“小巨人”项目区级配套	150. 00
584	603330	2018. 12. 31	“小巨人”扶持资金	40. 00
585	603387	2019. 12. 31	2018 年第一批长春市科技型“小巨人”企业认定补助	10. 00
586	603387	2019. 12. 31	2019 年吉林省科技创新专项资金（省科技“小巨人”R&D 投入补贴）	20. 00
587	603392	2020. 12. 31	市科技局“小巨人”领军企业补助	20. 00
588	603444	2016. 12. 31	厦门市 2016 年科技“小巨人”领军企业补助款	20. 00
589	603499	2017. 12. 31	“小巨人”培育企业补贴	300. 00
590	603566	2016. 12. 31	郑州市 2016 年第四批科技计划项目经费“小巨人”计划	10. 00
591	603566	2019. 12. 31	2016 年度“小巨人”培育达标企业奖励资金	80. 00
592	603566	2020. 12. 31	“小巨人”企业奖励资金	80. 00
593	603580	2018. 12. 31	2018 年市科委专项经费第十二批科技“小巨人”奖励经费	150. 00
594	603580	2019. 12. 31	政府补助其中：2018 年市科委专项经费第十二批科技“小巨人”奖励经费	150. 00
595	603603	2017. 12. 31	“小巨人”补贴	12. 50
596	603603	2019. 12. 31	“小巨人”补贴	12. 50
597	603628	2016. 12. 31	科技“小巨人”领军企业奖励	20. 00
598	603658	2016. 12. 31	关于下达 2015 年河南省科技型企业培育专项科技“小巨人”项目补助经费的通知	75. 00
599	603668	2016. 12. 31	2016 年科技“小巨人”领军企业研发费用加计扣除奖励专项资金	27. 50
600	603668	2018. 12. 31	2018 年度“小巨人”奖励	38. 90
601	603668	2018. 12. 31	2017 年度“小巨人”奖励	14. 40
602	603728	2017. 12. 31	上海市科技“小巨人”（培育）企业项目	200. 00

续表

序号	股票代码	会计期间	具体项目	金额（万元）
603	603728	2019.12.31	“小巨人”项目验收拨款	150.00
604	603728	2019.12.31	市“小巨人”区级配套补助	50.00
605	603738	2020.12.31	随州市“小巨人”等五项政策奖补奖金50万元	50.00
606	603773	2019.12.31	江西省专业化“小巨人”企业	13.00
607	603800	2016.12.31	2014年获评重点产业紧缺人才、高技能人才“小巨人”企业奖励	1.00
608	603826	2018.12.31	2017年度科技“小巨人”领军企业研发费用加计扣除奖励专项资金	49.10
609	603826	2018.12.31	2018年度科技“小巨人”领军企业研发费用加计扣除奖励专项资金	124.70
610	603882	2017.12.31	2017年度科技“小巨人”领军企业研发费用加计扣除奖励专项资金	18.20
611	603882	2017.12.31	高新区科技局“小巨人”培育企业补助	50.00
612	603882	2017.12.31	沈阳市科技“小巨人”企业培育库	30.00
613	603882	2018.12.31	科技“小巨人”领军企业研发费用加计扣除奖励专项资金	19.60
614	603882	2018.12.31	福州市财政局“小巨人”加计扣除奖励	16.80
615	603882	2018.12.31	长春市高新区管委会“小巨人”资金	40.00
616	603887	2017.12.31	嘉定区专利示范企业（“小巨人”扶持资金）	10.00
617	603895	2019.12.31	嘉定“小巨人”扶持基金	10.00
618	603895	2020.12.31	嘉定“小巨人”扶持基金	30.00
619	603898	2018.12.31	广州市科技创新“小巨人”企业及高新技术企业培育行动方案的通知	12.00
620	603933	2018.12.31	福建省科技“小巨人”领军企业研发费用加计扣除奖励专项资金	215.00
621	603933	2020.12.31	福建省科技“小巨人”领军企业研发费用加计扣除奖励专项资金	228.10

续表

序号	股票代码	会计期间	具体项目	金额（万元）
622	603956	2018. 12. 31	上海市嘉定区“小巨人”扶持资金	40. 00
623	603956	2019. 12. 31	上海市科技“小巨人”企业补贴	150. 00
624	603956	2019. 12. 31	“小巨人”计划奖励资金	25. 00
625	603960	2018. 12. 31	“小巨人”扶持资金	17. 50
626	603960	2019. 12. 31	“小巨人”扶持基金	50. 00
627	603986	2020. 12. 31	2020 年度上海市科技“小巨人”项目政府补贴	180. 00
628	603987	2016. 12. 31	“小巨人”培育嘉定补贴款	100. 00
629	605118	2020. 12. 31	科技局科技“小巨人”领军企业补助	10. 00
630	605289	2020. 12. 31	上海市杨浦区科技“小巨人”专项资金	100. 00
631	688010	2019. 12. 31	“小巨人”研发加计扣除奖励金	270. 00
632	688010	2020. 12. 31	2020 年科技“小巨人”领军企业研发奖励资金	115. 70
633	688018	2019. 12. 31	上海市“小巨人”项目资金	200. 00
634	688027	2020. 12. 31	国家专精特新“小巨人”企业补贴款	100. 00
635	688085	2020. 12. 31	“小巨人”扶持资金	10. 00
636	688157	2020. 12. 31	2019 年长沙市工业和信息化类“小巨人”企业研发费用补助	1. 63
637	688158	2019. 12. 31	政府补助其中：2017 年杨浦区双创“小巨人”	50. 00
638	688165	2020. 12. 31	国家专精特新“小巨人”企业	100. 00
639	688218	2019. 12. 31	专精特新“小巨人”企业智能化升级项目专项资金补贴	40. 00
640	688330	2020. 12. 31	2020 年度科技“小巨人”领军企业研发费用加计扣除奖励专项资金	46. 00
641	688339	2020. 12. 31	2020 年度上海市科技“小巨人”（含培育）企业	180. 00
642	688569	2020. 12. 31	工业科技“小巨人”补助	2. 00
643	688630	2020. 12. 31	奖补国家专精特新“小巨人”企业	100. 00

附录Ⅱ

附表Ⅱ－1　　国务院层面相关政策文件

时间	政策名称	相关政策内容
2022.03.25	《国务院关于落实〈政府工作报告〉重点工作分工的意见》	着力培育专精特新企业，在资金、人才、孵化平台搭建等方面给予大力支持
2021.11.22	《国务院办公厅关于进一步加大对中小企业纾困帮扶力度的通知》	各有关部门、各地区要进一步把思想认识行动统一到党中央、国务院决策部署上来，强化责任担当，勇于开拓创新，进一步细化纾困举措，积极采取针对性措施，帮助中小企业应对困难，推动中小企业向“专精特新”方向发展，不断提升市场竞争力
2020.12.24	《国务院办公厅关于建设第三批大众创业万众创新示范基地的通知》	聚焦支持创新型中小微企业成长为创新重要发源地，着力打造精益创业的集聚平台。大力弘扬科学家精神、劳动精神和工匠精神，倡导敬业、精益、专注、宽容失败的创新创业文化，构建专业化、全链条的创新创业服务体系，增强持续创新创业能力，加快培育成长型初创企业、“隐形冠军”企业和“专精特新”中小企业

续表

时间	政策名称	相关政策内容
2020.10.09	国务院发布《关于进一步提高上市公司质量的意见》	大力发展创业投资，培育科技型、创新型企业，支持制造业单项冠军、专精特新“小巨人”等企业发展壮大。发挥全国中小企业股份转让系统、区域性股权市场和产权交易市场在培育企业上市中的积极作用。（证监会、国务院国资委、国家发展改革委、财政部、工业和信息化部等单位与各省级人民政府负责）
2020.07.30	《国务院办公厅关于提升大众创业万众创新示范基地带动作用进一步促改革稳就业强动能的实施意见》	瞄准专业细分领域，培育专精特新“小巨人”企业、制造业单项冠军企业。（工业和信息化部牵头负责）
2019.04.07	《中共中央办公厅 国务院办公厅印发〈关于促进中小企业健康发展的指导意见〉》	引导中小企业专精特新发展。支持推动中小企业转型升级，聚焦主业，增强核心竞争力，不断提高发展质量和水平，走专精特新发展道路。研究制定专精特新评价体系，建立动态企业库。以“专精特新”中小企业为基础，在核心基础零部件（元器件）、关键基础材料、先进基础工艺和产业技术基础等领域，培育一批主营业务突出、竞争力强、成长性好的专精特新“小巨人”企业。 完善中小企业融资政策。进一步落实普惠金融定向降准政策。加大再贴现对小微企业的支持力度，重点支持小微企业500万元及以下小额票据贴现。将支小再贷款政策适用范围扩大到符合条（接下页）

续表

时间	政策名称	相关政策内容
2019.04.07	《中共中央办公厅 国务院办公厅印发〈关于促进中小企业健康发展的指导意见〉》	（接上页）件的中小银行（含新型互联网银行）。将单户授信1000万元及以下的小微企业贷款纳入中期借贷便利的合格担保品范围。 减轻企业融资负担。鼓励金融机构扩大出口信用保险保单融资和出口退税账户质押融资，满足进出口企业金融服务需求。加快发挥国家融资担保基金作用，引导担保机构逐步取消反担保，降低担保费率。清理规范中小企业融资时强制要求办理的担保、保险、评估、公证等事项，减少融资过程中的附加费用，降低融资成本；相关费用无法减免的，由地方财政根据实际制定鼓励降低取费标准的奖补措施。 建立分类监管考核机制。研究放宽小微企业贷款享受风险资本优惠权重的单户额度限制，进一步释放商业银行投放小微企业贷款的经济资本。修订金融企业绩效评价办法，适当放宽考核指标要求，激励金融机构加大对小微企业的信贷投入。指导银行业金融机构夯实对小微业务的内部激励传导机制，优化信贷资源配置、完善绩效考核方案、适当降低利润考核指标权重，安排专项激励费用；鼓励对小微业务推行内部资金转移价格优惠措施；细化小微企业贷款不良容忍度管理，完善授信尽职免责规定，加大对基层机构发放民营企业、小微企业贷款的激励力度，提高民营企业、小微企业信贷占比；提高信贷风险管控能力、落实规范服务收费政策

续表

时间	政策名称	相关政策内容
2017.05.24	《国务院办公厅关于县域创新驱动发展的若干意见》	鼓励有条件的县（市）采取科技创新券等科技经费后补助措施，支持小微企业应用新技术、新工艺、新材料，发展新服务、新模式、新业态，培育一批掌握行业“专精特新”技术的科技“小巨人”企业
2016.08.08	《国务院关于印发“十三五”国家科技创新规划的通知》	支持高成长性的科技型中小微企业发展，培育一批掌握行业“专精特新”技术的“隐形冠军”
2012.04.26	《国务院关于进一步支持小型微型企业健康发展的意见》	支持创新型、创业型和劳动密集型的小型微型企业发展。鼓励小型微型企业发展现代服务业、战略性新兴产业、现代农业和文化产业，走“专精特新”和与大企业协作配套发展的道路，加快从要素驱动向创新驱动的转变
2012.01.19	《国务院关于印发工业转型升级规划（2011—2015年）的通知》	中小企业专业化发展。支持中小企业加快技术进步，促进走“专精特新”发展道路，支持工艺专业化企业发展，健全协作配套体系，提高中小企业聚集度，发展产业集群

附表Ⅱ-2　　信贷政策、融资担保——银保监会相关政策文件

时间	政策名称	相关政策内容
2022.04.06	《中国银保监会办公厅关于2022年进一步强化金融支持小微企业发展工作的通知》	银行保险机构要主动建立健全与创新型中小企业、“专精特新”中小企业、“小巨人”企业及主管部门的信息对接机制，精准获客，开发专属金融产品

续表

时间	政策名称	相关政策内容
2021. 11. 26	中国银保监会印发《关于银行业保险业支持高水平科技自立自强的指导意见》	要积极支持高新技术企业、“专精特新”中小企业等创新发展，保持高技术制造业中长期贷款合理增长，加大科技型中小企业知识产权质押融资、信用贷款、首贷和续贷投放力度
2021. 04. 09	《中国银保监会办公厅关于2021年进一步推动小微企业金融服务高质量发展的通知》	探索完善科技型小微企业金融服务，促进新技术产业化、规模化应用。对掌握产业“专精特新”技术，特别是在“卡脖子”关键技术攻关中发挥作用的小微企业，要量身定做金融服务方案，及时给予资金支持。鼓励银行业金融机构提供信用贷款、知识产权质押贷款、股权质押贷款等产品，探索将科技型小微企业的高管、研发等关键岗位人才信息作为授信评审要素，加强与外部投资机构合作，探索多样化的科技金融服务模式
2020. 05. 26	《中国人民银行 银保监会 发展改革委 工业和信息化部 财政部 市场监管总局 证监会 外汇局关于进一步强化中小微企业金融服务的指导意见》	加大对地方征信平台和中小企业融资综合信用服务平台建设指导力度。 探索建立制造业单项冠军、专精特新“小巨人”企业、“专精特新”中小企业以及纳入产业部门先进制造业集群和工业企业技术改造升级导向计划等优质中小微企业信息库，搭建产融合作平台，加强信息共享和比对，促进金融机构与中小微企业对接，提供高质量融资服务

附表Ⅱ－3　　信贷政策、融资担保——工信部相关政策文件

时间	政策名称	相关政策内容
2021. 11. 23	《提升中小企业竞争力若干措施》	(1) 加强信贷支持。深入实施中小微企业金融服务能力提升工程，支持金融机构深化运用大数据、人工智能、区块链等技术手段，改进授信审批和风险管理模型，持续加大小微企业首贷、续贷、信用贷、中长期贷款投放规模和力度。发挥知识产权质押信息平台作用，实施知识产权质押融资入园惠企行动，提升中小企业利用无形资产融资能力。深化银担合作，续完善银行、担保机构对小微企业贷款风险分担机制。 (2) 创新金融服务模式。规范发展供应链存货、仓单和订单融资，发挥人民银行征信中心动产融资统一登记公示系统作用，提升企业通过动产担保融资的便利度。鼓励保险机构发展供应链保险业务。提高供应链金融数字化水平，引导金融机构开展标准化票据融资业务。 (3) 加强融资配套体系建设。建立健全中小企业信用信息归集、共享、查询、公开机制。大力推进地方征信平台建设，支持征信机构发展针对中小企业融资的征信产品和服务。发挥全国中小企业融资综合信用服务平台作用，推广"信易贷"模式。开展中小企业金融知识普及教育活动和多层次融资对接活动

续表

时间	政策名称	相关政策内容
2021.11.19	《为“专精特新”中小企业办实事清单》	二、完善信贷支持政策 （三）建立“专精特新”中小企业名单推送共享机制，鼓励银行业金融机构围绕“专精特新”中小企业需求，量身定制金融服务方案，打造专属信贷产品、加大信贷支持力度、优化相关服务。 （四）推动银行业金融机构应用金融科技手段，综合利用行内交易结算以及外部征信、税务、市场监管等信息，提升信用评价和风险管控能力，加大对“专精特新”中小企业信用贷款投放。 （五）鼓励开发银行在业务范围内为符合条件的“专精特新”中小企业技术改造和转型升级提供金融支持。 信贷支持。建立“专精特新”中小企业名单推送共享机制，鼓励银行业金融机构围绕“专精特新”中小企业需求，量身定制金融服务方案，打造专属信贷产品、加大信贷支持力度、优化相关服务。（人民银行、银保监会、工业和信息化部按职责分工负责）推动银行业金融机构应用金融科技手段，综合利用行内交易结算以及外部征信、税务、市场监管等信息，提升信用评价和风险管控能力，加大对“专精特新”中小企业信用贷款投放。支持“专精特新”中小企业开展应收账款、（接下页）

续表

时间	政策名称	相关政策内容
2021.11.19	《为“专精特新”中小企业办实事清单》	（接上页）存货、仓单融资等业务，鼓励保险机构为“专精特新”中小企业提供信用保险服务。（人民银行、银保监会负责）鼓励开发银行在业务范围内为符合条件的“专精特新”中小企业技术改造和转型升级提供金融支持。（开发银行负责） 市场化融资渠道。证券交易所、新三板为有上市或挂牌意向的“专精特新”中小企业提供全流程、全周期咨询服务，优化中小上市公司再融资机制，研究扩大分类审核适用范围。在区域性股权市场推广设立“专精特新”专板。对拟上市“专精特新”中小企业开展分类指导、精准培育、投融资对接，提高企业在资本市场融资的能力。国家中小企业发展基金加快推进子基金遴选，引导社会资本加大对“专精特新”中小企业的股权投资规模。支持“专精特新”中小企业开展债券融资，通过市场化机制开发更多适合中小企业的债券品种，完善中小企业债券融资增信机制，扩大债券融资规模。支持更多符合条件的“专精特新”中小企业上市、挂牌融资，探索为“专精特新”中小企业申请在新三板挂牌开辟绿色通道

续表

时间	政策名称	相关政策内容
2013.07.16	《工业和信息化部关于促进中小企业“专精特新”发展的指导意见》	鼓励银行业金融机构创新金融产品和服务，支持“专精特新”中小企业采取信用贷款、知识产权质押、仓单质押等多种方式融资。 拓宽支持中小企业技术创新的融资渠道，搭建融资服务平台，促进银行与专精特新企业的项目对接。 鼓励银行业金融机构创新金融产品和服务，支持“专精特新”中小企业采取信用贷款、知识产权质押、仓单质押等多种方式融资。鼓励符合条件的“专精特新”中小企业上市融资、发行债券

附表Ⅱ-4　信贷政策、融资担保——各地方政府相关政策文件

时间	省市	政策名称	相关政策内容
2022.04.14	浙江	《关于大力培育促进“专精特新”中小企业高质量发展的若干意见》	八是融资支持政策。支持“专精特新”中小企业上市、股改、发债、融资。在浙江股权交易中心设立“专精特新”专板，为中小企业提供全流程服务。鼓励金融机构创新“专精特新”专属信贷产品、保险产品。政府性融资担保机构对单户担保、再担保金额1000万元以下的小微企业融资，平均担保费率保持在1%以下

续表

时间	省市	政策名称	相关政策内容
2017.03.24	浙江	《浙江省人民政府办公厅关于推进中小微企业“专精特新”发展的实施意见》	构建覆盖全省、服务中小微企业的政策性融资担保体系，优先服务“专精特新”培育企业。 每年对“专精特新”培育企业开展信用评级服务，支持商业银行运用信用评价等级确定信贷额度及利率水平
2016.08.09	浙江	《浙江省经济和信息化委员会关于培育隐形冠军，促进中小企业“专精特新”发展的通知》	组织隐形冠军培育企业开展产融合作对接活动，引导和支持金融机构为隐形冠军培育企业量身定做金融产品，政策性融资性担保机构优先提供担保
2021.12.23	北京	《北京市关于促进“专精特新”中小企业高质量发展的若干措施》	指导银行业金融机构推出“专精特新贷”，满足企业不同阶段的资金需求。引导政府性融资担保机构开发“专精特新保”，降低综合费率，实施“见贷即保”。 探索推动“专精特新”园区贷、集合债等金融产品创新，鼓励担保机构提供增信。鼓励开发知识产权质押贷款产品，如发生不良的，给予一定比例的风险补偿
2021.10.28	北京	《北京市经济和信息化局中国人民银行营业管理部关于开展2021年创新型小微企业贷款支持及贴息项目申报工作的通知》	为获得北京市“专精特新”中小企业称号，或纳入中关村高新技术企业名录，或持有国家高新技术企业资质证书的企业，提供“创新贷”和“成长贷”。贷款方式包括纯信用贷款、知识产权质押、第三方担保、房产等其他可接受的抵押方式

续表

时间	省市	政策名称	相关政策内容
2019. 12. 30	北京	《关于推进北京市中小企业“专精特新”发展的指导意见》	鼓励基金、银行、担保机构等各类金融服务机构为北京市“专精特新”中小企业扩大征信、增加融资供给，帮助“专精特新”中小企业与投融资机构进行需求对接，通过信贷、股权投资、担保、融资租赁、供应链金融等多种渠道加大对“专精特新”中小企业的融资支持
2022. 01. 29	上海	《关于印发〈浦东新区“十四五”期间支持中小微企业政策性融资担保财政扶持实施办法〉的通知》	1. 对符合条件的浦东新区中小微企业，属于市担保中心重点支持，所发生的担保费用给予100%补贴。其中包括获得国家（市）创新基金项目或市高新技术成果转化项目的企业，获得市科技“小巨人”（含培育）或高新技术企业或“专精特新”等资质的企业。 2. 支持融资担保公司为浦东新区中小微企业提供贷款担保。为高新技术企业、专精特新企业、高新技术成果转化企业或拥有发明专利或著作权登记企业、拥有中国驰名商标、上海市驰名商标、上海市名牌产品企业提供担保的，按担保额增加0.5%风险补贴

续表

时间	省市	政策名称	相关政策内容
2021.02.18	湖南	《湖南省专精特新“‘小巨人’”企业培育计划（2021—2025）》	加强融资促进。推动金融机构为专精特新“小巨人”企业提供普惠性、创新性金融产品和服务，完善专精特新“小巨人”企业融资促进方案，加大对专精特新“小巨人”企业的融资支持力度。积极促进银企精准对接，优先推荐专精特新“小巨人”企业纳入全省制造业产融合作“白名单”。大力支持专精特新“小巨人”企业登陆三板、科创板、新三板、区域性股权市场等专业资本市场
2019.08.27	湖南	《专精特新企业融资促进方案（2019—2021年）》	推进各地工信部门和省中行辖内机构建立政银合作机制。省中行面向专精特新企业推出“专精特新”系列专属产品，三年累计投放授信约200亿元，三年累计服务企业1500家以上，促进专精特新企业健康发展
2021.11.12	河北	《河北省人民政府办公厅关于印发财政引导金融支持实体经济发展十条措施的通知》	对省级重点支持的县域特色产业集群制造业企业首贷、新增的中长期贷款和信用贷款实施贷款贴息，其中对专精特新“小巨人”企业贴息标准上浮10%，鼓励和引导银行业金融机构加大信贷投放力度，扩大信贷规模

续表

时间	省市	政策名称	相关政策内容
2018. 11. 5	河北	《河北省支持中小企业融资若干措施》	引导银行业金融机构针对“专精特新”中小企业创新专属金融产品和服务，适度放宽授信规模、融资期限，合理确定利率水平。对银行业金融机构投放到中小企业的创新信贷产品，省级财政按不超过季度平均贷款余额3‰标准给予直接奖励
2015. 08. 15	河北	《关于促进中小企业“专精特新”发展的意见》	加大财税金融扶持。发挥技改专项资金和中小企业发展专项资金的作用，对专精特新企业项目和示范企业予以重点支持。组织企业与各类产业发展基金对接，引导基金投资“专精特新”中小企业。组织“专精特新”政银企合作对接活动，引导和支持金融机构为“专精特新”中小企业量身定做金融产品，融资性担保机构优先为“专精特新”中小企业提供担保
2022. 03. 28	山东	《山东银行业保险业支持“专精特新”中小企业高质量发展行动方案》	探索通过优化成本分摊和收益分享机制、实施内部转移定价优惠或经济利润补贴等方式，给予“专精特新”中小企业优惠利率贷款。 深化首贷培植行动。鼓励银行机构创新首贷培植方式方法，积极对接小微企业“双升”战略，加大对新认定“专精特新”（接下页）

续表

时间	省市	政策名称	相关政策内容
2022.03.28	山东	《山东银行业保险业支持“专精特新”中小企业高质量发展行动方案》	（接上页）中小企业的首贷培植力度。深入推进“银税互动”，提高受理“专精特新”中小企业首贷和续贷申请效率。坚持首贷培植与后续辅导相结合，加强对已获首贷“专精特新”中小企业的跟踪监测，推动首贷企业后续获贷缩短时间、放宽抵质押条件、提升信用贷款占比。将有意愿的“专精特新”中小企业纳入金融辅导，提供精准对接服务
2021.01.20	天津	《天津市“专精特新”中小企业梯度培育工作方案》	改善融资环境。加强政银信息互通，鼓励基金、银行、区域性股权市场、担保机构等各类金融服务机构为在库企业创新有针对性的金融产品、扩大征信、增加融资供给，帮助企业与投融资机构进行需求对接，通过信贷、股权投资、担保、融资租赁、供应链金融等多种渠道加大对企业的融资支持

附录Ⅲ

附表Ⅲ－1　　上市培育等直接融资政策——工信部相关政策文件

时间	政策名称	相关政策内容
2021. 11. 19	国务院促进中小企业发展工作领导小组办公室关于印发《为“专精特新”中小企业办实事清单》	三、畅通市场化融资渠道 （六）证券交易所、新三板为有上市或挂牌意向的“专精特新”中小企业提供全流程、全周期咨询服务，优化中小上市公司再融资机制，研究扩大分类审核适用范围。在区域性股权市场推广设立“专精特新”专板。（证监会负责） （八）支持“专精特新”中小企业开展债券融资，通过市场化机制开发更多适合中小企业的债券品种，完善中小企业债券融资增信机制，扩大债券融资规模。（人民银行、证监会、发展改革委、工业和信息化部按职责分工负责） （九）支持更多符合条件的“专精特新”中小企业上市、挂牌融资，探索为“专精特新”中小企业申请在新三板挂牌开辟绿色通道。（证监会、工业和信息化部负责）

续表

时间	政策名称	相关政策内容
2021. 11. 23	《提升中小企业竞争力若干措施》	加强直接融资支持。深化新三板改革，发挥北京证券交易所服务中小企业作用，打造服务创新型中小企业主阵地。推动上海、深圳、北京证券交易所和新三板提供全流程、全周期咨询服务，助力中小企业上市挂牌融资。完善创业投资发展和监管政策，畅通私募股权和创业投资基金“募投管退”各环节，促进中小企业创新创业创造。发挥国家中小企业发展基金、国家新兴产业创业投资引导基金、国家科技成果转化引导基金等作用，带动社会资本扩大直接融资规模。鼓励中小企业通过并购重组对接资本市场
2021. 01. 23	财政部 工业和信息化部《关于支持“专精特新”中小企业高质量发展的通知》	支持企业加快上市步伐、加强国际合作等，进一步增强发展潜力和国际竞争能力
2019. 04. 07	中共中央办公厅 国务院办公厅印发《关于促进中小企业健康发展的指导意见》	积极拓宽融资渠道。进一步完善债券发行机制，实施民营企业债券融资支持工具，采取出售信用风险缓释凭证、提供信用增进服务等多种方式，支持经营正常、面临暂时流动性紧张的民营企业合理债券融资需求。探索实施民营企业股权融资支持工具，鼓励设立市场化运作的专项基金开展民营企业兼并收购或财务投资。大力发展高收益债券、私募债、双创专项债务融资工具、创业投资基金类债券、创新创业企业专项债（转下页）

续表

时间	政策名称	相关政策内容
2019. 04. 07	中共中央办公厅 国务院办公厅印发《关于促进中小企业健康发展的指导意见》	（接上页）券等产品研究促进中小企业依托应收账款、供应链金融、特许经营权等进行融资。完善知识产权质押融资风险分担补偿机制，发挥知识产权增信增贷作用。引导金融机构对小微企业发放中长期贷款，开发续贷产品。 支持利用资本市场直接融资。加快中小企业首发上市进度，为主业突出、规范运作的中小企业上市提供便利。深化发行、交易、信息披露等改革，支持中小企业在新三板挂牌融资。推进创新创业公司债券试点，完善创新创业可转债转股机制。研究允许挂牌企业发行可转换公司债。落实创业投资基金股份减持比例与投资期限的反向挂钩制度，鼓励支持早期创新创业。鼓励地方知识产权运营基金等专业化基金服务中小企业创新发展。对存在股票质押风险的企业，要按照市场化、法治化原则研究制定相关过渡性机制，根据企业具体情况采取防范化解风险措施
2013. 07. 16	《工业和信息化部关于促进中小企业“专精特新”发展的指导意见》	鼓励符合条件的“专精特新”中小企业上市融资、发行债券

附表Ⅲ－2　　上市培育政策——证监会相关政策文件

时间	政策名称	相关政策内容
2021.09.06	《证监会就北京证券交易所有关基础制度安排向社会公开征求意见》	贯彻新发展理念，突出“专精特新”中小企业特点，明确简便、包容、精准的发行条件，建立多元、灵活、充分博弈的承销机制，聚焦服务实体经济，大力支持科技创新

附表Ⅲ－3　　其他支持政策——各部委相关政策文件

时间	政策名称	相关政策内容
2021.11.19	国务院促进中小企业发展工作领导小组办公室关于印发《为“专精特新”中小企业办实事清单》	三、畅通市场化融资渠道 （七）对拟上市“专精特新”中小企业开展分类指导、精准培育、投融资对接，提高企业在资本市场融资的能力。国家中小企业发展基金加快推进子基金遴选，引导社会资本加大对“专精特新”中小企业的股权投资规模。（工业和信息化部、证监会会同各地方按职责分工负责） ………… 九、提供精准对接服务 （二十七）建设全国中小企业服务一体化平台移动端，线上集聚政策、融资、创业空间等各类服务资源，实现政策的主动匹配、创新人才的供需对接、服务的“一站式”获取。（工业和信息化部负责） ………… 十、开展万人助万企活动 （三十）为每家“专精特新”中小企业配备一名服务专员，一企一策，精准培育。开展“专精特新万企行”活动，2022年底前，推动地方对全部“专精特新”中小企业实地走访，为每家企业至少解决1项困难。（各地方负责）

续表

时间	政策名称	相关政策内容
2021. 01. 23	财政部 工业和信息化部《关于支持“专精特新”中小企业高质量发展的通知》	支持公共服务示范平台为国家级专精特新“小巨人”企业提供技术创新、上市辅导、创新成果转化与应用、数字化智能化改造、知识产权应用、上云用云及工业设计等服务。其中，对于重点“小巨人”企业，应提供“点对点”服务
2013. 07. 16	《工业和信息化部关于促进中小企业“专精特新”发展的指导意见》	（三）提高信息化应用水平。积极推动两化融合，鼓励电信运营商、信息化服务商搭建中小企业信息化服务平台，为中小企业提供电子商务、筹资融资、人才培训等信息化服务，推广适用的解决方案

附表Ⅲ－4　　上市培育政策——各地方政府相关政策文件

时间	省份	政策名称	相关政策内容
2022. 04. 14	浙江	《关于大力培育促进“专精特新”中小企业高质量发展的若干意见》	加强直接融资服务。推进企业上市“一件事”集成办理，为企业股改、挂牌和上市提供优质服务。鼓励地方政府对在A股或境外主要证券交易所上市的企业给予一定奖励。引导“专精特新”中小企业发行公司债、企业债和在银行间市场发债融资。支持企业围绕重点产业链开展并购重组。在浙江股权交易中心设立“专精特新”专板，为“专精特新”中小企业提供全流程、全周期分类指导和咨询培训服务

续表

时间	省份	政策名称	相关政策内容
2017. 03. 24	浙江	《浙江省人民政府办公厅关于推进中小微企业"专精特新"发展的实施意见》	支持中小微企业在沪深证券交易所、"新三板"及浙江股权交易中心上市挂牌，鼓励上市公司对中小微企业开展并购重组
2021. 12. 23	北京	《北京市关于促进"专精特新"中小企业高质量发展的若干措施》	加大股权融资支持力度。支持龙头企业围绕供应链上下游开展股权投资，加强资源整合。用好北京股权交易中心"专精特新板"，为企业提供挂牌展示、托管交易、投融资、培训辅导等服务。 支持企业挂牌上市。建立上市挂牌后备企业资源库，做好企业上市梯度培育和分类指导。设立企业上市服务专员，点对点为企业提供全过程服务。支持企业在新三板挂牌并给予资金补贴；支持企业在A股或境外主要证券交易所上市，市级财政按规定给予每家总额不超过300万元的资金补贴，区级财政资金补贴不低于市级标准。优化上市办理服务，统一出具市场监管、公积金、环保、人力资源社会保障、国土规划、卫生健康、应急、住建、保密、文化执法、城管执法和军民融合等合法合规信息查询结果。 推动上市企业高质量发展。探索开展上市企业个性化融资服务，通过知识产权证（接下页）

续表

时间	省市	政策名称	相关政策内容
2021. 12. 23	北京	《北京市关于促进“专精特新”中小企业高质量发展的若干措施》	（接上页）券化、知识产权保险等方式助力企业发展，鼓励保险机构为上市企业定制个性化保险产品。支持上市企业募投项目在京落地，为项目用地、环评、用工等提供高效便捷服务。完善上市企业股票质押风险处置机制，支持银行、证券、保险、资产管理等机构参与上市企业股票质押风险化解。打击编造、传播上市企业虚假信息或者误导性信息的行为，规范相关报道评论
2021. 02. 18	湖南	《湖南省专精特新“小巨人”企业培育计划（2021—2025）》	大力支持专精特新“小巨人”企业登陆主板、科创板、新三板、区域性股权市场等专业资本市场
2021. 12. 15	河北	《河北省促进中小企业“专精特新”发展若干措施》	推动直接融资。全面落实推动企业股改上市融资三年行动计划，实施企业上市“蝶变计划”，推动企业登陆资本市场。支持企业利用多层次资本市场通过挂牌上市、增发、重组、发行公司债券等方式实现直接融资。对申请在境内和境外主要证券交易所首次公开发行股票的企业，经具有批准权限的部门或机构正式受理，给予一次性前期费用补助200万元；对在“新三板”基础层、创新层挂牌的企业，给予一次性前期费用补助10万元；对首次成功发行公司债、企业债、银行间债券市场非金融企业债务融资工具等公司信用类债券的企业，按融资金额分档，给予发行费用补助

续表

时间	省市	政策名称	相关政策内容
2018. 11. 5	河北	《河北省支持中小企业融资若干措施》	鼓励中小企业挂牌上市融资。以“专精特新”中小企业和科技型中小企业为重点，动态调整挂牌上市后备企业资源库，加大上市考核力度，实施精准培育，分类对接多层次资本市场。对在境内外主板、创业板上市，在股权交易市场挂牌的企业，按照省政府有关规定给予奖励
2022. 01. 14	山东	《山东省“专精特新”中小企业培育方案》	加大上市培育力度。优选不少于1000家“专精特新”中小企业纳入全省上市后备资源库。重点组织国家级专精特新“小巨人”企业对接北交所、科创板和创业板，省级“专精特新”中小企业对接“新三板”。力争到2025年，新增“专精特新”上市企业80家左右。精选400家以上“专精特新”中小企业挂牌区域性股权市场“专精特新板”，每年组织100家以上“专精特新”中小企业规范化公司制改制
2017. 03. 20	江苏	《省政府关于加快发展先进制造业振兴实体经济若干政策措施的意见》	发展创投、天使投等股权投资基金，推动专精特新“小巨人”企业在中小板、创业板、全国中小企业股份转让系统和省股权交易中心上市挂牌

附表Ⅲ－5　　其他支持政策——各地方政府相关政策文件

时间	省市	政策名称	相关政策内容
2022.04.14	浙江	《关于大力培育促进“专精特新”中小企业高质量发展的若干意见》	推动设立中小企业发展基金，带动社会资本加大对“专精特新”中小企业股权投资。 加强中小企业公共服务平台建设，组建“专精特新”中小企业服务联盟，以“企业码”为重点建设中小企业服务一体化平台
2017.03.24	浙江	《浙江省人民政府办公厅关于推进中小微企业“专精特新”发展的实施意见》	加强公共服务平台建设。建立和完善省、市、县三级中小企业综合服务平台，重点培育500家中小企业专业化服务机构，完善政策咨询、创业创新、知识产权、投资融资、管理诊断、计量校准、检验检测、人才培训、市场开发、财务指导、权益维护、信息化服务等各类服务功能，为中小微企业提供质优价廉的普惠服务。（责任单位：省经信委、省财政厅） 引导各类创投机构对接中小微企业，对投资“专精特新”培育企业1年以上的风险投资机构，各地可通过设立创业投资风险补偿专项资金的形式，按投资额给予一定比例风险补贴。支持创业组织举办中小微企业创新创业大赛，搭建中小微企业投融资平台，每年推动500家“专精特新”培育企业与股权投资机构成功对接

续表

时间	省市	政策名称	相关政策内容
2016. 08. 09	浙江	《浙江省经济和信息化委员会关于培育隐形冠军，促进中小企业“专精特新”发展的通知》	组织优质服务机构为隐形冠军培育企业提供一对一“订单式”服务。建立隐形冠军培育企业负责人联谊会，组建“专精特新”产业联盟，搭建企业间沟通交流平台
2021. 12. 23	北京	《北京市关于促进“专精特新”中小企业高质量发展的若干措施》	充分利用各级政府投资基金，重点支持专精特新企业发展。建立项目信息共享机制，积极向各级政府投资基金推送企业股权融资需求，开展多层次融资对接活动。 支持北京股权交易中心私募股权份额转让交易，鼓励社会资本设立S基金，与政府投资基金开展合作，参与受让在北京股权交易中心份额转让的优质基金份额或已投项目股权
2019. 12. 30	北京	《关于推进北京市中小企业“专精特新”发展的指导意见》	将北京市“专精特新”中小企业纳入北京市中小企业服务体系，从“政策+资本+服务+载体”等多个方位，为北京市“专精特新”中小企业提供政策咨询、管理提升、检验检测、技术转移、人才培训、市场开拓、投资融资等全方位高质量服务
2019. 08. 27	湖南	《专精特新企业融资促进方案（2019—2021年）》	联合推进政银合作。省工信厅和省中行、各地工信部门和中行辖内机构分别建立合作机制，并安排专门机构和人员具体对接。省工信厅及各地工信部门及时将专精特新企业名单提供给省中行及辖内机构，中行辖内机构优先对名单中的企业提供信贷支持

续表

时间	省市	政策名称	相关政策内容
2021. 12. 15	河北	《河北省促进中小企业“专精特新”发展若干措施》	健全融资配套体系。推广应用“河北省融资对接监测分析系统”，探索线上、线下首续贷中心建设，为小微企业银企对接搭建便利高效平台。健全“银税互动”“信易贷”等信用信息共享机制，发挥河北省金融服务平台作用，整合打通公共涉企数据与机构内部金融数据，实现共享共用。支持市场化企业征信机构采集非信贷数据或替代数据，为专精特新企业融资提供优惠征信服务。 优化服务模式。建立“专精特新”中小企业名单推送共享机制，鼓励银行业金融机构为专精特新企业量身定制金融服务方案。鼓励应用“中征应收账款融资服务平台”开展企业融资
2017. 08. 31	河北	《河北省“专精特新”中小企业提升实施方案》	组织专项对接服务。根据企业需求，组织服务资源为“专精特新”中小企业提供一对一“订单式”服务。发挥中小企业公共服务平台网络和中小企业公共服务示范平台的作用
2015. 08. 15	河北	《关于促进中小企业“专精特新”发展的意见》	加大财税金融扶持。发挥技改专项资金和中小企业发展专项资金的作用，对专精特新企业项目和示范企业予以重点支持。组织企业与各类产业发展基金对接，引导基金投资“专精特新”中小企业。组织“专精特新”政银企合作对接活动

续表

时间	省市	政策名称	相关政策内容
2022.03.28	山东	《山东银行业保险业支持“专精特新”中小企业高质量发展行动方案》	加强精确辅导对接。完善金融辅导制度，开展金融管家服务，提升金融政策传导落实的精准度和有效性，为“专精特新”中小企业提供多元化金融服务，做好企业贴身管家。组织银行保险机构通过调研走访等方式，对“专精特新”中小企业开展全面对接，了解企业存在的困难和问题并及时研究解决，灵活运用各类政策精准帮助企业纾难解困，省级“专精特新”中小企业要做到走访全覆盖
2022.01.14	山东	《山东省“专精特新”中小企业培育方案》	推动发展天使投资。培育一批天使投资人和创业投资机构，对创业投资企业、天使投资人投资于种子期、初创期科技型企业的投资额，按规定抵扣所得税应纳税所得额，树立投早投小投智良好导向，支持天使投资、创业投资发展。推动建立政府财政全资或出资引导、风险投资机构专项设立、天使投资自然人发起成立、各类创业创新示范基地出资参股等多种模式的天使投资基金，助力种子期、初创期小微企业平稳健康成长。 加大基金投资引导。发挥省级财政资金股权投资和省新旧动能转换引导基金作用，吸引社会资本，大力支持“专精特新”中小企业发展。建设“齐鲁企舞”投融资路演平（接下页）

续表

时间	省市	政策名称	相关政策内容
2022.01.14	山东	《山东省“专精特新”中小企业培育方案》	（接上页）台，在济南、北京、上海、深圳等地设立分平台（中心），打通基金投资“专精特新”中小企业“直联通道”。每年组织省内外产业投资路演推介 20 场次以上。每年组织基金投资项目（企业）100 个、200 亿元以上，国内外产投资本合作项目 10 个、50 亿元以上

后　　记

本书专为中国邮政储蓄银行与中国人民大学每年联合举办的“中国小微经济发展论坛”而编写。2022 年中国小微经济论坛聚焦中小微企业专精特新发展，原计划于 2022 年 5 月举办，由于新冠疫情因素，论坛举办时间不断推迟，最终推迟到了 2023 年。为此，各章节尽量将数据更新到最新状态。同时，由于本书的各章内容侧重数据分析之后提炼的逻辑和理论总结，其结论对于指导专精特新企业发展和政策制定仍然具有较强的现实意义。

专精特新企业是市场中的佼佼者，按照其逻辑发展的中小企业更具竞争力。因此，从市场竞争角度看，中小企业会自发向“专”“精”“特”“新”方向发展。同时，由于中小企业在市场中面临各种困境，典型的是大企业挤压、风险承受力低、优质资源流失、资金不足等问题，编者称其为“市场扭曲”。在市场扭曲条件下，中小企业要做到专精特新发展面临很大困难。因此，中国近几年支持专精特新的政策大量出台。从各章分报告的研究看，专精特新政策对相应中小企业发展起到了积极作用，对于缓解市场扭曲有直接效果。同时，根据已有产业政策的研究，由于政府部门存在信息劣势和执行扭曲问题，仅依靠政策支持也可能带来“政策扭曲”。编者认为，中小企业专精特新发展必须解决市场扭曲和政策扭曲的“双重扭曲”问题。也就是说，依靠企业自身努力和政策加持可能存在最优平衡点。这个问题未来仍然值得深入研究。